ELIZABETH GILBERT

Mange, prie, aime

Changer de vie, on en a tous rêvé…
Elle a osé !

TRADUIT DE L'ANGLAIS PAR CHRISTINE BARBASTE

CALMANN-LÉVY

Titre original :

EAT, PRAY, LOVE
ONE WOMAN'S SEARCH FOR EVERYTHING
ACROSS ITALY, INDIA AND INDONESIA
Publié par Viking Penguin, New York, 2006

Pour Susan Bowen,
qui sait donner asile
même à vingt mille kilomètres de distance.

« Dis la vérité, dis la vérité, dis la vérité[*]. »

Sheryl Louise MOLLER.

---

[*] Sauf quand il s'agit de démêler d'urgence des tractations immobilières balinaises, comme on le verra raconté dans le livre III.

Petit mode d'emploi de ce livre
ou
La cent neuvième perle

Lorsqu'on voyage en Inde – en particulier lorsqu'on visite les sites sacrés ou qu'on séjourne dans un ashram – on croise des tas de gens qui arborent un collier de perles. Sur quantité de photographies anciennes, on retrouve ces mêmes perles au cou d'intimidants yogis dénudés et décharnés (ou de yogis parfois dodus, bienveillants et radieux). Ces colliers s'appellent des *japa malas*. En Inde, les hindous et les bouddhistes fervents les utilisent depuis des siècles pour s'aider à demeurer concentrés lors des méditations accompagnées de prières. On tient le collier d'une main, et on fait rouler les perles l'une après l'autre entre ses doigts – chaque fois qu'on répète le mantra, on touche une nouvelle perle. C'est au Moyen Âge, quand ils partirent livrer leurs guerres saintes en Orient, que les croisés observèrent les fidèles prier avec ces *japa malas*; ils admirèrent la technique et rapportèrent l'idée chez eux, en Europe. Ainsi naquit le chapelet.

Traditionnellement, le *japa mala* est constitué de cent huit perles. Dans les cercles des philosophes orientaux les plus ésotériques, on tient ce nombre – cent huit –

pour le multiple de trois à trois chiffres le plus propice, le plus parfait, puisque la somme de ses chiffres s'élève à neuf, et que neuf, c'est trois fois trois. Et le chiffre trois, ainsi qu'il apparaît d'évidence à toute personne ayant étudié la Sainte-Trinité ou un simple tabouret de bar, représente l'équilibre suprême. Puisque ce livre tout entier a pour objet ma quête d'un équilibre, j'ai décidé de le structurer comme un *japa mala*, et de diviser mon récit en cent huit épisodes, ou perles. Ce collier de cent huit récits se divise à son tour en trois sections, consacrées respectivement à l'Italie, l'Inde et l'Indonésie – soit les trois pays dans lesquels j'ai séjourné au cours de cette année d'introspection. Chaque partie comporte donc trente-six récits – détail qui, à titre personnel, ne me laisse pas indifférente, puisque j'écris ces pages au cours de ma trente-sixième année.

Avant de trop jouer à l'experte en numérologie, je conclurai qu'enfiler ces récits sur la structure d'un *japa mala* me séduit assez parce qu'elle est incroyablement... structurée. Une introspection spirituelle sincère requiert, et ce depuis toujours, des efforts de discipline et de méthode. La quête de la vérité n'a rien d'une discussion à bâtons rompus à propos de tout et de rien, pas même à notre époque, âge d'or de la discussion à bâtons rompus à propos de tout et de rien. En tant que chercheuse et écrivain, ces perles m'aident énormément, car elles fixent mon attention sur ce que j'essaie d'accomplir.

Dans tous les cas, chaque *japa mala* est doté d'une perle supplémentaire, à part – la cent neuvième perle –, qui se balance à l'extérieur du cercle équilibré des cent huit autres tel un pendentif. J'ai longtemps cru que cette cent neuvième perle était une perle de réserve, destinée à pallier les imprévus, comme peut l'être le bouton de rechange d'un beau cardigan, ou le fils cadet d'une famille royale. Mais il semblerait que sa fonction soit autrement plus élevée. Quand, au cours de la prière, vos doigts rencontrent ce jalon, vous êtes censé marquer une pause dans votre méditation et remercier vos maîtres. Alors ici, à la cent neuvième perle de mon *japa mala*, je marque cette pause avant même d'avoir commencé. Je remercie tous mes maîtres, qui, au cours de cette année, me sont apparus sous tant de formes surprenantes.

Toutefois, je remercie plus particulièrement mon guru, qui est le pouls même de la compassion, et qui m'a si généreusement permis d'étudier dans son ashram lors de mon séjour en Inde. C'est également le moment où je souhaite clarifier un point : ce récit de mes expériences en Inde est écrit d'un point de vue strictement personnel, et non de celui d'un érudit en théologie ou du porte-parole officiel de qui que ce soit. C'est pour cette raison que je tais dans ce livre le nom de mon guru – je ne veux pas m'exprimer à sa place. Ce sont ses enseignements qui parlent le mieux en sa faveur. Je ne révélerai pas davantage le nom ni l'adresse de son ashram, pour épargner à cette belle institution une publicité qui serait sans intérêt pour elle, et à laquelle elle n'aurait pas les moyens de faire face.

Une dernière expression de gratitude : de même que j'ai modifié, pour diverses raisons, les noms propres disséminés tout au long des pages qui suivent, j'ai pris le parti de travestir le nom de tous ceux et toutes celles que j'ai rencontrés – tant en Inde qu'en Occident – dans cet ashram. Et ce par respect pour le fait que la plupart des gens ne vont pas faire un pèlerinage pour devenir les personnages d'un livre (sauf, bien entendu, dans mon cas). Je n'ai fait qu'une seule entorse à cette politique d'anonymat que je me suis imposée de plein gré : Richard du Texas s'appelle bien Richard dans la vie, et il vient réellement du Texas. J'ai tenu à ne rien masquer de son identité car c'est quelqu'un qui a été très important pour moi lorsque j'étais en Inde.

Un dernier point : lorsque j'ai demandé à Richard s'il voyait un inconvénient à ce que je mentionne dans mon livre son passé de drogué et d'alcoolique, il m'a répondu que ça ne lui en posait aucun.

« J'essayais de toute façon de trouver un moyen de l'annoncer publiquement », m'a-t-il dit.

Mais tout d'abord, l'Italie...

LIVRE UN

L'Italie

« Dis-le comme tu le manges »
ou
Trente-six épisodes de la quête des plaisirs de la vie

1

J'aimerais bien que Giovanni m'embrasse.

Oui… mais pour tout un tas de raisons, ce serait une très mauvaise idée. Pour commencer, Giovanni a dix ans de moins que moi et – comme la plupart des Italiens d'une vingtaine d'années – il vit encore chez sa mère. Ces faits à eux seuls me le désignent comme un improbable partenaire amoureux, compte tenu que je suis une Américaine américaine jusqu'au bout des ongles, âgée d'une trentaine d'années, qui réchappe à peine du naufrage de son couple et d'un interminable divorce très éprouvant, et qui s'est jetée à corps perdu immédiatement après dans une aventure sentimentale s'étant achevée en fastidieux chagrin d'amour. Cette série d'épreuves m'a rendue triste, fragile, et me donne l'impression d'avoir sept mille ans. Par pure question de principe, je me refuse à infliger la pauvre épave cabossée que je suis au joli Giovanni indemne. Sans compter que j'ai fini par atteindre cet âge où une femme en vient à se demander si le moyen le plus sage de se remettre de la perte d'un bel homme aux yeux de velours est vraiment d'en inviter aussi sec un autre dans son lit. Ce pourquoi je suis seule depuis de si longs mois maintenant. Ce pourquoi j'ai même décidé de m'astreindre à une année entière de célibat.

Ce à quoi un observateur futé pourrait objecter :
« Mais alors, pourquoi être venue en *Italie* ? »

Ce à quoi je ne peux que répondre – surtout lorsque je
regarde le séduisant Giovanni attablé en face de moi – :
« Excellente question. »

Giovanni est mon partenaire de tandem linguistique.
En dépit des apparences, le terme n'abrite aucune insi-
nuation tendancieuse – malheureusement. Il signifie
seulement que nous nous retrouvons quelques soirs par
semaine, ici à Rome, pour pratiquer chacun la langue
de l'autre. D'abord, nous conversons en italien, et
Giovanni se montre patient avec moi ; ensuite, nous parlons en anglais, et c'est à mon tour de faire montre de
patience. J'ai découvert Giovanni quelques semaines
après mon arrivée à Rome, grâce au grand cybercafé de
la Piazza Barberini, sis en face de cette fontaine ornée
d'un triton redoutablement sexy en train de souffler
dans un coquillage. Il y avait mis une petite annonce
(Giovanni, s'entend – pas le triton) sur le tableau d'affi-
chage, indiquant qu'un garçon de langue maternelle
italienne cherchait une personne de langue maternelle
anglaise pour un échange de conversations. Juste à côté
de son appel à candidature se trouvait une autre petite
annonce formulant la même demande, identique mot
pour mot, jusque dans le choix du caractère d'impri-
merie. Seul différait le nom de la personne à contacter. Une des annonces indiquait l'adresse e-mail d'un
dénommé Giovanni ; l'autre, celle d'un certain Dario.
Mais même le numéro de téléphone était identique.

Avec intuition et perspicacité, j'ai adressé un e-mail
à chacun des deux hommes, en leur demandant en italien : « Seriez-vous frères ? »

C'est Giovanni qui m'a renvoyé ce message très
provocativo : « Mieux. Jumeaux ! »

Oui, bien mieux – deux beaux grands bruns de vingt-cinq ans qui se ressemblaient comme deux gouttes d'eau, avec ces immenses yeux latins à la pupille de velours qui me font complètement craquer. Après ma rencontre avec ces deux garçons en chair et en os, je me suis demandé si je ne serais pas bien inspirée d'amender le décret instituant mon année de célibat. Par exemple, je pourrais rester totalement célibataire tout en gardant exceptionnellement une paire de beaux jumeaux italiens de vingt-cinq ans à titre d'amants. Cela me rappelait vaguement un de mes amis qui est végétarien, excepté en ce qui concerne le bacon, mais bon… J'étais déjà en train de composer ma lettre pour *Penthouse* :

> *Dans la pénombre de ce café romain, à la lueur vacillante des bougies, il m'était impossible de déterminer auquel des deux appartenaient les mains qui car…*

Mais, c'est non.
Non et non.
J'ai révoqué le fantasme à mi-phrase. Ce n'était pas le moment pour moi de courir la prétrentaine et (dans la mesure où après la nuit vient le jour) de compliquer plus avant ma vie déjà bien embrouillée. C'était le moment de chercher cette guérison et cette paix que seule la solitude peut apporter.

Quoi qu'il en soit, nous voilà aujourd'hui mi-novembre, et le timide et studieux Giovanni et moi-même sommes devenus bons copains. Quant à Dario – le plus tombeur et tape-à-l'œil des deux frères –, je l'ai présenté à Sofie, mon adorable petite camarade suédoise, et ce à quoi ils occupent ensemble leurs soirées romaines relève d'un tout autre genre de tandem.

Mais Giovanni et moi, nous nous contentons de bavarder. Enfin, nous mangeons et bavardons. Fort agréablement depuis plusieurs semaines, nous partageons pizzas et petites corrections grammaticales, et cette charmante soirée avec, au menu, nouvelles expressions et mozzarella, ne fait pas exception.

Minuit a sonné, et Giovanni me raccompagne chez moi le long de ces ruelles romaines qui sinuent autour des vieux immeubles aussi naturellement que les bras d'un marécage serpentent autour des bosquets de cyprès. Nous arrivons devant ma porte. Nous nous tournons l'un vers l'autre. Giovanni me donne une chaleureuse accolade. C'est une amélioration ; les premières semaines, je devais me contenter d'une poignée de main. Je pense que si je passais encore trois ans en Italie, il pourrait trouver le courage de m'embrasser. D'un autre côté, il se peut encore qu'il m'embrasse là, tout de suite, ce soir, devant ma porte… Rien n'est perdu… Vous comprenez, on est là, collés l'un contre l'autre, au clair de lune… et, oui, bien sûr, ce serait une *épouvantable* erreur… mais ça n'en demeure pas moins une merveilleuse éventualité qu'il puisse le faire, là… qu'il se penche… et que… et que…

Que nenni.

Il se détache de notre étreinte.

« Bonne nuit, ma chère Liz.

– *Buona notte, caro mio.* »

Je grimpe jusqu'à mon appartement, au quatrième étage, seule. J'entre dans mon minuscule studio, seule. Je ferme la porte derrière moi. Un autre coucher solitaire à Rome. Une autre longue nuit de sommeil devant moi, avec personne ni rien dans mon lit, sinon un tas de guides de conversation et de dictionnaires italiens.

Je suis seule, toute seule, complètement seule.

En interceptant cette réalité, je lâche mon sac, je tombe à genoux et j'appuie mon front contre le sol. Là, avec ferveur, j'adresse à l'univers une prière de remerciements.

D'abord en anglais.

Puis en italien.

Et ensuite – pour bien insister sur le message – en sanskrit.

2

Et tant qu'à être déjà là, agenouillée pour ma supplique, permettez-moi de garder la posture et de remonter trois ans en arrière, jusqu'au moment où toute cette histoire a commencé – au moment où je me suis retrouvée dans cette même posture, exactement : agenouillée, en train de prier.

C'est là le seul point commun entre les deux scènes, cependant.

Il y a trois ans, je ne me trouvais pas à Rome, mais dans la salle de bains de la grande maison que mon mari et moi venions d'acheter dans une banlieue résidentielle new-yorkaise. C'était une froide nuit de novembre, vers 3 heures du matin. Mon mari dormait dans notre lit. Ce devait être la quarante-septième nuit consécutive que je me réfugiais dans la salle de bains et – comme au cours de ces précédentes nuits – je sanglotais. Je sanglotais si fort, pour tout dire, qu'un immense lac de larmes et de morve s'étalait devant moi, sur le carrelage – tel un véritable lac Michigan alimenté par tout ce qu'il y avait en moi de honte, de crainte, de confusion et de chagrin.

Je ne veux plus de ce mariage.

J'essayais de toutes mes forces de ne pas le reconnaître, mais la vérité ne cessait de me harceler.

Je ne veux plus de ce mariage. Je ne veux pas vivre dans cette grande maison. Je ne veux pas de bébé.

Or, j'étais censée en vouloir un. J'avais trente et un ans. Mon mari et moi étions ensemble depuis huit ans, mariés depuis six, et nous avions construit toute notre vie autour de cette attente commune – à savoir que, passé le cap des trente ans et des atermoiements, j'aurais envie de me fixer et d'avoir des enfants. D'ici là, anticipions-nous mutuellement, je me serais lassée des voyages et serais heureuse de vivre dans une grande maisonnée animée, remplie d'enfants et de plaids faits main, une maison avec jardin dans l'arrière-cour et un bon petit ragoût en train de mijoter sur la gazinière. (Le fait que ce tableau dresse un portrait assez fidèle de ma propre mère indique, en deux mots, combien j'ai eu du mal, à un moment donné de ma vie, à faire la différence entre moi et la maîtresse femme qui m'a élevée.) Mais – ainsi que je le découvrais avec épouvante – je ne désirais rien de tout ça. Bien au contraire, quand le cap de la trentaine s'est profilé à l'horizon, quand l'échéance de mon trentième anniversaire a commencé à planer comme une sentence capitale au-dessus de ma tête, je me suis aperçue que je ne voulais pas tomber enceinte. Je continuais à attendre le moment où j'allais désirer un bébé, et ce moment ne venait pas. Et je sais ce qu'on ressent, quand on désire quelque chose, croyez-moi. Je sais parfaitement ce que c'est que d'éprouver un désir. Mais celui-là était absent. En outre, je pensais sans cesse à cette remarque de ma sœur, du temps où elle allaitait son premier-né : « Avoir un bébé, c'est comme se faire tatouer le visage. Tu as intérêt à être certaine que tu le veux vraiment avant de te lancer. »

Mais comment pouvais-je faire marche arrière ? Tout était en place. C'était censé être l'année du bébé. En fait, depuis plusieurs mois déjà, nous faisions tout pour que je tombe enceinte. Mais rien ne s'était passé jusque-là, hormis le fait que – dans une parodie presque sarcastique de grossesse – je somatisais, souffrais de nausées matinales et vomissais tous les matins mon petit déjeuner. Et chaque mois, quand mes règles arrivaient, je me retrouvais en train de murmurer furtivement dans la salle de bains : « Merci, merci, merci, merci de m'avoir accordé encore un mois à vivre… »

J'ai tenté de me convaincre que c'était normal. Toutes les femmes doivent éprouver cela quand elles essaient de tomber enceinte, avais-je décidé. (« Ambivalente. » C'est le terme que j'utilisais, évitant la description bien plus fidèle : « Totalement morte de trouille. ») J'essayais de me persuader que c'était là des sentiments courants, même si tout me prouvait le contraire – comme, par exemple, cette connaissance, croisée la semaine précédente, qui venait d'apprendre qu'elle était enfin enceinte après avoir consacré deux ans et l'équivalent d'une rançon de roi à des traitements de fertilité. Elle était aux anges. Elle avait toujours voulu être mère, m'avait-elle dit. Depuis des années, elle achetait en douce de la layette, qu'elle planquait sous le lit, où son mari ne la trouverait pas. J'avais reconnu la joie qui irradiait son visage : c'était celle qui, au printemps précédent, avait illuminé le mien quand j'avais appris que le magazine avec lequel je collaborais allait m'envoyer en Nouvelle-Zélande, pour écrire un reportage sur les calmars géants. Et là, je m'étais dit : « Tant que l'idée d'avoir un bébé ne t'inspire pas le même sentiment d'extase que l'idée de partir traquer le calmar géant en Nouvelle-Zélande, tu ne peux pas avoir de bébé. »

Je ne veux plus de ce mariage.

À la pleine lumière du jour, je barrais la route à cette pensée, mais la nuit, elle me consumait. Quelle catastrophe ! Comment pouvais-je être idiote et destructrice au point de m'engager jusqu'au cou dans ce mariage pour, au final, me débiner ? Nous venions tout juste d'acheter cette maison, un an auparavant. Ne l'avais-je pas voulue, cette jolie maison ? Ne l'avais-je pas adorée ? Alors pourquoi, nuit après nuit désormais, hantais-je ses couloirs en me lamentant telle Médée ? N'étais-je pas fière de tout ce que nous avions amassé – cette maison de prestige dans l'Hudson Valley, un appartement à Manhattan, huit lignes téléphoniques, les amis, les pique-niques, les fêtes, les week-ends passés à arpenter les rayons des grandes surfaces pour acheter toujours plus d'équipements à crédit ? À chaque instant, j'avais participé activement à l'édification de cette vie – alors pourquoi avais-je l'impression qu'elle ne me ressemblait en rien ? Pourquoi me sentais-je à ce point accablée par la responsabilité, par le devoir, à ce point lasse de mon rôle de pourvoyeuse principale aux frais du ménage, de gardienne du foyer, de coordinatrice sociale, de promeneuse de chien, d'épouse, de future mère et – quelque part à mes moments perdus – d'écrivain ?

Je ne veux plus de ce mariage.

Mon mari dormait dans la pièce voisine, dans notre lit.

Je l'aimais tout autant que je ne pouvais plus le supporter. Je ne pouvais pas le réveiller pour partager ma détresse – à quoi cela aurait-il servi ? Depuis plusieurs mois déjà, il me regardait partir en vrille, me comporter comme une folle (nous étions tous les deux d'accord sur l'emploi de ce mot) et je ne faisais que l'épuiser. Nous savions l'un et l'autre que « quelque chose ne tournait pas rond chez moi », et ce « quelque chose » commençait à amenuiser sa patience. Il y avait eu des disputes violentes, des pleurs, et nous étions exténués comme seuls les couples dont le mariage part à vau-l'eau peuvent l'être. Nous avions des yeux de réfugiés.

Les multiples raisons pour lesquelles je ne voulais plus être l'épouse de cet homme sont trop personnelles et trop tristes pour que j'en fasse part ici. Une bonne partie d'entre elles était liée à mes problèmes, mais beaucoup de nos ennuis découlaient de ses propres problèmes, également. Rien que de normal à ça ; tout ce qui a trait au mariage ne marche-t-il pas par deux – deux votes, deux opinions, deux séries de décisions, de désirs et de restrictions conflictuels ? Cependant, je trouve qu'il serait déplacé de ma part d'aborder dans ce livre mes problèmes conjugaux. Et comme je ne demanderai jamais à personne de me croire capable de rapporter une version objective de notre histoire, je m'abstiendrai aussi de chroniquer la faillite de notre couple. Je ne mentionnerai pas non plus toutes les raisons pour lesquelles je *voulais* encore rester sa femme, ni toutes les choses merveilleuses dont il était capable, ni pourquoi je l'aimais et pourquoi je l'avais épousé, ni pourquoi j'étais incapable d'imaginer la vie sans lui. Je ne dirai rien de tout ça. Il suffira de dire que, cette nuit-là, cet homme était encore mon phare et mon albatros, à mesure égale. La seule idée plus inconcevable encore que celle de le quitter, c'était rester ; la seule chose plus impossible pour moi que rester, c'était partir. Je ne voulais rien détruire, ni personne. Je voulais juste m'éclipser discrètement, par la porte de derrière, sans causer d'histoires, sans engendrer de conséquences, et de là courir sans m'arrêter jusqu'au Groenland.

Cette partie de mon récit n'est pas très joyeuse, je le sais. Mais je l'évoque ici parce que ce soir-là, sur le carrelage de cette salle de bains, il était sur le point de se produire un événement qui allait changer à jamais le cours de ma vie – du même ordre et de la même ampleur que quand, dans le cosmos, une planète se retourne sur elle-même sans aucune raison apparente et que le repositionnement de son noyau en fusion entraîne une relocalisation de ses pôles et une altération radicale de sa forme, si bien que, par exemple, la masse de la planète, de sphérique, devient soudain oblongue. Quelque chose dans ce goût-là.

Ce qui s'est passé, c'est que j'ai commencé à prier.

Vous savez – comme dans *prier Dieu*.

3

Ça, pour moi, c'était une première. Et puisque c'est aussi la première fois qu'apparaît ici ce mot chargé de sens – DIEU –, et qu'il réapparaîtra souvent tout au long de ce livre, il me semble juste de marquer ici une pause pour expliquer précisément ce que j'entends par ce mot. Ainsi, chacun pourra décider tout de suite dans quelles proportions il doit s'offusquer.

Réservons pour plus tard le débat relatif à l'existence de Dieu. Non, j'ai une meilleure idée : faisons totalement l'impasse sur ce débat. Laissez-moi d'abord vous expliquer pourquoi j'utilise le mot « Dieu » quand je pourrais tout aussi facilement en utiliser d'autres – « Jéhovah », « Allah », « Shiva », « Brahma », « Vishnu » ou « Zeus ». Je pourrais aussi substituer à « Dieu » le vocable « Ça », par lequel le désignent les anciens textes sacrés sanskrits, et qui, je pense, se rapproche de cette indicible entité englobant tout dont j'ai parfois fait l'expérience. Mais ce « Ça » me fait l'effet d'être trop impersonnel – propre à désigner une chose, non un être – et en ce qui me concerne, je ne peux pas prier un Ça. Il me faut un nom, un vrai nom, pour pleinement sentir une présence singulière. Pour cette même raison, quand je prie, je n'adresse pas mes prières à l'Univers, au Grand Vide, à la Force, à l'Être Suprême, au Tout, au Créateur, à la Lumière, à la Puissance Supérieure, ni même à la plus poétique des manifestations du nom de Dieu, empruntée, je crois, aux chants gnostiques : « L'Ombre du Tournant ».

Je n'ai rien contre ces termes. J'ai l'impression qu'ils se valent tous parce qu'ils sont tous des descriptions aussi adéquates qu'inadéquates de l'indescriptible. Mais chacun de nous a besoin d'un nom fonctionnel pour cet indescriptible et « Dieu » étant – je trouve – le nom le plus chaleureux, c'est celui que j'utilise. Je devrais également avouer que généralement, je fais référence à Dieu par le pronom « Il », ce qui ne me gêne pas car, dans mon esprit, ce n'est qu'un pronom personnel pratique – et nullement une description anatomique d'un genre donné, pas plus qu'un motif de révolution. Bien entendu, si certains préfèrent employer « Elle », ça ne me dérange pas, je comprends ce qui peut motiver ce choix. Encore une fois, pour moi, tous ces termes se valent, tous sont également adéquats et inadéquats. Cela dit, que ce soit « Il » ou « Elle », je trouve que la majuscule est une jolie attention, une petite politesse quand on est en présence du divin.

D'un point de vue culturel, mais non pas théologique, je suis chrétienne. Je suis, par ma naissance, une Anglo-Saxonne blanche de confession protestante. Mais même si j'adore ce grand professeur de paix qu'on appelait Jésus, même si je me réserve le droit de me demander, dans certaines situations épineuses, ce qu'il aurait fait, je ne peux pas gober cette unique règle immuable du christianisme selon laquelle le Christ est le *seul* chemin qui mène à Dieu. Stricto sensu, je ne peux donc pas dire que je suis chrétienne. La plupart des chrétiens de ma connaissance acceptent mes vues sur le sujet avec délicatesse et ouverture d'esprit. Mais je dois préciser que la plupart d'entre eux ne le sont pas à proprement parler. À tous ceux qui sont de stricte obédience, je ne puis que présenter mes excuses si jamais je heurte leur sensibilité, et leur demander la permission de ne pas prendre part à leurs considérations.

En général, j'ai toujours été réceptive aux mystiques transcendants, toutes religions confondues. J'ai toujours accueilli avec un enthousiasme pantelant tous ceux qui ont professé que Dieu ne vit pas dans un texte sacré dogmatique ni ne siège sur un lointain trône céleste, mais demeure au contraire tout près de nous – bien plus que nous ne l'imaginons, respirant dans notre propre cœur. Je rends grâce à toute personne qui a voyagé jusqu'au centre de ce cœur, et en est revenue pour nous apprendre, à nous autres, que Dieu est *une expérience de l'amour suprême*. De tout temps, dans chaque tradition religieuse, il y a eu des saints et des mystiques transcendants pour rapporter avec exactitude cette expérience. Nombre d'entre eux, hélas, ont fini par être arrêtés ou tués. Cela n'entame en rien la haute estime que j'ai d'eux.

Finalement, ce que je crois concernant Dieu est simple. Aussi simple que ça : j'ai eu autrefois un chien vraiment génial. Il venait de la fourrière. Il présentait un mélange de dix races environ, mais semblait avoir hérité des traits les plus fins de chacune. Il avait un pelage marron. Quand on me demandait : « Quelle sorte de chien est-ce ? », je répondais invariablement : « C'est un chien marron. » De même, face à la question : « En quel Dieu croyez-vous ? », ma réponse coule de source : « Je crois en un Dieu magnifique. »

4

Naturellement, depuis cette fameuse nuit où, age-nouillée dans la salle de bains, j'ai parlé directement à Dieu pour la toute première fois, j'ai eu tout le temps d'expliciter mes idées sur la divinité. En revanche, quand j'étais dans les affres de cette crise de novembre, formuler mes vues théologiques était le cadet de mes soucis. Seule une chose m'importait : sauver ma peau. J'avais enfin remarqué que mon désespoir avait atteint un palier apparemment extrême et dangereux pour ma vie, et c'est à ce moment-là que je me suis souvenue que les gens aux prises avec cet état-là se rapprochent parfois de Dieu pour chercher de l'aide. J'avais dû lire ça quelque part dans un bouquin.

Ce que je dis à Dieu cette nuit-là, d'une voix étran-glée par les sanglots, peut se rapporter comme suit : « Bonjour, Dieu. Comment allez-vous ? Moi, c'est Liz. Enchantée. »

Oui – je m'adressai au créateur de l'univers comme si nous venions d'être présentés l'un à l'autre dans un cocktail. Mais ne fonctionne-t-on pas toujours avec nos acquis ? Ce sont les mots que je prononce toujours lorsque je rencontre quelqu'un. Pour ne rien vous cacher, j'ai même dû me faire violence pour ne pas ajouter : « J'ai toujours été une fervente admiratrice de votre travail… »

« Je suis désolée de vous déranger à une heure aussi indue, poursuivis-je. Mais je suis dans un gros pétrin. Je suis également désolée de ne m'être jamais, jusque-là, adressée directement à vous, mais j'espère sincèrement vous avoir toujours exprimé mon immense gratitude pour tous les bienfaits que vous m'avez donnés dans la vie. »

Cette pensée me fit redoubler de sanglots. Dieu patienta. Je me ressaisis, suffisamment pour poursuivre : « Comme vous le savez, je ne suis pas experte en prières, mais pouvez-vous m'aider, s'il vous plaît ? J'ai désespérément besoin d'aide. Je ne sais pas quoi faire. J'ai besoin d'une réponse. S'il vous plaît, dites-moi ce que je dois faire. S'il vous plaît, dites-moi ce que je dois faire. S'il vous plaît, dites-moi ce que je dois faire… »

La prière se rétrécit d'elle-même à cette unique supplique – « S'il vous plaît, dites-moi ce que je dois faire » – répétée en boucle. J'ignore combien de fois je la réitérais. Je sais seulement que j'implorais comme pour ma vie. Et que mes larmes coulèrent abondamment.

Jusqu'à ce qu'elles se tarissent – tout d'un coup.

Tout d'un coup, je m'aperçus que je ne pleurais plus. Pour tout dire, je m'étais même arrêtée de pleurer à mi-sanglot. Toute ma détresse avait été comme aspirée hors de moi. Je soulevai le front du carrelage et m'assis, étonnée. Allais-je voir apparaître quelque Être Suprême, celui-là même qui avait tari mes larmes ? Mais il n'y avait personne. J'étais seule. Sans l'être vraiment, toutefois. J'étais enveloppée de ce que je ne peux décrire que comme une petite poche de silence – un silence si rare que je répugnais à respirer, de peur de l'effrayer. J'éprouvais une quiétude harmonieuse. J'ignore si j'avais déjà éprouvé une telle quiétude auparavant.

Puis, j'ai entendu une voix. Non, non, n'ayez crainte : ce n'était pas celle de Charlton Heston dans une production hollywoodienne de l'Ancien Testament, pas plus qu'une voix me commandant d'aménager un terrain de base-ball dans mon arrière-cour. C'était tout simplement ma propre voix, qui s'exprimait de l'intérieur de mon être. C'était ma voix, mais telle que je ne l'avais jamais entendue auparavant. C'était bien ma voix, mais empreinte d'une sagesse, d'un calme et d'une compassion absolus. C'était le timbre qu'elle aurait eu si j'avais, une fois dans ma vie, fait l'expérience de l'amour et de la certitude. Comment décrire l'affection et la chaleur qui émanaient de cette voix, tandis qu'elle me donnait la réponse qui allait sceller à jamais ma foi dans le divin ?

La voix dit : *Va te recoucher, Liz.*

Je relâchai ma respiration.

Immédiatement, il m'apparut évident que c'était la seule chose à faire. Je n'aurais pas accepté d'autre réponse. Je n'aurais accordé aucun crédit à une voix puissante qui aurait tonné : *Tu dois divorcer !* ou *Tu ne dois pas divorcer !* Parce que ce n'est pas la vraie sagesse. La vraie sagesse donne la seule réponse possible à un moment donné, et cette nuit-là, la seule réponse possible, c'était d'aller me recoucher. *Va te recoucher*, avait dit cette voix intérieure omnisciente, car quel besoin as-tu de connaître la réponse définitive, là tout de suite, à 3 heures du matin, un jeudi du mois de novembre ? *Va te recoucher*, parce que je t'aime. *Va te recoucher*, parce que tout ce dont tu as besoin pour l'instant, c'est de te reposer un peu, et de prendre soin de toi jusqu'à ce que tu trouves la réponse, pour de bon. *Va te recoucher* afin d'avoir, quand la tempête se lèvera, assez de forces pour l'affronter. Et la tempête arrive, ma chère petite. Elle soufflera bientôt. Mais pas ce soir. Par conséquent :

Va te recoucher, Liz.

En un sens, ce petit épisode possédait tous les indicateurs d'une expérience typique de conversion chrétienne – la nuit sombre de l'âme, l'appel à l'aide, la voix qui répond, la sensation d'une transformation à l'œuvre. Mais je ne dirais pas que ce fut dans mon cas une *conversion* religieuse, au sens où le mot s'emploie généralement pour évoquer la conversion personnelle ou la rédemption. Je qualifierais plutôt ce qui s'est passé cette nuit-là de commencement d'une *conversation* religieuse. Ce furent là les préliminaires d'un dialogue ouvert qui, finalement, m'a effectivement conduite très près de Dieu.

5

Si j'avais eu un moyen, n'importe lequel, de savoir que la situation allait se gâter vraiment avant de se gâter carrément, je pense que je n'aurais pas très bien dormi cette nuit-là. Sept mois plus tard – sept mois très pénibles –, j'ai effectivement quitté mon mari. Cette décision enfin prise, j'ai cru le pire passé. Ce qui ne prouve que l'étendue de mon ignorance, à l'époque, en matière de divorce.

Je me souviens d'un dessin humoristique, paru dans le magazine *The New Yorker*. Deux femmes bavardent et l'une dit à l'autre : « Pour vraiment connaître quelqu'un, il faut passer par un divorce. » Bien entendu, j'ai fait l'expérience inverse. Et je dirais que si on tient à ne PLUS connaître quelqu'un, le divorce est un moyen idéal. C'est ce qui s'est passé entre mon mari et moi. Chacun a choqué l'autre, je crois, en devenant du jour au lendemain un étranger auquel il ne comprenait plus rien, avec lequel il n'y avait aucune réconciliation possible. Cet éloignement trouvait son origine dans le fait effroyable que nous étions l'un et l'autre en train de faire quelque chose qu'aucun de nous n'aurait cru possible ; jamais mon mari n'avait songé que je pourrais le quitter, et jamais je n'aurais imaginé qu'il me rendrait la tâche aussi difficile.

Quand j'ai quitté mon mari, j'étais très sincèrement convaincue qu'il nous suffirait de quelques heures, d'une calculette, d'un peu de bon sens et de bonne volonté envers la personne que nous avions autrefois aimée pour régler les aspects pratiques de notre séparation. Ma première suggestion, c'était de vendre la maison et diviser tous nos biens en deux parts égales ; pas une seule seconde je n'avais envisagé que nous pourrions procéder autrement. Il l'a trouvée inéquitable. Donc, j'ai revu ma proposition à la hausse, j'ai même suggéré cet autre genre de partage à parts égales : et s'il prenait tous les biens, et moi tous les torts ? Mais même cette proposition a échoué à déboucher sur un accord. Et là, j'étais bien embêtée. Comment négocie-t-on, une fois qu'on a tout offert ? Je ne pouvais plus rien faire, sinon attendre sa contre-proposition. Ma culpabilité de l'avoir abandonné m'interdisait de penser que je devrais pouvoir conserver ne serait-ce qu'un centime de l'argent que j'avais gagné au cours des dix ans écoulés. En outre, du fait de ma spiritualité fraîchement découverte, il était essentiel à mes yeux d'éviter le conflit. Telle était donc ma position – je n'allais ni me défendre, ni me battre contre lui. Pendant très longtemps, et au mépris des conseils de tous ceux qui s'inquiétaient pour moi, j'ai même refusé de consulter un avocat, car même ça, considérais-je, constituait un acte de guerre. Je voulais me comporter tout du long comme l'aurait fait Gandhi. Ou Nelson Mandela. Sans réaliser sur le moment que Gandhi et Mandela étaient tous les deux *avocats*.

Les mois ont passé. Je vivais dans les limbes en attendant ma libération, en attendant d'en connaître les conditions. Nous vivions séparés (il était parti s'installer dans notre appartement à Manhattan) mais rien n'était résolu. Les factures s'accumulaient, nos carrières respectives étaient en perte de vitesse, la maison tombait en ruine et mon mari ne sortait du silence que pour me rappeler, à la faveur de communications sporadiques, que j'étais une folle criminelle.

Et puis, il y avait David.

Toutes les complications, tous les traumatismes de ces monstrueuses années de divorce ont été décuplés par mon histoire mouvementée avec David – le type dont je suis tombée amoureuse tandis que je prenais congé de mon mariage. Ai-je bien dit ça – que j'étais « tombée amoureuse » de David ? Ce que je voulais dire, c'est que je me suis extirpée de mon mariage pour plonger aussi sec dans les bras de David, exactement comme un acrobate de dessin animé s'élance d'un plongeoir en visant une petite tasse d'eau, dans laquelle il disparaît entièrement. Je me suis accrochée à David pour fuir mon mariage comme s'il était le dernier hélicoptère à quitter Saigon. Je lui ai infligé chacun de mes espoirs de salut et de bonheur. Et, oui, je l'aimais. D'un amour désespéré. S'il me venait un qualificatif plus fort que celui-là pour décrire l'amour que je portais à David, je l'utiliserais ici – or, en amour, le désespoir trace toujours le chemin le plus escarpé.

Je me suis installée avec David sitôt après avoir quitté mon mari. C'était – c'est toujours – un magnifique jeune homme. New-Yorkais de souche, acteur et écrivain, avec ces yeux de velours qui (l'ai-je déjà dit ?) m'ont toujours fait craquer. Débrouillard, indépendant, végétarien, râleur, spirituel, séduisant. Un yogi poète et rebelle de Yonkers. L'arrêt-court débutant et sexy de Dieu en personne. Un homme génial. Exceptionnel, à mes yeux du moins. La première fois que Susan, ma meilleure amie, m'a entendue parler de lui, elle a jeté un œil à mon visage enfiévré et a dit : « Oh, mon Dieu ! Ma petite, tu es dans de sales draps. »

David et moi nous sommes rencontrés parce qu'il jouait dans une pièce adaptée de nouvelles que j'avais écrites. Il jouait un personnage que j'avais inventé, ce qui d'une certaine façon en dit long. Quand on aime d'un amour désespéré, n'en va-t-il pas toujours ainsi ? Nous inventons le personnage de notre partenaire, nous exigeons qu'il soit tel que nous avons besoin qu'il soit, et quand ensuite il refuse d'endosser ce rôle que nous avions créé de toutes pièces pour lui, nous sommes anéantis.

Mais, ah ! Que de merveilleux instants nous avons partagés au cours de ces premiers mois où il était encore mon héros romantique et où moi j'étais encore son rêve incarné ! Jamais je n'avais imaginé qu'une telle stimulation, une telle compatibilité étaient possibles. Nous inventions notre propre langage. Nous partions en voiture, nous balader ou faire des excursions de plusieurs jours. Nous escaladions des sommets, explorions des profondeurs à la nage, projetions de grands voyages autour du monde. Nous nous amusions plus en poireautant ensemble au guichet de la poste que la plupart des couples en lune de miel. Nous nous donnions le même surnom affectif pour ne faire plus qu'un. Nous nous fixions des objectifs, prononcions des vœux, échangions des promesses, partagions des dîners. Il me lisait des livres, et *il faisait ma lessive*. La toute première fois que cela s'est produit, j'ai appelé Susan, aussi abasourdie et émerveillée que si j'avais vu un chameau utiliser un téléphone public : « Un *homme* vient de faire *ma* lessive ! Et il a même lavé mon petit linge à la main !

– Oh, mon Dieu ! Ma petite, tu es dans de sales draps », a répété Susan.

Le premier été de Liz et David a ressemblé à un de ces enchaînements de scènes idylliques qui illustrent la magie des commencements dans n'importe quelle comédie sentimentale – nous nous sommes ébattus dans les vagues, nous avons couru main dans la main dans les champs à la lumière dorée du crépuscule, nous n'avons omis aucun cliché. À cette époque, je pensais encore que mon divorce pourrait se passer sans heurts, même si j'avais ajourné pour l'été toute discussion entre mon mari et moi afin de pouvoir, d'un côté comme de l'autre, calmer le jeu. Et c'était tellement facile de ne pas penser à cette épreuve en goûtant une telle félicité. Puis cet été (période également connue comme « le sursis ») a pris fin.

Le 9 septembre 2001, mon mari et moi nous sommes retrouvés en tête à tête pour la dernière fois, sans avoir conscience que dorénavant, chaque nouvelle rencontre nécessiterait l'entremise et l'arbitrage d'avocats. Nous avons dîné au restaurant. J'ai essayé de parler de notre séparation, mais nous n'avons fait que nous disputer. Il m'a fait savoir que j'étais une menteuse, une traîtresse, qu'il me haïssait et que jamais plus il ne m'adresserait la parole. Deux jours plus tard, au réveil d'une nuit de sommeil agitée, deux avions détournés par des pirates de l'air s'écrasaient sur les deux plus hauts gratte-ciel de ma ville, les réduisant, à l'instar de toutes choses un temps invincibles et solidaires, en un amas de ruines fumantes. J'ai appelé mon mari pour m'assurer qu'il était sain et sauf et nous avons pleuré ensemble sur cette catastrophe, mais je ne suis pas allée le retrouver. Cette semaine-là, tous les New-Yorkais ont mis leur animosité en veille par respect pour l'immense tragédie qui venait de se produire, mais moi, je ne suis pas retournée vers mon mari. C'est à ça que nous avons tous les deux compris que c'était vraiment fini.

Et je n'exagère pas beaucoup en disant que je n'ai plus dormi pendant quatre mois.

Je croyais m'être déjà effondrée par le passé, mais là (en harmonie avec l'effondrement apparent du monde entier), ma vie s'est vraiment fracassée. Aujourd'hui, j'en frémis de songer à ce que j'ai infligé à David au cours de ces mois de vie commune, dans la foulée du 11 septembre et de ma séparation d'avec mon mari. Imaginez sa surprise en découvrant que la femme la plus heureuse et la plus résolue qu'il eût jamais rencontrée n'était en fait qu'un insondable bourbier d'afflictions. Une fois de plus, je passais mon temps à pleurer. C'est là que David a commencé à battre en retraite, et que j'ai découvert l'autre visage de mon héros romantique et passionné – le David aussi solitaire qu'un paria, l'homme froid et distant qui avait besoin d'un territoire personnel plus vaste que celui d'un troupeau de bisons.

Même dans la meilleure des conjonctures, j'aurais probablement vécu cette brusque reculade affective comme un cataclysme, puisque j'incarne la forme de vie la plus affectueuse recensée sur la planète (un genre d'hybride entre golden retriever et bernache)... or là, c'était pour moi la pire des conjonctures. J'étais déprimée, j'étais dépendante, j'avais besoin de plus d'attention que des triplés prématurés. Ce repli sur soi de David n'a fait qu'accroître mon besoin d'attention, qui n'a fait qu'accentuer son recul, qui s'est très vite transformé en retraite face à mon tir nourri de suppliques larmoyantes : « Où vas-tu ? Que nous est-il arrivé ? »

(Petit tuyau : les hommes ADORENT ça.)

Le fait est que j'étais devenue accro à David (pour ma défense, il avait encouragé cette addiction par son petit côté « homme fatal ») et que, maintenant que son attention se détournait, je souffrais de conséquences aisément prévisibles. L'addiction est la marque de fabrique de toute histoire sentimentale fondée sur un amour obsessionnel. Tout commence quand l'objet de votre adoration vous fait don d'une dose enivrante et hallucinogène de quelque chose que vous n'aviez même jamais osé admettre désirer – un *speedball** émotionnel, peut-être, d'amour tempétueux et d'excitation perturbatrice. Très vite, on commence à vouloir toujours plus de cette attention soutenue, avec une voracité monomaniaque de junkie. Et quand on nous refuse la drogue, on tombe aussitôt malade, on cède à la folie, on se sent diminué. Pour ne rien dire du ressentiment qu'on nourrit à l'égard du dealer qui a encouragé cette addiction en premier lieu et qui se refuse désormais à vous approvisionner en bonne came – alors que vous *savez* qu'il la garde planquée quelque part, nom d'un chien, parce que *autrefois, il vous la donnait gratuitement*. L'étape suivante vous trouve amaigrie, grelottante, pelotonnée dans un coin, riche d'une seule certitude : vous seriez capable de vendre votre âme ou de voler vos voisins, juste pour goûter à *cette chose* ne serait-ce qu'une seule fois de plus. Pendant ce temps, vous n'inspirez plus que répulsion à l'objet de votre adoration. Il vous regarde telle une parfaite inconnue, quelqu'un qu'il ne connaîtrait ni d'Ève ni d'Adam, et plus du tout comme la personne qu'il a autrefois passionnément aimée. L'ironie, c'est que vous ne pouvez pas vraiment l'en blâmer. Je

---

* Mélange de cocaïne, d'héroïne et d'amphétamines. *(Toutes les notes – sauf celle de l'exergue – sont de la traductrice.)*

veux dire, regardez-vous : vous êtes une loque pathétique, méconnaissable même à vos propres yeux.

Donc voilà. Votre amour obsessionnel a atteint sa destination finale – la dévaluation totale et impitoyable de soi.

Que je puisse écrire calmement à ce sujet aujourd'hui est la preuve magistrale des pouvoirs curatifs du temps, parce que sur le moment, je ne l'ai pas très bien vécu. Perdre David immédiatement après l'échec de mon mariage, dans la foulée de l'attaque terroriste à l'encontre de ma ville et en plein pendant une monstrueuse procédure de divorce (expérience que mon ami Brian a comparée au fait « d'avoir un très grave accident de la route chaque jour pendant environ deux ans »)… eh bien, c'était tout simplement trop.

Dans la journée, David et moi continuions à connaître des bouffées d'amusement et de compatibilité, mais la nuit, dans son lit, je me transformais en seule survivante d'un hiver nucléaire tandis qu'il se repliait *visiblement* loin de moi, un peu plus chaque jour, comme si j'étais contagieuse. La nuit a commencé à m'inspirer autant de terreur qu'une salle de torture. Je m'allongeais aux côtés du magnifique corps endormi et inaccessible de David, et j'étais happée dans un maelström de solitude et de pensées suicidaires méticuleusement détaillées. Chaque part de mon corps était douloureuse. J'avais l'impression d'être une sorte d'engin primitif tendu par un ressort auquel on infligeait bien plus de pression qu'il ne pouvait en supporter et qui allait exploser, pour le plus grand danger de tous ceux qui se trouvaient dans les parages. J'imaginais mes membres se détacher violemment de mon torse pour échapper au noyau volcanique de chagrin que j'étais devenue. Le matin, la plupart du temps, David me retrouvait dormant par à-coups et au sol à côté de son lit, pelotonnée sur un tas de serviettes de toilette, comme un chien.

« C'est quoi, cette fois ? » demandait-il – encore un autre homme dont j'avais usé la patience.

Je crois qu'au cours de cette période j'ai perdu une quinzaine de kilos.

6

Ah, mais elles n'ont pas eu que du mauvais, ces quelques années…

Parce que Dieu ne vous claque jamais une porte au nez sans ouvrir une fenêtre, dans l'ombre de tout ce chagrin, il m'est tout de même arrivé quelques choses merveilleuses. D'abord, je me suis mise à apprendre l'italien. Puis j'ai trouvé un guru indien. Et enfin, un vieux sorcier m'a invitée à séjourner chez lui, en Indonésie.

Je vais tout reprendre selon l'ordre chronologique.

Pour commencer, la situation a montré quelques signes d'amélioration quand j'ai déménagé de chez David, début 2002, et trouvé, pour la première fois de ma vie, un appartement pour moi toute seule. Il était au-dessus de mes moyens ; je payais encore les traites de cette énorme maison en banlieue que plus personne n'habitait et que mon mari m'interdisait de vendre, et j'essayais de faire face aux frais de justice et d'avocat… mais pour ma survie, il était vital que j'aie une Chambre à Moi. Je voyais cet appartement un peu comme un sanatorium, une clinique où passer ma convalescence. J'ai repeint les murs avec les couleurs les plus chaudes que j'ai pu trouver et chaque semaine, je m'achetais un bouquet de fleurs, comme si j'allais me rendre visite à l'hôpital. Ma sœur m'a offert une bouteille Thermos et une bouillotte (pour que je ne sois pas toute seule dans un lit froid) et chaque nuit, je dormais avec cette bouillotte contre mon cœur, comme si je soignais un traumatisme sportif.

David et moi avions rompu pour de bon. Ou peut-être pas. J'ai du mal à me souvenir combien de fois, au cours de ces mois, nous avons rompu pour nous retrouver ensuite. Mais un schéma s'est mis en place : je me séparais de David, je regagnais force et confiance en moi, et là (attirée comme toujours par ma force et ma résolution) sa passion pour moi se ravivait. Avec respect, pondération et intelligence, nous envisagions de « réessayer », sur la base, chaque fois, d'un nouveau plan raisonnable qui minimiserait nos apparentes incompatibilités. Nous mettions toute notre énergie à essayer de résoudre cette situation. Car comment deux êtres à ce point amoureux l'un de l'autre ne pouvaient-ils pas finir par vivre heureux jusqu'à la nuit des temps ? Ça *devait* marcher. N'est-ce pas ? Unis par des espoirs flambant neufs, nous partagions quelques jours de bonheur délirant. Quelques semaines, parfois même. Mais David finissait par prendre ses distances à nouveau et moi par me cramponner à lui, à moins que ce ne soit le contraire – nous n'avons jamais compris comment fonctionnait le mécanisme. Et une fois de plus, je me retrouvais anéantie. Et pour finir, il partait.

David était mon herbe à chat et ma kryptonite.

Mais au cours de ces périodes de séparation, quelque dures qu'elles fussent, j'apprenais à vivre seule. Et de cette expérience étaient en train de naître les prémisses d'un changement intérieur. Je commençais à sentir que – même si ma vie avait encore des airs de carambolage sur l'échangeur du New Jersey un jour férié – je n'étais plus très loin du point où je me transformerais en individu autonome. En fait, les jours où ni mon divorce ni les drames avec David ne m'inspiraient d'idées suicidaires, je me réjouissais plutôt de tous ces compartiments de temps et d'espace qui apparaissaient dans mes journées et me laissaient le loisir de me poser cette question totalement inédite : « Qu'est-ce que *tu* veux, Liz ? »

La plupart du temps (encore très préoccupée par la procédure de divorce qui me rendrait ma liberté), je n'osais même pas formuler la question, mais, in petto, je me réjouissais de savoir qu'elle existait. Et quand enfin j'ai entrepris d'y répondre, je l'ai fait avec une infinie prudence. Je ne m'autorisais à exprimer mes désirs qu'avec la circonspection d'un enfant qui apprend à marcher :

Je veux suivre des cours de yoga.

Je veux quitter cette soirée de bonne heure, pour rentrer chez moi lire un roman.

Je veux m'offrir une nouvelle boîte de crayons à papier.

Et puis, il y avait aussi ce désir bizarre, qui revenait sans cesse :

Je veux apprendre l'italien.

Depuis des années, je déplorais de ne pas parler l'italien – une langue que je trouve magnifique – sans réussir pour autant à trouver de justification concrète pour m'atteler à son étude. Pourquoi ne pas tout bêtement perfectionner le français, ou le russe – deux langues que j'avais déjà étudiées ? Ou apprendre l'espagnol, qui m'aurait aidée à mieux communiquer avec des millions de mes compatriotes ? À quoi pourrait bien me servir *l'italien* ? Ce n'est pas comme si j'avais l'intention d'aller vivre là-bas. Apprendre à jouer de l'accordéon aurait plus d'intérêt pratique.

Mais pourquoi faut-il qu'il y ait toujours une application pratique à tout ? N'avais-je pas été, pendant des années, un bon petit soldat – qui avait travaillé, produit, toujours respecté les échéances, qui avait pris soin des êtres chers, de ses gencives, payé ses traites de crédit en temps et en heure, qui avait voté, etc. ? Notre vie ici-bas était-elle donc supposée n'être dédiée qu'au devoir ? Dans cette période sombre jalonnée d'épreuves, avais-je besoin, pour apprendre l'italien, d'une justification autre que celle que rien, selon moi, ne pouvait me donner plus de plaisir, là, tout de suite ? D'autant que vouloir apprendre une langue n'avait rien d'un objectif extravagant. Ce n'était pas comme décréter à trente-deux ans : « Je veux devenir danseuse étoile du New York City Ballet. » Apprendre une langue est de l'ordre du *possible*. Donc, je me suis inscrite à des cours dans un de ces centres de formation continue (surnommés « Les Cours du Soir pour Divorcées »). Mes amis ont trouvé ça hilarant. L'un d'eux, Nick, m'a demandé : « Pourquoi apprends-tu l'italien ? Pour pouvoir – au cas où l'Italie envahirait de nouveau l'Éthiopie, et avec succès cette fois – te vanter de connaître une langue parlée dans deux pays ? »

Mais j'adorais apprendre cette langue. Chaque mot était pour moi le chant d'une hirondelle, une formule magique, une truffe. En sortant de cours, je pataugeais sous la pluie jusque chez moi, je me faisais couler un bain chaud et, allongée dans la mousse, je lisais à voix haute mon dictionnaire d'italien et chassais de mon esprit toutes les pressions liées au divorce et à mes peines de cœur. Les mots m'arrachaient des éclats de rire ravis. J'ai commencé à désigner mon téléphone par *il mio telefonino*, « mon petit téléphone ». Je suis devenue une de ces personnes crispantes qui disent tout le temps *Ciao !* Sauf que moi, j'étais super-crispante parce que je ne manquais jamais d'expliquer l'origine du mot. (Si vous tenez à le savoir, c'est l'abréviation de *Sono il suo schiavo!*, formule par laquelle au Moyen Âge les Vénitiens se saluaient entre proches, et qui signifie littéralement « Je suis ton esclave ! ».) Il me suffisait de prononcer ces mots pour me sentir sexy et heureuse. Mon avocat m'a dit de ne pas m'inquiéter et m'a raconté qu'après un divorce sordide, une de ses clientes (d'origine coréenne), avait changé légalement de nom et choisi un patronyme italien, juste pour se sentir à nouveau sexy et heureuse.

Peut-être allais-je partir m'installer en Italie, *tout compte fait*…

7

Une autre aventure importante a débuté au cours de cette période : j'étais en train de découvrir la discipline spirituelle. Assistée et stimulée, évidemment, par l'apparition dans ma vie d'un authentique guru indien vivant – ce dont je serai éternellement redevable à David. La présentation a eu lieu le tout premier soir où je suis allée chez David. C'est un peu comme si j'étais tombée doublement amoureuse dans le même temps. Je suis entrée dans l'appartement de David, et j'ai vu, en photo sur sa commode, une Indienne dont le visage irradiait de beauté. « C'est qui ? ai-je demandé.

– Mon maître spirituel », m'a-t-il répondu.

Mon cœur a loupé un battement, il a trébuché et s'est affalé tête la première. Puis il s'est relevé, s'est époussé, a respiré un grand coup et il a annoncé : « Je veux un maître spirituel. » Je veux dire par là que c'est mon *cœur*, littéralement, qui, s'exprimant par ma bouche, a prononcé ces mots. J'ai senti cette curieuse dissociation se faire en moi, et mon esprit est sorti un instant de mon corps, il a fait volte-face pour regarder mon cœur bien en face, ébahi : « Tu es *sûr*? lui a-t-il demandé, silencieusement.

– *Oui*, a répondu mon cœur. *Sûr et certain.* »

Et là, un brin sarcastique, mon esprit a demandé à mon cœur : *« Et depuis QUAND ? »*

Mais je connaissais la réponse : depuis cette fameuse nuit, sur le carrelage de la salle de bains.

Mon Dieu, oui, je voulais à tout prix un maître spirituel. Aussi sec, j'ai commencé à échafauder un fantasme, à imaginer comment ce serait d'avoir un guru. J'ai imaginé que cette Indienne à la beauté radieuse allait venir chez moi quelques soirs par semaine et que nous siroterions du thé en discutant théologie, qu'elle me prescrirait des lectures et m'expliquerait la signification des sensations étranges que j'éprouverais durant la méditation…

Tout ce rêve s'est effondré comme un château de cartes quand David m'a appris que cette femme jouissait d'une réputation internationale et qu'elle avait des dizaines de milliers d'élèves – dont beaucoup ne l'avaient jamais rencontrée. Toutefois, a-t-il ajouté, des disciples du guru se rassemblaient chaque mardi soir, ici, à New York, pour méditer et psalmodier. « Si l'idée de te retrouver dans une salle avec plusieurs centaines de gens qui psalmodient le nom de Dieu en sanskrit ne te fait pas trop flipper, tu pourrais venir de temps en temps », a-t-il proposé.

Le mardi suivant, je l'ai accompagné. Loin d'être terrifiée par ces gens à l'air tout à fait normal qui célébraient Dieu par leur chant, j'ai senti mon âme s'élever, diaphane, dans le sillage de leurs psalmodies. Ce soir-là, je suis rentrée à pied chez moi en ayant l'impression que l'air me traversait comme si j'étais un drap lavé de frais flottant sur une corde à linge, comme si la ville elle-même était soudain bâtie en papier de riz – et que j'étais assez légère pour me promener sur les toits. J'ai commencé à aller psalmodier chaque mardi. Puis à méditer chaque matin sur le mantra en sanskrit que le guru donne à tous ses élèves (le majestueux *Om namah shivaya*, qui signifie « J'honore la divinité qui réside en moi »). Ensuite, je suis allée pour la première fois écouter le guru parler, en personne, et ses mots m'ont hérissé tout le corps, visage compris, de chair de poule. Et lorsque j'ai appris qu'elle avait un ashram en Inde, j'ai su que je devais m'y rendre le plus rapidement possible.

8

Mais entre-temps, je devais faire ce voyage en Indonésie.

Il s'agissait, une fois de plus, d'une commande d'un magazine. Juste au moment où je me désolais d'être fauchée, seule et séquestrée dans le « Camp d'internement du divorce », la rédactrice en chef d'un magazine féminin m'a demandé si elle pourrait me payer pour m'envoyer à Bali écrire un sujet sur les stages de yoga. En retour, je lui ai posé une série de questions, toutes plus ou moins dans la ligne « Tu me prends pour une niaise ? » et « Est-ce que James Brown dansera ? ». Quand je suis arrivée à Bali (qui, en deux mots, est un endroit charmant), le professeur qui organisait le stage de yoga nous a demandé : « Pendant que vous êtes ici, quelqu'un aimerait-il rendre visite à un sorcier balinais de la neuvième génération ? » (une autre réponse obvie s'imposait), et donc, un soir, nous nous sommes rendus chez lui.

Le sorcier, un petit vieillard presque entièrement édenté à la peau grise et parcheminée et aux yeux rieurs, était le portrait craché de Yoda, le personnage de *La Guerre des étoiles*. Il s'appelait Ketut Liyer. Il s'exprimait dans un anglais déroutant et totalement réjouissant, mais disposait d'un interprète pour les fois où il butait sur un mot.

Notre professeur de yoga nous avait prévenus que nous pourrions, chacun à notre tour, soumettre une question ou un problème au sorcier, et qu'il essayerait de nous aider à les résoudre. Je réfléchissais depuis plusieurs jours à ce que j'allais pouvoir lui demander. Les premières idées qui se sont présentées étaient franchement pitoyables. *Ferez-vous en sorte que mon mari m'accorde le divorce ? Ferez-vous en sorte que David se sente de nouveau sexuellement attiré par moi ?* De telles pensées me mortifiaient : qui part à l'autre bout du monde pour rencontrer un vénérable sorcier indonésien et lui demander d'intercéder dans des *histoires de mecs* ?

Aussi, quand le vieil homme m'a demandé ce que je voulais vraiment, j'ai trouvé d'autres mots, plus vrais.

« Je voudrais faire durablement l'expérience de Dieu, lui ai-je dit. Parfois, j'ai l'impression de comprendre la nature divine de ce monde, mais ensuite, elle m'échappe parce que je me laisse distraire par mes désirs et par des craintes insignifiantes. Je veux être avec Dieu tout le temps. Mais je ne veux pas devenir religieuse, ni renoncer entièrement aux plaisirs de ce monde. Je veux apprendre, je crois, à vivre dans ce monde en jouissant de ses délices, mais également en me consacrant à Dieu. »

Ketut a dit qu'il pouvait répondre à ma question par un dessin. Il m'a montré un croquis qu'il avait réalisé, un jour, durant une méditation. Il représentait un personnage androgyne, debout, les mains jointes dans une attitude de prière. Mais ce personnage avait quatre jambes, et pas de tête. À la place de celle-ci, il n'y avait qu'un feuillage sauvage de fougères et de fleurs. Un petit visage souriant était dessiné à l'emplacement du cœur.

« Pour trouver l'équilibre que tu cherches, a dit Ketut par le biais de son interprète, voilà ce que tu dois devenir. Tu dois garder tes pieds fermement ancrés au sol, comme si tu avais quatre jambes, au lieu de deux. Ainsi, tu pourras demeurer en ce monde. Mais ce n'est plus avec la tête que tu dois le contempler : tu dois le contempler avec le cœur. De cette façon, tu connaîtras Dieu. »

Ensuite, il a demandé s'il pouvait me lire les lignes de la main. Je lui ai tendu ma paume gauche et il a entrepris de me reconstruire, comme un puzzle.

« Tu es une grande voyageuse », a-t-il commencé.

Cela tombait un peu sous le sens, me suis-je dit, puisque je me trouvais à ce moment précis en Indonésie, mais je n'ai pas insisté…

« Tu es la personne la plus chanceuse que j'aie jamais rencontrée. Tu vivras très longtemps, tu auras beaucoup d'amis, tu feras de nombreuses expériences. Tu visiteras le monde entier. Tu n'as qu'un seul problème, dans la vie. Tu te fais trop de soucis. Tu te laisses emporter par tes émotions, par ta nervosité. Si je te promets que, de toute ta vie, tu n'auras jamais plus aucun motif de t'inquiéter, à quelque propos que ce soit, est-ce que tu me croiras ? »

Avec nervosité, j'ai opiné du chef, sans en croire un mot.

« Tu fais un travail créatif, artistique peut-être, et cela te rapporte beaucoup d'argent. Tu seras toujours bien payée pour cette activité. Tu es généreuse avec l'argent, trop peut-être. Ça aussi, c'est un problème. Une fois dans ta vie, tu perdras tout ton argent. Je crois que ça ne saurait tarder.

– Ça pourrait arriver dans les six ou dix prochains mois », ai-je dit en pensant à mon divorce.

Ketut a hoché la tête, comme pour dire « ouais, c'est bien possible ». « Mais ne t'inquiète pas, a-t-il repris. Une fois que tu auras perdu tout ton argent, tu le récupéreras, intégralement. Et aussitôt après, tout ira bien pour toi. Tu te marieras deux fois dans ta vie. Deux mariages. Un court, un long. Et tu auras deux enfants… »

Je m'attendais à ce qu'il me dise « un court, un long », mais brusquement, il est devenu silencieux, il a considéré ma paume en plissant le front et il a ajouté : « Étrange… » – un mot que personne n'a envie d'entendre de la bouche de son diseur de bonne aventure, ou de son dentiste. Il m'a prié de me déplacer, de me poster sous l'ampoule qui pendait du plafond, pour mieux y voir.

« Je me trompe, a-t-il déclaré. Tu n'auras qu'un seul enfant. Tard dans ta vie, une fille. Peut-être. Si tu décides… mais il y a autre chose. » Il a froncé les sourcils et relevé la tête ; brusquement, il semblait très sûr de lui. « Un jour prochain, tu reviendras ici, à Bali. Tu le dois. Tu passeras trois mois ici, peut-être quatre. Tu seras mon amie. Peut-être habiteras-tu ici, avec ma famille. Je pourrai pratiquer l'anglais avec toi. Je n'ai jamais eu personne pour m'aider à pratiquer l'anglais. Je pense que tu sais t'y prendre avec les mots. Je pense que ce travail créatif que tu fais, il concerne les mots, c'est bien ça ?

– Oui ! Je suis écrivain ! J'écris des livres !

– Tu es un écrivain qui vit à New York, a-t-il dit, comme à titre de confirmation. Donc, tu reviendras à Bali, vivre ici, et tu m'apprendras l'anglais. Et moi je t'enseignerai tout ce que je sais. »

Il s'est levé et s'est frotté les mains, comme pour dire « affaire réglée ».

« Si vous êtes sérieux, monsieur, je le suis aussi », ai-je dit.

Il m'a gratifiée d'un grand sourire édenté et a dit : « *See you later, alligator*[*]. »

9

Je suis de ces personnes qui, quand un sorcier indonésien de la neuvième génération leur annonce que leur destin est de partir s'installer à Bali et passer quatre mois sous son toit, pensent qu'elles devraient tout mettre en œuvre pour le faire. Voilà comment mon idée d'année sabbatique consacrée au voyage a commencé à prendre corps. Je devais trouver coûte que coûte le moyen de repartir en Indonésie, à mes frais cette fois. Ça tombait sous le sens. Toutefois, je peinais encore à imaginer comment j'allais m'y prendre, compte tenu du chaos qui régnait dans ma vie. (Non seulement j'avais à régler un divorce onéreux et mes problèmes avec David, mais en plus, le fait de collaborer à un magazine

---

[*] Titre d'un célèbre morceau de rock'n roll dont l'interprétation la plus connue est due à Bill Haley and his Comets.

m'empêchait de partir où que ce soit pendant quatre mois d'affilée.) Mais il *fallait* que je reparte là-bas. N'est-ce pas? Ne l'avait-il pas *prédit*? Le problème, c'est que je voulais également aller en Inde, et séjourner dans l'ashram de mon guru, or partir en Inde est un projet qui coûte du temps et de l'argent lui aussi. Pour ajouter à la confusion, depuis peu, je mourais également d'envie d'aller en Italie, tant pour m'entraîner à parler italien in situ que parce j'étais attirée par l'idée de vivre un petit moment dans une culture qui révère le plaisir et la beauté.

Tous ces désirs semblaient contradictoires. Surtout l'antagonisme Italie/Inde. Qu'est-ce qui importait le plus? La part de moi qui voulait manger des escalopes de veau à Venise? Ou celle qui voulait se réveiller bien avant l'aube dans le cadre austère d'un ashram pour consacrer sa journée à la méditation et aux prières? L'immense poète et philosophe soufi Rumi demanda un jour à ses élèves de coucher par écrit les trois choses qu'ils désiraient le plus au monde. Si un seul élément de cette liste était incompatible avec l'un des deux autres, les avertit Rumi, ils seraient voués à être malheureux. Mieux valait mener une vie centrée sur un seul objectif, leur enseigna-t-il. Mais que faisait-il des avantages qu'il y a à vivre harmonieusement au sein des extrêmes? Le conseil valait-il aussi pour ceux qui étaient capables de se créer une vie suffisamment spacieuse pour se permettre de synchroniser des opposés apparemment incongrus dans une vision du monde qui se refusait à exclure quoi que ce soit? J'avais dit l'entière vérité au sorcier balinais – je voulais faire l'expérience des *deux*. Je voulais goûter aux plaisirs de ce monde et accéder à la transcendance – les doubles gloires d'une vie humaine. Je voulais accéder à ce que les Grecs appelaient *kalos kai agathos*, l'équi-

51

libre du bien et du beau. L'un et l'autre m'avaient fait défaut au cours des deux dernières années : plaisir et dévotion ne peuvent prospérer que dans un espace dépourvu de stress, or moi, j'avais vécu dans un compacteur géant de perpétuelle anxiété. Quant au moyen d'équilibrer un impérieux appétit de plaisir et le désir de dévotion... Bon, il devait bien exister une astuce – à moi de la chercher. Et il me semblait, à en juger par mon bref séjour à Bali, que peut-être je pourrais l'apprendre auprès des Balinais. Peut-être même auprès du sorcier.

Quatre pieds solidement arrimés au sol, une tête pleine de feuillage, qui contemple le monde par le cœur...

J'ai renoncé à choisir – Italie ? Inde ? Indonésie ? – et j'ai fini par admettre tout simplement que je voulais faire ces trois voyages. Passer quatre mois dans chacun de ces pays. Partir un an en tout. Naturellement, c'était un rêve un poil plus ambitieux que déclarer : « Je veux m'offrir une nouvelle boîte de crayons à papier. » Mais c'est ce que je voulais. Et je savais que je voulais écrire sur cette expérience. Mon projet n'était pas d'explorer ces pays par le menu – cela a déjà été fait – mais une facette précise de ma personnalité posée sur la toile de fond de chacun de ces pays, réputés pour exceller depuis toujours dans un des domaines suivants : je voulais explorer l'art du plaisir en Italie, l'art de la dévotion en Inde, et en Indonésie, l'art d'équilibrer les deux. Ce n'est que plus tard, une fois que j'ai admis caresser ce rêve, que j'ai pris garde à l'heureuse coïncidence : tous ces pays portaient un nom commençant par la lettre I, qui signifie « je » en anglais. N'était-ce pas de sacrément bon augure pour un voyage consacré à la découverte de soi ?

Maintenant, si ça vous amuse, je vous laisse imaginer les multiples plaisanteries que cette coïncidence a inspirées à mes petits malins d'amis. Alors comme ça, je voulais me faire les « Trois I » ? Dans ce cas, pourquoi n'allais-je pas passer l'année en Iran, en Irak et en Islande ? Ou mieux – pourquoi ne pas entreprendre un pèlerinage à la Grande Trinité des I – Islip, I-95 et Ikea[*] ? Mon amie Susan a suggéré que je fonde une association à but non lucratif baptisée « Divorcées sans frontières ». Mais toutes ces plaisanteries étaient sans objet puisque je n'étais pas libre de mes mouvements. Le divorce – longtemps après la séparation – n'était toujours pas prononcé. J'avais dû commencer à mettre la pression sur mon mari par voie légale, en faisant des choses atroces et tout droit sorties de mes pires cauchemars – par exemple, produire des accusations écrites (requises par la loi de l'État de New York) sur sa prétendue cruauté mentale. Ces documents, qui ne laissaient aucune place à la nuance, n'étaient en rien une façon de dire au juge : « Hé, écoutez, c'était une relation vraiment compliquée, et j'ai commis moi aussi de grosses fautes, et j'en suis vraiment désolée, mais tout ce que je veux, c'est qu'on m'autorise à partir. »

(Ici, je m'interromps pour offrir une prière à mes aimables lecteurs et lectrices : puissiez-vous ne jamais, jamais devoir obtenir un jugement de divorce à New York.)

Le printemps 2003 a porté la situation à son point d'ébullition. Un an et demi après que je l'avais quitté, mon mari était enfin prêt à discuter des termes d'un arrangement. Oui, il voulait de l'argent, la maison et

---

[*] Islip est une petite ville située sur la presqu'île de Long Island ; l'Interstate 95 (I-95) longe la Côte Est depuis la frontière canadienne et relie l'État du Maine à celui de la Floride.

le bail de l'appartement à Manhattan – tout ce que je lui proposais depuis le début. Mais il réclamait également des choses que je n'avais jamais prises en considération (un intéressement aux royalties provenant des livres que j'avais écrits au cours de notre mariage, une part des éventuels droits d'adaptation cinématographique de mon travail, une part de mes plans d'épargne retraite, etc.) et là, j'ai bien été obligée de protester. S'en sont ensuivis des mois de négociations entre nos avocats respectifs ; pas à pas, une sorte de compromis a commencé à se faire jour et il est apparu que mon mari pourrait accepter de revoir ses prétentions à la baisse. Financièrement, j'allais y laisser des plumes, mais livrer bataille devant les tribunaux coûterait infiniment plus de temps et d'argent – et me rongerait l'âme de surcroît. S'il signait cet arrangement, il ne me resterait qu'à payer et m'en aller. Ce qui, à ce stade-là, me convenait très bien. Notre relation n'étant plus désormais qu'un champ de ruines où nulle courtoisie réciproque n'avait survécu, je n'aspirais plus qu'à une chose : prendre la porte.

La question était : allait-il signer ? D'autres semaines ont passé tandis qu'il contestait encore d'autres détails. S'il n'acceptait pas cet arrangement, nous n'aurions d'autre choix que d'aller au procès. Ce qui signifiait presque à coup sûr que le moindre sou restant serait englouti dans les frais de procédure. Pire : un procès, cela signifiait que tout ce bazar s'éterniserait un an de plus – au minimum. Ainsi, une autre année de ma vie était suspendue à la décision de mon mari (et il *était* encore mon mari, après tout), quelle qu'elle soit. La passerais-je à voyager seule en Italie, en Inde et en Indonésie ? Ou à être entendue dans un sous-sol du tribunal dans le cadre d'une confrontation ?

J'appelais mon avocate quatorze fois par jour, tous les jours – « du nouveau ? » –, et chaque fois, elle m'assurait qu'elle faisait de son mieux, qu'elle m'appellerait sitôt l'arrangement signé. Ma nervosité durant cette attente était à situer entre celle que provoque une convocation dans le bureau du proviseur et celle qui accompagne l'anticipation des résultats d'une biopsie. J'adorerais pouvoir dire que je suis restée calme et zen, mais loin s'en faut. Plusieurs nuits, en proie à des accès de rage, j'ai battu à mort mon canapé avec une batte de softball. La plupart du temps, j'étais juste douloureusement à plat.

Sur ces entrefaites, David et moi avons rompu une fois de plus. Pour de bon, cette fois, semblait-il. Encore que… nous n'arrivions pas à tourner entièrement la page. Souvent, j'étais submergée par le désir de tout sacrifier à mon amour pour lui. D'autres fois, mon instinct me dictait une réaction presque opposée – mettre le plus de continents et d'océans possible entre ce type et moi, dans l'espoir de trouver la paix et le bonheur.

Des rides marquaient désormais mon visage – des sillons permanents s'étaient creusés entre mes sourcils, à force de pleurer et de me ronger les sangs.

Et au beau milieu de tout *ça*, voilà qu'un livre que j'avais écrit quelques années auparavant venait de sortir en poche et que je devais m'acquitter d'une petite tournée de promotion. J'ai emmené mon amie Iva pour me tenir compagnie. Iva a le même âge que moi, mais elle a grandi à Beyrouth. Ce qui signifie que pendant que je faisais du sport et passais des auditions pour les comédies musicales du club théâtre d'un collège du Connecticut, elle passait cinq nuits par semaine tapie dans un abri antibombes, en faisant de son mieux pour ne pas mourir. Je ne sais pas trop comment cette exposition prématurée à la violence a pu façonner un être aussi calme, mais le fait est qu'Iva est aujourd'hui l'une des personnes les plus apaisantes que je connaisse. En outre, elle détient ce que j'appelle la « Ligne directe de l'univers », une sorte de canal spécial de mise en relation avec le divin, fonctionnant vingt-quatre heures sur vingt-quatre, et réservé à son seul usage.

Nous traversions donc le Kansas en voiture, et j'étais dans mon état normal, transpirant d'anxiété au sujet de cet arrangement – *Va-t-il accepter de le signer ? Va-t-il refuser ?* – et j'ai dit à Iva : « Je ne crois pas que je supporterai de passer un an de plus dans les méandres des tribunaux. J'aimerais pouvoir bénéficier d'une intervention divine. J'aimerais pouvoir adresser à Dieu une *pétition* pour lui demander que tout ça finisse.

– Pourquoi ne le fais-tu pas, alors ? »

J'ai expliqué à Iva mes positions personnelles quant à la prière. À savoir qu'adresser à Dieu une requête précise me met mal à l'aise, parce que ça me semble dénoter une faiblesse dans la foi. Je répugne à lui demander : « Vas-tu changer ceci ou cela qui me rend la vie difficile ? » Car allez savoir, Dieu veut peut-être – pour une raison qui m'échappe – que je me collette à ce défi particulier. Je me sens donc beaucoup plus à l'aise si je prie pour trouver le courage d'affronter avec équanimité les péripéties de ma vie, quelque tournure que prennent les événements.

Iva m'a écoutée poliment, puis m'a demandé : « Où es-tu allée pêcher cette idée débile ?

– Comment ça ?

– Où es-tu allée chercher l'idée que nous n'avons pas le droit de prier pour adresser une pétition à l'univers ? Tu fais *partie* de l'univers, Liz. Tu en es un élément constituant – tu as entièrement le droit de participer aux actions de l'univers, et de faire savoir tes sentiments. Donc, vas-y, dis ce que tu as à dire. Plaide ton cas. Crois-moi – ce sera au moins pris en considération.

– C'est vrai ?

– Évidemment ! Écoute – si tu *devais* écrire une pétition à Dieu, là, tout de suite, que dirais-tu ? »

J'ai réfléchi un petit moment, puis j'ai sorti un carnet et écrit ceci :

Très cher Dieu,

S'il te plaît, interviens et aide-moi à mettre un terme à ce divorce. Mon mari et moi avons raté notre mariage et aujourd'hui, nous sommes en train de rater notre séparation. Cette procédure est un poison qui ne cause que souffrances, à nous et à tous ceux qui nous aiment.

Je n'ignore pas que tu as fort à faire avec les guerres, avec des tragédies et des conflits bien plus graves que ce litige qui déchire un couple. Mais selon moi, la santé de chaque habitant de cette planète affecte la santé de la planète. Aussi longtemps que deux personnes restent embourbées dans un conflit, elles contaminent le monde entier. A contrario, il suffirait qu'une ou deux personnes puissent mettre un terme à leur discorde pour améliorer la santé de la planète tout entière, tout comme dans un organisme une poignée de cellules saines peut suffire à en améliorer l'état général.

Je te demande donc, avec la plus grande humilité, de nous aider à mettre un point final à ce conflit, afin que deux personnes supplémentaires puissent avoir une chance de recouvrer leur liberté et leur santé, et ainsi, il y aura un peu moins d'animosité et d'amertume dans un monde qui n'est déjà que trop déréglé par la souffrance.

Je te remercie de ta bienveillante attention,
Avec mon plus profond respect,

Elizabeth M. Gilbert

J'ai lu ma pétition à Iva qui l'a approuvée d'un hoche-ment de tête.

« Je signerais volontiers cette pétition », a-t-elle dit.

Je lui ai tendu le carnet et un stylo, mais comme elle conduisait, elle a dit : « Non, disons que *c'est fait*. Je viens de la signer, avec mon cœur.

– Merci, Iva. J'apprécie ton soutien.

– Bon, qui d'autre pourrait la signer ?

– Ma famille. Ma mère, mon père. Ma sœur.

– OK. *C'est fait*. Considère qu'ils viennent d'ajouter leur signature. Je les ai même sentis le faire. Ils sont sur la liste maintenant. Qui d'autre ? Donne-moi des noms. »

J'ai commencé à égrener les noms de tous les gens qui seraient, selon moi, susceptibles de signer cette pétition. J'ai cité le nom de tous mes amis proches, puis celui de quelques parents, et de gens avec lesquels je travaillais. Chaque fois que je citais un nouveau nom, Iva enchaînait en affirmant avec assurance : « Ouais, c'est fait, il vient de signer » ou « Elle vient de signer ». De temps à autre, elle ajoutait même ses propres signa-taires : « Mes parents viennent de signer. Ils ont élevé leurs enfants dans un pays en guerre. Ils haïssent les conflits inutiles. Ils seront contents de voir ton divorce se terminer. »

J'ai fermé les yeux et attendu que d'autres noms de signataires se présentent à moi.

« Je crois que Bill et Hillary Clinton viennent de signer.

– Je n'en doute pas. Écoute, Liz : *tout le monde* peut signer cette pétition. Tu comprends ? Appelle n'importe qui, vivant ou mort, et commence à collecter les signatures.

– Saint François d'Assise vient de signer !

– *Évidemment !* » Iva a asséné avec conviction une petite claque sur le volant.

À présent, j'étais lancée : « Abraham Lincoln a signé ! Et Gandhi, et Mandela et tous les artisans de paix. Eleanor Roosevelt, Mère Teresa, Bono, Jimmy Carter, Mohammed Ali, Jackie Robinson et le dalaï-lama… et ma grand-mère qui est morte en 1984, et mon autre grand-mère qui vit encore… et mon prof d'italien, et mon psy, et mon agent… et Martin Luther King… et Katharine Hepburn… et Martin Scorsese (ce qui était ma foi un peu inattendu, mais il n'empêche, c'était sympa de sa part)… et mon guru, évidemment… et Joanne Woodward, et Jeanne d'Arc, et Miss Carpenter, mon institutrice de cours moyen, et Jim Henson… »

Les noms fusaient, et ont continué à fuser l'un après l'autre, pendant près d'une heure ; tandis que nous traversions le Kansas, ma pétition pour la paix s'allongeait d'invisibles pages de supporters. Iva continuait à confirmer – « Oui, il a signé, oui, elle a signé » – et entourée par la bonne volonté collective de tant de puissants, je me suis sentie formidablement protégée. Quand la liste a finalement tiré à sa fin, mon anxiété s'était relâchée. J'étais un peu groggy. « Fais une sieste, m'a suggéré Iva. Je vais conduire. » J'ai fermé les yeux. Un dernier nom est apparu. « Michael J. Fox vient de signer », ai-je murmuré avant de me laisser happer par le sommeil. J'ignore combien de temps j'ai dormi, peut-être dix minutes à peine, mais c'était un sommeil profond. Quand je me suis réveillée, Iva conduisait toujours. Elle fredonnait une petite chanson. J'ai bâillé.

Mon portable a sonné.

J'ai regardé ce *telefonino* qui vibrait d'excitation dans le cendrier de la voiture de location. Je me sentais désorientée et un peu *stoned*, et j'étais soudain incapable de me souvenir comment marchait un téléphone.

« Vas-y, a dit Iva qui savait déjà. Réponds. »

J'ai pris l'appel, murmuré un bonjour.

« Excellente nouvelle ! a annoncé mon avocate depuis New York. Il vient de signer ! »

10

Quelques semaines plus tard, je vis en Italie.

J'ai quitté mon boulot, j'ai réglé tout ce qui avait trait à mon jugement de divorce et aux frais de procédure, j'ai lâché ma maison, mon appartement, j'ai stocké ce qui me restait d'affaires chez ma sœur et j'ai rempli deux valises. Mon année de voyage a commencé. Et je peux me *permettre* de faire ça à cause d'un miracle stupéfiant : mon éditeur m'a versé une avance pour le livre que je dois écrire sur mes voyages. En d'autres termes, tout s'était passé comme l'avait prédit le sorcier indonésien. Je perdrais tout mon argent et rentrerais dans mes fonds immédiatement – suffisamment, du moins, pour me permettre de vivre un an.

Et donc désormais, je réside à Rome. L'appartement que j'ai trouvé est un paisible studio dans un immeuble ancien, situé à quelques pâtés de maisons de la Piazza di Spagna, dans une rue qui part de la Piazza del Popolo (où, du temps de la Rome antique, avaient lieu les courses de chars) et se niche à l'ombre des élégants jardins de la villa Borghèse. Certes, ce quartier n'a pas la splendeur tentaculaire de mon ancien quartier new-yorkais, qui faisait face à l'entrée du Lincoln Tunnel, mais bon…

Je m'en contenterai.

11

Mon premier repas romain a été un petit dîner de rien du tout : une assiette de pâtes (des spaghetti *carbonara*) accompagnées d'épinards sautés à l'ail. (À propos de la cuisine italienne, le grand poète romantique Shelley écrivit un jour à un ami resté en Angleterre ces mots horrifiés : « Les jeunes dames de haut rang mangent – vous ne devinerez jamais ! – DE L'AIL ! ») J'ai également mangé un artichaut, juste pour goûter – les Romains sont effroyablement fiers de leurs artichauts. Et puis il y avait un bonus, une petite surprise gracieusement offerte par la serveuse – des beignets de fleurs de courgettes farcis d'un peu de fromage (ces fleurs avaient été apprêtées avec tant de délicatesse qu'elles n'avaient probablement pas remarqué qu'on les avait cueillies). Après les spaghetti, j'ai essayé le veau. Ah – j'ai aussi bu une bouteille de vin rouge, la cuvée du patron, à moi toute seule. Et j'ai grignoté du pain à l'huile d'olive qui sortait du four. En dessert, j'ai pris du tiramisu.

Après ce dîner, j'ai regagné mon studio à pied, aux alentours de 23 heures ; du bruit s'échappait d'un des immeubles de ma rue – des rires, des cris, des cavalcades, sans doute une bande d'ados qui tenaient salon ou fêtaient un anniversaire. J'ai grimpé l'escalier jusqu'à chez moi, je me suis allongée sur mon nouveau lit et j'ai éteint la lumière. J'ai attendu le moment où j'allais me mettre à pleurer, où l'anxiété allait m'étreindre, puisque c'était généralement ce qui se produisait à l'extinction des feux, mais en fait, je me sentais bien. Je ressentais les premiers symptômes du contentement.

Mon corps épuisé a demandé à mon esprit épuisé : « C'est donc là tout ce dont tu avais besoin ? »

Mais la question est demeurée sans réponse. Je m'étais déjà endormie.

12

Dans toute grande ville du monde occidental, il y a des invariants. Des Africains vendent des contrefaçons de sacs et de lunettes de soleil de grandes marques et des musiciens guatémaltèques jouent *El Condor Pasa* à la flûte de Pan. Mais certains détails sont spécifiques à Rome. Comme par exemple le vendeur de sandwichs qui n'hésite pas à m'appeler « ma belle » chaque fois que nous parlons. « Chaud ou froid, le *panino, bella* ? » Ou encore les couples qui, partout dans la ville, se pelotent comme s'ils participaient à un concours et qui s'enroulent sur les bancs, se caressent les cheveux, l'entrejambe, passent leur temps à se bécoter et à se trémousser l'un contre l'autre, perpétuellement…

Et puis il y a les fontaines. Pline l'Ancien a écrit : « Si l'on prend en considération, à Rome, l'abondance des réserves publiques d'eau qui alimentent les bains, les citernes, les canalisations, les maisons, les jardins, les villas ; que l'on considère la distance que ces eaux parcourent, les aqueducs qui ont été érigés, les montagnes qui ont été percées, les vallées qu'il a fallu enjamber, on devra admettre qu'il n'y a jamais eu plus grande merveille au monde. »

Quelques siècles plus tard, j'ai déjà plusieurs candidates en lice au titre de ma fontaine romaine préférée. L'une se trouve à la villa Borghèse. Une famille en bronze s'ébat en son centre. Papa est un faune, maman une simple mortelle. Ils ont un bébé qui apprécie les raisins. Maman et papa ont adopté une curieuse position – ils se font face et se laissent partir à la renverse en se tenant par les poignets. On ne sait pas trop s'il y a de la querelle dans l'air, ou s'ils font au contraire une ronde joyeuse, mais ils ont de l'énergie à revendre. Quoi qu'il en soit, Junior, installé sur leurs poignets et indifférent à leur allégresse ou à leur querelle, mastique sa poignée de grains de raisin tout en laissant pendre ses petits sabots fendus (un trait paternel dont il a hérité).

Nous sommes au début du mois de septembre 2003. L'air est doux, paresseux. Je suis à Rome depuis quatre jours et jusque-là, mon ombre n'a toujours pas obscurci l'entrée d'une église ou d'un musée ; je n'ai même pas ouvert un guide. Mais j'ai marché inlassablement, déambulant sans but précis, et j'ai fini par localiser la minuscule boutique que m'avait indiquée un chauffeur de bus amical, et qui vend les meilleures glaces de Rome. Elle s'appelle Il Gelato di San Crispino. Je pense, sans toutefois mettre ma main à couper, que cela veut dire « la glace de saint Croustillant ». J'ai goûté la glace mielnoisette. Plus tard le même jour, j'y suis revenue pour déguster les sorbets au pamplemousse et au melon. Et le soir, après dîner, je suis retournée là-bas pour tester cette fois un mélange de cannelle et de gingembre.

Je m'efforce de déchiffrer chaque jour un article de journal, quel que soit le temps que l'exercice me prenne. Je consulte mon dictionnaire tous les trois mots environ. Aujourd'hui, les nouvelles étaient fascinantes. Difficile d'imaginer un gros titre plus théâtral que « *Obesità! I bambini italiani sono i più grassi d'Europa!* ». Bonté divine! L'obésité! L'article, je crois, affirme que les enfants italiens sont les plus gras d'Europe! En poursuivant ma lecture, j'apprends qu'ils sont considérablement plus gras que leurs camarades allemands et que la comparaison devient encore plus criante avec les petits Français. Dieu merci, ils avaient omis de faire le parallèle avec les enfants américains. (L'industrie des pâtes alimentaires s'est défendue.) Ces alarmantes statistiques sur l'embonpoint des petits Italiens ont été révélées hier par « *una task force internazionale* ». Il m'a fallu presque une heure pour déchiffrer la totalité de l'article, tout en mangeant une pizza et en écoutant un enfant jouer de l'accordéon de l'autre côté de la rue. Le gamin ne me semblait pas si gras que ça, mais cela tenait peut-être au fait qu'il était Rom. Je ne sais pas si j'ai mal lu la dernière phrase de l'article, mais il m'a semblé comprendre que, d'après le gouvernement, le seul remède contre le fléau de l'obésité en Italie serait d'instaurer une taxe sur le surpoids… Est-ce possible? Au bout de quelques mois, à manger comme je le fais depuis mon arrivée, vont-ils s'en prendre à moi?

Il est également important de lire chaque jour le journal pour savoir comment se porte le pape. Ici, à Rome, sa santé fait l'objet d'un bulletin quotidien dans la presse, exactement comme la météo, ou les programmes télé. Aujourd'hui, le pape est fatigué. Hier, le pape était moins fatigué qu'il ne l'est aujourd'hui. Nous espérons que demain le pape sera moins fatigué qu'aujourd'hui.

Rome me fait l'effet d'un royaume linguistique enchanté. Pour quelqu'un qui a toujours voulu parler italien, quoi de mieux? C'est comme si quelqu'un avait inventé une ville dans l'unique but de satisfaire à mon cahier des charges, une ville où tout le monde (même les enfants, même les chauffeurs de taxi, même les acteurs dans les spots publicitaires) parle cette langue magique. C'est comme si la ville tout entière conspirait pour m'apprendre l'italien. On imprime même les journaux en italien, pendant que je suis ici ; tout le monde trouve ça normal ! Il y a des librairies *où l'on ne vend que des livres écrits en italien* ! J'en ai découvert une hier matin, et j'ai eu l'impression d'entrer dans un palais enchanté. Tous les ouvrages étaient en italien – même ceux du docteur Seuss*. J'ai déambulé entre les tables, j'ai tripoté tous les livres, en espérant que si quelqu'un m'observait, il penserait que l'italien est ma langue maternelle. Ah, je veux tellement que l'italien n'ait plus de mystère pour moi ! Ce sentiment me rappelle comment, à quatre ans, je mourais d'envie d'apprendre à lire. Je me revois dans la salle d'attente d'un médecin avec ma mère : je tenais un numéro de *Good Housekeeping* ouvert bien en évidence devant moi et je tournais les pages lentement, le regard rivé sur les textes, en espérant faire croire aux adultes présents dans la pièce que je savais lire. Jamais depuis ce jour je n'ai éprouvé un tel appétit de compréhension. J'ai trouvé dans cette librairie quelques ouvrages de poètes américains en édition bilingue. J'ai acheté un volume de Robert Lowell, et un autre de Louise Glück.

Il y a des cours de conversation spontanée partout. Aujourd'hui, j'étais installée sur un banc, dans un jardin, et une minuscule vieille dame en robe noire est venue s'asseoir à côté de moi et a commencé à m'entretenir d'un ton autoritaire. Je ne comprenais pas ce qu'elle me voulait. J'ai secoué la tête, muette et déroutée. Je me suis excusée, en lui disant dans un très joli

---

* Auteur de littérature enfantine très populaire aux États-Unis.

italien : « Je suis désolée, mais je ne parle pas italien. »
À son air, il m'a semblé qu'elle m'aurait volontiers
assommée avec une cuillère en bois, si elle en avait eu
une. « Si, vous comprenez ! » a-t-elle insisté. (Ce qui
ne manquait pas d'intérêt, c'est qu'elle avait raison.
J'avais *effectivement* compris cette dernière phrase.)
Du coup, elle a voulu savoir d'où je venais. De New
York, ai-je répondu. Et elle, d'où était-elle ? Je vous
le donne en mille : elle était de Rome. En entendant
ça, j'ai applaudi comme un bébé. *Ah, Rome ! Rome la
splendide ! J'adore Rome ! Rome la belle !* Elle a écouté
mes rhapsodies primitives d'un air sceptique, puis,
sans y aller par quatre chemins, elle m'a demandé si
j'étais mariée. Divorcée, lui ai-je répondu. C'était la
toute première fois que je le disais à quelqu'un, et voilà
que je me retrouvais à le dire en italien. Naturellement,
elle a demandé, avec autorité : *« Perché ? »* Eh bien…
« Pourquoi », c'est une question à laquelle il est difficile de répondre, dans quelque langue que ce soit. J'ai
bafouillé, et pour finir, j'ai lâché : *« L'abbiamo rotto »* –
« Nous l'avons cassé ».

La dame a hoché la tête, elle s'est levée et a remonté
la rue en direction de son arrêt de bus, sans se retourner, sans un autre regard. Était-elle en colère contre
moi ? Bizarrement, pendant vingt minutes, je l'ai attendue sur ce banc de jardin public, en pensant, contre
toute logique, qu'elle pourrait revenir et poursuivre
notre conversation, mais elle n'est jamais revenue. Elle
s'appelait Celeste, avec un *c* chuintant, comme dans
cello.

Plus tard dans la journée, j'ai trouvé une bibliothèque. Ah, que j'aime les bibliothèques ! Parce que
nous sommes à Rome, celle-ci est installée dans une
vieille bâtisse magnifique, agrémentée d'une cour intérieure arborée dont jamais, de la rue, on n'aurait pu

deviner l'existence. Ce jardin forme un carré parfait, ponctué d'orangers, et orné, en son centre, d'une fontaine. Qui, quoique ne ressemblant à aucune autre que j'avais vue jusque-là, allait rejoindre la liste des prétendantes au titre de ma fontaine romaine préférée, je l'ai vu tout de suite. Elle n'était pas sculptée dans du marbre, pour commencer. C'était une petite fontaine toute verte, recouverte de mousse – une fontaine bio. On aurait dit un buisson hirsute d'où ruisselaient des fougères. (Qui ressemblaient aux feuillages sauvages qui poussaient de la tête de ce personnage en prière que le vieux sorcier indonésien m'avait dessiné.) L'eau jaillissait du centre de cet arbuste à fleurs, puis coulait en filets sur les feuilles, emplissant toute la cour d'une charmante musique mélancolique.

J'ai avisé un siège sous un oranger et j'ai ouvert un des recueils de poésie que j'ai achetés hier. Celui de Louise Glück. J'ai lu le premier poème en italien, puis en anglais, et je me suis arrêtée net sur ce vers :

Dal centro della mia vita venne una grande fontana...
« Du centre de ma vie est venue une majestueuse fontaine... »

J'ai posé le livre sur mes genoux, toute tremblante de soulagement.

13

Franchement, je ne suis pas la voyageuse la plus dégourdie au monde.

Je le sais parce que j'ai beaucoup voyagé et que j'ai rencontré des gens qui sont de formidables voyageurs. Des voyageurs-nés. J'ai croisé des routards si aguerris physiquement qu'ils pourraient boire toute l'eau d'un caniveau de Calcutta sans jamais tomber malade. J'ai rencontré des gens capables d'assimiler des rudiments d'une nouvelle langue là où nous autres n'arriverions qu'à contracter des maladies. Des gens qui savent comment amadouer un douanier menaçant ou enjôler un préposé aux visas récalcitrant. Des gens qui ont la bonne taille et la bonne nuance de teint pour se fondre plus ou moins dans la population locale, où qu'ils aillent – en Turquie, ils pourraient être turcs ; au Mexique, les voilà soudain mexicains ; en Espagne, on les prendrait pour des Basques ; en Afrique du Nord, ils peuvent à l'occasion être considérés comme arabes…

Je ne possède pas ces qualités. Tout d'abord, je ne passe pas inaperçue. Grande, blonde, le teint clair et rosé, je tiens moins du caméléon que du flamant rose. Où que j'aille, à l'exception de Düsseldorf, je me fais remarquer. Quand j'étais en Chine, les femmes dans la rue s'approchaient de moi et me montraient à leurs enfants comme si j'étais un animal évadé d'un zoo. Et ces gosses – qui n'avaient jamais rien vu de tel – éclataient souvent en larmes à la vue de ce spectre au visage rose et à la chevelure jaune. C'est un des aspects de la Chine que j'ai vraiment détestés.

Je ne suis pas très dégourdie (ou plutôt, pas très vaillante) pour me documenter sur une destination avant mon départ ; j'ai tendance à me pointer sur place, et voir ce qui arrive. Quand on voyage comme ça, ce qui « arrive », en général, c'est qu'on passe un bon moment planté au milieu de la gare, complètement perdu, ou qu'on gaspille des sommes extravagantes dans les hôtels, par ignorance. Grâce à mon sens défaillant de l'orientation et de la géographie, j'ai exploré six continents dans ma vie, en n'ayant, chaque fois, qu'une très vague notion de l'endroit où je me trouvais. Et non contente d'avoir un compas interne affecté de strabisme, je dispose également de piètres réserves de sang-froid, ce qui peut se révéler un réel problème en voyage. Je n'ai jamais appris à me composer une expression neutre qui me rende plus ou moins invisible, et qui est si pratique quand on voyage dans des contrées étrangères périlleuses. Vous savez bien : l'expression archi-détendue de celui qui maîtrise parfaitement la situation, et qui donne l'impression qu'il est partout dans son élément, même au beau milieu d'une émeute à Jakarta. Ah, non ! Quand je ne sais pas ce que je fais, j'ai l'air de quelqu'un qui ne sait pas ce qu'il fait. Quand je suis excitée, ou nerveuse, j'ai l'air excité ou nerveux. Et quand je suis paumée, ce qui arrive souvent, j'ai l'air paumé. Mon visage transcrit fidèlement chacune de mes émotions. Comme David l'a souligné une fois : « Ton visage est le contraire de celui d'un joueur de poker. Tu as un visage… de joueuse de mini-golf. »

Ah, et puis que d'avanies les voyages ont infligées à mon système digestif ! Je n'ai pas vraiment envie d'ouvrir (pardonnez-moi l'expression) cette boîte de vers, mais il suffira de dire que j'ai expérimenté tous les extrêmes de l'urgence digestive. Au Liban, une nuit, j'ai été si furieusement malade que je ne pouvais qu'imaginer que j'avais contracté une version moyen-orientale du virus Ebola. En Hongrie, j'ai souffert d'une affection intestinale tout à fait différente, qui a changé à jamais ma compréhension du terme « bloc soviétique ». Mais j'ai souffert également d'autres faiblesses physiques. En Afrique, mon dos m'a lâchée le tout premier jour du voyage ; au Venezuela, j'ai été la seule de mon groupe à émerger de la jungle avec des piqûres d'araignée infectées, et devinez qui a attrapé des coups de soleil carabinés à *Stockholm* ?

En dépit de tout cela, le voyage reste la grande passion de ma vie. J'ai toujours eu le sentiment (depuis mon tout premier périple, en Russie, que je m'étais offert à seize ans en économisant sur mes baby-sittings) qu'il vaut tous les sacrifices et l'argent qu'on y consacre. Je fais preuve, dans mon amour du voyage, d'une loyauté et d'une constance qui n'ont pas toujours été au rendez-vous avec mes autres amours. Je nourris, à son égard, les mêmes sentiments qu'une mère pour son nourrisson insupportable, agité et pris de colique – peu m'importe ce qu'il m'inflige. Parce que je l'adore. Parce que c'est le mien. Parce qu'il me ressemble en tous points. Qu'il me dégueule dessus si ça lui chante – je m'en fiche complètement.

Cela dit, pour un flamant rose, je ne suis pas totalement sans défense. J'ai mon petit arsenal personnel de techniques de survie. Je suis patiente. Je sais voyager léger. Je suis une mangeuse intrépide. Mais surtout, j'ai un talent formidablement utile en ces circonstances : je peux me lier d'amitié avec *n'importe qui*. J'en serais capable avec les morts. Une fois, en Serbie, je suis devenue copine avec un criminel de guerre, qui m'a invitée à passer des vacances à la montagne, avec sa famille. Non que je sois fière de compter des bouchers serbes dans mon cercle rapproché (j'avais dû me lier avec lui pour mener à bien un reportage, mais aussi pour éviter de récolter un coup de poing) ; je dis juste que j'en suis capable. C'est pour cette raison que je ne crains pas de voyager dans les contrées les plus reculées, du moment qu'il est possible d'y rencontrer des êtres humains. Quand, avant mon départ pour l'Italie, des gens me demandaient : « Tu as des amis à Rome ? », je secouais la tête et songeais, *non, je n'ai pas d'amis à Rome... mais ça ne saurait tarder.*

La plupart du temps, en voyage, on rencontre ses amis par hasard, parce qu'on s'est retrouvés assis côte à côte dans un train, au restaurant, ou dans une cellule. Mais ce sont là des rencontres fortuites, et on ne devrait jamais entièrement compter sur la chance. Pour une approche plus méthodique, il y a encore le bon vieux système un poil protocolaire de la lettre d'introduction (qui aujourd'hui sera plus vraisemblablement un e-mail), qui vous met en contact de façon formelle avec une connaissance de connaissance. Si on est assez culotté pour démarcher la personne en question et s'inviter à dîner, c'est une super-technique pour faire des rencontres. Donc avant mon départ pour l'Italie, j'ai demandé à tous les gens que je connais en Amérique s'ils avaient des amis à Rome, et j'ai le plaisir de pouvoir dire que j'ai été envoyée à l'étranger munie d'une liste substantielle de contacts italiens.

Sur cette liste de « Nouveaux amis italiens potentiels », un candidat m'intrigue tout particulièrement : un certain... attention, tenez-vous bien... Luca Spaghetti. Ce Luca Spaghetti est un bon ami de mon copain Patrick McDevitt, que je connais depuis la fac. Et c'est vraiment son nom, je le jure devant Dieu, je n'invente rien. Franchement... accordez-vous deux secondes de réflexion. Vous vous imaginez traverser la vie affublé d'un nom tel que Patrick McDevitt ?

Quoi qu'il en soit, je prévois de contacter Luca Spaghetti le plus tôt possible.

Cependant, je dois d'abord faire ma rentrée des classes. Les cours à l'Académie de langue Léonard de Vinci, où je vais étudier l'italien quatre heures par jour, cinq jours par semaine, commencent aujourd'hui. Cette perspective m'enthousiasme au plus haut point. Quelle *élève* éhontée je fais ! Hier soir, j'ai préparé mes vêtements, exactement comme je l'ai fait la veille de ma rentrée au cours préparatoire, avec mes chaussures en cuir et ma nouvelle boîte à déjeuner. J'espère que le professeur m'aura à la bonne.

En ce premier jour à l'Académie Léonard de Vinci, nous allons tous passer un test, afin d'être affectés au cours correspondant à notre niveau. Sitôt que j'ai entendu ça, je me suis prise à espérer que je n'allais pas me retrouver dans le cours de premier niveau. Ce serait humiliant, compte tenu du fait que j'ai déjà suivi des cours d'italien à New York pendant tout un semestre aux « Cours du soir pour divorcées », que j'ai passé l'été à mémoriser des fiches, que je suis depuis une semaine à Rome, où je pratique la langue, et que j'ai même discuté du divorce avec une grand-mère. J'ignore combien il y a de classes dans cette école, mais sitôt que j'ai entendu le mot « niveau », j'ai décidé que je devais me placer au niveau deux – au moins.

Aujourd'hui, comme il pleut des cordes, je suis partie à l'école de bonne heure (comme je l'ai toujours fait) et je passe le test. Qu'est-ce qu'il est difficile ! Je n'arrive même pas à en faire le dixième ! Je sais pourtant des tas de trucs en italien, je connais des *douzaines* de mots, mais on ne me demande rien de ce que je sais. L'examen oral qui suit est encore pire. Le professeur qui m'interroge, un Italien tout maigre, parle beaucoup trop vite selon moi et je devrais me débrouiller bien mieux que ça, mais je suis nerveuse, et je commets des erreurs sur des choses que je sais. Par exemple, pourquoi dis-je « *vado a scuola* » au lieu de « *sono andata a scuola* » ? Je le savais, pourtant !

Mais finalement, je m'en tire bien. Le professeur italien tout maigre regarde ma copie et rend son verdict.

Niveau DEUX !

Les cours débutent dans l'après-midi. J'en profite pour aller déjeuner (des endives braisées), puis je regagne l'école d'un pas guilleret, dépasse avec dédain les élèves du premier niveau (qui doivent être vraiment *molto stupido*) et entre dans la salle pour mon premier cours. Avec mes pairs. Sauf qu'il devient très vite évident que ces gens-là ne sont pas mes pairs, et que je n'ai rien à faire là, parce que le niveau deux est affreusement *difficile*. J'ai l'impression de nager, mais comme une enclume. Comme si je buvais la tasse à chaque inspiration. Le prof, un type maigre (pourquoi les profs sont-ils si maigres, dans cette boîte ? Les Italiens maigres ne m'inspirent aucune confiance), va beaucoup trop vite, il saute des chapitres entiers du manuel (« Ça, vous le savez déjà, ça vous le savez déjà… ») et poursuit une conversation à tir nourri avec mes camarades de classe qui, semble-t-il, parlent couramment. Mon estomac est noué d'horreur, je suffoque et je prie pour qu'il ne s'adresse pas à moi. Au moment de la pause, je me rue à l'administration, sur des jambes en coton, presque en larmes, et je demande dans un anglais très clair si on peut me rétrograder au premier niveau. Ce qu'ils font. Et maintenant, je suis là.

Le prof est bien en chair, et il parle lentement. Voilà qui est beaucoup mieux.

15

Le détail intéressant, dans mon cours d'italien, c'est que personne ne le suit par réelle nécessité. Nous sommes douze à étudier ensemble, de tous les âges, du monde entier, et nous sommes tous venus à Rome pour la même raison – pour apprendre l'italien, par plaisir et par amour de cette langue. Aucun de nous ne peut identifier de raison d'ordre pratique à sa présence ici. Personne ne s'est entendu dire par son patron : « Il est vital que vous appreniez à parler italien pour que nous puissions nous développer à l'étranger. » Tout le monde ici, même l'ingénieur allemand collet monté, partage ce que je pensais être ma motivation toute personnelle : nous voulons tous apprendre à parler italien parce nous adorons l'effet que ça nous fait. Une Russe à la mine chagrine nous dit qu'elle s'offre des leçons d'italien parce qu'elle pense « mériter quelque chose de beau ». L'ingénieur allemand dit : « Je veux apprendre l'italien parce que j'adore la *dolce vita* » – la belle vie. Sauf qu'avec son accent allemand heurté, on entend la « *deutsche vita* » – la vie allemande, qu'il connaît déjà par cœur, j'en ai bien peur.

Comme je le découvrirai au cours des mois suivants, il y a quelques bonnes raisons au fait que l'italien est la plus belle et la plus séduisante langue du monde, et que je ne suis pas la seule à le penser.

En France ou au Portugal, l'avènement de la langue nationale résulta d'une évolution organique : le dialecte de la ville la plus importante s'imposa peu à peu dans l'ensemble de la région. Aussi, la langue que nous appelons aujourd'hui le français vient de celle qui était parlée dans le Bassin parisien au Moyen Âge. Le portugais est en réalité du lisboète. Ce furent là des victoires capitalistes : la ville la plus puissante a fini par imposer son idiome à l'ensemble du pays.

Le cas de l'Italie est autre. Une différence cruciale tient au fait que, pendant des siècles, l'Italie n'était même pas un pays. Celui-ci ne fut unifié que très tard (en 1861) et demeura jusqu'à cette date une péninsule constituée de villes souveraines et en guerre, gouvernées par de fiers princes du cru ou dominées par d'autres puissances européennes. Certaines parties de l'Italie appartenaient à la France, d'autres à l'Espagne, d'autres encore au Vatican, et d'autres enfin à quiconque pouvait s'approprier la forteresse ou le palais local. Cette domination inspirait à certains habitants de la péninsule un sentiment d'humiliation, mais d'autres l'acceptaient avec résignation : si la plupart n'appréciaient guère d'être colonisés par leurs voisins européens, il y avait toujours une frange d'apathiques pour dire : « *Franza o Spagna, purchè se magna* », une expression dialectale qui signifie « La France ou l'Espagne, tant qu'on a à manger ».

Du fait de toutes ces divisions internes, l'Italie ne s'est jamais correctement unifiée, non plus que les Italiens. Rien de surprenant donc à ce que, des siècles durant, les Italiens aient écrit et parlé dans des dialectes locaux qui étaient mutuellement impénétrables. C'est à peine si un savant florentin pouvait communiquer avec un poète sicilien ou un marchand vénitien (sauf naturellement en latin, presque considéré comme la langue nationale). Au XVIe siècle, quelques intellectuels italiens se rassemblèrent et décidèrent que cette situation était absurde. Cette péninsule italienne avait besoin d'une langue *italienne*, au moins dans sa forme écrite, sur laquelle tout le monde pourrait s'entendre. Ce cénacle de lettrés entreprit donc de faire une chose sans précédent dans l'histoire de l'Europe : ils cueillirent le plus beau de tous les dialectes locaux et le couronnèrent *langue italienne*.

Pour trouver le plus beau dialecte jamais parlé en Italie, ils durent remonter deux siècles en arrière, jusque dans la Florence du xive siècle. Et la langue que ce cénacle décida de hisser au rang d'italien n'était autre que celle, spécifique, du grand poète florentin Dante Alighieri. Quand Dante, en 1321, avait publié sa *Divine Comédie*, récit détaillé d'un voyage visionnaire à travers l'enfer, le purgatoire et le paradis, il avait choqué le monde des lettrés en n'écrivant pas en latin. Dante considérait le latin comme une langue corrompue, élitiste, et il jugeait qu'en rédigeant leurs œuvres en latin, poètes et prosateurs avaient « transformé la littérature en catin » puisque ces récits universels n'étaient accessibles qu'à ceux qui avaient de l'argent et le privilège d'avoir reçu une éducation aristocratique. Dante préféra retourner à la langue des rues, et raconter son histoire dans le vrai idiome florentin, celui que parlaient les habitants de la ville (qui comptaient à leur nombre des contemporains célèbres tels que Boccace et Pétrarque).

Il conçut son chef-d'œuvre dans ce qu'il baptisa le *dolce stil nuovo*, le « nouveau style gracieux » de la langue vernaculaire – qu'il façonna alors même qu'il l'écrivait et auquel il imprima sa marque personnelle comme le ferait un jour Shakespeare sur l'anglais élisabéthain. Qu'une poignée d'intellectuels nationalistes, bien plus tard, se soient assis autour d'une table pour décider que l'italien de Dante serait désormais la langue officielle de l'Italie, c'est un peu comme si, au début du xixe siècle, des professeurs d'Oxford s'étaient réunis pour décider qu'à compter de cette date, tout le monde en Angleterre parlerait la langue de Shakespeare. *Et ça a marché.*

L'italien tel qu'il est parlé aujourd'hui n'est par conséquent ni romain, ni vénitien (bien que ces villes fussent autrefois les puissantes cités militaires et marchandes de la péninsule), ni même totalement florentin. Pour l'essentiel, c'est la langue *dantesque*. Aucune autre langue européenne ne possède un tel pedigree artistique. Et aucune autre langue, peut-être, ne fut plus parfaitement destinée à exprimer les émotions humaines que ce florentin du XIVe siècle embelli par un des plus grands poètes de la civilisation occidentale. Dante écrivit sa *Divine Comédie* en *terza rima*, la rime tierce – où dans chaque strophe de trois vers, le premier rime avec le troisième, et le deuxième avec le premier de la strophe suivante – qui imprimait à sa belle langue florentine ce que les érudits appellent un « rythme en cascade », une cadence qui perdure aujourd'hui dans le débit, poétique et cabriolant, des chauffeurs de taxi, des bouchers et des fonctionnaires italiens. Le dernier vers de la *Divine Comédie*, où Dante est confronté à la vision de Dieu en personne, exprime un sentiment que peut encore comprendre toute personne familière du prétendu italien moderne. Dieu, écrit Dante, n'est pas tant une vision aveuglante de la glorieuse lumière, il est avant tout « *l'amor que move il sole e l'altre stelle* »... « L'amour qui fait se mouvoir le soleil et les autres étoiles. »

Cela n'a donc rien de bien étonnant que je veuille apprendre cette langue.

16

Dépression et Solitude me rattrapent au bout d'une dizaine de jours en Italie. Un soir, après une agréable journée de cours, je me promène dans la villa Borghèse à l'heure où le soleil recouvre d'or la basilique Saint-Pierre. Ce spectacle romantique m'enchante, même si je suis seule quand tout le monde, dans le parc, est occupé à cajoler un amant ou une amante, ou à jouer avec un enfant rieur. Je m'accoude à une rambarde pour contempler le crépuscule et je me laisse aller à penser un peu trop, puis je commence à ressasser, et c'est là qu'ils me rattrapent.

Ils s'approchent de moi, aussi furtifs et patibulaires qu'une paire de détectives privés, et m'encadrent – Dépression à ma gauche, Solitude à ma droite. Ils n'ont pas besoin de me montrer leur plaque. Je les connais bien, ces deux-là. Depuis des années, nous jouons au chat et à la souris. Mais j'avoue que je m'étonne de les rencontrer dans cet élégant parc italien, au coucher de soleil. Ils détonnent, dans ce cadre.

« Comment m'avez-vous retrouvée ? je leur demande. Qui vous a dit que j'étais à Rome ? »

Dépression, l'éternel petit malin, me répond : « Comment ça ! T'es pas contente de nous voir ?

– Allez-vous-en. »

Solitude, le plus sensible des deux sbires, ajoute : « Je suis désolé, m'dame. Mais il se peut que je sois contraint de vous filer tout le temps de votre voyage. C'est ma mission.

– Je me serais volontiers passée de vous », lui réponds-je. Il hausse les épaules, presque dans un geste de contrition, mais se rapproche néanmoins de moi.

Ensuite, ils me fouillent. Ils vident mes poches, font main basse sur toute joie que j'y transportais. Dépression me confisque même mon identité; mais j'ai l'habitude, il est coutumier du fait. Puis Solitude commence à m'interroger, épreuve que je redoute parce que ça dure toujours des heures. Il est poli, mais implacable, et il finit toujours par me prendre en défaut. Ai-je connaissance d'une quelconque raison d'être joyeuse? me demande-t-il, bien que nous ayons déjà abordé ces questions des centaines de fois. Pourquoi suis-je seule ce soir, une fois de plus? Pourquoi, me demande-t-il, suis-je incapable d'une relation durable? Pourquoi ai-je détruit mon mariage? Pourquoi ai-je tout gâché avec David? Et avec tous les hommes avec lesquels j'ai été? Où étais-je, le soir de mon trentième anniversaire? Et pourquoi, depuis, tout a-t-il tourné à l'aigre? Pourquoi, me demande-t-il, suis-je incapable de me ressaisir? Pourquoi ne suis-je pas chez moi, dans une belle maison, en train d'élever de beaux enfants, comme toute femme respectable de mon âge devrait le faire? Où suis-je allée trouver que je méritais des vacances à Rome quand je n'ai fait de ma vie qu'un tas de décombres, que m'enfuir en Italie comme une étudiante va me rendre heureuse? Ai-je une idée de là où je finirai mes vieux jours, si je continue à vivre de cette façon?

Je rentre chez moi, en espérant me débarrasser d'eux, mais ils me collent au train, ces maudits gardes-chiourme. Dépression a posé une main ferme sur mon épaule et Solitude continue de me harceler. Je ne prends même pas la peine de dîner; je n'ai pas envie qu'ils m'observent. Je ne tiens pas non plus à ce qu'ils me suivent dans l'escalier qui monte à mon appartement, mais je connais Dépression, il a une matraque et s'il a décidé d'entrer avec moi, il sera impossible de l'en empêcher.

« Ce n'est pas juste que vous entriez, lui dis-je. Je vous ai déjà payé mon dû. J'ai purgé ma peine à New York. »

Mais il se contente de m'adresser ce sourire sinistre, avant de s'installer dans mon fauteuil préféré, de poser les pieds sur ma table, d'allumer un cigare et d'empuantir toute la pièce de son horrible fumée. Solitude me contemple, soupire, puis grimpe dans mon lit, il se couche tout habillé sans retirer ses chaussures et tire les couvertures sur lui. Cette nuit encore, il va m'obliger à dormir à ses côtés, je le sais bien.

17

Je n'avais arrêté mon traitement que depuis quelques jours. Ça me semblait tout simplement aberrant de prendre des antidépresseurs en Italie. Comment pourrais-je être déprimée, ici ?

Jamais, pour commencer, je n'avais eu envie de suivre ce traitement. Longtemps, je m'étais battue pour ne pas le prendre, et ce, principalement, au motif d'une longue liste d'objections personnelles : les Américains sont surmédicamentés ; nous ne connaissons pas encore les effets à long terme de ce truc sur l'être humain ; c'est un crime qu'aujourd'hui en Amérique même les enfants soient sous antidépresseurs ; nous traitons les symptômes et non les causes d'une urgence de santé mentale nationale… Cependant, je ne pouvais nier que depuis ces dernières années, j'étais aux prises avec des problèmes graves, qui ne semblaient pas se résoudre.

Tandis que mon mariage se désagrégeait et qu'évoluait mon drame sentimental avec David, j'en étais arrivée à collectionner tous les symptômes d'une grave dépression – j'avais perdu le sommeil et l'appétit, ma libido était flagada, je cédais à des crises de larmes incontrôlables, je souffrais de maux de dos et d'estomac chroniques, j'étais obsessionnelle, désespérée, j'avais du mal à me concentrer sur mon travail, la victoire des républicains à l'élection présidentielle n'avait même pas réussi à susciter chez moi de la contrariété… et ainsi de suite.

Lorsqu'on est égaré dans ces bois-là, cela prend parfois du temps pour comprendre qu'on est bel et bien perdu. Une éternité durant, on peut se convaincre qu'on s'est simplement écarté de quelques pas du chemin principal, et qu'on va le retrouver d'un instant à l'autre. Et puis la nuit tombe, et d'autres nuits lui succèdent, on ne sait toujours pas où l'on est, et là, il est temps d'admettre qu'on s'est fourvoyé si loin du chemin qu'on ne sait même plus dans quelle direction le soleil se lève.

J'ai pris ma dépression en charge comme si cette expérience était le combat de ma vie – ce qu'elle était, évidemment. J'en suis devenue l'exégète, à force de chercher à démêler l'écheveau de ses causes. Dans quoi s'enracinait tant de désespoir ? Était-il d'origine psychologique ? (La faute incombait-elle à papa et maman ?) Était-il simplement temporaire, une « mauvaise passe » dans ma vie ? (Quand le divorce est prononcé, la dépression s'achève-t-elle avec la procédure ?) Était-il d'ordre génétique ? (Mélancolie, également baptisée de toutes sortes de noms, court dans ma famille depuis des générations, accompagnée de son triste époux, Alcoolisme.) Était-il culturel ? (Est-il le simple contrecoup du combat que livre une Américaine postféministe, active et indépendante pour tenter de trouver un équilibre dans un monde urbain de plus en plus stressant et aliénant?) Était-il lié aux astres? (Suis-je si triste parce que je suis un être sensible dont toutes les planètes les plus importantes se trouvent en gémeaux?) Était-il artistique? (Les créateurs ne souffrent-ils pas toujours de dépression parce qu'ils sont ultrasensibles et tellement *spéciaux*?) Avait-il partie liée avec l'évolution? (Se peut-il que je porte en moi la panique résiduelle qui fait valoir ses droits après que, des millénaires durant, mon espèce a tenté de survivre à un monde brutal?) Était-il karmique? (Tous ces spasmes de chagrin ne sont-ils que la conséquence d'une mauvaise conduite dans des vies antérieures, les derniers obstacles avant la libération?) Était-il le fait d'un dérèglement hormonal? Alimentaire? Philosophique? Saisonnier? Environnemental? Accédais-je à une aspiration universelle pour Dieu? Souffrais-je d'un déséquilibre chimique? Ou avais-je tout simplement besoin de m'envoyer en l'air?

Que de facteurs sont constitutifs d'un seul être humain! Qu'elles sont nombreuses, les strates sur lesquelles nous opérons, et plus innombrables encore les influences qu'exercent notre esprit, notre corps, notre histoire, notre famille, notre ville, notre âme ou le contenu de nos assiettes à déjeuner! J'ai fini par avoir l'impression que ma dépression devait être un assortiment perpétuellement mouvant de tous ces facteurs, auxquels s'en ajoutaient probablement quelques autres que je ne pouvais ni nommer ni revendiquer. Je me suis donc battue sur tous les fronts. J'ai acheté tous ces bouquins de développement personnel aux titres si embarrassants. (Je veillais toujours à planquer le livre entre les pages du dernier numéro de *Hustler**, pour éviter

---

* Magazine pornographique.

que des inconnus ne sachent ce que je lisais réellement.)
J'ai commencé à chercher une aide professionnelle auprès d'une thérapeute aussi gentille que perspicace. J'ai prié comme une nonne au noviciat. J'ai arrêté (brièvement, du moins) de manger de la viande après qu'on m'eut dit que j'absorbais « la terreur de l'animal à l'instant de sa mort ». Un masseur new age qui planait pas mal m'a conseillé de porter des sous-vêtements orange, pour rééquilibrer mes chakras sexuels – et figurez-vous que je l'ai écouté. J'ai ingurgité assez de ces satanées tisanes de millepertuis pour requinquer tout un goulag, sans constater le moindre effet probant. J'ai fait de la gym. Je me suis intéressée à des domaines artistiques stimulants pour le moral, et j'ai soigneusement évité tout contact avec des films, des livres et des chansons tristes. (Si d'aventure quelqu'un prononçait dans une même phrase les mots « Leonard » et « Cohen », il me fallait immédiatement quitter la pièce.) J'ai essayé de toutes mes forces de juguler les crises de sanglots interminables. Je me souviens qu'une nuit où, pelotonnée dans un coin de mon vieux canapé, je ressassais en pleurant une fois de plus mes vieilles idées noires, je me suis demandé : « N'y a-t-il rien que tu puisses changer dans cette scène, Liz ? », et la seule idée qui m'est venue, ça a été de me lever, pour essayer, tout en continuant à sangloter, de rester en équilibre sur un pied au milieu du salon. Juste pour me prouver que, bien qu'incapable de tarir mes larmes ou de modifier le cours de mon lugubre monologue intérieur, je n'étais pas encore totalement hors de contrôle : je pouvais au moins pleurer avec hystérie tout en gardant l'équilibre sur un seul pied. Hé… c'était un début.

J'ai pris le pli de traverser la rue pour marcher au soleil. Je me suis appuyée sur mon réseau de soutien, j'ai choyé ma famille et cultivé mes amitiés les plus instructives. Et quand ces magazines féminins trop zélés me rabâchaient que ma piètre estime de moi n'était d'aucun secours à la dépression, je me suis offert une jolie coupe de cheveux, je me suis acheté une belle palette de maquillage et une belle robe. (Quand un ami m'a complimentée sur mon nouveau look, je lui ai dit avec détermination : « Opération "estime de soi" – premier jour. »)

Le dernier expédient que j'ai essayé, au terme d'environ deux années de combat, ce sont les médicaments. Si vous me permettez de prendre ici position, les médicaments doivent, selon moi, arriver toujours en dernier recours. Dans mon cas, la décision de suivre la voie de la « Vitamine P[*] » s'est imposée au terme d'une interminable nuit que j'ai passée, assise par terre dans ma chambre, à me convaincre tant bien que mal de ne pas m'enfoncer un couteau de cuisine dans le poignet. Cette nuit-là, j'ai eu le dessus sur le couteau, mais de justesse. À cette même époque, j'ai eu quelques autres bonnes idées – me jeter du haut d'un immeuble ou m'exploser la cervelle avec un pistolet me semblaient également des moyens susceptibles de mettre un terme à ma souffrance. Mais c'est le fait de passer une nuit avec un couteau dans la main qui m'a décidée.

Le lendemain, quand le soleil s'est levé, j'ai appelé mon amie Susan pour implorer son aide. Je crois qu'aucune femme, dans toute mon histoire familiale, n'avait jamais fait ça – s'asseoir au milieu de la route et dire : « Je suis incapable de faire un pas de plus, quelqu'un doit m'aider. » Ces femmes se seraient arrêtées de marcher en vain. Personne ne les aurait aidées, personne n'aurait été en mesure de le faire. La seule chose qui aurait pu se passer, c'est qu'elles auraient

---

* « P » pour « Prozac ».

crevé de faim, et leur famille avec. Je ne pouvais pas m'empêcher de penser à ces femmes – mes aïeules.

Et jamais je n'oublierai le visage de Susan quand, une heure environ après mon appel au secours, elle a accouru chez moi et m'a vue tassée sur le canapé. L'image de ma souffrance, telle que je l'ai vue se refléter dans sa crainte manifeste que ma vie ne soit en péril, reste pour moi un des souvenirs les plus effrayants de toute cette période. Je me suis roulée en boule pendant que Susan passait des coups de fil et me dégotait un psychiatre qui pourrait me recevoir séance tenante pour envisager une prescription d'antidépresseurs. J'ai écouté l'exposé partial que Susan faisait au psychiatre, je l'ai écoutée dire : « J'ai peur que mon amie ne se fasse sérieusement du mal. » J'avais peur, moi aussi.

Quand, cet après-midi-là, je suis allée consulter le psychiatre, il m'a demandé pourquoi j'avais tant tardé à me faire aider – comme si je n'essayais pas depuis belle lurette de m'aider. Je lui ai fait part de mes objections et de mes réticences à l'égard des antidépresseurs. J'ai posé sur son bureau trois livres que j'avais publiés, et je lui ai dit : « Je suis écrivain. S'il vous plaît, ne faites rien qui puisse endommager mon cerveau.

– Si vous aviez une maladie rénale, m'a-t-il répondu, vous n'hésiteriez pas à prendre des médicaments pour la soigner. Alors pourquoi hésitez-vous avec ça ? »

Mais, voyez-vous, cette réplique montre seulement qu'il ignorait tout de ma famille : un Gilbert serait tout à fait capable de *ne pas* soigner une maladie rénale, puisque, chez nous, toute maladie est considérée comme le signe d'un échec personnel, éthique, moral.

Il m'a prescrit différents médicaments – Xanax, Zoloft, Wellbutrin, Busperin – jusqu'à ce que nous trouvions la combinaison qui ne me donnait pas de nausées, ni ne transformait ma libido en un souvenir lointain et flou. Rapidement, en moins d'une semaine, j'ai senti un rai de lumière progresser de quelques centimètres dans mon esprit. J'ai aussi retrouvé le sommeil, enfin. Et ça, c'était un vrai cadeau, parce que quand on le perd, on ne peut pas remonter la pente – c'est impossible. Les cachets m'ont rendu ces heures nocturnes de récupération ; ils ont également apaisé le tremblement de mes mains, desserré l'étau qui me compressait la poitrine, et relâché, dans mon cœur, le bouton qui sonnait l'alerte à l'approche des crises d'angoisse.

Cependant, je n'ai jamais réussi à adopter une attitude désinvolte vis-à-vis de ces cachets. On avait beau me soutenir que ces traitements étaient une bonne idée, qu'ils étaient inoffensifs, je demeurais partagée à leur sujet. Ces médicaments participaient de la construction du pont vers l'autre rive, c'est indiscutable, mais je voulais arrêter de les prendre aussitôt que possible. J'avais commencé le traitement en janvier 2003. En mai de l'année suivante, j'avais diminué déjà significativement les doses. Les mois les plus rudes étaient derrière moi, de toute façon – les derniers mois du divorce, les derniers mois en dents de scie avec David. Aurais-je pu supporter ces épreuves sans les médicaments, si je m'étais entêtée un moment de plus dans ma résistance ? Aurais-je pu survivre en me reposant uniquement sur mes forces ? Je ne sais pas. C'est là tout le problème de la vie humaine – il n'existe pas de groupe témoin, ni aucun moyen de savoir ce qu'il serait advenu de n'importe lequel d'entre nous si on avait changé les variables.

Je sais, avec certitude, que ces médicaments ont donné à mon supplice un tour moins catastrophique. Je leur en suis donc reconnaissante. Mais je reste perplexe face aux traitements qui affectent l'humeur. Si leur pouvoir m'inspire un émerveillement teinté d'appréhension, leur popularité m'inquiète. Je pense qu'ils doivent être prescrits et consommés avec plus de modération, et toujours aller de pair avec un suivi psychologique. Traiter par des médicaments le symptôme d'une maladie, quelle qu'elle soit, sans explorer la cause dans laquelle elle s'enracine, n'est jamais qu'une façon écervelée et typiquement occidentale de croire que n'importe qui peut réellement s'améliorer. Ces cachets m'ont peut-être sauvé la vie, mais uniquement parce que, en même temps, je me suis efforcée, de vingt manières différentes, de m'en sortir, et j'espère ne jamais plus devoir en reprendre. Quoiqu'un docteur ait suggéré que je pourrais devoir recourir régulièrement dans ma vie aux antidépresseurs en raison de ma « tendance à la mélancolie ». J'espère vraiment qu'il se trompe. Je compte bien faire tout mon possible pour lui prouver qu'il se trompe, ou, au moins, pour combattre cette tendance à la mélancolie de tous les outils dont je dispose dans ma cabane. Que cela fasse de moi une entêtée qui va droit dans le mur, ou une entêtée de l'instinct de conservation, je ne saurais dire.

Mais toujours est-il que je suis là.

18

Ou, plutôt – je suis ici, à Rome. Je suis à Rome, et j'ai un problème. Dépression et Solitude, les gardes-chiourme, sont revenus s'immiscer dans ma vie, et j'ai avalé mon dernier Wellbutrin il y a à peine trois jours. J'ai d'autres pilules dans mon tiroir, mais je ne veux pas les prendre. Je veux m'en libérer, à jamais. Mais je veux aussi que Dépression et Solitude débarrassent le plancher. Je ne sais pas quoi faire. Et comme toujours dans ces cas-là, je me sens happée dans une spirale de panique. Donc, ma solution, pour ce soir, consiste à ouvrir le plus intime de mes carnets intimes, celui que je garde à côté du lit pour les cas d'urgence, et à écrire, sur la première page vierge que je trouve :

J'ai besoin de ton aide.

Et puis j'attends. Au bout d'un petit moment, une réponse arrive, de ma propre écriture.

Je suis là. Que puis-je pour toi ?

Et ici recommence ma plus étrange et ma plus secrète conversation. C'est ici, dans ce carnet, que je me parle à moi-même. Je parle à cette voix que j'ai entendue dans ma salle de bains, lors de la fameuse nuit où, en larmes, j'ai prié Dieu pour la première fois de m'aider, et que quelque chose (ou quelqu'un) a dit : « Va te recoucher, Liz. » Depuis, au cours des années, j'ai réentendu cette voix dans des moments où ma détresse hissait le drapeau orange, et je me suis aperçue que, pour y avoir accès, pour établir le dialogue, rien ne vaut une conversation écrite. Et à ma surprise, j'ai découvert que je peux presque toujours établir ce dialogue, quelque noire que soit mon angoisse. Même quand je me débats dans les pires souffrances, cette voix posée, compatissante, affectueuse et infiniment sage (qui est peut-être la mienne, ou peut-être pas tout à fait la mienne) est toujours disponible pour une conversation écrite, à n'importe quelle heure du jour et de la nuit.

J'ai décidé d'arrêter de me miner à l'idée que converser avec moi-même par écrit est un signe de schizophrénie. Peut-être la voix que je cherche à entendre appartient-elle à Dieu. Peut-être est-ce la voix de mon guru, qui s'exprime à travers moi, ou celle de l'ange qui a écopé de mon cas ; peut-être est-ce mon surmoi qui parle, ou bien tout bêtement une construction inventée de toutes pièces par mon subconscient pour me protéger de mon propre tourment. Sainte Thérèse d'Ávila appelait ce type de voix divines des « locutions intérieures » – des mots émanant du surnaturel, qui pénètrent spontanément dans l'esprit, traduits dans la langue de celui qui les entend, et lui apportent une consolation céleste. Je sais bien ce que Freud aurait dit de ces consolations spirituelles, évidemment – qu'elles sont irrationnelles et totalement indignes de confiance ; que l'expérience nous enseigne que le monde n'a rien d'une pouponnière. J'en conviens – le monde n'est pas une pouponnière. Mais c'est précisément parce que en ce monde la compétition fait rage qu'on doit, parfois, se soustraire à sa juridiction, et faire appel à une autorité supérieure afin de trouver notre bien-être.

Au début de mon expérience spirituelle, je n'ai pas toujours accordé autant de foi à cette voix intérieure de la sagesse. Je me souviens qu'une fois, dans un accès de fureur, d'amertume, de rage et d'affliction, j'ai griffonné sur ce carnet intime à l'intention de ma voix intérieure – de mon divin réconfort intérieur – un message qui s'étalait sur toute une page :

JE NE CROIS PAS EN TOI, PAUVRE CONNE !

Au bout d'un moment, la respiration encore lourde, j'ai senti poindre une lumière en moi, et là je me suis surprise à écrire cette réponse flegmatique et amusée :

À qui parles-tu, alors ?

Depuis, jamais plus je n'ai douté de son existence. Alors ce soir, je cherche de nouveau à entendre cette voix. C'est la première fois que je fais ça depuis mon arrivée en Italie. Ce soir-là, j'écris dans mon journal que je me sens faible et rongée d'appréhension. J'explique que Dépression et Solitude sont de retour, et que j'ai peur qu'ils ne repartent plus jamais. Je dis que je ne veux plus prendre les médicaments, mais que j'ai peur d'y être obligée. Que je suis terrifiée à l'idée de ne jamais me ressaisir totalement.

En réponse, de quelque part à l'intérieur de moi s'élève une présence désormais familière, qui m'apporte toutes les certitudes que j'ai toujours espéré entendre de la bouche de quelqu'un d'autre quand j'avais des problèmes. Voilà ce que je me suis retrouvée à m'écrire à moi-même :

Je suis là. Je t'aime. Ça m'est égal, si tu as besoin de passer la nuit debout, à pleurer. Je resterai avec toi. Si tu as besoin de reprendre le traitement, vas-y, reprends-le – je t'aimerai quand même. Si tu n'as pas besoin du traitement, je t'aimerai aussi. Rien de ce que tu pourras faire n'aliénera mon amour – jamais. Je te protégerai jusqu'à ta mort, et après ta mort, je te protégerai encore. *Je suis plus fort que Dépression, plus courageux que Solitude, et rien n'aura jamais raison de moi.*

Ce soir, cet étrange geste intérieur d'amitié – cette main tendue de moi à moi quand il n'y a personne autour pour m'offrir du réconfort – me rappelle ce qui m'est arrivé un jour, à New York : j'étais entrée au pas de charge dans un immeuble et je m'étais précipitée dans l'ascenseur qui attendait. Et là, alors que je ne m'y attendais pas, j'avais surpris mon reflet dans le miroir de sécurité. Aussitôt, mon cerveau a eu une réaction curieuse – il a balancé ce message d'une fraction de seconde : « Hé ! Tu la connais ! C'est une de tes amies ! » Et je me suis effectivement précipitée vers mon propre reflet, sourire aux lèvres, prête à accueillir cette fille dont le nom m'échappait mais dont le visage m'était si familier. L'espace d'un flash, évidemment, j'ai réalisé mon erreur et j'ai ri d'embarras devant cette méprise. Or, pour une raison qui m'échappe, cet incident me revient en mémoire en cette soirée de tristesse romaine, et je me surprends à écrire ce mémento réconfortant au bas de la page :

*N'oublie jamais qu'un jour, dans un instant d'inat-
tention, tu as reconnu en toi une amie.*

Je m'endors en pressant sur ma poitrine mon carnet, ouvert sur cette toute dernière réassurance. Le matin, au réveil, je hume la trace discrète de la fumée de Dépression, mais lui-même n'est nulle part en vue. À un moment donné dans la nuit, il s'est levé et il est parti. Et son copain Solitude a fichu le camp lui aussi.

19

Voilà ce qui est étrange, cependant : depuis que je suis à Rome, on dirait que je suis incapable de faire du yoga. Des années durant, je l'ai pratiqué avec régularité et sérieux ; j'ai même emporté mon tapis dans mes bagages, avec les meilleures intentions. Mais ça en reste là. À quel moment vais-je faire mes étirements ? Avant mon très énergétique petit déjeuner italien, constitué de gâteaux au chocolat et d'un double *cappuccino*? Ou après? Les premiers jours qui ont suivi mon arrivée, je déroulais hardiment mon tapis tous les matins, mais je n'étais capable que de le regarder et d'éclater de rire. Une fois, j'ai même dit tout haut, en prêtant ma voix au tapis : « OK, ma petite mademoiselle *Penne ai Quattro Formaggi*... Voyons un peu quelle excuse tu vas invoquer aujourd'hui... » Confuse, j'ai fourré le tapis de yoga au fond de ma valise (pour ne jamais plus le dérouler, s'avérerait-il, avant mon séjour en Inde), et je suis sortie manger une glace à la pistache – les Italiens jugent parfaitement raisonnable de manger une glace à 9 heures et demie du matin, et franchement, je ne pourrais pas être plus d'accord avec eux.

La culture de Rome ne cadre tout simplement pas avec celle du yoga, du moins pour ce que j'en ai vu jusque-là. En fait, j'ai décidé que Rome et le yoga n'ont absolument rien en commun.

20

Il me fallait rencontrer quelques amis. Je m'y suis donc employée, et aujourd'hui, nous sommes en octobre, et j'en ai un bel assortiment. Je connais deux Elizabeth à Rome, en plus de moi. Les deux sont américaines, les deux écrivent. La première est romancière, la seconde critique gastronomique. Entre son appartement à Rome, sa maison en Ombrie, son mari italien et son boulot qui l'oblige à sillonner l'Italie pour manger et écrire des articles dans *Gourmet*, tout porte à croire que cette seconde Elizabeth a sauvé un tas d'orphelins de la noyade au cours d'une vie antérieure. Naturellement, elle connaît les meilleures tables de Rome, y compris une *gelateria* qui sert du gâteau de riz glacé (et si l'on n'en sert pas au paradis, je ne veux pas y aller). Elle m'a conviée à déjeuner l'autre jour : à l'agneau, aux truffes et aux rouleaux de carpaccio fourrés à la mousse de noisette s'est ajouté un mets exotique – des *lampascione* au vinaigre, qui, comme chacun sait, sont des bulbes de jacinthe sauvage.

Naturellement, à l'heure qu'il est, je suis également devenue amie avec Giovanni et Dario, mes partenaires de tandem linguistique. La gentillesse de Giovanni, d'après moi, le hisse au rang de trésor national. Il a gagné mon affection éternelle dès le soir de notre rencontre quand, devant mon incapacité à trouver mes mots en italien, il a posé la main sur mon bras en disant : « Liz, tu dois être très polie avec toi-même, quand tu apprends quelque chose de nouveau. » Parfois, il me fait l'effet d'être plus vieux que moi, avec son front solennel, son diplôme de philosophie et ses opinions politiques sérieuses. J'aime bien essayer de le faire rire, mais il ne comprend pas toujours mes plaisanteries. L'humour est chose difficile à saisir dans une langue autre que sa langue maternelle. Surtout pour un jeune homme aussi sérieux que Giovanni. L'autre soir, il m'a dit : « Quand tu fais de l'ironie, j'ai toujours un temps de retard. Je suis plus lent. C'est comme si tu étais l'éclair, et moi le tonnerre. »

Et moi, j'ai pensé : *Ouais, bébé ! Tu es l'aimant, et moi le fer ! Amène ton cuir et fais voler mes dentelles !*

Mais il ne m'a toujours pas embrassée.

Je ne vois pas très souvent Dario, l'autre jumeau, même s'il passe beaucoup de temps avec Sofie. Sofie est ma meilleure amie du cours de langue et si vous étiez à la place de Dario, nul doute que vous aussi vous auriez envie de passer du temps avec elle. Sofie est suédoise, presque trentenaire et si jolie qu'on pourrait la mettre au bout d'un hameçon pour appâter des hommes, toutes nationalités et tranches d'âge confondues. Sofie, qui jouit d'une bonne situation dans une banque en Suède, vient de prendre quatre mois de congé sabbatique – une décision qui a horrifié sa famille et sidéré ses collègues – uniquement parce qu'elle voulait venir à Rome pour apprendre à parler un bel italien. Chaque jour, après les cours, Sofie et moi allons nous asseoir sur les berges du Tibre, pour manger notre glace et étudier ensemble. Si on peut appeler ça « étudier »… C'est plutôt comme si nous savourions la langue italienne dans un moment de plaisir partagé, c'est presque un rite d'adoration, où chacune offre à l'autre de nouvelles expressions magnifiques. Ainsi l'autre jour, par exemple, avons-nous appris que *un'amica stretta* signifie « une amie intime ». Mais *stretta*, littéralement, signifie « serré », « ajusté », comme on le dit d'un vêtement, d'une jupe. Donc, en italien, un ami ou une amie intime est quelqu'un qu'on peut porter serré tout contre sa peau, et c'est exactement ce que ma petite Sofie la Suédoise est en train de devenir pour moi.

Au début, j'aimais bien penser que Sofie et moi passions pour sœurs. Et puis l'autre jour, alors que nous traversions la ville en taxi, le chauffeur a demandé si Sofie était ma fille. Bon… Sofie n'a que sept ans de moins que moi. Mon esprit a aussitôt cherché le biais le plus flatteur pour interpréter la question. (Par exemple, je me suis dit : *Peut-être que ce natif de Rome ne parle pas très bien italien et voulait demander si nous étions sœurs.*) Mais non. Il avait dit « fille » et pensait « fille ». Ah ! Que dire ? J'ai traversé beaucoup d'épreuves au cours de ces dernières années. Je dois avoir l'air bien déglinguée et bien fatiguée après ce divorce. Mais comme le dit cette vieille ballade texane : « On m'a pigeonné, et traîné en justice, et tatoué, mais je suis toujours là devant toi… »

Par l'intermédiaire de mon amie Anne, une Américaine, peintre qui a vécu à Rome il y a quelques années de ça, je me suis également liée d'amitié avec un couple très sympathique, Maria et Giulio. Maria est américaine, Giulio, italien du Sud. Il est réalisateur ; elle travaille pour la FAO, l'agence onusienne chargée de la politique agricole internationale. Lui ne parle pas très bien anglais, mais elle parle couramment l'italien (et tout aussi couramment le français et le chinois, donc *cela* n'a rien d'intimidant). Giulio veut apprendre l'anglais, et il me demande s'il pourrait, dans le cadre d'un autre tandem linguistique, s'exercer à la conversation avec moi. Au cas où vous vous demanderiez pourquoi il ne pratique pas l'anglais tout bêtement avec son épouse américaine, cela tient au fait qu'ils sont mari et femme et que chaque fois que l'un essaie d'enseigner quelque chose à l'autre, cela soulève des disputes sans fin. Giulio et moi déjeunons donc deux fois par semaine ensemble pour pratiquer notre italien et notre anglais ; un bon exercice pour deux personnes qui n'ont aucun passif en matière d'agacement réciproque.

Giulio et Maria ont un très bel appartement dont la particularité la plus impressionnante est, à mon sens, ce mur couvert d'insultes hargneuses tracées au gros marqueur noir à l'adresse de Giulio – œuvre de Maria un jour où ils se disputaient et que « parce qu'il hurle plus fort que moi », elle n'arrivait pas à en placer une.

Je trouve Maria terriblement sexy, et cette explosion de graffitis passionnés n'en est qu'une preuve supplémentaire. Toute-fois, détail qui ne manque pas d'intérêt, Giulio voit dans ces barbouillages muraux un signe patent de refoulement chez Maria : elle a écrit ses insultes en italien, or l'italien est sa seconde langue, une langue qui lui demande un instant de réflexion avant de pouvoir choisir ses mots. Si Maria, argue-t-il, s'était sincèrement laissé déborder par sa colère – ce qu'en bonne Anglo-protestante elle ne fait *jamais* –, elle aurait barbouillé le mur avec des mots de sa langue maternelle. Tous les Américains, dit Giulio, sont ainsi : refoulés. Ce qui les rend potentiellement dangereux et funestes quand ils explosent pour de bon.

« Un peuple de sauvages », diagnostique-t-il.

Ce que j'adore, c'est que nous avons eu cette conversation lors d'un dîner agréable et détendu, où nous contemplions le mur en question.

« Je te ressers du vin, chéri ? » a demandé Maria.

Mais mon tout dernier meilleur ami en Italie est, évidemment, Luca Spaghetti. Même en Italie, soit dit en passant, on trouve vraiment bizarre de s'appeler Spaghetti. Je suis reconnaissante à Luca de ce qu'il m'a enfin donné l'occasion d'être quitte avec mon ami Brian qui, parce qu'il a eu la chance dans son enfance d'avoir un petit voisin amérindien du nom de Dennis Ha-Ha, ne ratait jamais une occasion de se vanter d'être ami avec l'homme qui portait le nom le plus cool de la terre. Je peux enfin entrer dans la compétition.

En prime, comme Luca parle parfaitement anglais et est doté d'un solide appétit (c'est une *buona forchetta* – il a un bon coup de fourchette), il offre une compagnie fantastique aux morfales de mon espèce. Il m'appelle souvent en plein après-midi pour me dire : « Salut, je suis de passage dans ton quartier. On boit un petit café ? Ou on grignote une assiette de queue de bœuf ? » Nous passons beaucoup de temps dans ces petits bouis-bouis des ruelles de Rome. Nous avons un faible pour les restaurants éclairés au néon et sans enseigne. Les toiles cirées à carreaux rouges et blancs. Le *limoncello* maison. Les vins de petits producteurs. Les énormes platées de pâtes servies par – comme les désigne Luca, « des petits Jules César » – des Romains fiers et arrogants, aux mains velues et à la mise excessivement apprêtée. Une fois, j'ai dit à Luca : « J'ai l'impression que ces types se considèrent d'abord comme romains, ensuite italiens, et en dernier lieu européens.

– Non, m'a-t-il reprise. Ils sont d'abord romains, encore romains, et toujours romains. Et chacun d'eux est un empereur. »

Luca est conseiller fiscal. Un conseiller fiscal *italien*, ce qui fait de lui, explique-t-il, « un artiste », car dans les textes italiens, il existe plusieurs centaines de lois fiscales qui se contredisent toutes les unes les autres. Du coup, remplir une déclaration fiscale ici requiert autant de talent d'improvisation que dans le jazz. Je trouve ça bizarre, qu'il soit conseiller fiscal. Ça semble un travail bien austère pour un type aussi enjoué et insouciant. De son côté, Luca trouve tout aussi bizarre qu'il y ait chez moi une autre facette – la facette yoga – qu'il n'a jamais vue. Il n'arrive pas à comprendre que je puisse avoir envie d'aller en Inde – et dans un ashram, par-dessus le marché ! – alors que je pourrais passer l'année entière en Italie, qui est manifestement le pays pour lequel je suis faite. « Que vas-tu *manger* quand tu seras en Inde ? » demande-t-il chaque fois qu'il me voit éponger d'un morceau de pain les dernières gouttes de sauce dans mon assiette, puis me lécher les doigts. Parfois, d'un ton lourd d'ironie, il me surnomme Gandhi – en général, quand je suis en train d'ouvrir la seconde bouteille de vin de la soirée.

Luca a pas mal voyagé, même s'il prétend qu'il ne pourrait vivre nulle part ailleurs qu'à Rome, auprès de sa mère, puisque, après tout, il est un homme italien – que peut-il y faire ? Mais ce n'est pas juste sa *mamma* qui le retient ici. Luca a la petite trentaine, et il a la même petite amie depuis l'adolescence, l'adorable Giuliana, dont il dit avec tendresse et justesse qu'elle est, dans sa tendre innocence, *acqua e sapone* – l'eau et le savon. Tous ses amis sont des amis d'enfance, et tous sont originaires du même quartier. Tous les dimanches, ils vont assister ensemble aux matchs de foot – au stade, ou devant une télé de bar si les équipes romaines jouent à l'extérieur –, puis chacun repart de son côté et regagne la maison où il a grandi pour s'y repaître du plantureux goûter dominical que lui a préparé sa mère ou sa grand-mère.

Moi non plus, je ne voudrais pas quitter Rome, si j'étais Luca Spaghetti.

Luca est allé quelquefois aux États-Unis, cependant, et le pays lui plaît. Il trouve New York fascinant, mais selon lui, les gens s'y tuent au travail, même s'il reconnaît qu'ils ont l'air d'y prendre plaisir. Là où les Romains se tuent à la tâche, et s'en plaignent énormément. Ce que Luca Spaghetti n'aime pas en Amérique, c'est la nourriture – selon lui, deux mots suffisent à la décrire : « Amtrak* Pizza ».

C'est en compagnie de Luca que j'ai essayé de manger des tripes d'agneau de lait pour la première fois. Ce plat est une spécialité romaine. En termes de gastronomie, Rome n'offre pas des sommets de raffinement, la ville est surtout connue pour ses plats traditionnels rustiques, tels que les tripes, ou la langue – toutes les parties de l'animal que les gens riches, dans les provinces du Nord, jettent. Mes tripes d'agneau étaient savoureuses, tant que je ne m'appesantissais pas sur la nature de ce que je mangeais. Elles étaient servies avec une sauce au beurre épaisse, goûteuse, qui en soi était délicieuse, mais les tripes elles-mêmes avaient… comment dire ?

---

* Compagnie américaine des chemins de fer.

Une consistance *d'intestins*. Qui évoquait un peu celle du foie, mais en plus spongieuse. Tout allait bien jusqu'à ce que je me demande comment je pourrais décrire ce plat. Et quand j'ai pensé : *Ça ne ressemble pas à des intestins. En fait, ça ressemble à des vers solitaires*, j'ai écarté mon assiette et commandé une salade.

« Tu n'aimes pas ? a demandé Luca, qui, lui, adore ce plat.

– Je parie que Gandhi n'a jamais mangé de tripes d'agneau de sa vie.

– Il aurait pu.

– Non, Luca. Gandhi était végétarien.

– Mais les végétariens *peuvent* manger ça, a insisté Luca. Les tripes, c'est même pas de la viande, Liz. C'est juste de la merde. »

21

Quelquefois, je l'avoue, je me demande ce que je fais ici.

Je suis venue en Italie pour faire l'expérience du plaisir, or j'ai éprouvé au cours de mes premières semaines romaines quelques élans de panique. Comment doit-on s'y prendre pour faire l'expérience du plaisir ? Franchement, le plaisir à l'état pur n'est pas inscrit dans mon paradigme culturel. Je descends d'une longue lignée de gens archiconsciencieux. Mes aïeux maternels étaient des fermiers immigrés de Suède, et sur leurs photos, ils donnent l'impression que si jamais ils avaient vu quelque chose qui procure du plaisir, ils l'auraient peut-être bien piétiné de leurs souliers cloutés. (Mon oncle les taxe tous de « balourds ».) Dans ma famille paternelle, je trouve des Anglais puritains, ces grands loufoques passionnés de divertissement. Si je regarde l'arbre généalogique de mon père et remonte jusqu'au XVIIᵉ siècle, je relève des aïeules puritaines prénommées Diligence et Meekness – zèle et humilité.

Mes parents sont de petits exploitants agricoles, et ma sœur et moi avons grandi en travaillant. On nous a appris à être fiables, responsables, premières en classe, et nous étions les baby-sitters les mieux organisées et les plus efficaces de la ville, deux versions miniatures de notre mère – une infirmière/fermière qui bossait dur –, une vraie paire de petits couteaux suisses, multi-fonctions de naissance. Nous avons pris beaucoup de plaisir en famille, au milieu des rires, mais les murs étaient tapissés de listes de tâches à accomplir, et jamais je ne me suis adonnée à l'oisiveté, ni ne l'ai observée autour de moi – pas une seule fois de toute ma vie.

En général, cela dit, les Américains ne sont pas doués pour goûter la détente et le pur plaisir. Nous formons une nation qui recherche les distractions, mais pas forcément le plaisir. Les Américains dépensent des milliards pour se distraire (ça va du porno aux parcs à thèmes en passant par les guerres), mais on ne peut pas dire que ce soient là des sources de plaisir tranquille. Ils travaillent plus dur et plus longtemps, endurent de longues heures de stress plus que n'importe qui dans le monde aujourd'hui, mais comme l'a souligné Luca Spaghetti, cela semble nous plaire. Des statistiques alarmantes confirment cette observation, et montrent que beaucoup d'Américains se sentent plus heureux et plus épanouis au bureau que chez eux. C'est sûr – nous n'avons d'autre choix que travailler tous très dur, jusqu'à consumer nos dernières forces. Ensuite, il ne nous reste qu'à passer le week-end en pyjama, à manger des céréales à même la boîte, rivés devant la télé en état de coma léger (ce qui est l'opposé du travail, certes, mais n'est pas exactement synonyme de plaisir). Les Américains ne savent pas vraiment s'y prendre pour ne *rien* faire. Ce qui a donné naissance à ce grand et triste stéréotype américain – le cadre archistressé qui part en vacances, mais n'arrive pas à décompresser.

J'ai demandé un jour à Luca Spaghetti si les Italiens, en vacances, rencontrent ce problème. Nous roulions en moto et il a ri si fort qu'il a failli foncer dans une fontaine.

« Oh, que non ! Nous sommes les maîtres du *bel farniente*. »

La beauté de ne rien faire – quelle belle expression ! Il faut savoir tout de même que traditionnellement, les Italiens ont toujours travaillé dur, en particulier ces ouvriers très endurants, les *braccianti* comme on les appelait, parce qu'ils n'avaient rien d'autre que la force de leurs bras (*braccia*) pour les aider à survivre dans ce monde. Mais même sur cette toile de fond de dur labeur, les Italiens ont toujours entretenu l'idéal du *bel farniente*. La beauté de ne rien faire est pour eux le but suprême du travail, l'accomplissement ultime, celui qui suscite les plus vives félicitations. Plus on excelle dans l'art de ne rien faire, plus on sait s'en délecter, mieux on a réussi dans la vie. Et nul besoin d'être riche pour goûter à cette expérience. Il existe une autre expression italienne merveilleuse : *l'arte d'arrangiarsi* – l'art de faire quelque chose à partir de rien. L'art de transformer quelques ingrédients tout simples en festin, par exemple, ou une banale réunion entre amis en grande fête. C'est à la portée de toute personne douée pour le bonheur, et nullement réservé aux riches.

Dans mon cas, cependant, la poursuite du plaisir se heurtait à un obstacle majeur : la culpabilité puritaine enracinée en moi. Est-ce que je mérite vraiment ce plaisir ? Ça aussi, c'est très américain – ce sentiment d'insécurité qui nous fait douter d'avoir gagné, d'avoir mérité notre bonheur. Chez nous, la planète Publicité tourne en orbite autour de ce besoin de convaincre le consommateur anxieux que oui, il a bien mérité un petit cadeau. Cette Bud est pour vous ! Vous avez bien mérité une petite pause, aujourd'hui ! Parce que je le vaux bien ! Et le consommateur anxieux se dit : *Ouais ! Merci ! Je vais m'acheter un pack de six, bon sang ! Je vais même m'en acheter deux !* Il s'ensuit une beuverie par réaction. Et après vient le remords. De telles campagnes publicitaires auraient sans doute moins de portée en Italie : ici, les gens savent déjà qu'ils sont autorisés à profiter des plaisirs de la vie. Pour les Italiens, la réponse à « Vous avez bien mérité une petite pause, aujourd'hui » serait probablement : « Ouais, c'est clair. Ce pourquoi j'ai l'intention de lever le pied à midi, de passer chez toi et de coucher avec ta femme. »

Ce qui explique sans doute pourquoi, quand j'ai dit à mes amis italiens que j'étais venue dans leur pays pour profiter pendant quatre mois des plaisirs de la vie, tout le monde, sans aucun complexe, m'a dit *« Complimenti ! Vai avanti ! »* – Félicitations ! Vas-y, fais-le ! Abrutis-toi de plaisir ! Ne te gêne pas ! Personne ne s'est récrié : « C'est de la pure irresponsabilité de ta part » ou : « Quel luxe ! On ne se refuse rien ! » Mais mon projet a beau avoir la bénédiction des Italiens, j'ai un mal fou à m'y abandonner. Au cours des premières semaines, toutes mes synapses protestantes sifflaient de détresse et cherchaient en vain quelque tâche à accomplir. Je voulais m'attaquer au plaisir comme s'il s'agissait d'une dissertation, ou d'un monstrueux exposé scientifique. Je méditais des questions telles que : « Quel est le moyen le plus efficace pour optimiser le plaisir ? » Je me suis demandé si je ne devais pas passer la totalité de

mon séjour en Italie à mener des recherches en bibliothèque sur l'histoire du plaisir. Ou à interviewer des
Italiens qui avaient largement profité des plaisirs de la
vie sur les sensations que ça leur avait procurées, puis
rédiger un mémoire sur le sujet – avec double interligne
et marges de deux centimètres et demi, à rendre lundi
matin sans faute.

Quand j'ai compris que la seule question pertinente
était : « Comment est-ce que *moi* je définis le plaisir ? »,
et que je me trouvais justement dans un pays où l'on
me laisserait toute latitude pour explorer cette question,
tout a changé. Tout est devenu… délicieux. Pour la première fois de ma vie, je n'avais rien d'autre à faire que
de me demander, chaque jour : « Qu'aimerais-*tu* faire
aujourd'hui, Liz ? Qu'est-ce qui te ferait plaisir, là, tout
de suite ? » N'ayant à prendre en compte aucun autre
programme que le mien, n'étant obligée de rien, tout a
fini par se concentrer dans cette question parfaitement
explicite.

Après m'être délivré l'autorisation de passage à
l'acte pour profiter pleinement de mon expérience ici,
j'ai trouvé intéressant de découvrir ce que je ne voulais pas faire en Italie. Les manifestations du plaisir,
dans ce pays, sont innombrables, et je n'avais pas le
temps de toutes les essayer. Ici, en matière de plaisir, il
faut opter comme qui dirait pour une dominante, sinon,
on se retrouve vite submergé. C'est ce que j'ai fait :
je ne me suis intéressée ni à la mode, ni à l'opéra, ni
au cinéma, ni aux voitures de sport, ni au ski alpin. Je
n'avais même pas envie de voir beaucoup d'œuvres
d'art. J'ai un peu honte de l'admettre, mais au cours des
quatre mois que j'ai passés en Italie, je n'ai pas visité
un seul musée. (C'est même pire que ça : j'ai visité un
musée, *un seul* – le musée national des Pâtes, à Rome.)
Tout ce dont j'avais vraiment envie, me suis-je aper-

çue, était de me régaler de bonnes choses et de parler italien le mieux possible. Rien d'autre. J'ai donc opté en réalité pour une double dominante – parler et manger (avec une option : les *gelati*).

Le plaisir que ces deux activités m'ont procuré est inestimable, et si simple pourtant. Un jour, vers la mi-octobre, j'ai vécu quelques heures qui peuvent sembler banales aux yeux d'un observateur extérieur, mais qui compteront toujours parmi les plus heureuses de ma vie. J'ai trouvé un marché, à quelques rues à peine de chez moi, que je n'avais jamais remarqué auparavant, allez savoir comment. Je me suis approchée d'un minuscule étal de légumes, tenu par une Italienne et son fils qui vendaient un assortiment choisi de leur production – des épinards charnus, d'un vert qui évoquait presque les algues, des tomates aussi rouges et juteuses que des cœurs de bœuf, et des raisins aussi étroitement gainés dans leur peau champagne qu'une danseuse de revue dans son justaucorps.

J'ai jeté mon dévolu sur une botte de très fines asperges vert vif, et j'ai réussi à demander à la maraî-chère, dans un italien qui n'avait rien de laborieux, si je pouvais n'acheter que la moitié de la botte. J'étais toute seule, lui ai-je expliqué, il ne m'en fallait pas beaucoup. La femme s'est empressée de partager la botte en deux. Je lui ai demandé si je pouvais la trouver tous les jours au même endroit sur ce marché, et elle m'a indiqué qu'elle était là tous les jours à partir de 7 heures. Et là, son fils, qui était très mignon, m'a lancé avec un coup d'œil entendu : « Enfin… elle *essaie* d'être là à 7 heures… » Nous avons tous éclaté de rire. Tout cet échange a eu lieu en italien – une langue dont je ne parlais pas un traître mot il y a à peine quelques mois de ça.

J'ai regagné mon appartement à pied et j'ai déjeuné de deux œufs frais à la coque, accompagnés de mes sept brins d'asperges (qui étaient si fines et si croquantes qu'il n'y avait même pas besoin de les faire cuire), d'olives, des quatre bouchons de fromage de chèvre que j'avais achetés la veille à la *formaggeria* au coin de ma rue, ainsi que de deux tranches de saumon rose et mariné dans l'huile. Et en dessert, une superbe pêche offerte par la marchande des quatre-saisons, et qui était encore tiède et gorgée de soleil romain. J'ai contemplé un long moment toute cette nourriture, sans pouvoir y toucher, tant ce déjeuner était un chef d'œuvre du genre, un parfait exemple de l'art de fabriquer quelque chose à partir de rien. Une fois mes yeux repus du charme de mon repas, je me suis installée dans un carré de soleil, sur mon plancher tout propre, et je l'ai mangé jusqu'à la dernière miette, avec les doigts, tout en lisant mon article de journal quotidien. Je sentais le bonheur habiter chaque molécule de mon corps.

Jusqu'à ce que – comme cela s'est souvent produit au cours de ces premiers mois de voyage, chaque fois que j'éprouvais un tel bonheur – mon alarme de culpabilité ne se déclenche. J'ai entendu, à mon oreille, la voix de mon ex-mari, suintante de dédain : *C'est donc pour ça que tu as tout abandonné ? Que tu as anéanti toute notre vie commune ? Pour quelques brins d'asperges et un canard écrit en italien ?*

Je lui ai répondu à voix haute : « Primo, désolée, mais ce n'est plus tes oignons. Secundo, et pour répondre à ta question... *Oui.* »

22

Il reste encore un aspect évident à aborder quant à ma poursuite des plaisirs de la vie en Italie : *et le sexe ?*

Pour répondre à cette question très simplement : je ne veux pas en entendre parler du temps que je suis ici.

Pour y répondre plus en détail et plus honnêtement – bien entendu, parfois, j'en rêve. Mais j'ai décidé d'assister jusqu'au bout à ce petit jeu singulier. Je ne veux m'impliquer avec personne. Évidemment, les baisers me manquent, parce que j'adore embrasser. (L'autre jour, à force de m'entendre me lamenter à ce propos, Sofie a fini par me dire, exaspérée : « Pour l'amour de Dieu, Liz – si ça devient si dur que ça, *je* vais t'embrasser. ») Mais pour l'instant, je n'ai aucune intention de passer à l'action. Quand je me sens seule, ces temps-ci, je me dis : *Eh bien, sens-toi donc seule, Liz. Apprends à apprivoiser la solitude. Dessines-en la carte. Tiens-lui compagnie, pour une fois dans ta vie. Bienvenue dans le monde de l'expérience humaine. Mais n'utilise jamais plus le corps ou les émotions de quelqu'un d'autre comme arbre à chat pour pallier des désirs insatisfaits.*

Ça relève plus qu'autre chose d'une politique de sauvetage d'urgence. J'ai commencé tôt dans la vie ma quête du plaisir sexuel et sentimental. À peine ai-je eu une adolescence avant d'avoir mon premier petit ami, et depuis l'âge de quinze ans, il y a toujours eu un garçon ou un homme (ou parfois les deux) dans ma vie. Depuis donc – tiens, voyons un peu… – environ dix-neuf ans, maintenant. Cela fait presque deux décennies que je suis perpétuellement emberlificotée dans un drame sentimental, quel qu'il soit, avec un mec ou un autre. Chacun d'eux succédant au précédent en se chevauchant et sans que j'aie jamais soufflé plus d'un week-end entre les deux. Et je ne peux pas m'empêcher de penser que cela n'a pas été sans incidence sur ma route vers la maturité.

En outre, j'ai des problèmes de limites avec les hommes. Mais peut-être est-ce injuste de ma part de dire ça. Pour avoir des problèmes avec les limites, encore faut-il *avoir* des limites, non ? Or, moi, je disparais dans la personne dont je suis amoureuse. Je suis la membrane perméable. Si je suis amoureuse de vous, vous pouvez tout avoir. Vous pouvez avoir mon temps, mon dévouement, mon cul, mon argent, mes parents, mon chien, l'argent de mon chien, le temps de mon chien – *tout*. Si je suis amoureuse de vous, je porterai toute votre souffrance à votre place, j'assumerai pour vous toutes vos dettes (dans toutes les acceptions du terme), je vous protégerai de vos sentiments d'insécurité, je projetterai sur vous toutes sortes de qualités que vous n'avez en fait jamais cultivées, et à Noël, j'offrirai des cadeaux à toute votre famille. Je vous offrirai le soleil et la pluie, et s'ils ne sont pas disponibles, je vous donnerai un chèque-soleil et un chèque-pluie. Je vous donnerai tout ça et plus encore, jusqu'à ce que je sois épuisée, lessivée et si diminuée qu'il ne me restera qu'une seule façon de recouvrer mon énergie : m'enticher de quelqu'un d'autre.

C'est sans fierté aucune que je rapporte ces faits, mais c'est comme ça que ça a toujours marché.

Quelque temps après avoir quitté mon mari, je me trouvais à une fête et un type que je connaissais à peine m'a dit : « Tu sais, on dirait que tu as changé du tout au tout, maintenant que tu as ce nouveau petit ami. Avant, tu ressemblais à ton mari, et aujourd'hui, tu ressembles à David. Tu t'habilles et parles même comme lui. Tu sais que certaines personnes ressemblent à leur chien ? Toi, à mon avis, tu ressembles toujours à tes hommes. »

Doux Jésus, je romprais volontiers ce cercle, histoire de faire une petite pause, de me donner un peu d'espace pour découvrir à quoi je ressemble et comment je parle quand je n'essaie pas de me dissoudre dans quelqu'un. De plus, soyons honnête – ce serait de ma part un service public généreux que de laisser le terrain des relations intimes en jachère pendant un petit moment. Mon casier amoureux n'est pas brillant. Ça a été un enchaînement continu de catastrophes. Combien de genres d'homme différents puis-je encore essayer d'aimer sans succès à la clé ? Envisagez la question sous cet angle – si vous aviez eu dix graves accidents de la route d'affilée, ne finirait-on pas par vous retirer votre permis de conduire ? Ne souhaiteriez-vous pas qu'on vous le retire ?

Une dernière raison explique mes réticences à l'idée de m'impliquer avec quelqu'un d'autre : je suis encore amoureuse de David, et je trouve que ce serait déloyal de ma part envers son successeur. Je ne sais même pas si David et moi avons réellement rompu. Nous continuions à nous voir souvent avant mon départ pour l'Italie, même si nous ne couchions plus ensemble depuis longtemps. Mais nous admettions encore que nous avions toujours l'espoir, l'un et l'autre, qu'un jour peut-être…

Je ne sais pas.

Mais je sais une chose : je suis épuisée par l'accumulation des conséquences de mes choix précipités et de mes passions chaotiques. Lorsque je suis partie en Italie, je me sentais étiolée, physiquement et mentalement. J'avais besoin d'une saison de jachère, comme les terres d'une métairie épuisées par une exploitation trop intensive. C'est pour ça que je suis partie.

Croyez-moi, je suis bien consciente de l'ironie qu'il y a à partir en Italie pour profiter des plaisirs de la vie tout en s'imposant une période de célibat. Mais je suis convaincue que c'est d'abstinence que j'ai besoin en ce moment. Et ma conviction n'a fait que se renforcer la nuit où j'ai entendu ma voisine du dessus (une ravissante Italienne qui possède une étonnante collection de bottes à talons hauts) s'offrir, avec son dernier petit chanceux de visiteur en date, la plus longue, la plus bruyante, la plus éreintante étreinte qui m'ait été donnée d'entendre – et ce dans un vrai concert de claquements de chairs et de secousses de lit. Ce *pogo* s'est poursuivi pendant plus d'une heure avec, en prime, effets sonores de suffocation et cris d'animaux sauvages. Étendue sur mon lit, un étage en dessous d'eux, seule et fatiguée, je ne pouvais penser qu'à une seule chose : *On dirait que c'est un sacré boulot…*

Naturellement, parfois, je suis submergée par des désirs de luxure. Chaque jour, je croise en moyenne une douzaine d'Italiens que j'imaginerais aisément dans mon lit. Ou moi dans le leur. Ou n'importe où. À mon goût, les Romains sont ridiculement, douloureusement, sottement beaux. Ils sont même plus beaux encore que les Romaines. Les hommes italiens sont beaux comme les Françaises sont belles – je veux dire par là qu'aucun détail n'est négligé dans la quête de la perfection. Ils sont comme des caniches de concours. Parfois, le résultat est si réussi que j'ai envie d'applaudir. La beauté des hommes, ici, m'oblige, pour la décrire, à puiser dans les poncifs des romans sentimentaux. Il émane d'eux une « séduction diabolique », ils sont « insoutenablement beaux », « étonnamment bien découplés ».

Cependant, si je puis admettre quelque chose qui n'est pas totalement flatteur pour moi, ces Romains que je croise dans les rues ne me matent pas vraiment. C'est même à peine s'ils me remarquent. Au début, je trouvais ça un peu alarmant. J'étais déjà venue en Italie, à dix-neuf ans, et je me souvenais que sans cesse les hommes m'importunaient dans la rue. Et dans les pizzerias. Et au cinéma. Et au Vatican. C'était sans fin, et insupportable. Ça devenait un vrai problème inhérent au fait de voyager en Italie – un problème qui pouvait même vous couper l'appétit. Aujourd'hui, à trente-quatre ans, on dirait que je suis devenue invisible. Certes, parfois, un homme me dira, amicalement : « Vous êtes belle, aujourd'hui, *signorina* », mais d'une part, ce n'est pas si fréquent, et d'autre part, jamais ça ne devient offensif. Bien entendu, c'est agréable de ne pas se faire peloter par un abject inconnu dans le bus, mais nous avons notre orgueil féminin, et à un moment donné, on est bien obligé de se demander : « Qu'est-ce qui a changé ? Moi ? Ou eux ? »

Alors, je pose la question autour de moi. Et tout le monde s'accorde à dire que, oui, au cours des quinze dernières années, un vrai changement s'est opéré en Italie. À mettre au compte d'une victoire du féminisme, ou d'une évolution culturelle, ou des inévitables effets modernisants du rattachement à l'Union européenne. À moins que ce ne soit tout simplement le signe, de la part des jeunes Italiens, d'un embarras vis-à-vis de la lubricité de leurs pères et grands-pères. Quelle qu'en soit la cause, cependant, il paraîtrait que la société italienne a décidé que ce genre d'insistance, de harcèlement de la gent féminine n'est plus acceptable. Même ma belle Sofie ne se fait pas casser les pieds dans la rue, et pourtant ces Suédoises fraîches comme des filles de ferme étaient des cibles privilégiées.

En conclusion, il semblerait que les Italiens ont tout fait pour se voir décerner la palme de l'amélioration la plus spectaculaire en matière de comportement.

Voilà qui me soulage, car pendant un certain temps, j'ai redouté que le problème ne vienne de moi. J'avais peur de ne recevoir aucune attention masculine parce que je n'avais plus dix-neuf ans et que je n'étais plus jolie. J'avais peur que mon ami Scott pût avoir raison quand il m'avait dit, l'été dernier : « Bah, t'inquiète pas, Liz, ces Italiens ne t'importuneront plus. C'est pas comme en France, où ils kiffent les vieilles minettes. »

23

Hier après-midi, je suis allée assister à un match de foot avec Luca Spaghetti et ses copains. Nous étions là pour voir jouer la Lazio. Il y a deux équipes de foot à Rome – la Lazio et l'AS Rome. La rivalité entre ces deux équipes et leurs supporters est immense, et peut diviser des familles par ailleurs unies, ou transformer des quartiers paisibles en zones de guerre civile. Il est important de choisir tôt dans la vie si on est un supporter de la Lazio ou de l'AS Rome parce que cela déterminera, dans une large part, avec qui vous passerez vos dimanches après-midi jusqu'à la fin de votre vie.

Luca a une bande d'une dizaine d'amis proches. Tous s'adorent comme des frères. Sauf que la moitié d'entre eux soutient la Lazio, et l'autre moitié l'AS Rome. Et contre ça, aucun ne peut grand-chose : ils sont tous issus de familles dans lesquelles la loyauté à l'une ou l'autre équipe était déjà établie. Le grand-père de Luca (j'espère bien qu'on l'appelle Nonno Spaghetti) lui a offert son premier maillot bleu ciel de la Lazio quand il était encore dans les langes. Et comme son grand-père, Luca sera un supporter de la Lazio jusqu'à sa mort.

« On peut changer d'épouse, dit Luca, de boulot, de nationalité et même de religion, mais on ne changera jamais d'équipe. »

À ce propos, en italien, « supporter » se dit *tiffoso*. Ce mot a la même racine que « typhus ». En d'autres termes, il désigne quelqu'un en proie à une fièvre considérable.

Mon premier match de foot en compagnie de Luca Spaghetti a été un délirant banquet de langue italienne. J'ai appris dans ce stade tout un tas de mots nouveaux et passionnants qu'on n'apprend jamais en cours. Un vieux monsieur assis derrière moi hurlait comme un damné et enfilait les jurons à l'intention des joueurs comme les perles d'un collier. Je ne suis pas extrêmement calée en foot, mais je n'ai pas perdu de temps à questionner bêtement Luca quant à l'action sur le terrain. À la place, je lui demandais à tout bout de champ : « Luca, que vient de dire le type derrière moi ? Que veut dire *cafone* ? » Et Luca, sans détacher les yeux du terrain, me répondait : « Bouseux. Ça veut dire bouseux. »

Je notais dans mon carnet. Puis, je fermais les yeux pour mieux écouter la suite de la diatribe du vieux monsieur :

Dai, dai, dai, Albertini, dai... Va bene, va bene, ragazzo mio, perfetto, bravo, bravo... Dai ! Dai ! Via ! Via ! Nella porta ! Eccola, eccola, eccola, mio bravo ragazzo, caro mio, eccola, eccola, ecco – AAAHHHHHHHHH !!! VAFFANCULO !!! FIGLIO DI MIGNOTTA !!! STRONZO ! CAFONE ! TRADITORE ! Madonna... Ah, Dio mio, perché, per-

ché, perché, questo è stupido, è una vergogna, la vergogna... Che casino, che bordello... NON HAI UN CUORE, ALBERTINI! FAI FINTA! Guarda, non è successo niente... Dai, dai, ah... Molto migliore, Albertini, molto migliore, sì sì sì, eccola, bello, bravo, anima mia, ah, ottimo, eccola adesso... nella porta, nella porta, nella – VAFFANCULO!!!!!!!!!

Ce que je peux tenter de traduire par :

Allez, allez! Vas-y Albertini! Vas-y... Oui, oui, mon garçon, parfait! Magnifique! Magnifique... Vas-y! Allez! Tire! Tire! Dans le but! C'est ça, c'est ça, c'est ça, mon tout beau, mon cher petit, c'est ça, c'est ça, c'est – AHHHH! VA TE FAIRE FOUTRE! FILS DE PUTE! CONNARD! BOU-SEUX! TRAÎTRE! Sainte mère de Dieu... Oh, mon Dieu, mais pourquoi? Pourquoi? Pourquoi? C'est crétin, c'est honteux, quelle honte! Quel fou-toir! Quel bordel! Tu n'as pas de cœur, Albertini!!! Imposteur! Regarde, il ne s'est rien passé... Allez, allez, ouais, oui... C'est mieux, Albertini, beaucoup mieux, oui, oui, oui, c'est ça, c'est beau! Magni-fique! Ah, excellent! Et maintenant... dans le but, dans le but, dans le – VA TE FAIRE FOUTRE!!!

Ah, quel délicieux moment j'ai passé! Quelle chance j'ai eue d'avoir cet homme pour voisin. Je me délectais de chaque mot qui sortait de sa bouche, j'avais envie de renverser la tête sur ses genoux pour recueillir ce flot d'injures fleuries directement dans mes oreilles. Et il n'était pas le seul spectateur en verve. Le stade tout entier résonnait de tels soliloques. Avec quelle fer-veur! Chaque fois qu'une grave entorse à la légalité footballistique se produisait sur le terrain, le stade tout entier se dressait, et chacun des vingt mille spectateurs, à grand renfort de gesticulations et d'insultes, s'élevait en protestations outragées; on se serait cru au beau milieu d'une altercation dans un embouteillage géant. Les joueurs de la Lazio n'étaient pas moins théâtraux que leurs supporters : comme dans les scènes d'assassinats dans *Jules César*, ils se roulaient de douleur sur la pelouse, afin que rien n'échappe aux spectateurs des derniers rangs, puis se relevaient d'un bond en deux secondes pour réattaquer le gardien des buts adverses.

La Lazio a perdu, néanmoins.

Pour remonter un moral en berne, Luca Spaghetti a demandé à ses amis : « On va s'en jeter un ? »

J'ai supposé qu'il entendait par là : « Et si on allait boire un coup dans un bar ? » C'est ce que feraient des supporters en Amérique après la défaite de leur équipe. Ils iraient dans un bistrot et se saouleraient. Cela n'a rien de spécifiquement américain, d'ailleurs – les Anglais, les Australiens, les Allemands… Tous feraient de même, non ? Or, Luca et ses copains ne sont pas allés se remonter le moral dans un bar. Mais dans une pâtisserie. Une petite pâtisserie qui ne payait pas de mine, planquée en entresol dans un quartier sans charme de Rome. L'endroit était bondé en ce dimanche après-midi. Mais c'est toujours bondé les jours de match. En sortant du stade, et avant de rentrer chez eux, les supporters de la Lazio s'y arrêtent et passent des heures dans la rue, debout ou appuyés sur leur scooter, à commenter le match, en arborant leur air le plus macho, tout en mangeant des *choux à la crème*.

J'adore l'Italie.

24

J'apprends chaque jour une vingtaine de nouveaux mots italiens. Je passe mon temps à étudier, à me balader en ville en feuilletant mon répertoire et à esquiver les collisions avec d'autres piétons. Où mon cerveau trouve-t-il l'espace disponible pour stocker ces termes ? J'espère qu'il a décidé de se débarrasser de quelques vieilles pensées négatives, de quelques souvenirs tristes pour les remplacer par ces nouveaux mots tout beaux tout neufs. Et tout en bossant dur, je continue d'espérer qu'un jour, la langue italienne se révélera à moi, simplement, dans sa totalité, dans sa perfection. Qu'un jour, j'ouvrirai la bouche et parlerai couramment, comme par magie. Ce jour-là, je serai une vraie Italienne, et non plus cette indécrottable Américaine qui, lorsqu'elle entend quelqu'un héler, d'un trottoir à l'autre, un certain Marco, ne peut réprimer le réflexe de crier à son tour « Polo ! ». J'aimerais que cette Italienne se glisse et s'installe dans ma peau, mais cette langue ne cesse de me tendre des embûches. Par exemple, pourquoi faut-il qu'il existe une telle similitude entre les mots « arbre » *(albero)* et « hôtel » *(albergo)* ? Similitude qui m'amène souvent à raconter aux gens que j'ai grandi dans une pépinière d'hôtels de Noël, et non dans une pépinière d'arbres de Noël comme c'est le cas. Il y a aussi des mots qui possèdent deux, voire trois sens. *Tasso*, par exemple. Qui peut signifier « taux d'intérêt », « blaireau » ou « if ». Selon le contexte, j'imagine. Ce qui me dérange le plus, c'est de trébucher sur des mots qui sont, pour tout dire – et je déteste le dire –, moches. Je prends leur laideur presque comme un affront personnel. Désolée, mais je n'ai pas fait tout ce chemin jusqu'en Italie pour apprendre à prononcer un mot comme *schermo*, « écran ».

Cela étant, dans l'ensemble, ça valait le déplacement. La plupart du temps, je goûte un pur plaisir. Giovanni et moi passons de délicieux moments à nous enseigner mutuellement des expressions anglaises ou italiennes. L'autre jour, nous parlions de ces expressions toutes faites dont on use pour réconforter quelqu'un qui va mal. En anglais, lui ai-je appris, nous disons parfois : « Je suis passé par là, moi aussi. » Au début, Giovanni ne trouvait pas ça très clair – je suis passé par *où*? Je lui ai alors expliqué qu'un profond chagrin est parfois comme un lieu particulier, une coordonnée sur une carte du temps. Quand on se trouve dans cette forêt de douleur, il est au-dessus de nos forces d'imaginer qu'un jour, nous trouverons le chemin menant à un lieu plus clément. Mais si quelqu'un est en mesure de nous assurer qu'il a, lui aussi, traversé cette forêt, et qu'il a trouvé le chemin de la sortie, parfois, c'est un message d'espoir.

« Alors comme ça, la tristesse est un lieu? a demandé Giovanni.

– Où les gens vivent parfois durant des années. »

En échange, Giovanni m'a appris que les Italiens les plus compatissants disent : *« L'ho provato sulla mia pelle »*, ce qui signifie, littéralement : « J'en ai fait l'expérience sur ma propre peau. »

Jusque-là, cependant, mon mot d'italien préféré est aussi simple que commun : *Attraversiamo.*

Il signifie : « Traversons. » C'est un mot qu'on dit à tout bout de champ, entre amis, lorsqu'on marche sur un trottoir et qu'on décide qu'il est temps d'en changer. C'est donc un mot du vocabulaire piéton. Un mot qui n'a vraiment rien de spécial. Pourtant, pour une raison que je serais bien en peine d'expliquer, il me touche énormément. La première fois que Giovanni me l'a dit, nous marchions près du Colisée. Quand je l'ai entendu prononcer ce mot magnifique, je me suis arrêtée net, et je lui ai demandé, d'une voix pressante :

« Qu'est-ce que ça veut dire ? Qu'est-ce que tu viens de dire ?

– *Attraversiamo.* »

Il n'arrivait pas à comprendre pourquoi ce mot me plaisait autant. *Traversons la rue ?* Mais à mon oreille, c'est la combinaison parfaite des sonorités italiennes. L'attaque mélancolique du *a*, le roulement des consonnes, la caresse apaisante du *s*, et ce finale chantant, *i-a-mo.* J'adore ce mot. Je le dis tout le temps, désormais. J'invoque n'importe quel prétexte pour le dire. Ça rend dingue Sofie. *Traversons ! Traversons !* Je l'oblige sans cesse à zigzaguer à ma suite dans la circulation démente de Rome. Je vais réussir à nous faire tuer toutes les deux, avec ce mot.

Le mot anglais préféré de Giovanni est *half-assed* – foireux, nul.

Le préféré de Luca Spaghetti est *surrender* – reddition.

25

Un bras de fer se joue en ce moment en Europe. Plusieurs villes sont en lice pour devenir la grande métropole européenne du XXIe siècle. Sera-ce Londres ? Paris ? Berlin ? Zurich ? Ou peut-être Bruxelles, géographiquement située au centre de la jeune Union ? Chacune s'efforce de surpasser ses rivales sur le plan culturel, architectural, politique, fiscal. Mais Rome

– faut-il le préciser ? – n'a pas daigné participer à la compétition. Rome se contente d'assister en spectatrice à toute cette agitation, sans broncher, l'air de dire : « Pff, faites ce que bon vous semble, mais moi, je suis toujours Rome. » La confiance en soi toute régalienne qu'affiche cette ville si solidement ancrée dans son passé, si équilibrée, si affairée et si monumentale, cette ville qui sait qu'elle repose au creux de la paume de l'histoire et qu'elle y est en sécurité est pour moi une source d'inspiration. Quand je serai une vieille dame, je voudrais bien ressembler à Rome.

Aujourd'hui, je m'offre une balade de six heures dans la ville. Cela n'a rien de pénible, surtout si on s'arrête régulièrement pour faire le plein d'expressos et de pâtisseries. Je commence par flâner le long des rues commerçantes et cosmopolites de mon quartier. (Encore que je n'appellerais pas vraiment ça un quartier – pas dans le sens traditionnel du terme : parce que si *ça* c'est un quartier, alors mes voisins sont des vous-et-moi nommés Valentino, Gucci et Armani.) Il a de tout temps accueilli les élites. Rubens, Tennyson, Stendhal, Balzac, Liszt, Wagner, Thackeray, Byron, Keats – tous y ont séjourné. J'habite au cœur du « ghetto anglais », comme on baptisait autrefois ce secteur, où tous les snobinards d'aristos faisaient halte au cours de leur grand tour du Vieux Continent. Une agence de tourisme londonienne s'appelait carrément la Société des dilettantes – vous imaginez ? Se prévaloir du fait d'être un dilettante ! Ah, quelle délicieuse effronterie…

Je me dirige vers la Piazza del Popolo et sa porte monumentale sculptée par le Bernin en l'honneur de la visite historique de la reine Christine de Suède. Elle était carrément l'une des bombes à neutrons de l'histoire. Voici comment Sofie décrit la grande souveraine : « Elle montait à cheval, elle chassait, elle était savante, elle s'est convertie au catholicisme et ça a été un immense scandale. Certains disent qu'elle était un homme, mais elle devait être au moins lesbienne. Elle portait des pantalons, elle participait à des fouilles archéologiques, collectionnait les œuvres d'art et elle a refusé de donner naissance à un héritier. » L'église qui jouxte l'arc de triomphe abrite deux œuvres du Caravage, qu'on peut contempler sans devoir s'acquitter d'un droit d'entrée ; l'une dépeint le martyre de saint Pierre, et l'autre la conversion de saint Paul (un saint Paul à ce point bouleversé par la grâce qu'il est tombé de selle, dans une sainte extase ; même son cheval n'en revient pas). Ces Caravage me bouleversent toujours aux larmes, mais pour me requinquer, il me suffit d'aller admirer, de l'autre côté du chœur, une fresque qui représente l'enfant Jésus le plus enjoué, le plus niaiseux et le plus rieur de tout Rome.

Je mets ensuite le cap au sud. Je dépasse le Palazzo Borghese, un hôtel particulier qui a hébergé plusieurs locataires illustres, dont Pauline Bonaparte, la scandaleuse sœur de Napoléon, qui y reçut plus d'amants qu'on ne saurait en compter. Elle appréciait aussi d'user de ses femmes de chambre comme repose-pieds. (On espère toujours avoir mal lu, quand on tombe sur cette phrase dans le *Companion Guide to Rome* – mais non, c'est bien ça. Et on y apprend également que Pauline aimait bien se faire transporter jusque dans son bain par « un nègre géant ».) Puis je me suis baladée le long des berges du Tibre, fleuve au lit large, aux eaux marécageuses, au petit air rustique, et j'ai poussé jusqu'à l'île Tibérine, qui est un des lieux paisibles que je préfère à Rome. L'île a toujours été associée à la guérison. On y édifia un temple dédié à Esculape après la peste de 291 avant Jésus-Christ. Au Moyen Âge, une communauté de moines, les *fatebenefratelli* (ce qui pourrait se traduire par « les frères qui font le bien »), y construisit un hospice, aujourd'hui encore en service.

Je traverse le fleuve pour rejoindre Trastevere, le quartier dont les habitants se revendiquent les Romains les plus authentiques, et qui abrita les ouvriers qui, au fil des siècles, ont construit tous les monuments sur l'autre rive du Tibre. J'y déjeune dans une trattoria paisible, et passe plusieurs heures attablée devant mes plats et mon vin, parce que personne, au Trastevere, ne vous empêchera de prendre votre temps à table si tel est votre bon plaisir. Je commande un assortiment de *bruschette*, des spaghetti *cacio e pepe* (une spécialité romaine de pâtes au fromage et au poivre) et puis un coquelet rôti, que je finis par partager avec le chien errant qui me regarde manger comme seul un chien errant peut le faire.

Puis je retraverse le pont et m'enfonce dans l'ancien ghetto juif, un quartier émouvant aux larmes qui subsista pendant des siècles jusqu'à ce que les nazis ne le dépeuplent. Je repars vers le nord, je dépasse la Piazza Navona, avec sa colossale fontaine qui rend hommage aux quatre plus grands fleuves de la planète (qui comptent parmi eux, avec fierté à défaut d'exactitude, le paresseux Tibre). Puis, je m'arrête pour jeter un œil au Panthéon. J'essaie de saisir toutes les opportunités qui me sont données de pénétrer dans le Panthéon, puisque après tout, je suis ici, à Rome, et qu'une vieille maxime dit que quiconque va à Rome sans voir le Panthéon « part et revient idiot ».

En rentrant chez moi, je fais un détour pour m'arrêter au mausolée d'Auguste – l'adresse romaine que je trouve la plus étrangement émouvante. Ce grand empilement circulaire de pierres aujourd'hui en ruine fut construit par Octave pour abriter à jamais ses restes et ceux de sa famille. À l'époque, l'empereur devait être dans l'impossibilité d'imaginer que Rome puisse être un jour autre chose qu'un puissant empire adorateur d'Auguste. Comment aurait-il pu prévoir la chute de l'Empire ? Ou savoir que, une fois que les barbares auraient rasé tous les aqueducs et saccagé les grandes routes d'accès, la ville se viderait de ses citoyens et qu'il faudrait attendre presque vingt siècles pour que Rome recouvre la population qu'elle avait abritée à l'apogée de sa gloire ?

Durant l'âge des ténèbres, le mausolée d'Auguste tomba aux mains des pilleurs. Quelqu'un – il est impossible de savoir qui – déroba les cendres de l'empereur. Au XIIᵉ siècle, cependant, la puissante famille Colonna restaura le monument et le transforma en forteresse, pour se protéger des assauts de divers princes belliqueux. Le mausolée connut ensuite diverses métamorphoses : il devint un vignoble, puis un jardin, à la Renaissance ; une arène, au XVIIIᵉ siècle ; un entrepôt de feux d'artifice ; une salle de concert. Dans les années 30, Mussolini se l'appropria et le restaura dans sa destination première afin qu'un jour il accueillît sa dépouille. (Là encore, il devait être impossible, à l'époque, d'imaginer que Rome pût être autre chose qu'un empire adorateur de Mussolini.) Naturellement, le rêve fasciste de Mussolini ne dura pas, et lui-même n'eut pas la sépulture impériale qu'il avait prévue.

Aujourd'hui, le mausolée d'Auguste, profondément enfoui dans le sol, est l'un des monuments les plus paisibles et les plus empreints de solitude de Rome. Au fil des siècles, la ville s'est développée autour de lui. (En règle générale, l'accumulation de débris du temps croît à raison de quelque deux centimètres et demi par an.) Au-dessus du monument, en surface, la circulation automobile décrit des cercles avec frénésie et, à ma connaissance, personne ne descend jamais plus ici, sauf pour utiliser les lieux comme latrines. Mais le bâtiment existe toujours ; il ne lâche pas prise et en attendant sa prochaine réincarnation, il soutient avec dignité le sol romain.

La résistance dont fait preuve le mausolée d'Auguste – le fait que sa structure, en dépit d'une carrière à ce point erratique, se soit toujours ajustée à la brutalité particulière de chaque époque – me rassure infiniment. À mes yeux, le mausolée est comme une personne qui a mené une existence singulièrement démente – quelqu'un qui, par exemple, aurait débuté dans la vie comme femme au foyer, puis, inopinément devenue veuve, se serait mise à la danse des éventails pour gagner de l'argent et se serait retrouvée, par un curieux détour, première femme dentiste de l'espace avant de tenter une percée en politique –, et tout ça en se débrouillant pour qu'aucun de ces bouleversements n'entame l'intégrité de sa personne.

En contemplant le mausolée d'Auguste, je me dis que ma vie n'a peut-être pas été si chaotique, après tout. C'est plutôt ce monde qui l'est, qui nous inflige à tous et à toutes des changements que personne n'aurait pu prévoir. Le mausolée d'Auguste me prévient que je ne dois m'attacher à aucune idée obsolète quant à qui je suis, ce que je représente, à qui j'appartiens, ou ce à quoi j'ai pu être un jour destinée. Qu'hier j'ai été un monument à la gloire de quelqu'un, c'est tout à fait possible – mais qui dit que demain je ne serai pas un entrepôt de feux d'artifice ? Même dans la Ville éternelle, nous enseigne le silencieux mausolée, chacun doit toujours être prêt à affronter des vagues de transformations houleuses et sans fin.

26

Avant de quitter New York, je m'étais envoyé un carton de livres. On m'avait assuré qu'il me serait livré à mon adresse romaine dans un délai de quatre à six jours, mais sans doute la poste italienne a-t-elle cru lire « quarante-six » jours, car presque deux mois se sont écoulés, et je n'ai toujours aucune nouvelle de mon carton. Mes amis italiens me conseillent d'arrêter de me mettre martel en tête pour lui. Il se peut qu'il arrive, me disent-ils, ou qu'il n'arrive pas – ces choses-là sont hors de notre portée.

« A-t-il été volé ? La poste l'a-t-elle égaré ? »

Luca Spaghetti, à qui je pose la question, se couvre les yeux. « Ne pose pas ce genre de questions. Ça ne servirait qu'à te contrarier. »

Un soir, le mystère du carton volatilisé provoque une longue discussion avec Maria, mon amie américaine, et Giulio, son mari. Selon Maria, dans une société civilisée, on devrait pouvoir compter sur un service postal qui délivre le courrier en temps et en heure, mais Giulio réclame la permission de ne pas être de cet avis. La poste, avance-t-il, n'est pas entre les mains de l'humain, mais entre celles du destin, et personne n'est en mesure de garantir la distribution du courrier. Maria, contrariée, soutient que ce n'est là qu'une preuve supplémentaire du clivage entre protestants et catholiques. Clivage qui trouve sa meilleure preuve, explique-t-elle, dans le fait que les Italiens – y compris son propre mari – sont incapables de tracer des plans d'avenir, incapables même de se projeter jusqu'au week-end suivant. Si vous proposez à une protestante du Midwest de prendre date pour un dîner la semaine suivante, cette protestante, convaincue d'être le capitaine de sa propre destinée, vous dira : « Jeudi soir me convient parfaitement. » Mais demandez donc à un catholique de Calabre de souscrire le même engagement. Il se contentera de hausser les épaules, de lever les yeux au ciel et de répondre : « Qui sur cette terre peut savoir s'il sera libre pour dîner jeudi prochain, puisque tout est entre les mains de Dieu et que nul d'entre nous ne peut connaître son destin ? »

Néanmoins, je me rends à plusieurs reprises au bureau de poste pour tenter de retrouver la trace de mon carton – en pure perte. La guichetière n'est pas du tout contente de voir ma présence interrompre sa conversation téléphonique avec son petit ami. Et au vu de ces circonstances pour le moins stressantes, mon italien – qui a pourtant vraiment progressé – me laisse tomber. Je m'efforce d'expliquer avec logique que mon carton de livres a disparu, mais la femme me regarde comme si je soufflais des bulles de salive.

« Il arrivera peut-être la semaine prochaine ? » lui demandé-je en italien.

Elle hausse les épaules : « *Magari.* »

Encore un de ces mots de la langue familière intraduisible, dont le sens oscille entre « Espérons-le », et « Dans tes rêves, espèce d'emmerdeuse ».

Bon… peut-être est-ce mieux ainsi ? Je ne sais même plus quels livres j'avais mis dans ce carton. Sans doute s'agissait-il d'ouvrages que je pensais devoir potasser si je voulais réellement comprendre l'Italie. J'avais rempli ce carton de toutes sortes de documents sur Rome, qui semblent sans aucune importance maintenant que je suis ici. Je crois que j'avais même empaqueté *Histoire de la décadence et de la chute de l'Empire romain,* de Gibbon, dans sa version intégrale. Peut-être suis-je plus heureuse sans lui, finalement. La vie étant si courte, ai-je vraiment envie de passer le quatre-vingt-dixième du restant de mes jours sur terre à lire Edward Gibbon ?

27

La semaine dernière, j'ai rencontré une jeune routarde australienne qui visitait l'Europe pour la première fois. Je lui ai indiqué le chemin de la gare. Elle partait en Slovénie, histoire de voir à quoi ce pays ressemble. Sitôt qu'elle m'a confié ce projet, j'ai été prise d'un accès de jalousie. *Je veux aller en Slovénie ! Comment se fait-il que je ne voyage pas ?*

Certes, à un regard innocent, il pourrait apparaître que je suis *déjà* en voyage. Et rêver de voyage quand on est déjà en voyage relève, je l'admets, d'un genre de folie et d'avidité. C'est un peu comme fantasmer qu'on est en train de faire l'amour avec sa star de cinéma préférée pendant qu'on fait l'amour avec son *autre* star de cinéma préférée. Mais le fait que cette fille m'ait demandé à moi (qu'elle a pris, à l'évidence, pour une Italienne) de lui indiquer son chemin suggère que, techniquement parlant, je ne suis pas en train de voyager, mais que je vis à Rome. Quelque temporaire que ce puisse être, je suis une autochtone. De fait, quand j'ai croisé cette fille, je partais payer ma note d'électricité – détail dont ne se soucient pas les voyageurs. Voyager dans un pays et y séjourner relèvent de deux énergies fondamentalement différentes, et quelque chose dans le fait de rencontrer cette jeune Australienne qui partait en Slovénie a exacerbé mon désir de reprendre la route.

Ce pourquoi j'appelle mon amie Sofie et je lui dis :
« Allons passer la journée à Naples et manger des
pizzas ! »

Aussitôt dit, aussitôt fait, et à peine quelques heures
plus tard, nous sommes dans le train, puis, comme
par magie, nous voilà à Naples. Et là, c'est le coup
de foudre. Naples est une ville débridée, tapageuse,
bruyante, sale, extravertie. Une fourmilière dans une
garenne, qui possède tout l'exotisme d'un souk du
Moyen-Orient, agrémenté d'une touche de vaudou de
La Nouvelle-Orléans. Un asile halluciné, dangereux
et joyeux. Mon ami Wade est venu à Naples dans les
années 70 et s'est fait détrousser… dans un *musée*.
La ville tout entière est pavoisée de linge pendu aux
fenêtres et qui flotte au-dessus de chaque rue ; les tri-
cots de peau et les soutiens-gorge de tous les habitants
de la ville, lavés de frais, claquent au vent comme des
drapeaux de prière tibétains. Dans chaque rue, il y a sur
le trottoir un môme bagarreur, en short et chaussettes
dépareillées, qui invective un autre môme bagarreur
perché sur un toit voisin. Et chaque immeuble abrite
au moins une petite vieille toute tordue qui, assise à sa
fenêtre, épie avec suspicion l'activité en contrebas.

Ici, les gens trouvent ça follement excitant d'être
napolitains, et pourquoi pas ? C'est la ville qui a donné
au monde la pizza *et* les glaces. Les Napolitaines,
en particulier, forment une sacrée équipe de grandes
gueules criardes, généreuses, fouineuses, autoritaires,
agaçantes. Elles ne s'embarrassent pas de circonvolu-
tions, non, elles essaient juste de vous aider, pauvre
andouille que vous êtes – *pourquoi diable faut-il
qu'elles se tapent toujours tout le boulot ?* L'accent
napolitain vous claque dans l'oreille comme une
calotte amicale. C'est comme si on flânait dans une
ville uniquement peuplée de cuisiniers ambulants, où

tout le monde braille en même temps. Les Napolitains s'expriment encore dans leur propre dialecte et usent de tout un lexique en perpétuelle évolution d'argot limpide, mais curieusement, je trouve que de tous les Italiens, c'est eux que je comprends le plus facilement. Pourquoi ? Eh bien, tout bêtement parce qu'ils *veulent* qu'on les comprenne. Ils parlent fort, avec emphase, et si jamais on échoue à capter les mots qui sortent de leur bouche, en général, on peut toujours en déduire le sens aux gestes qui les accompagnent. Ainsi, cette punkette d'écolière qui était perchée à l'arrière de la moto de son grand cousin et qui, cn me dépassant, m'a gratifiée d'un doigt d'honneur *et* d'un charmant sourire, juste pour me faire comprendre que « Hé madame, sans vouloir te vexer, je n'ai que sept ans et pourtant je vois bien que tu es totalement débile, mais c'est pas un problème – je pense que tu vas t'en sortir malgré toi, et j'aime bien ta gueule d'ahurie. Nous savons l'une et l'autre que tu adorerais être à ma place, mais désolée – ce n'est pas possible. Mais bon, tiens, voilà mon majeur, bon séjour à Naples, et *ciao* » !

Ici comme partout ailleurs en Italie, dans chaque espace public, on rencontre des petits garçons, des adolescents et des hommes adultes en train de jouer au foot, mais à Naples, ça ne s'arrête pas là. Par exemple, aujourd'hui, je suis tombée sur des gamins – je parle ici de garçons de huit ans – qui avaient récupéré de vieux cageots à volailles pour les transformer en chaises et table de fortune, et qui jouaient au poker, avec tant de passion que j'ai craint que l'un d'eux ne se fasse descendre.

Giovanni et Dario, les jumeaux de mon tandem linguistique, sont originaires de Naples. J'ai du mal à l'imaginer. J'ai un mal fou à me représenter le timide, studieux et sympathique Giovanni enfant, au milieu de

127

cette – et je n'utilise pas le mot à la légère – populace. Mais il est bel et bien napolitain, aucun doute là-dessus, car avant mon départ de Rome, il m'a donné l'adresse d'une pizzeria où je devais absolument aller, parce que, m'a-t-il dit, on y mangeait la meilleure pizza de Naples. J'ai trouvé le projet furieusement excitant, car puisque c'est à Naples qu'on trouve la meilleure pizza d'Italie, et que c'est en Italie qu'on trouve la meilleure pizza du monde, cette pizzeria doit offrir… La superstition me retient presque de le dire… *La meilleure pizza du monde ?* Giovanni m'a révélé le nom de l'endroit avec tant de sérieux et de passion que j'ai presque eu l'impression d'être accueillie dans les rangs d'une société secrète. Il m'a glissé l'adresse en la pressant au creux de ma paume et il a dit, du ton de la confidence la plus grave : « S'il te plaît, va dans cette pizzeria. Commande la *margherita* avec une double mozzarella. Et si jamais tu ne le fais pas, s'il te plaît, mens-moi et dis-moi que tu l'as goûtée. »

Sofie et moi sommes donc venues ici, à la Pizzeria da Michele, et ces pizzas que nous avons commandées – une chacune – sont en train de nous faire perdre la tête. J'aime tellement ma pizza, en fait, que j'en suis venue à croire, dans mon délire, qu'elle pourrait très bien m'aimer en retour. J'ai tissé une relation sentimentale avec cette pizza, c'est presque de l'ordre de l'aventure amoureuse. Quant à Sofie, elle est pratiquement en larmes au-dessus de la sienne, sa pizza la plonge dans une crise métaphysique. Elle me dit, d'une voix suppliante : « Pourquoi *s'embêter* à essayer de faire des pizzas à Stockholm ? Pourquoi même s'embêter à manger quoi que ce soit à Stockholm ? »

La Pizzeria da Michele est un petit restaurant avec deux salles seulement et un four qui fonctionne en permanence. Elle se trouve à quinze minutes de marche de la gare sous la pluie, mais il ne faut pas s'arrêter à ce détail, il faut y aller. Et mieux vaut y arriver assez tôt parce que parfois, ils sont à court de pâte, et ça, c'est une malchance à vous briser le cœur. À 13 heures, les Napolitains font la queue dans la rue pour tenter d'obtenir une table, et ils jouent des coudes comme s'ils cherchaient à s'assurer une place sur un canot de sauvetage. Il n'y a pas de menu. On ne propose ici que deux sortes de pizza – normale ou avec double portion de fromage. Rien à voir avec ces âneries de pseudo-pizzas new age avec-olives-et-tomates-séchées-au-soleil qu'on trouve en Californie du Sud. La pâte, et il me faut attendre d'avoir mangé la moitié de ma pizza pour m'en apercevoir, a un goût plus proche de celui du *nan* indien que de celui des pâtes à pizza qu'il m'a été donné de goûter jusque-là. Elle est souple, molle, élastique, mais incroyablement fine. J'avais toujours cru qu'en matière de croûte et de pizza, il n'existait que deux options – fine et croustillante, ou épaisse et dense. Comment aurais-je pu savoir qu'il pouvait exister en ce monde une croûte à la fois fine *et* dense ? Le saint des saints ! Une pizza paradisiaque, légère, compacte, goûteuse, collante, savoureuse, molle, salée. Elle est garnie d'une sauce tomate légèrement sucrée et écumante, qui se boursoufle et devient crémeuse lorsqu'elle se mélange à la mozzarella fraîche de bufflonne, et l'unique rameau de basilic qui trône en son centre se débrouille pour diffuser à l'ensemble son arôme, un peu comme une star de cinéma scintillante dans une fête teinte de glamour et irradie tous ceux qui se trouvent autour d'elle. Bien entendu, techniquement, ce truc est impossible à manger. Vous essayez d'en détacher une bouchée et là, la croûte souple se replie, le fromage fondu se fait la malle comme la couche arable lors d'un glissement de terrain, et au final, c'est un vrai carnage, sur vous, sur ce qui vous entoure – mais débrouillez-vous avec.

Les types qui font ce miracle s'activent devant le four alimenté au bois, enfournent les pizzas, les retirent, à la chaîne. On croirait voir des chauffeurs dans le ventre d'un énorme navire en train d'alimenter à grandes pelletées de charbon le brasier dans les chaudières. Manches roulées sur des avant-bras couverts de transpiration, visages rougis par l'effort, ils ferment un œil pour se protéger de la chaleur du feu, et une cigarette pend d'entre leurs lèvres. Sofie et moi commandons chacune une autre pizza, et Sofie essaie de recouvrer ses esprits, mais franchement, la pizza est si bonne que c'en est difficilement supportable.

Un mot à propos de ma ligne. Je gagne chaque jour un peu de poids, évidemment. J'inflige de rudes épreuves à mon corps, ici, en Italie, à force d'avaler une si effroyable quantité de fromage, de pâtes, de pain, de vin, de chocolat et de pizzas. (Ailleurs à Naples, m'at-on dit, il est possible de goûter une spécialité appelée « pizza au chocolat ». Quel genre d'absurdité est-ce là ? Bon, plus tard, j'en ai trouvé, et c'est délicieux, mais franchement – de la *pizza au chocolat* ?) Je ne fais pas de sport, je ne mange pas assez de fibres, je ne prends aucune vitamine. Dans ma vraie vie, j'étais connue pour manger des yaourts bio au lait de chèvre saupoudrés de germes de blé au petit déjeuner. Les jours de ma vraie vie sont loin derrière. Aux États-Unis, mon amie Susan raconte aux gens que le mot d'ordre de mon grand voyage est : « Aucun glucide ne passera entre les mailles du filet », mais mon corps est bon joueur. Il fait l'autruche face à mes égarements et mes excès, comme pour dire : « D'accord, petite, mène grand train, je comprends bien que c'est temporaire. Préviens-moi quand ton expérience du pur plaisir sera terminée, et je verrai ce que je peux faire pour réparer les dégâts. »

En tout cas, quand je me regarde dans le miroir de la meilleure pizzeria de Naples, je vois un regard vif, une peau saine, un visage rayonnant de santé. Cela faisait longtemps que je n'avais pas vu un tel visage en me regardant dans une glace.

« Merci », je murmure. Puis Sofie et moi nous précipitons sous la pluie pour chercher des pâtisseries.

28

C'est ce bonheur (âgé aujourd'hui de quelques mois) qui, je suppose, m'amène à songer pendant le retour à Rome qu'il me faut faire quelque chose concernant David. Qu'il est peut-être temps pour nous de mettre un point final à notre histoire. Nous étions déjà séparés, c'était notoire, mais une fenêtre d'espoir était restée ouverte : peut-être qu'un jour (à l'issue de mes voyages, ou d'une année de séparation) nous pourrions nous accorder un nouvel essai. Nous nous aimions. Là n'a jamais été la question. Simplement, nous nous rendions malheureux, éperdument, douloureusement, et nous ne savions pas comment faire pour arrêter de nous infliger ce châtiment.

Au printemps dernier, David avait proposé, en ne plaisantant qu'à moitié, cette solution délirante à nos malheurs : « Et si on se contentait d'admettre que notre couple ne marche pas, mais qu'on s'y cramponne tout de même ? Et si on acceptait le fait que, même si on se tape sur les nerfs, même si on passe notre temps à se disputer et que notre vie sexuelle est inexistante, nous ne pouvons pas vivre l'un sans l'autre, et qu'il nous faut donc faire avec ? Là, nous pourrions passer notre vie ensemble – misérables, mais heureux de ne pas être séparés. »

Que j'aie passé les dix derniers mois à réfléchir sérieusement à cette proposition n'est-il pas une preuve de l'amour maladif que j'ai pour cet homme ?

L'autre option que nous ne perdions jamais de vue, c'était naturellement que l'un de nous puisse changer. Que David puisse s'ouvrir davantage et devenir plus affectueux, qu'il cesse de se refuser à toute femme qui l'aime par crainte que celle-ci ne lui dévore l'âme. Ou que moi je puisse apprendre à… ne plus essayer de lui dévorer l'âme.

Combien de fois ai-je regretté de ne pas pouvoir me comporter avec David comme ma mère l'a fait dans son couple – en femme indépendante, forte, autonome. Une femme qui se nourrit elle-même. Capable d'exister sans recevoir des doses régulières de romantisme ou de flatterie de la part de mon solitaire et fermier de père. Capable de semer avec bonne humeur des marguerites dans le jardin entre les inexplicables murailles de silence que mon père érige par moments autour de lui. Mon père est tout simplement la personne que j'aime le plus au monde, mais c'est un cas. Un jour, un de mes anciens petits amis l'a décrit en ces termes : « Ton père n'a qu'un seul pied sur terre. Et des jambes vraiment très, très longues… »

Ce que j'ai observé en grandissant dans mon foyer familial, c'est une mère qui accueillait l'amour et l'affection de son mari chaque fois qu'il pensait à les lui offrir, mais qui, sitôt qu'elle le voyait happé par son étrange univers de désaffection involontaire et inconscient, prenait ses distances et soin d'elle-même. Du moins est-ce ainsi que je percevais la situation, compte tenu que personne (et surtout pas les enfants) ne connaît jamais les secrets d'un couple. Ce que j'ai cru voir en grandissant, c'est une mère qui ne demandait rien à personne. C'était ma mère, après tout – une femme qui, adolescente, avait appris seule à nager dans les eaux froides d'un lac du Minnesota avec un manuel emprunté à la bibliothèque municipale. À mes yeux, il n'y avait rien que cette femme ne pût accomplir par elle-même.

Mais peu de temps avant mon départ pour Rome, j'avais eu une conversation révélatrice avec elle. Ma mère était venue à New York déjeuner une dernière fois avec moi, et elle m'avait demandé sans détour – rompant par là toutes les règles historiques de communication de notre famille – ce qui s'était passé entre David et moi. Transgressant plus encore le Grand Livre des canons de communication de la famille Gilbert, j'ai répondu à sa question. Je lui ai tout dit – combien j'aimais David, mais combien je me sentais seule, et malheureuse d'être avec cet homme qui ne cessait de s'absenter de la pièce, du lit, de la planète.

« On dirait qu'il ressemble un peu à ton père », a-t-elle remarqué. Un aveu courageux, et généreux.

« Le problème, lui ai-je rétorqué, c'est que je ne ressemble pas à ma mère. Je ne suis pas aussi solide que toi, maman. J'ai vraiment besoin de sentir une proximité constante avec la personne que j'aime. J'aimerais te ressembler davantage, car cela rendrait possible cette histoire d'amour avec David. Mais ne pas pouvoir compter sur cette affection quand j'en éprouve le besoin, ça ne fait que me détruire. »

La réponse de ma mère m'a abasourdie : « Tu sais, Liz, toutes ces choses que tu attends de ta relation amoureuse, moi aussi je les ai toujours désirées. »

À cet instant, j'ai eu l'impression que ma mère tendait la main par-dessus la table, ouvrait son poing et me montrait enfin les couleuvres qu'elle avait dû avaler des décennies durant pour rester une épouse heureuse (qu'elle est, toutes considérations pesées). Jamais auparavant je n'avais vu cette facette d'elle – pas une seule fois. Jamais je n'avais imaginé ce que ma mère avait pu désirer, ce dont elle avait pu manquer, ce qu'elle avait pu décider d'accepter à la longue. En découvrant tout cela, j'ai senti ma vision du monde opérer un virage radical.

Si même elle *veut ce que je veux, alors…?*

Laissant s'écouler ce flot inédit de confidences, ma mère a ajouté : « Tu dois comprendre que je n'ai pas été éduquée pour m'attendre à mériter quelque chose dans la vie, chérie. N'oublie pas : je viens d'un lieu et d'une époque différents. »

J'ai fermé les yeux et j'ai vu ma mère, à dix ans, dans la ferme familiale du Minnesota – une fillette qui travaillait comme une journalière, qui élevait ses jeunes frères, portait les vêtements hérités de sa sœur aînée, économisait centime après centime pour pouvoir se tirer de là…

« Et il faut que tu comprennes combien j'aime ton père », a-t-elle conclu.

Ma mère a fait des choix dans la vie, comme on doit tous en faire, et elle est en paix vis-à-vis d'eux. Je vois cette paix. Elle n'a pas choisi la dérobade. Les bénéfices de ses choix sont immenses – un long mariage stable avec un homme qu'aujourd'hui encore elle considère comme son meilleur ami ; une famille qui s'est agrandie avec l'arrivée de petits-enfants qui l'adorent ; la confiance en sa force. Peut-être a-t-elle fait des sacrifices, peut-être mon père en a-t-il fait lui aussi – mais qui d'entre nous ne fait jamais de sacrifices dans sa vie ?

Et la question à laquelle je dois répondre maintenant est : quels choix dois-*je* faire ? Qu'est-ce que je crois mériter dans cette vie ? Où puis-je accepter de faire des sacrifices, et où ne puis-je pas l'accepter ? Cela a été si pénible d'imaginer une vie d'où David serait absent. Si pénible d'imaginer qu'il n'y aurait plus d'escapade avec mon compagnon de voyage préféré, que jamais plus je ne viendrais me garer en bas de chez lui toutes vitres ouvertes, en écoutant Bruce Springsteen à la radio, avec une réserve de plaisanteries et de provisions suffisante pour toute une vie et en voyant déjà l'océan se profiler au bout de l'autoroute. Mais comment accepter cette félicité, quand elle va de pair avec sa part d'ombre – l'abandon destructeur, l'insécurité corrosive, le ressentiment insidieux et, bien entendu, cet inévitable et complet anéantissement du moi sitôt que David cesse de donner et commence à reprendre ? Je n'en suis plus capable. Cette joie que j'ai éprouvée à Naples m'a donné la certitude que non seulement je *peux* trouver le bonheur sans David, mais que je le *dois*. Aussi immense que soit mon amour pour lui (et il est d'une immensité bêtement excessive), il est temps pour moi de dire adieu à cette personne. Et de me tenir à cctte décision.

Donc, je lui écris un e-mail.

Nous sommes en novembre. Nous n'avons pas communiqué depuis juillet. Sachant que la force de mon attachement pour lui m'empêcherait de me concentrer sur mon voyage si je suivais également le sien à la trace, je lui avais demandé d'interrompre tout contact le temps de mon périple. Mais à présent, j'entre à nouveau dans sa vie via cet e-mail.

J'espère qu'il va bien, lui écris-je, et je l'informe que je vais bien. Je fais quelques plaisanteries. On a toujours été doués, avec les plaisanteries. Ensuite, je lui explique que nous avons besoin de mettre un point final et définitif à notre histoire. Qu'il est peut-être temps d'admettre qu'il ne se passera jamais rien, qu'il *n'aurait* jamais rien dû se passer. Ce petit e-mail n'est pas trop dramatique. Dieu sait que nous avons déjà notre compte de drames. Je fais court, et sobre. Mais il y a un dernier point qu'il me faut ajouter. En retenant ma respiration, je tape : « Si tu veux chercher une autre partenaire, naturellement, tu as mon entière bénédiction. » Mes mains tremblent. Je signe et l'assure de mon immense affection, en essayant de conserver un ton aussi enjoué que possible.

J'ai l'impression qu'on vient de m'asséner un coup de matraque sur la poitrine.

Cette nuit-là, je ne dors pas beaucoup ; je l'imagine en train de lire mes phrases. Le lendemain, à plusieurs reprises, je me précipite au cybercafé, pour voir si j'ai une réponse. J'essaie d'ignorer cette part de moi qui meurt d'envie de lire : « REVIENS ! NE T'EN VA PAS ! JE VAIS CHANGER ! » J'essaie de ne pas faire cas de cette fille, en moi, qui laisserait avec joie tomber tous ses grandioses projets de voyage autour du monde en échange des clés de l'appartement de David. Vers 10 heures ce soir-là, j'ai enfin ma réponse. Rédigée dans un style superbe, évidemment. David a toujours écrit superbement. Il dit que oui, il est temps de nous dire définitivement au revoir. Il a réfléchi et il est lui aussi parvenu à cette conclusion. Il ne pourrait pas me répondre avec plus de bienveillance, et avec cette immense tendresse dont il pouvait parfois, et si douloureusement, faire preuve, il me dit que lui aussi il éprouve un sentiment de deuil et de nostalgie. Il espère que je sais combien il m'adore, plus qu'il ne saurait trouver les mots pour le dire. « Mais nous ne sommes pas celui dont l'autre a besoin », écrit-il. Cependant, il est certain qu'un jour je trouverai le grand amour. Il en est sûr. Après tout, dit-il, « la beauté attire la beauté ».

Ce qui est un charmant compliment, vraiment. C'est presque le plus charmant compliment que puisse vous faire l'amour de votre vie quand il ne dit pas : « REVIENS ! NE T'EN VA PAS ! JE VAIS CHANGER ! »

Je reste un très long moment le regard rivé sur l'écran, accablée de tristesse. Tout est pour le mieux, je le sais. Je suis en train de choisir le bonheur contre la souffrance, je le sais. Je fais de la place pour que l'avenir et son cortège d'inconnues remplissent ma vie avec de nouvelles surprises. Je sais tout cela. Mais tout de même…

C'est *David* que je perds.

J'enfouis mon visage entre mes mains, et je reste comme ça longtemps, encore plus accablée de tristesse. Quand je finis par relever la tête, je m'aperçois que l'employée albanaise du cybercafé s'accorde une pause dans son service de nuit ; adossée au mur, elle a interrompu son balayage et elle m'observe. Nous nous dévisageons un instant, puis je secoue la tête, l'air lugubre, et dis tout haut : « C'est nul. » Elle hoche la tête, avec sympathie. Elle ne comprend pas, mais naturellement, à sa façon, elle a parfaitement compris.

Mon portable sonne.

C'est Giovanni. Il semble déconcerté. Il me dit qu'il m'attend depuis plus d'une heure Piazza Fiume, notre lieu de rendez-vous habituel le jeudi soir pour notre échange linguistique. Il est perplexe, car en général, c'est *lui* qui est en retard, ou qui oublie notre rendez-vous, mais justement ce soir, pour une fois, il était à l'heure et il était quasi certain que… – n'avions-nous pas rendez-vous ?

J'avais oublié. Je lui indique où je suis. Il va passer me chercher en voiture, me dit-il. Je ne suis pas d'humeur à voir qui que ce soit, mais me lancer dans ce genre d'explication au *telefonino*, compte tenu de nos compétences linguistiques respectives limitées, c'est trop compliqué. Je sors l'attendre sur le trottoir, dans le froid. Il arrive quelques minutes plus tard, et je grimpe dans sa petite voiture rouge. « Que se passe-t-il ? » s'enquiert-il dans un italien argotique. J'ouvre la bouche pour lui répondre, et je fonds en larmes. Ou plutôt, en sanglots – ces effroyables hoquets syncopés à « double pompage », comme les appelle mon amie Sally, parce qu'il faut inspirer une double ration d'oxygène à chaque sanglot. Je n'ai même pas vu venir ce raz-de-marée de douleur, il m'a fondu dessus à mon insu.

Pauvre Giovanni ! A-t-il commis quelque impair ? s'enquiert-il dans un anglais boiteux. Est-ce que je suis en colère contre lui ? M'a-t-il blessée ? Incapable d'articuler une réponse, je dois me contenter de secouer la tête tout en continuant à bramer de douleur. J'ai honte de moi, et je suis désolée pour ce malheureux Giovanni, qui se retrouve piégé dans cette voiture avec cette bonne femme éplorée, incohérente, complètement *a pezzi* – en miettes.

Je réussis tant bien que mal à l'assurer, d'une voix éraillée, qu'il n'est pour rien dans ma détresse. Entre deux étranglements de gorge, je lui présente mes excuses pour cet état lamentable. Giovanni prend la situation en main avec une maturité qui fait mentir son âge. « Ne t'excuse pas de pleurer, dit-il. Sans ces émotions, nous ne sommes que des robots. » Il me tend quelques mouchoirs en papier qu'il extrait d'une boîte sur le siège arrière. « Allons ailleurs », dit-il.

Il a raison – la devanture de ce cybercafé est un lieu par trop public et illuminé pour s'effondrer. Il roule un petit moment, puis s'arrête Piazza della Repubblica, l'une des places les plus majestueuses de Rome. Il se gare à proximité de cette superbe fontaine où de fabuleuses nymphes dénudées se livrent à des ébats quasi pornographiques avec leur troupeau phallique de cygnes géants aux cols roides. Au vu des standards romains, cette fontaine est de construction assez récente. D'après mon guide, les deux femmes qui servirent de modèles aux nymphes étaient deux sœurs, danseuses burlesques, très populaires en leur temps. Leur notoriété s'accrut plus encore quand la fontaine fut achevée. L'Église, qui la jugeait bien trop licencieuse, tenta, des mois durant, d'empêcher qu'on ne la dévoilât. Les deux sœurs vécurent jusqu'à un âge avancé, et chaque jour jusque dans les années 20, on pouvait voir ces vieilles dames très dignes s'avancer jusqu'au centre de la Piazza pour contempler « leur » fontaine. Une fois l'an, aussi longtemps qu'elles vécurent, le sculpteur français qui avait capturé leur prime jeunesse dans le marbre venait à Rome, les invitait à déjeuner et évoquait avec elles l'époque où ils étaient tous trois si jeunes, si beaux, si extravagants.

Giovanni se gare donc là, et attend que je me ressaisisse. Je ne sais pas quoi faire, sinon écraser le gras des paumes contre mes yeux pour essayer de contenir mes larmes. Jamais Giovanni et moi n'avons eu une conversation d'ordre personnel. Tout au long de ces mois, de ces dîners, nous n'avons parlé que de philosophie, d'art, de culture, de politique et de cuisine. Nous ne savons rien de nos vies privées respectives. Il ignore que je suis divorcée, ou que j'ai laissé l'amour derrière moi, en Amérique. Et je ne sais strictement rien de lui, sinon qu'il veut devenir écrivain et qu'il est né à Naples. Mes pleurs, cependant, vont nous imposer de passer à un niveau de conversation entièrement nouveau. J'aurais préféré l'éviter. Surtout en des circonstances aussi pénibles.

« Excuse-moi, dit-il, mais je ne comprends pas. Tu as perdu quelque chose aujourd'hui ? »

J'ai encore du mal à recouvrer l'usage de la parole. Giovanni sourit, et m'encourage d'un « *Parla come magni* ». Il sait que c'est l'une de mes expressions favorites en dialecte romain. Cela signifie « Parle comme tu manges », ou dans une traduction plus personnelle : « Dis-le comme tu le manges. » Une façon de nous rappeler – quand on se met martel en tête pour expliquer quelque chose, quand on cherche les mots exacts – de s'en tenir à un langage aussi simple et direct que la cuisine romaine. Inutile de mettre les petits plats dans les grands. Contentez-vous de poser le tout sur la table.

Je prends une profonde inspiration et je lui donne, en italien, une version grossièrement abrégée (et pourtant complète) de ma situation : « C'est à propos d'une histoire d'amour, Giovanni. J'ai dû dire adieu à quelqu'un, aujourd'hui. »

Et à nouveau, j'écrase les mains sur mes yeux, les larmes s'échappent d'entre mes doigts serrés. Giovanni, que grâces lui soient rendues, n'essaie pas de me prendre dans ses bras pour me réconforter, ni ne montre le moindre malaise face à mon explosion de tristesse. Il me laisse pleurer, sans rien dire, et quand je me calme, il me dit avec empathie, en choisissant ses mots avec soin (et ce soir-là, quelle n'a pas été ma fierté, à moi son prof d'anglais !), en parlant lentement, clairement et gentiment : « Je comprends, Liz. Je suis passé par là, moi aussi. »

29

L'arrivée de ma sœur, quelques jours plus tard, m'aide à détourner l'attention de toute tristesse résiduelle, et me recale sur un rythme rapide. Ma sœur fait tout vite, et l'énergie bouillonne autour d'elle à la façon de minicyclones. Elle a trois ans et sept centimètres de plus que moi. C'est une athlète, une femme cultivée, une mère et un écrivain. Durant toute la durée de son séjour à Rome, elle s'entraînait pour un marathon, ce qui signifie qu'elle s'éveillait à l'aube et courait vingt-neuf kilomètres dans le temps qu'il me faut généralement pour lire un seul article dans le journal et boire deux *cappuccini*. Quand elle court, on croirait voir une biche. Une nuit, lorsqu'elle était enceinte de son premier enfant, elle a traversé un lac à la nage de part en part, dans le noir. Il était hors de question que je l'accompagne, et pourtant, je n'étais pas enceinte, moi. J'étais juste morte de frousse. Mais ma sœur, elle, a rarement la frousse. Quand elle attendait son second enfant, une sage-femme lui a demandé si elle n'avait, en son for intérieur, aucune crainte quant à d'éventuels problèmes concernant le bébé – tels que malformations génétiques, ou complications durant l'accouchement. Ma sœur a répondu : « Ma seule crainte, c'est qu'il puisse un jour voter républicain. »

Catherine – c'est son prénom – est mon unique sœur. Nous avons grandi dans un cadre rural, dans une ferme du Connecticut, avec nos parents, sans aucun autre enfant alentour. Il n'y avait que nous deux, et Catherine, imposante et autoritaire, régentait toute ma vie. Je l'admirais, je la craignais ; aucun autre avis que le sien ne comptait pour moi. Quand nous jouions aux cartes, je trichais pour *perdre* et échapper ainsi à sa colère. Nous n'étions pas toujours amies. Je l'énervais ; elle me terrorisait. Et puis un jour, à vingt-huit ans, j'en ai eu marre. Je lui ai enfin tenu tête, et sa réaction, en gros, a été : « Tu en as mis du temps ! »

Nous commencions tout juste à façonner les nouveaux termes de notre relation quand mon mariage a dérapé. Ç'aurait été si simple pour Catherine de remporter une victoire sur ma défaite. De nous deux, j'avais toujours été la plus choyée, la plus chanceuse, la préférée à la fois de nos parents et du destin. Le monde avait toujours été un séjour plus douillet et plus accueillant pour moi que pour ma sœur, qui talonnait énergiquement la vie, et à qui la vie, en retour, avait parfois infligé de violentes déconvenues. Ç'aurait été si simple pour Catherine d'accueillir mon divorce et ma dépression avec un : « Ah, ah ! Regardez un peu ce qu'est devenue notre *Little Miss Sunshine* ! » Au lieu de quoi elle m'a soutenue comme un champion. Elle a décroché son téléphone au milieu de la nuit à chacun de mes moments de détresse pour me réconforter. Et elle a été à mes côtés quand je me suis mise à chercher les causes de mon accablante tristesse. Une éternité durant, j'ai presque partagé ma psychothérapie avec elle, par procuration. Après chaque séance, je l'appelais pour lui faire part de tout ce dont j'avais pris conscience dans le cabinet du thérapeute, elle laissait tomber ce à quoi elle était occupée, quoi que ce fût, et disait : « Ah… ça explique bien des choses. » Bien des choses *sur elle comme sur moi*, s'entend.

Aujourd'hui, nous nous téléphonons presque chaque jour – ou du moins le faisions-nous avant que je ne parte à Rome. Aujourd'hui, si elle ou moi devons prendre un avion, l'une appelle toujours l'autre pour dire : « Je sais que c'est morbide, mais je voulais juste te dire que je t'aime. Tu sais… au cas où… » Et l'autre répond invariablement : « Oui, je sais… au cas où. »

Catherine arrive à Rome sans avoir rien laissé au hasard, comme toujours. Elle apporte cinq guides, qu'elle a déjà lus, et elle a déjà le plan de la ville en tête. Avant même de quitter Philadelphie, elle était capable de s'orienter parfaitement dans la Ville éternelle. Et c'est là un exemple typique de ce qui nous différencie. Moi, j'ai passé mes premières semaines à Rome à déambuler où mes pas me portaient, perdue les neuf dixièmes du temps mais cent pour cent heureuse, voyant en tout ce qui m'entourait un magnifique et inexplicable mystère. Cela dit, le monde en général m'apparaît toujours ainsi. Aux yeux de ma sœur, il n'existe rien qui ne puisse être expliqué si on a accès à la documentation appropriée. Catherine est une femme qui range *The Columbia Encyclopedia* dans sa cuisine, à côté des bouquins de recettes, et qui la *lit* pour le plaisir.

Il y a un jeu auquel j'aime parfois jouer avec mes amis, et qui s'appelle « Regarde bien ça ! ». Chaque fois que quelqu'un s'interroge sur quelque fait obscur (par exemple : qui était Carloman II ?), je dis : « Regarde bien ça ! » et je décroche le téléphone le plus proche pour appeler ma sœur. Parfois, je la trouve au volant de sa Volvo, en train de ramener les gamins de l'école, et elle répond, d'un ton méditatif : « Carloman II… Eh bien, il était roi de France, fils d'Ansgarde de Bourgogne, ce qui est intéressant parce que… »

Donc, ma sœur vient me rendre visite à Rome – dans ma nouvelle ville –, puis elle me la fait visiter. C'est Rome, version Catherine. Avec des ribambelles de faits, de dates et de détails architecturaux que je ne vois pas parce que mon esprit n'assimile pas les choses de cette façon. Tout ce qui m'intéresse, à propos d'un lieu ou d'un personnage historique, c'est son *histoire* – jamais les détails esthétiques. (J'étais installée depuis un mois dans mon appartement quand Sofie est venue me rendre visite. « Jolie, la salle de bains rose… », a-t-elle dit, et pour *la première fois*, j'ai remarqué qu'effectivement ma salle de bains était rose – carrelée de rose pétard du sol au plafond.) Mais rien n'échappe au regard averti de ma sœur – ni les éléments gothiques, romans ou byzantins d'un bâtiment, ni le plan d'une église, ni la vague esquisse d'une fresque inachevée planquée derrière l'autel. Elle arpente Rome sur ses longues jambes (nous la surnommions autrefois « Catherine les Longs Fémurs ») et moi, je cavale sur ses talons, comme c'est le cas depuis que je sais marcher, en faisant deux pas empressés là où elle en fait un.

« Tu as vu ça, Liz ? Regarde, ils ont collé cette façade XIXᵉ sur ce briquetage. Je parie que si on contourne le bâtiment, on va trouver… Oui !… Tu vois – ils ont bel et bien utilisé ces colonnes romaines comme piliers de soutènement, probablement parce qu'ils n'avaient pas de main-d'œuvre pour les déplacer… Oui, j'aime bien le côté bric-à-brac de cette basilique. On se croirait dans une vente de charité… »

Catherine transporte le plan de Rome et son *Guide vert*, et moi je trimballe notre pique-nique – deux énormes pains de la taille d'un ballon de softball, des saucisses pimentées, des filets d'anchois au vinaigre délicatement enroulés autour d'une olive verte charnue, un pâté aux champignons qui a un goût de sous-bois, des boules de mozzarella fumée, de la roquette braisée au poivre, des tomates cerises, un morceau de *pecorino*, de l'eau minérale et une petite bouteille de vin blanc frais. Et pendant que je me demande in petto où nous allons bien pouvoir pique-niquer, ma sœur s'interroge tout haut : « Pourquoi les gens ne parlent-ils pas *plus souvent* du concile de Trente ? »

144

Elle me traîne dans des dizaines et des dizaines d'églises, que je confonds toutes – Saint-Ceci, Sainte-Cela, et Saint-Machine-des-Pénitents-aux-Pieds-Nus-de-la-Juste-Douleur… Mais j'ai beau être infichue de retenir termes et détails relatifs à ces innombrables contreforts et corniches, je n'en adore pas moins visiter ces églises avec ma sœur, dont les yeux bleu cobalt ne laissent rien passer. J'ai oublié le nom de cette église décorée de fresques qui semblent exalter l'héroïsme des grands chantiers du New Deal, mais je me souviens de Catherine désignant à mon attention les représentations des papes : « C'est génial, ils ressemblent tous à Franklin Roosevelt… » Je me rappelle également le matin où nous sommes allées, au lever du jour, assister à la messe à Sainte-Suzanne : main dans la main, nous avons écouté les nonnes entonner leurs chants grégoriens, l'une et l'autre émues aux larmes tandis que l'édifice tout entier vibrait de l'écho de leurs prières. Ma sœur n'a pas la fibre religieuse. Personne, dans notre famille, ne l'a vraiment. (J'ai pris l'habitude de me surnommer le « mouton blanc » de la famille.) Mes investigations spirituelles suscitent chez ma sœur une curiosité essentiellement intellectuelle. « Je trouve ce genre de foi très belle, me chuchote-t-elle dans l'église, mais je n'y arrive pas, en ce qui me concerne, c'est juste impossible… »

Voici un autre exemple de divergence dans nos visions respectives du monde. Catherine m'a raconté la double tragédie qui avait frappé une famille de son quartier quand on avait diagnostiqué un cancer chez la jeune mère et son petit garçon de trois ans. En entendant ça, sous le choc, je me suis exclamée : « Doux Seigneur, cette famille a besoin de grâce.

– Cette famille a besoin de *ragoûts* », m'a rétorqué ma sœur avec fermeté. De fait, elle s'est employée à organiser des tours de rôles dans le quartier, pour apporter à dîner à cette famille, tous les soirs, pendant toute une année. Je ne sais pas si ma sœur mesure bien que c'est précisément *ça* la grâce.

« Tu sais pourquoi, au Moyen Âge, les papes ont eu besoin de créer un plan d'urbanisme pour la ville ? me demande-t-elle en sortant de Sainte-Suzanne. Parce que en gros, quand tu as deux millions de pèlerins catholiques qui débarquent chaque année des quatre coins de l'Occident pour faire cette procession depuis le Vatican jusqu'à Saint-Jean-de-Latran – parfois à genoux –, tu te dois d'offrir quelques facilités à ces gens. »

La foi de ma sœur réside dans la connaissance. Son texte sacré, c'est l'*Oxford English Dictionary*. Et quand elle se plonge dans sa lecture, qu'elle l'étudie, tête courbée, un doigt courant sur les pages, elle est avec son Dieu. Un peu plus tard au cours de la même journée, il m'est donné l'occasion de voir une fois de plus ma sœur prier, lorsqu'elle tombe à genoux au beau milieu du forum romain : elle époussette (comme si elle effaçait un tableau noir) quelques saletés du sol, puis ramasse un petit caillou et dessine à mon intention dans la terre battue le plan d'une basilique romaine traditionnelle. Ensuite, d'un geste, elle m'invite à passer de son dessin à la ruine qui se dresse devant nos yeux, pour m'amener à comprendre (pour même me mettre visuellement au défi de comprendre !) à quoi cet édifice a pu ressembler quelque dix-huit siècles plus tôt. D'un doigt pointé dans le vide, elle esquisse les arches manquantes, la nef et les ouvertures depuis longtemps disparues. Tel Harold avec son crayon violet, elle remplit l'absence cosmique de son imagination et complète la ruine.

Dans la conjugaison italienne, il existe un tiroir verbal rarement utilisé, le *passato remoto*, le passé antérieur. On l'emploie pour évoquer un passé très, très lointain, pour relater des événements qui ont eu lieu en des temps si reculés qu'ils n'ont plus aucune incidence sur nous – ainsi, par exemple, l'histoire antique. Mais ma sœur, si elle parlait italien, n'utiliserait pas ce temps pour évoquer l'Antiquité. Dans son monde à elle, le forum romain n'appartient pas à la nuit des temps, non plus qu'au passé. Il est tout aussi présent et proche d'elle que je le suis moi.

Elle part le lendemain.

« Tu m'appelles pour me dire que tu es bien arrivée, d'accord ? lui dis-je. C'est pas pour être morbide, mais…

– Je sais, ma puce, me répond-t-elle. Je t'aime moi aussi. »

30

Parfois, je n'en reviens toujours pas que ma sœur soit une épouse et une mère, et que moi, je ne sois rien de tout ça. D'une certaine façon, j'avais toujours pensé que ce serait le contraire. Que je serais celle qui finirait avec une pleine maisonnée de bottes crottées et de gamins hurlants, tandis que Catherine mènerait une vie en solo, lirait seule le soir dans son lit. Rien, quand nous étions enfants, n'aurait pu laisser prévoir les adultes que nous sommes devenues. Cela dit, à mon avis, c'est mieux ainsi. Battant en brèche toutes les prédictions, nous nous sommes créé chacune une vie qui nous correspond. D'un naturel solitaire, Catherine a besoin d'une famille pour la préserver de l'isolement ; compte tenu de mon instinct grégaire, je n'aurai jamais à redouter les moments de solitude, même en période de célibat. Je suis contente qu'elle rentre retrouver les siens, et tout aussi contente d'avoir encore neuf mois de voyage devant moi, où manger, lire, prier et écrire seront mes seules occupations.

Voudrai-je un jour des enfants ? Je n'en sais toujours rien. Découvrir qu'à trente ans je n'en voulais pas m'a causé un sacré choc ; le souvenir de cette surprise vaut pour mise en garde, et je préfère ne pas parier sur ce que je ressentirai à quarante ans. Je ne peux dire que ce que je ressens aujourd'hui – je suis reconnaissante d'être seule. Je sais aussi que je ne vais pas franchir le pas et faire des enfants juste pour le cas où je pourrais regretter, plus tard dans ma vie, de ne pas en avoir eu ; à mes yeux, ce n'est pas une motivation assez forte pour mettre au monde des bébés sur cette planète. Même si je suppose que c'est là la raison qui parfois pousse les gens à se reproduire – pour se garantir de regrets ultérieurs. Selon moi, les gens font des enfants pour toutes sortes de raisons – certains ont un authentique désir de les voir venir au monde et de les élever ; d'autres en font par absence de choix, ou parce qu'ils veulent retenir un partenaire, ou donner naissance à un héritier, ou encore par défaut de réflexion préalable. Les raisons qui incitent à faire des enfants ne sont pas toutes du même ordre, et toutes ne sont pas forcément exemptes d'égoïsme. Les raisons de *ne pas* avoir d'enfant ne sont pas toutes du même ordre non plus, cela dit. Et toutes ne sont pas forcément égoïstes.

Je dis ça parce que j'essaie encore de faire la part du vrai et du faux dans cette accusation que mon mari a plusieurs fois brandie lorsque notre couple était au bord du gouffre – *l'égoïsme*. Et chaque fois qu'il l'a brandie, j'ai entièrement acquiescé, j'ai plaidé coupable, j'ai reconnu tous les chefs d'accusation. Mon Dieu ! Je n'avais même pas encore fait ces bébés que, déjà, je les négligeais et faisais passer mes intérêts avant les leurs. Ils n'étaient pas nés que déjà j'étais une mauvaise mère. Ces bébés – ces bébés fantômes – revenaient souvent dans nos disputes. Qui s'en occuperait ? Qui en assumerait la charge financièrement ? Qui les nourrirait au milieu de la nuit ? Je me souviens qu'une fois, alors que ma vie de couple devenait intolérable, j'ai dit à mon amie Susan : « Je ne veux pas que mes enfants grandissent dans un tel foyer.

– Et si tu laissais ces soi-disant enfants en dehors de la discussion ? m'a-t-elle répondu. Ils n'existent même pas encore, Liz ! Pourquoi ne peux-tu pas juste admettre que c'est *toi* qui ne veux plus de cette vie misérable ? Qu'aucun de vous deux n'en veut plus ? Et, soit dit en passant, mieux vaut le réaliser maintenant que dans la salle d'accouchement, quand tu en es à cinq centimètres. »

Je me souviens que vers cette même époque, je suis allée à un vernissage, à New York. Un couple – deux artistes qui ont réussi – venait d'avoir un bébé, et la mère fêtait l'accrochage de ses nouvelles toiles dans une galerie. Je me rappelle avoir observé cette femme, la jeune maman, mon amie, l'artiste, tenter de jongler entre ses devoirs d'hôtesse (la soirée avait lieu chez elle, dans son loft), l'attention que réclamait son nouveau-né et ses tentatives pour mener une discussion professionnelle. Jamais de ma vie je n'ai vu le manque de sommeil marquer à ce point un visage. Et jamais je n'oublierai cette image d'elle dans sa cuisine, à minuit passé, la soirée finie, les bras plongés jusqu'aux coudes dans un évier débordant de vaisselle. Son mari (je suis désolée de rapporter cela, et je suis pleinement consciente que ce comportement n'est en rien représentatif) se trouvait dans l'autre pièce où, pieds calés sur la

149

table basse, il regardait la télé. Quand elle a fini par lui demander de bien vouloir lui donner un coup de main, il lui a dit : « Laisse tomber, chérie, on nettoiera tout demain matin. » Le bébé s'est remis à pleurer. Mon amie perdait du lait, qui imbibait l'étoffe de sa robe de cocktail.

Très certainement, d'autres femmes parmi celles présentes ont gardé de cette soirée une image différente de la mienne. Beaucoup auront pu envier notre hôtesse pour sa beauté, son bébé tout neuf et resplendissant de santé, sa carrière artistique couronnée de succès, son charmant mari, son bel appartement, sa belle robe. Il y avait à cette fête des femmes qui auraient probablement échangé sans hésiter leur vie contre la sienne, si elles l'avaient pu. Et notre hôtesse, quand elle repense à cette fête – si jamais cela lui arrive – s'en souvient comme d'une réception épuisante mais gratifiante tout à la fois pour la mère, l'épouse et l'artiste. Mais en ce qui me concerne, je dois avouer que j'ai passé la soirée à trembler de panique. *Si tu ne vois pas que c'est là ce qui te pend au nez, Liz, c'est que tu es à côté de tes pompes*, me disais-je. *Fais en sorte que cela ne t'arrive pas.*

Mais étais-je vraiment investie de la responsabilité de fonder une famille ? Ah, Seigneur… *la responsabilité*. Ce mot m'a empoisonné la vie jusqu'à ce que je décide de le considérer sous l'angle de sa définition première, étymologique : *la capacité à répondre, à réagir*. En fin de compte, le seul devoir qui m'incombait était de réagir au fait que chaque particule de mon être me disait de mettre un point final à ce mariage. Quelque part en moi, un système d'alerte précoce m'avertissait que si je m'obstinais à vouloir affronter coûte que coûte cette tempête dont la perspective me terrorisait, l'aventure se solderait pour moi par un cancer. Et que si je mettais tout de même au monde des enfants, uniquement pour m'épargner le désagrément, ou la honte, de voir étalées aux yeux de tous certaines facettes de mon piètre esprit pratique, cela serait un acte grave d'irresponsabilité.

Pour finir, cependant, c'est le conseil de mon amie Sheryl qui m'a le plus éclairée – le conseil qu'elle m'a donné ce même soir, à ce vernissage, lorsqu'elle m'a trouvée planquée dans la salle de bains du superbe loft de notre amie, grelottante de peur, en train de m'asperger le visage d'eau. À l'époque, Sheryl ne savait rien de mes problèmes de couple. Personne n'en savait rien. Ce soir-là encore, je les ai passés sous silence, mais j'ai dit : « Je ne sais pas quoi faire. » Je me souviens qu'alors Sheryl m'a prise par les épaules, elle m'a regardée, les yeux dans les yeux, et m'a répondu, très simplement, avec un sourire serein : « Dis la vérité, dis la vérité, dis la vérité. »

C'est ce que j'ai essayé de faire.

Mettre un point final à un mariage est une rude épreuve, cependant, et pas uniquement du fait des complications juridiques ou financières, ou du cataclysme que ça induit dans le style de vie. Ainsi que l'a souligné un jour avec sagacité mon amie Deborah : « Personne n'est jamais mort d'avoir dû partager ses meubles. » Non, ce qui vous tue, ce sont les retombées émotionnelles, le choc que cela provoque de s'arracher du cocon d'un mode de vie conventionnel et de perdre tous ces acquis matériels qui maintiennent tant de gens à jamais sur les rails. Fonder une famille avec son conjoint est, dans la société américaine – ou dans quelque société que ce soit –, l'un des principaux moyens de donner un sens, une continuité à sa vie. Je redécouvre cette vérité chaque fois que j'assiste à une grande réunion de ma famille maternelle, dans le Minnesota, et que j'observe comment, année après année, chacun se rassure en se raccrochant à la place qui est la sienne. D'enfant, on devient adolescent, puis jeune marié, puis parent, puis retraité, puis grand-parent – à chaque étape, on sait qui l'on est, on connaît ses devoirs, et sa place à table : aux côtés des autres enfants, ou des adolescents, ou des jeunes parents ou des retraités. Jusqu'à enfin prendre place à l'ombre avec les nonagénaires, pour contempler avec satisfaction sa descendance. Qui êtes-vous ? La réponse est simple : vous êtes la personne qui a créé tout ça. Savoir cela vous procure une satisfaction immédiate, et, qui plus est, universellement reconnue. Combien de gens ai-je entendus clamer que leurs enfants étaient le plus grand accomplissement et le plus grand réconfort de leur vie ? Ce sur quoi l'on peut toujours se reposer en cas de crise métaphysique, ou si à un moment donné on doute de son importance. *Si je n'ai rien accompli d'autre au cours de cette vie, au moins ai-je bien élevé mes enfants.*

Mais qu'en est-il si, par choix ou par la force des choses, on ne participe finalement pas à ce cycle rassurant de perpétuation ? Qu'en est-il si on dévie ? Où s'assied-on, lors des réunions familiales ? Comment marque-t-on le passage du temps, comment fait-on taire la crainte d'avoir gaspillé en futilités celui qui nous était imparti sur terre ? Il faut se fixer un autre but, trouver une autre aune à laquelle juger si oui ou non on a accompli sa destinée humaine. J'adore les enfants, mais que se passera-t-il si je n'en ai pas ? Quel genre de personne cela fera-t-il de moi ?

Virginia Woolf a écrit : « La vie d'une femme est un vaste continent sur lequel plane l'ombre d'une épée. » D'un côté de cette épée, dit-elle, il y a les conventions, la tradition, l'ordre, où tout est comme il se doit. Mais de l'autre côté de l'épée, si vous êtes assez folle pour outrepasser cette frontière et choisir une vie qui ne se conforme pas aux conventions, « tout n'est que confusion. Rien ne suit un cours normal ». Son raisonnement, c'est que franchir l'ombre de cette épée peut apporter une existence bien plus intéressante à une femme, mais on peut parier qu'elle sera aussi plus périlleuse.

J'ai au moins la chance d'être écrivain. C'est quelque chose que les gens peuvent comprendre. « Ah, elle a brisé son mariage pour préserver son art. » Ce n'est pas faux, mais ce n'est pas entièrement juste non plus. Beaucoup d'écrivains ont une famille. Toni Morrison, pour ne citer qu'elle, a éduqué son fils et cela ne l'a pas empêchée de remporter cette broutille que nous appelons prix Nobel. Mais Toni Morrison a fait son chemin, et je dois faire le mien. La Bhagavad-Gita – ce texte yogique de l'Inde ancienne – dit qu'il vaut mieux vivre imparfaitement sa propre destinée que vivre en imitant la vie de quelqu'un d'autre à la perfection. J'ai donc entrepris de vivre ma propre vie. Aussi imparfaite et maladroite qu'elle puisse paraître, elle ressemble à qui je suis aujourd'hui, entièrement.

Bref. Cette digression n'avait pour but que de reconnaître qu'en comparaison de ma sœur – de sa vie, de sa maison, de son mariage réussi et de ses enfants –, je semble ces temps-ci assez instable. Je n'ai même pas d'adresse fixe, et à l'âge vénérable de trente-quatre ans, cela a tout d'un crime contre la normalité. En ce moment, tout ce que je possède est stocké chez Catherine, qui m'a cédé l'usage temporaire d'une chambre sous ses combles. Nous l'avons baptisée les « quartiers de la Tante célibataire », car elle est dotée d'une lucarne d'où je peux contempler la lande et pleurer ma jeunesse perdue, vêtue de ma robe de mariée. Apparemment, Catherine ne trouve rien à redire à cet arrangement, qui est certes pratique pour moi, mais non exempt de danger : à me laisser trop longtemps dériver au hasard de par le monde, je pourrais bien devenir un jour la barjo de la famille. Si ce n'est pas déjà le cas… L'été dernier, ma nièce de cinq ans avait invité une petite camarade à jouer à la maison, chez ma sœur. J'ai demandé à la fillette quel jour tombait son anniversaire. « Le 25 janvier, m'a-t-elle répondu.

– Hou la la ! me suis-je exclamée. Tu es Verseau ! Je suis sortie avec assez de Verseau pour savoir qu'ils sont une source d'*ennuis*. »

Les deux gamines de cinq ans m'ont dévisagée, perplexes et anxieuses, ne sachant pas comment réagir. Et brusquement, j'ai eu l'horrible vision de celle que je pourrais devenir si je ne fais pas gaffe : tante Liz la Folledingue. La divorcée qui s'habille avec des boubous, qui teint ses cheveux en orange, ne mange pas de laitages mais fume des menthols, celle qui rentre tout juste de sa croisière astrologique ou vient de rompre avec son jules aromathérapeute, celle qui tire les tarots à des gamins de maternelle et est capable de dire : « Va chercher un autre verre de *wine cooler* à tatie Liz, mon chou, et je te prêterai mon *mood ring*… »

Finalement, je suis consciente qu'il se pourrait que je doive rentrer un peu dans le rang.

Mais pas tout de suite… *s'il vous plaît*. Pas tout de suite.

31

Au cours des six semaines suivantes, je voyage : Bologne, Florence, Venise, la Sicile, la Sardaigne. Je redescends une fois encore à Naples, d'où je mets le cap sur la Calabre. Le plus souvent, il s'agit de brefs séjours – une semaine par-ci, un week-end par-là –, je reste juste le temps nécessaire pour m'imprégner de l'atmosphère des lieux, me balader et demander aux passants de m'indiquer les bonnes adresses de bouche que je vais ensuite tester. J'ai laissé tomber mes cours d'italien, car à cause d'eux j'étais coincée dans une salle de classe, et privée de ces excursions pendant lesquelles je peux pratiquer la langue directement avec les Italiens.

Ces semaines de voyages spontanés me font l'effet d'une merveilleuse pirouette du temps ; j'ai rarement été aussi détendue dans ma vie, je file acheter des billets à la gare, je me balade à droite à gauche, je commence enfin à faire vraiment étalage de ma liberté parce que dans ma tête, l'idée que je peux aller où bon me semble a enfin fait son chemin. Je ne vois plus mes amis romains pendant un petit moment. Giovanni me dit au téléphone : « *Sei una trottola.* » – Tu es une toupie. Une nuit, dans une ville au bord de la Méditerranée, dans une chambre d'hôtel ouvrant sur l'océan, le son d'un rire me tire d'un sommeil profond. Je me réveille en sursaut. *Qui donc est en train de se marrer dans mon lit ?* Et quand je réalise que ce n'est personne d'autre que moi, j'éclate à nouveau de rire. Je ne sais plus de quoi je rêvais. De bateaux, peut-être.

32

Je ne passe qu'un week-end à Florence, où je me rends en train un vendredi matin pour retrouver mon oncle Terry et ma tante Deb qui viennent du Connecticut pour découvrir et visiter l'Italie, et voir leur nièce naturellement. Ils arrivent dans la soirée, et je les emmène se promener et voir le Duomo, qui fait toujours forte impression, comme en témoigne la réaction de mon oncle :

« *Oy vey*[*] ! » s'exclame-t-il. Il marque une pause et ajoute : « Ce n'est peut-être pas l'expression idoine pour apprécier la beauté d'une église… »

Nous contemplons les Sabines se faire violer, là, au beau milieu des jardins Boboli, sans que personne ne lève le petit doigt pour s'interposer, et nous présentons nos respects à Michel-Ange, au musée de la Science, aux panoramas qu'offrent les collines qui entourent la ville. Puis je prends congé de mon oncle et de ma tante qui vont profiter du reste de leurs vacances sans moi, et je pars seule à Lucques, cette prospère et généreuse petite ville de Toscane, célèbre pour ses innombrables charcuteries, où les plus beaux morceaux de viande qui m'aient été donnés de voir dans toute l'Italie sont exposés avec une sensualité affriolante. Gainées telles des jambes de femmes dans de provocantes résilles, des saucisses – toutes tailles, couleurs et variations de formes confondues – se balancent du plafond des échoppes. De robustes croupes transformées en jambons pendent dans les vitrines, vous aguichent avec autant de classe que des prostituées d'Amsterdam. Les poulets sont si potelés, si radieux même par-delà le trépas, qu'on les imagine s'être offerts fièrement d'eux-mêmes au sacrifice après avoir rivalisé de leur vivant pour remporter la palme du plus tendre, du plus dodu. Mais les charcuteries ne sont pas les seules merveilles de Lucques ; il y a aussi les châtaignes, les pêches et les pyramides de figues sur les étals – oh, mon Dieu, les figues…

---

[*] Exclamation yiddish utilisée pour exprimer une émotion à connotation négative.

La ville est également célèbre, il va de soi, pour avoir vu naître Puccini. Je sais, cela devrait m'intéresser, mais le secret qu'un épicier du cru a bien voulu partager avec moi me captive davantage : c'est dans un restaurant situé pile en face de la maison natale de Puccini qu'on sert les meilleurs champignons de la ville. Me voilà donc déambulant dans les rues de Lucques, et demandant mon chemin en italien : « Pourriez-vous m'indiquer où se trouve la maison de Puccini ? » Un aimable citoyen finit par me conduire directement devant la porte, et reste probablement interloqué lorsque je tourne carrément le dos à l'entrée du musée pour pénétrer dans un restaurant de l'autre côté de la rue, et attendre la pluie devant mon assiette de risotto *ai funghi*.

Je ne me souviens plus si c'est avant ou après Lucques que je suis allée à Bologne – une ville si belle que je ne pouvais me retenir de chanter, tout le temps que j'y ai passé : « Ma Bologne a un prénom ! C'est B-E-L-L-E. » Sa charmante architecture de brique et sa prospérité notoire ont valu à Bologne d'être surnommée « la Rouge, la Grasse et la Belle ». (Eh oui, c'était une option pour le titre de ce livre.) La cuisine y est incontestablement meilleure qu'à Rome. Ou bien cela tient-il simplement au fait qu'ils utilisent plus de beurre ? Même les glaces sont meilleures à Bologne. (Je me sens un peu déloyale en disant ça, mais c'est la vérité.) Les champignons, ici, ressemblent à de grosses langues, épaisses et sexy, et le jambon drape les pizzas comme une délicate voilette de dentelle un chapeau de dame. Et naturellement, il y a la sauce bolognaise, qui ne saurait souffrir la comparaison avec quelque autre sorte de *ragù*.

C'est à Bologne que je songe soudain qu'il n'existe, en anglais, aucun équivalent à l'expression *buon appetito*. C'est bien dommage, et très révélateur, aussi.

Il me traverse également l'esprit qu'en Italie, les arrêts d'une ligne de chemin de fer invitent à un grand tour des nourritures et des vins les plus célèbres du monde : prochain arrêt, *Parma*... Prochain arrêt, *Bologna*... Prochain arrêt, nous arrivons à *Montepulciano*... Dans les trains, on sert également à manger, bien entendu – de petits sandwichs, et un bon chocolat chaud. Si dehors il pleut, c'est encore plus agréable de se restaurer d'un en-cas tout en filant à vive allure. Lors d'un long trajet ferroviaire par un jour de pluie, je partage un compartiment avec un jeune et séduisant Italien qui dort tandis que je mange ma salade de poulpe. Le type se réveille peu avant notre arrivée à Venise, se frotte les yeux, me scrute attentivement de la tête aux pieds et lâche à mi-voix : « *Carina.* » Ce qui signifie « mignonne ».

« *Grazie mille* », lui réponds-je avec une politesse excessive. Mille mercis.

Il est surpris. Il n'imaginait pas que je parlais italien. Moi non plus, d'ailleurs, mais nous bavardons pendant une vingtaine de minutes et je découvre que je parle. Une ligne a été franchie, et je parle vraiment italien à présent. Je ne traduis pas ; je parle. Bien évidemment, je fais une faute à chaque phrase et je ne connais que trois temps, mais je suis capable de communiquer avec ce type sans trop d'efforts. *Me la cavo*, comme on dirait en italien – une expression qui, grosso modo, signifie « Je m'en tire pas trop mal », mais comme ce verbe, *cavare*, s'utilise aussi pour dire qu'on débouche une bouteille de vin, l'expression peut également signifier : « Je peux utiliser cette langue pour m'extraire de situations difficiles. »

Mais il me drague, ce gamin ! Je dois reconnaître que je suis assez flattée. Et qu'il est plutôt mignon. Et qu'il n'a pas vraiment froid aux yeux. À un moment donné, il me dit, en italien – dans l'intention de me faire un compliment, cela va de soi : « Vous n'êtes pas trop grasse, pour une Américaine.

– Et vous n'êtes pas trop graisseux, pour un Italien, lui réponds-je, en anglais.

– *Come ?* »

Je répète ma phrase, en italien, avec quelques légers amendements : « Vous êtes si gracieux, exactement comme tous les Italiens. »

Je peux parler cette langue ! Le gamin croit que je l'aime bien, mais ce sont avec les mots que je flirte. Mon Dieu – je me suis décantée ! Le bouchon a sauté et l'italien coule à flots ! Mon compagnon de voyage veut que je le retrouve plus tard, à Venise, mais il ne m'intéresse absolument pas. Je suis juste malade d'amour pour cette langue, donc je le laisse s'effacer du paysage. De toute façon, j'ai déjà un rendez-vous à Venise. Avec mon amie Linda.

« Linda la Fofolle », comme j'aime bien la surnommer, même si elle est tout sauf folle, arrive de Seattle, une autre ville humide et grise. Linda voulait venir me voir en Italie, alors je lui ai proposé de m'accompagner lors de cette partie de mon voyage parce que je refuse catégoriquement de visiter la ville la plus romantique du monde en solo – c'est hors de question, surtout en ce moment, surtout cette année. Vous me voyez, seule, livrée à moi-même, calée à l'arrière d'une gondole en train de glisser à travers la brume et poussée par un gondolier qui chante des chansons de charme pendant que je… lis un magazine ? Quelle image désolante, aussi affligeante que l'idée de gravir une colline seule sur un tandem. Linda me fournira donc de la compagnie, et une bonne compagnie, qui plus est.

J'ai rencontré Linda (et ses dreadlocks et ses piercings) à Bali, presque deux ans plus tôt, quand je suis allée participer à ce stage de yoga. Depuis, nous sommes également parties ensemble au Costa Rica. C'est l'une de mes compagnes de voyage préférées, un vrai petit lutin flegmatique, drôle et étonnamment organisé, moulé dans des pantalons en panne de velours rouge. Linda est l'heureuse propriétaire de l'une des psychés les plus indemnes qui soient au monde, elle est hermétique à la dépression et dotée d'une estime de soi qui n'a jamais envisagé d'être autre chose que haute. Une fois, elle m'a dit en se regardant dans un miroir : « Il faut reconnaître que je ne suis pas fantastique à tous points de vue, mais il n'empêche, je ne peux pas m'empêcher de m'aimer. » Elle a cette capacité à me clouer le bec quand je commence à me tracasser à propos de questions métaphysiques telles que « Quelle est la nature de l'univers ? ». La réponse de Linda : « Moi, ma seule question, c'est : pourquoi le demander ? » Linda aimerait se laisser pousser les cheveux et avoir un jour des dreadlocks si longues qu'elle pourrait les tresser le long d'une structure en fil de fer qu'elle dresserait sur sa tête « comme une topiaire » et dans laquelle elle pourrait, pourquoi pas, nicher un oiseau. Les Balinais adoraient Linda. Et les Costaricains aussi. Quand elle ne s'occupe pas de ses lézards et de ses furets domestiqués, elle dirige une équipe de développeurs de logiciels à Seattle et gagne plus d'argent que n'importe lequel d'entre nous.

Nous nous retrouvons donc à Venise. Linda consulte notre plan de la ville, fronce les sourcils, retourne la carte dans l'autre sens, localise notre hôtel, trouve ses repères et décrète, avec une humilité caractéristique : « Nous sommes les vedettes de ce patelin. »

Son enjouement, son optimisme détonnent totalement avec cette ville malodorante et engourdie, cette ville qui se noie, cette ville mystérieuse, silencieuse, étrange. Venise a tout, semble-t-il, d'une ville formidable pour mourir à petit feu d'alcoolisme, ou perdre un bien-aimé, ou perdre l'arme du crime qui a causé la perte du bien-aimé. En découvrant Venise, je me félicite d'avoir choisi de vivre à Rome. Ici, à mon avis, je n'aurais pas arrêté aussi rapidement de prendre des antidépresseurs. Venise est splendide, mais comme l'est un film de Bergman ; on peut l'admirer, certes, mais on n'a pas vraiment envie d'y vivre.

Toute la ville s'effrite et perd de son éclat, à l'image de ces enfilades de pièces, dans les palais, que les familles autrefois fortunées barricaderont lorsqu'il deviendra trop dispendieux de les maintenir en état. C'est plus facile de condamner la porte avec des clous et d'oublier ces trésors qui agonisent de l'autre côté – c'est ça, Venise. Les remous graisseux de l'Adriatique houspillent les fondations éprouvées de ces bâtiments, testant l'endurance de cette respectable expérience scientifique du XIVe siècle – *Hé, et si nous construisions une ville qui a* tout le temps *les pieds dans l'eau ?*

Sous ce ciel grenu de novembre, Venise fait froid dans le dos. La ville crisse et oscille comme un ponton de pêche. Nous nous y perdons tous les jours, et plus particulièrement la nuit, quand nous bifurquons au mauvais endroit et nous retrouvons dans des ruelles sombres qui se terminent dangereusement et sans crier gare en cul-de-sac sur les eaux d'un canal. Par une nuit brumeuse, nous longeons une vieille bâtisse qui semble littéralement gémir de douleur. « Rien d'inquiétant, lâche Linda. C'est juste Satan qui ouvre sa gueule affamée. » Je lui apprends mon mot d'italien préféré – *attraversiamo* (« traversons ») – et, d'un pas nerveux, nous faisons marche arrière pour nous tirer de ce coupe-gorge.

La belle et jeune Vénitienne qui tient le restaurant près de notre hôtel désespère de son destin. Elle hait

Venise. Aux yeux de tous ses habitants, Venise est une tombe, nous jure-t-elle. Elle a été autrefois amoureuse d'un artiste sarde, qui lui avait promis un autre monde, un monde lumineux, ensoleillé, mais qui, à la place, l'a plantée avec trois enfants et nul autre choix que celui de retourner à Venise, pour y reprendre les rênes du restaurant familial. Cette fille a mon âge, mais semble encore plus vieille que moi, et j'ai du mal à imaginer quel genre d'homme peut infliger un tel traitement à une femme si séduisante. (« Il était fort, dit-elle, et je dépérissais d'amour dans son ombre. ») Venise est terriblement conservatrice. La fille a eu quelques aventures ici, peut-être même parfois avec des hommes mariés, mais toutes se sont terminées dans le chagrin. Les voisins cancanent à son sujet. Les conversations s'arrêtent quand elle entre dans la pièce. Sa mère la supplie de porter une alliance, juste pour les apparences, elle lui dit : « Ma chérie, ici, ce n'est pas Rome, où tu peux vivre aussi scandaleusement que bon te semble. » Chaque matin, quand Linda et moi nous présentons pour le petit déjeuner et nous enquérons des prévisions météo du jour auprès de notre jeune/vieille hôtesse vénitienne, elle braque deux doigts contre sa tempe, comme un pistolet, et dit : « Encore de la pluie. »

Pourtant, je ne me sens pas déprimée, ici. L'espace de quelques jours, je peux endurer, et même, d'une certaine façon, prendre plaisir, à la mélancolie angoissante de Venise. Quelque part en moi, je sais reconnaître que cette mélancolie n'est pas la *mienne* ; que c'est celle, *indigène*, de la ville. Ces temps-ci, je suis assez en forme pour faire la différence. C'est un signe de guérison, ne puis-je m'empêcher de penser, un signe que mon moi est train de coaguler. Il y a quelques années de ça, égarée dans un désespoir sans bornes, je prenais toute la tristesse du monde pour la mienne. Tout ce qui était triste s'infiltrait en moi et laissait des traces humides de son passage.

Et puis, c'est dur de se sentir déprimée quand Linda babille à mes côtés, essaie de me convaincre d'acheter une toque géante en fourrure ou demande, un soir où nous faisons un dîner minable : « Ce sont des morceaux de veau de Captain Iglo ? » C'est une vraie luciole, cette Linda. Au Moyen Âge, à Venise, il existait une profession réservée aux hommes, la *codega* : un bonhomme que vous payiez marchait devant vous la nuit avec une lanterne, il vous montrait le chemin, faisait peur aux voleurs et aux démons, il vous protégeait dans les ruelles sombres, vous donnait confiance. Linda, c'est ma *codega* vénitienne – une *codega* au format de voyage, sur commande spéciale, pour le temps de mon séjour.

33

Quelques jours plus tard, je débarque du train et retrouve Rome bouillante d'une sempiternelle agitation sous le soleil. Sitôt que j'émerge dans la rue, j'entends les clameurs, dignes de celles d'un stade de foot, d'une *manifestazione* toute proche. Encore une manifestation de travailleurs. Quel est le motif de la grève, cette fois ? Mon chauffeur de taxi donne sa langue au chat, et ce principalement, semble-t-il, parce qu'il s'en fiche. « *'Sti cazzi* », dit-il des grévistes. Traduction littérale : « Quels couillons. » Une façon de dire : « Rien à fiche. » Je suis contente d'être de retour. Après le sérieux collet monté de Venise, j'apprécie de revenir dans une ville où je peux voir un homme en manteau léopard croiser un couple d'adolescents qui se pelote au beau milieu de la rue. La ville est si alerte, si vivante, si pimpante et sexy sous le soleil !

Je me souviens d'une conversation avec Giulio, le mari de mon amie Maria. Nous étions attablés à une terrasse de café, pour notre séance habituelle, et il m'a demandé ce que je pensais de Rome. Je lui ai répondu que j'adorais littéralement la ville, évidemment, mais que, quelque part, je savais que ce n'était pas la mienne, que ce n'était pas là que je finirais par vivre le restant de mes jours. Il y avait un aspect de cette ville qui ne me correspondait pas, sans que je sache déterminer lequel. Et pile à ce moment-là une vision secourable est passée devant nous. C'était la quintessence de la Romaine – une grande dame incroyablement pomponnée et ruisselante de bijoux, la quarantaine, perchée sur dix centimètres de talons. Elle portait une jupe moulante, dotée d'une fente de la longueur d'un bras et une paire de ces lunettes de soleil profilées comme des voitures de course, et certainement aussi chères. Elle promenait son petit toutou fantaisie au bout d'une laisse incrustée de pierreries, et le col en fourrure de sa veste cintrée semblait avoir été taillé dans le pelage de son précédent chien-chien. Elle exsudait un air incroyablement glamour qui semblait dire : « Vous allez me regarder, mais ne comptez pas sur moi pour que je vous regarde. » On avait du mal à imaginer qu'elle ait déjà passé plus de dix minutes dans sa vie sans mascara. Cette femme était en tout point l'exact opposé de moi, qui m'habille dans un style que ma sœur appelle « Stevie Nicks se rend au cours de yoga en pyjama ».

J'ai désigné cette femme à Giulio. « Tu vois, *elle*, c'est une Romaine. Rome ne peut pas être à la fois sa ville, et la mienne. Seule une de nous deux est vraiment d'ici. Et je pense que nous savons l'un et l'autre de laquelle il s'agit.

– Peut-être Rome et toi avez-vous juste des mots d'ordre différents.

– Que veux-tu dire ?

– Ne sais-tu pas que le secret, pour comprendre une ville et ses habitants, est d'apprendre quel est le mot d'ordre de la rue ? »

Il a entrepris de m'expliquer, dans un mélange d'anglais, d'italien et de gestes, que chaque ville possède un mot d'ordre, unique, qui la définit, et auquel s'identifient la plupart de ses habitants. Si on pouvait lire dans les pensées des gens qu'on croise dans les rues, n'importe où dans la ville, on découvrirait que la plupart d'entre eux ont la même chose en tête. Et celle-ci, quelle qu'elle soit, est le mot d'ordre de la ville. Si ce que vous avez en tête ne correspond pas au mot d'ordre de la ville, vous n'y êtes pas vraiment chez vous.

« Quel est le mot d'ordre de Rome ? ai-je demandé.

– SEXE.

– N'est-ce pas un stéréotype, à propos de Rome ?

– Non.

– Mais il doit bien y avoir quelques personnes à Rome qui pensent à d'autres choses qu'au sexe.

– Non, a insisté Giulio. Tous, toute la journée, ils pensent au SEXE.

– Même au Vatican ?

– C'est différent. Le Vatican ne fait pas partie de Rome. Là-bas, ils ont un autre mot d'ordre : POUVOIR.

– J'aurais pensé que ce serait FOI.

– Non, POUVOIR, a-t-il répété. Fais-moi confiance. Mais à Rome, le mot d'ordre, c'est SEXE. »

Ainsi, à en croire Giulio, ce tout petit mot – « sexe » – pave les rues de Rome que nous foulons, il coule des fontaines, il sature l'air ambiant autant que le bruit de la circulation. Les gens ici ne pensent qu'à ça : ils s'habillent pour lui, ils le traquent, ils réfléchissent à son sujet, ils le bannissent, ils en font un sport, ou un jeu. Voilà qui expliquerait un peu pourquoi, malgré toute sa splendeur, Rome ne me donne pas le sentiment d'être native d'ici. Du moins à ce moment donné de ma vie. Parce que pour l'heure, SEXE n'est pas mon mot d'ordre. Il l'a été, à d'autres périodes de ma vie, mais pas aujourd'hui. Par conséquent, quand le mot d'ordre de Rome, virevoltant de par les rues, vient me bousculer, il vacille, sans laisser d'impact. Je n'adhère pas à ce mot d'ordre, donc je ne vis pas pleinement ici. C'est une théorie loufoque, impossible à étayer, mais je l'aime bien.

« Quel est le mot d'ordre à New York ? » a demandé Giulio.

J'ai réfléchi un instant, puis j'ai arrêté ma décision. « C'est un verbe, naturellement. Je pense que c'est ACCOMPLIR. »

(Ce qui est, je crois, subtilement, mais significativement différent du mot d'ordre de Los Angeles, lui aussi un verbe : RÉUSSIR. Plus tard, quand je ferai part de cette théorie à Sofie, mon amie suédoise, elle me dira que selon elle, le mot d'ordre qui court dans les rues de Stockholm, c'est SE CONFORMER – ce qui nous déprimera l'une et l'autre.)

« Et à Naples ? ai-je demandé à Giulio. Quel est le mot d'ordre ? » Il connaît bien le sud de l'Italie.

« BASTON. Et quand tu étais petite, quel était le mot d'ordre, dans ta famille ? »

C'était une question difficile. J'ai essayé de trouver un mot qui pourrait combiner à lui seul ÉCONOMIE et IRRÉVÉRENCE. Mais Giulio était déjà passé à la question suivante, somme toute logique : « Quel est *ton* mot d'ordre ? »

Cette fois, j'étais totalement incapable de répondre. Et le suis tout autant aujourd'hui, après quelques semaines de réflexion. Je sais avec certitude quels mots d'ordre ne sont pas les miens : MARIAGE – c'est évident ; FAMILLE – encore que c'était le mot d'ordre de la ville dans laquelle j'ai vécu quelques années avec mon mari, et le fait de ne pas pouvoir y adhérer a été l'une des grandes causes de ma souffrance. Mon mot d'ordre n'est plus DÉPRESSION – Dieu merci. Quant à celui de Stockholm – SE CONFORMER –, je ne suis pas près d'y adhérer, je suis sans inquiétude là-dessus. Mais je n'ai pas le sentiment d'adhérer tout à fait à celui de New York non plus – ACCOMPLIR –, bien qu'il ait été mon mot d'ordre entre vingt et trente ans. Mon principe de vie pourrait être RECHERCHER. (Mais là encore, soyons honnêtes – il pourrait tout aussi bien être SE CACHER.) Au cours des derniers mois en Italie, mon mot d'ordre a largement été PLAISIR, mais il ne satisfait pas toutes les facettes de ma personnalité, sinon, je ne serais pas aussi impatiente d'aller en Inde. Mon mot d'ordre pourrait bien être DÉVOTION, bien qu'il me fasse passer pour plus sainte que je ne suis en réalité, et qu'il ne prenne pas en compte la quantité de vin que j'ai bue.

Je ne connais pas la réponse, et c'est là, je suppose, que réside l'objet de cette année de voyage. Trouver mon mot d'ordre. Mais je puis affirmer, avec toute la conviction dont je suis capable, que mon mot d'ordre n'est pas SEXE.

Du moins pas en ce moment. Expliquez-moi alors pourquoi, aujourd'hui, mes pieds m'ont menée, presque de leur propre initiative, près de la Via Condotti où – sous la tutelle experte de la vendeuse, une jeune Italienne toute de soie vêtue – j'ai passé quelques heures de rêve à acheter assez de lingerie pour vêtir les mille et une nuits d'une épouse de sultan? J'ai acheté des soutiens-gorge, dans une infinité de modèles et de formes, des caracos transparents et vaporeux, d'insolentes culottes minuscules déclinées dans toutes les couleurs de l'arc-en-ciel, des slips taillés dans des satins crémeux et des soies caressantes, des babioles travaillées à la main – en bref, une entière collection de fanfreluches toutes plus sexy, douces, affriolantes et incroyables les unes que les autres.

Jamais de ma vie je n'ai possédé de tels articles. Alors pourquoi maintenant? Tandis que je sortais de la boutique, mon butin de grivoiseries enveloppé de papier de soie et planqué sous le bras, je me suis soudain souvenue de cette question impérieuse, angoissée, entendue dans la bouche d'un supporter, l'autre soir lors du match de la Lazio, quand Albertini, le joueur star de l'équipe, avait à un moment critique expédié la balle au beau milieu de nulle part, sans aucune raison apparente, fichant du même coup tout le jeu en l'air.

Per chi? avait hurlé ce supporter, dans un état proche de la folie. *Per chi???*

Pour QUI? À qui fais-tu cette passe, Albertini? Il n'y a personne, *là*!

Une fois dans la rue, après ces quelques heures de délire dans la boutique de lingerie, je me suis souvenue de cette phrase, et je me la suis répétée, dans un murmure : « *Per chi?* »

Oui, Liz, pour qui? À qui destines-tu toute cette alléchante décadence? Il n'y a personne, *là*. Il ne me restait plus que quelques semaines à passer en Italie,

et je n'avais aucune intention de m'amuser à la baga-
telle avant mon départ. Ou bien en avais-je au contraire
l'intention ? Le mot d'ordre des rues de Rome avait-
il fini par avoir prise sur moi ? Était-ce là de ma part
comme un ultime effort pour devenir romaine ? Cette
lingerie était-elle un cadeau que je m'étais fait à moi-
même, ou la destinais-je à quelque amant que je n'avais
même pas encore imaginé ? Tentais-je de commencer à
soigner ma libido, après la déconvenue que ma dernière
relation sentimentale avait infligée à ma confiance en
soi érotique ?

« Et tu comptes emporter tous ces trucs en *Inde* ? »
me suis-je demandé.

34

Cette année, comme son anniversaire tombe le jour
de Thanksgiving, Luca Spaghetti veut cuisiner une
dinde pour la fête qu'il organise. Il n'a jamais goûté ces
grosses dindes américaines rôties et bien grasses qu'on
sert ce jour-là, mais il en a vu en photo. Imiter un tel festin, selon lui, ne devrait pas poser de problème (surtout
avec l'aide d'une authentique Américaine – moi). Nous
pouvons utiliser la cuisine de ses amis Mario et Simona,
me dit-il, qui ont une belle maison spacieuse dans les
collines, aux alentours de Rome, et qui accueillent toujours Luca pour ses fêtes d'anniversaire.

Voici quel était le plan de Luca pour les festivités :
il viendrait me chercher vers 19 heures, en sortant du
boulot, et nous partirions chez ses amis, qui habitent à
une heure environ de voiture de Rome ; nous y retrouve-

rions les autres invités, nous boirions quelques verres de vin pour faire tous connaissance, et ensuite, probablement aux environs de 21 heures, nous commencerions à faire rôtir une dinde de dix kilos…

Quelques précisions s'imposaient, quant au temps requis pour rôtir une dinde de dix kilos. J'ai expliqué à Luca qu'à ce rythme-là, son festin d'anniversaire ne serait probablement prêt que le lendemain à l'aube. Il était anéanti. « Et si on achetait une toute petite dinde ? Un bébé dinde ?

– Luca, ne nous compliquons pas la vie et commandons des pizzas, comme toute famille américaine dysfonctionelle qui se respecte. »

Mais il demeurait chagrin. Cela dit, l'ambiance générale, en ce moment à Rome, est morose. Le temps s'est sérieusement rafraîchi. Les éboueurs, les cheminots et le personnel de la compagnie aérienne nationale ont tous fait grève le même jour. Et une étude qui vient de paraître signale que 36 % des petits Italiens sont allergiques au gluten – ingrédient indispensable à la fabrication des pâtes, de la pizza, du pain… Où va la culture italienne ? Pire encore, je suis tombée récemment sur un article au titre pour le moins choquant : *« Insoddisfatte 6 donne su 10 ! »* – six Italiennes sur dix sont sexuellement insatisfaites ! Et pour couronner le tout, 35 % des Italiens rapportent avoir des difficultés à maintenir *un'erezione*, information qui laisse les chercheurs très *perplessi*, et m'invite à me demander si, finalement, on ne devrait pas retirer à Rome l'autorisation d'avoir SEXE pour mot d'ordre.

Sur le front des mauvaises nouvelles bien plus graves, il y a ces dix-neuf soldats italiens récemment tués dans la guerre des Américains (comme on l'appelle ici) en Irak – la plus grande perte militaire qu'ait connue l'Italie depuis la fin de la Seconde Guerre mondiale. Les Romains ont été choqués par ces disparitions, et le jour des funérailles des soldats, les commerçants ont baissé leur rideau de fer. Une très grande majorité d'Italiens vilipende la guerre de George Bush. La décision d'y participer est le fait de Silvio Berlusconi, le président du Conseil italien (plus communément désigné dans le coin par le sobriquet « *l'Idiota* »). Homme d'affaires à cervelle de moineau, propriétaire d'un club de foot, tout poisseux de corruption et de magouilles, Berlusconi, qui embarrasse régulièrement ses concitoyens en faisant des gestes obscènes au Parlement européen, qui, comme tout bonimenteur qui se respecte, est passé maître dans l'art de chanter l'*aria fritta* (« l'air frit »), qui est expert dans la manipulation des médias (ce qui n'a rien de difficile quand ils vous appartiennent), et qui généralement ne se comporte pas du tout comme il sied à un grand de ce monde, a maintenant embringué les Italiens dans une guerre qui selon eux n'est absolument pas leurs oignons.

« Ils sont morts pour la liberté », a déclaré Berlusconi aux funérailles des dix-neuf soldats italiens, mais la plupart des Romains sont d'un avis différent : *ces garçons sont morts pour satisfaire la vendetta personnelle de George Bush*. On pourrait penser qu'un tel climat politique rendrait difficile le séjour d'une Américaine en Italie. Et de fait, en venant ici, je m'attendais à être en butte à pas mal de ressentiment, mais bien au contraire, la plupart des Italiens m'ont témoigné de la sympathie. À la moindre référence à George Bush, les gens se contentent de hocher la tête, en disant : « On sait ce que c'est, on a le même. »

On est passé par là.

C'est donc curieux, compte tenu des circonstances, que Luca veuille prendre prétexte de son anniversaire pour célébrer une fête américaine, mais j'aime bien l'idée. Thanksgiving est une jolie fête, dont les Américains peuvent être franchement fiers, et qui, à la différence de quelques autres de nos fêtes nationales, n'a pas sombré dans la marchandisation à outrance. C'est un jour de grâces, dédié au remerciement, au partage et – oui – au *plaisir*. Ce dont on a peut-être bien tous besoin en ce moment.

Mon amie Deborah est venue de Philadelphie passer le week-end à Rome et fêter Thanksgiving avec moi. Deborah est une psychologue mondialement reconnue et une théoricienne féministe, mais pour moi, elle reste avant tout ma cliente régulière préférée qui, du temps où je travaillais dans un *diner* de Philadelphie, venait déjeuner, ou passait boire un Coca Light sans glace et me racontait des choses intelligentes par-dessus le comptoir. Sa présence donnait sans conteste de la classe à ce boui-boui. Cela fait plus de quinze ans maintenant que nous sommes amies. Sofie elle aussi viendra à la fête de Luca. Sofie et moi sommes amies depuis quelques semaines. Tout le monde est toujours le bienvenu à Thanksgiving. Surtout quand ça tombe le jour de l'anniversaire de Luca Spaghetti.

En fin d'après-midi, nous quittons Rome en voiture, nous abandonnons une ville épuisée de stress pour grimper dans les collines. Luca adore la musique américaine. Nous écoutons The Eagles, le son poussé à fond, en chantant « *Take it... to the limit... one more time !* », et cette bande-son californienne accompagne bizarrement notre balade à travers les oliveraies et les aqueducs antiques. Nous arrivons chez Mario et Simona, les vieux amis de Luca, et parents de Giulia et Sara, des jumelles de douze ans. Paolo – un ami de Luca que j'ai déjà rencontré à l'occasion des matchs de foot – est là également, avec sa copine. Naturellement, la copine de Luca, Giuliana, est présente, elle est arrivée un peu plus tôt dans la soirée. La maison est exquise, nichée dans des bosquets d'oliviers, de clémentiniers et de citronniers. Ils ont allumé la cheminée. L'huile d'olive est pressée maison.

Nous n'avons pas le temps de faire rôtir une dinde de dix kilos, c'est évident, mais Luca poêle quelques beaux blancs de dinde tandis que, en essayant de me souvenir au mieux de la recette, j'orchestre un turbulent effort collectif visant à confectionner une farce traditionnelle avec des miettes d'un sublime pain italien et quelques nécessaires substitutions culturelles (des dattes au lieu des abricots ; du fenouil au lieu du céleri). Le résultat est génial. Luca s'inquiétait du bon déroulement des conversations, compte tenu du fait que la moitié des invités ne parle pas anglais, et que l'autre moitié ne parle pas italien (et que Sofie est la seule à parler suédois), mais il semblerait que ce soit une de ces soirées miraculeuses où tout le monde se comprend à la perfection et où, quand un mot vous échappe, votre voisin peut jouer les interprètes.

J'ai perdu le décompte des bouteilles de vin sarde que nous avons bues avant que Deborah ne suggère à la tablée de sacrifier à une jolie coutume américaine : chacun doit joindre les mains et dire à tour de rôle ce qui lui inspire le plus de gratitude. Cet enchaînement commence, en trois langues.

C'est Deborah qui se lance, et se déclare reconnaissante de ce que l'Amérique pourra bientôt élire un nouveau président. Sofie dit (d'abord en suédois, puis en italien, et pour finir en anglais) sa gratitude envers la bienveillance des cœurs italiens et ces quatre mois qui lui ont permis de découvrir tant de plaisirs dans ce pays. Les larmes commencent à poindre quand Mario – notre hôte – exprime, l'œil humide, sa gratitude envers Dieu qui lui a donné du travail, qui à son tour lui a permis d'avoir cette belle maison dont il peut faire profiter sa famille et ses amis. Paolo récolte des éclats de rire quand il se dit reconnaissant, lui aussi, de ce que l'Amérique pourra bientôt élire un nouveau président. Nous accueillons dans un silence collectif respectueux la déclaration de la petite Sara, l'une des jumelles, qui nous fait part, courageusement, de sa gratitude d'être là ce soir avec des gens aussi gentils parce qu'elle a passé de rudes moments à l'école ces derniers temps – quelques-unes de ses camarades sont vaches avec elle. « Alors, merci d'être aussi gentils avec moi ce soir, et pas méchantes comme elles. » La copine de Luca dit sa gratitude pour les années de loyauté que ce dernier lui a témoignée, et la générosité avec laquelle il a aidé sa famille lors d'un moment difficile. Simona – notre hôtesse – pleure encore plus ouvertement que son mari, et exprime sa gratitude à ces étrangers venus d'Amérique qui ont introduit une nouvelle coutume d'action de grâces dans son foyer. Étrangers qui n'en sont pas vraiment, puisqu'ils sont tous des amis de Luca, et par conséquent des amis de la paix.

Quand arrive mon tour, je commence par « *Sono grata...* » mais je m'aperçois que je ne peux pas dire ce que j'ai vraiment en tête. À savoir mon infinie reconnaissance d'avoir été libérée ce soir de cette dépression qui me rongeait tel un rat depuis des années, cette dépression dont la voracité infligeait tant de perforations à mon âme qu'à un moment donné, j'aurais même été incapable de profiter d'une soirée aussi agréable que celle-ci. Je ne dis rien de tout ça parce que je ne veux pas alarmer les enfants. À la place, je dis une vérité plus simple – que je suis reconnaissante de connaître mes amis, ceux de longue date, ceux de fraîche date. Que je suis reconnaissante, surtout ce soir, de connaître Luca Spaghetti. Que j'espère qu'il est heureux de fêter ses trente-trois ans, et que j'espère qu'il va vivre vieux, pour montrer aux autres hommes l'exemple d'un être humain généreux, loyal et aimant. J'ajoute que j'espère que personne ne voit d'inconvénient à ce que je pleure en disant ça – ce à quoi personne ne devrait trouver à redire, puisque de toute façon, tout le monde pleure déjà.

Luca est tellement envahi par l'émotion qu'il ne trouve aucun mot, sinon pour nous dire à tous : « Vos larmes sont mes prières. »

Et le vin sarde continue de couler. Et pendant que Paolo lave la vaisselle, que Mario va coucher ses filles épuisées, que Luca joue de la guitare et que tout le monde entonne des chansons de Neil Young d'une voix ivre et avec des accents variés, Deborah, la psychologue féministe américaine, me dit tranquillement : « Tu as vu la bonté de ces Italiens qui nous entourent ? Regarde comme ils montrent ouvertement leurs sentiments, comme ils s'impliquent dans le quotidien familial. Regarde l'attention et le respect qu'ils ont pour leur femme et leurs enfants. Ne crois pas ce que tu lis dans les journaux, Liz. Ce pays se porte très bien. »

Notre fête se poursuit presque jusqu'à l'aube. Nous aurions pu la faire rôtir, cette dinde de dix kilos, finalement, et la manger au petit déjeuner. Luca Spaghetti nous reconduit à Rome, Deborah, Sofie et moi. Et tandis que le soleil se lève, nous faisons de notre mieux pour l'aider à rester éveillé, en lui chantant des cantiques de Noël. « Douce nuit, sainte nuit... » Nous lui chantons celui-là en boucle, dans toutes les langues que nous connaissons, tandis que nous repartons tous vers Rome.

35

Je ne pouvais pas y couper. Après presque quatre mois passés en Italie, je ne rentre plus dans aucun de mes pantalons. Même pas dans ceux que j'ai achetés il y a à peine un mois (quand je ne rentrais déjà plus dans mes pantalons « Deuxième Mois en Italie »). Je n'ai pas les moyens de renouveler ma garde-robe toutes les quelques semaines, et je suis bien consciente que dans peu de temps, je serai en Inde, où ces kilos vont carrément *fondre* – mais en attendant, ces pantalons sont si serrés que ça me gêne pour marcher, et c'est insupportable.

Récemment, un jour où j'étais à l'hôtel, j'ai grimpé sur une balance et appris que j'avais grossi de douze kilos au cours de ces quatre mois – une statistique vraiment admirable. Sur ces douze kilos, il y en a sept que je devais impérativement reprendre, car, entre le divorce et ma dépression, ces années avaient été très pénibles et j'étais devenue squelettique. Disons que j'ai pris les trois suivants pour le fun. Mais les deux restants ? Pour prouver quelque chose, j'imagine.

Voilà comment je me retrouve à faire les magasins pour m'acheter un vêtement-souvenir que je conserverai et chérirai toute ma vie, mon « Jean Dernier Mois en Italie ». La jeune vendeuse, adorable, ne cesse de m'apporter un pantalon après l'autre, chaque fois dans une taille supérieure, qu'elle me tend à travers le rideau sans commentaire, en me demandant seulement avec sollicitude si, cette fois, on approche de la bonne taille. À plusieurs reprises, j'ai dû passer la tête hors de la cabine d'essayage et dire : « Excusez-moi. Auriez-vous une taille *légèrement* supérieure ? » Jusqu'à ce que l'aimable jeune fille me tende une paire dont la taille indiquée sur l'étiquette me blesse carrément les yeux. Je sors de la cabine et me présente à la vendeuse.

Elle ne cille pas. Elle m'examine comme le ferait un conservateur de musée qui essaie d'estimer la valeur d'une amphore. D'une amphore de belle taille.

« *Carina* », tranche-t-elle. Mignon.

Je lui demande en italien de me dire franchement si ce jean me fait ressembler à une vache.

« Non, *signorina*, me répond-on. Vous ne ressemblez pas à une vache.

— À une truie, alors ?

— Non plus », m'assure-t-elle avec le plus grand sérieux. Je ne ressemble absolument pas à une truie.

« À une bufflonne, peut-être ? »

Cet épisode se transforme en bon exercice de vocabulaire. J'essaie aussi d'extorquer un sourire à la vendeuse, mais elle est bien trop absorbée par sa mission professionnelle.

Je fais une dernière tentative : « Peut-être que je ressemble à une *mozzarella di bufala* ?

— D'accord, *peut-être*, concède-t-elle, avec une ébauche de sourire. Peut-être que vous ressemblez effectivement *un peu* à une *mozzarella di bufala*… »

36

Il ne me reste plus qu'une semaine à passer ici. J'ai prévu de repartir en Amérique pour Noël avant de m'envoler pour l'Inde, non seulement parce que l'idée de ne pas passer Noël en famille m'est insupportable, mais aussi parce que les huit prochains mois de mon périple nécessitent un remaniement complet de mes bagages. De tous les vêtements dont on a besoin quand on vit à Rome, rares sont ceux qui sont utiles pour se balader en Inde.

Et peut-être est-ce à titre de préparation à mon voyage en Inde que je décide de passer cette dernière semaine à explorer la Sicile. Cette île étant la région la moins développée d'Italie, ce n'est pas une mauvaise destination pour qui a besoin de se préparer à affronter l'extrême pauvreté. Ou alors, mon désir de me rendre en Sicile tient peut-être à ce qu'a écrit Goethe : « Celui qui n'a pas vu la Sicile ne peut pas avoir une idée claire de ce qu'est l'Italie. »

Mais il n'est pas simple de se rendre, ni même de se balader, en Sicile. Je dois mettre en œuvre tous mes talents de limier pour trouver un train qui roule le dimanche et descend le long de la côte jusqu'à la pointe de la botte, puis pour tomber sur le bon ferry à destination de Messine (ville portuaire angoissante et méfiante, qui semble hurler de derrière des portes barricadées : « Ce n'est pas ma faute si je suis moche ! J'ai subi des tremblements de terre, j'ai été bombardée, et violée par la Mafia en prime ! »). Une fois débarquée à Messine, il me faut encore dénicher la gare routière (aussi crasseuse qu'un poumon de fumeur), puis localiser le type dont le boulot consiste à se lamenter sur sa vie derrière son guichet et voir s'il daignerait me vendre un billet à destination de Taormina, ville située sur la côte. Me voilà ensuite bringuebalée le long des falaises et des plages qui se succèdent sur cette côte aux stupéfiantes découpes, et une fois à Taormina, je dois encore dégoter un taxi, puis un hôtel. Puis reste à découvrir la bonne personne à qui poser ma question préférée en italien : « Où mange-t-on le mieux dans cette ville ? » À Taormina, cette personne s'avère être un policier somnolent. Il me fait un des plus beaux cadeaux qu'on puisse me faire dans la vie – un bout de papier qui indique le nom d'un obscur restaurant, assorti d'un plan, tracé à main levée, pour le localiser.

C'est une petite trattoria et la propriétaire, une dame amicale d'un certain âge, se prépare à recevoir ses clients du soir en astiquant sa vitrine, juchée pieds nus sur une table tout en veillant à ne pas renverser la crèche de Noël. Je lui dis que je n'ai pas besoin de consulter le menu, qu'elle n'a qu'à m'apporter ce qu'elle a de meilleur, parce que c'est ma première soirée en Sicile. Elle se frotte les mains de plaisir et crie quelque chose en dialecte sicilien à sa mère encore plus âgée dans la cuisine, et vingt minutes plus tard, me voilà fort affairée devant les plats les plus étonnants, et de très loin, qui m'ont été donnés de déguster à ce jour en Italie. Viennent d'abord des pâtes, mais d'une forme que je n'ai encore jamais vue – des ravioles de pâte fraîche pliées en forme (sinon en taille) de tiare, farcies d'une purée relevée et aromatique de crustacés, de poulpes et de sèches, servies, comme une salade chaude, avec des coques et des lanières de légumes en julienne, et arrosées d'un bouillon aux saveurs d'huile d'olive et aux parfums d'océan. Suit un sauté de lapin parfumé au thym.

Mais Syracuse, le lendemain, me réserve mieux encore. Le bus, dans un toussotement, me crache à un coin de rue, sous une pluie froide, en fin de journée. Je tombe immédiatement sous le charme de la ville. Ici, il y a trois mille ans d'histoire sous mes pieds. C'est un lieu de civilisation si ancienne qu'à côté, Rome ressemble à Dallas. Le mythe dit que c'est de Syracuse que Dédale s'envola pour la Crète, et qu'Hercule, un jour, y dormit. Syracuse était une colonie grecque, et Thucydide la décrivait comme « une cité en rien inférieure à Athènes ». Syracuse est le lien entre la Grèce et la Rome antiques. De nombreux grands dramaturges et savants y vécurent. Platon la voyait comme le lieu idéal d'une expérience utopique où « par quelque grâce divine » les souverains pourraient devenir philosophes, et les philosophes pourraient devenir rois. D'après les historiens, c'est à Syracuse que fut inventé l'art de la rhétorique ainsi que celui de *l'intrigue*, bien plus mineur cependant.

Je me balade sur les marchés de cette ville décatie, et mon cœur se met à cabrioler d'un amour aussi inexplicable qu'incontrôlable lorsque j'observe un vieil homme au chapeau de feutre noir vider un poisson pour une cliente. Il a coincé sa cigarette entre les lèvres pour être certain de ne pas la perdre, comme le ferait une couturière avec ses épingles pendant qu'elle pique, et il lève les filets en maniant son couteau avec un perfectionnisme qui confine à la dévotion. Timidement, je demande à ce pêcheur où il me conseille de dîner, et au terme de notre conversation, je serre précieusement dans ma main un autre petit morceau de papier qui m'indique un restaurant qui ne porte pas de nom. Sitôt que je m'y attable, le soir même, le serveur m'apporte d'aériens nuages de ricotta saupoudrés de pistaches, des morceaux de pain qui flottent dans de l'huile embaumant les aromates, de minuscules assiettes de tranches de viande aux olives, une salade d'oranges glacées assaisonnée avec une sauce à l'oignon et au persil, et tout ça avant que j'entende parler des calamars – la spécialité de la maison.

« Aucune cité ne peut vivre paisiblement, quelles que soient ses lois, quand ses citoyens ne font que festoyer, boire et s'épuiser dans les soins de l'amour », écrit Platon.

Mais est-ce si mal de vivre ainsi un petit moment ? Est-ce si terrible de traverser le temps, l'espace de quelques mois à peine dans toute une vie, sans ambition plus haute que celle de trouver où s'attabler devant son prochain festin ? Ou d'apprendre une langue étrangère uniquement parce que l'entendre est un ravissement pour l'ouïe ? Ou de faire la sieste dans un jardin, dans un rai de soleil, en pleine journée, à côté de votre fontaine préférée ? Et puis de recommencer le lendemain ?

Naturellement, on ne peut pas vivre éternellement comme ça. La vraie vie, les guerres, les traumatismes et la mort finiront par interférer. Ici, en Sicile, où la pauvreté est terrible, la vraie vie n'est jamais bien loin de tous les esprits. La Mafia est, depuis des siècles, la seule entreprise prospère de l'île (et dont l'un des business consiste à protéger les citoyens de ses agissements), et aujourd'hui encore, sa mainmise est totale. Palerme – une ville qui, selon Goethe, possède une beauté impossible à décrire – est peut-être bien aujourd'hui la seule ville d'Europe occidentale où des décombres de la Seconde Guerre mondiale vous obligent à faire attention où vous posez les pieds... cela donne une idée du stade de développement de la ville. Elle a été défigurée, systématiquement et au-delà de toute description, par les blocs de logements hideux et insalubres que la Mafia a construits dans les années 80 pour blanchir de l'argent. Un Sicilien à qui je demandais si ces immeubles avaient été construits avec du béton de mauvaise qualité m'a dit : « Oh, non, c'était du béton très cher. Dans chaque gâchée, il y a quelques corps de victimes de la Mafia, et ça, ça coûte de l'argent. Mais tous ces os, toutes ces dents, ça rend le béton plus solide. »

Dans un tel environnement, peut-être est-ce un peu superficiel de ne penser qu'à votre merveilleux prochain festin ? Ou peut-être est-ce le mieux à faire, compte tenu des réalités plus dures ? Luigi Giorgio Barzini, dans son chef-d'œuvre paru en 1966, *Les Italiens* – un ouvrage qu'il a écrit quand il en a eu ras-le-bol de tous ces étrangers qui écrivaient sur l'Italie pour la porter aux nues ou la vilipender –, a essayé de tirer les choses au clair sur sa culture. Il a essayé de comprendre pourquoi l'Italie, qui a produit les plus grands artistes, hommes politiques et scientifiques de tous les temps, ne s'est jamais hissée pour autant au rang de puissance mondiale de premier plan. Pourquoi les Italiens, virtuoses mondiaux du discours diplomatique, demeurent-ils incompétents en matière de gouvernance intérieure ? Pourquoi sont-ils à ce point valeureux individuellement, quand, collectivement, ils forment une aussi piètre armée ? Comment d'aussi habiles commerçants peuvent-ils constituer une nation à ce point inopérante dans l'économie capitaliste ?

Les réponses qu'il apporte à ces questions sont bien trop complexes pour me permettre d'en restituer ici loyalement la teneur essentielle, mais elles incriminent pour une large part la triste histoire du pays qui, à force de corruption des décideurs locaux, d'exploitation et de domination étrangères, a conduit les Italiens à la conclusion, apparemment juste, qu'on ne peut faire confiance à rien ni à personne dans ce monde. Celui-ci est si corrompu, si peu fiable, si instable, excessif et injuste, qu'on ne devrait l'appréhender que sur la foi de ses propres sens, et c'est *cela* qui rend les sens plus forts en Italie que n'importe où ailleurs en Europe. C'est pour cela, dit Barzini, que les Italiens toléreront des généraux, des présidents, des tyrans, des professeurs, des bureaucrates, des journalistes et des capitaines d'industrie monstrueusement incompétents, mais ne toléreront jamais « des chanteurs d'opéra, des chefs d'orchestre, des danseuses, des courtisanes, des acteurs, des réalisateurs, des cuisiniers, des couturiers… » incompétents. Dans un monde où règne le désordre, le chaos et la fraude, parfois, on ne peut faire confiance qu'à la beauté. Seule l'excellence artistique est incorruptible. Le plaisir n'est jamais objet de marchandage. Et parfois, le plaisir de la table est la seule devise à avoir un cours réel.

Cependant, consacrer sa vie à créer de la beauté, ou à la goûter, peut être une occupation sérieuse – et n'est pas forcément toujours un moyen d'échapper au réel. Parfois, ce peut être le moyen de s'accrocher au réel quand tout le reste s'effrite en… rhétorique et intrigue. Il y a quelque temps de ça, les autorités italiennes ont arrêté, en Sicile, une congrégation de moines qui conspirait étroitement avec la Mafia, alors à qui peut-on encore faire confiance ? Que peut-on croire ? Le monde est cruel et injuste. Élevez-vous contre cette injustice et, en Sicile du moins, vous finirez par participer aux fondations d'un nouvel immeuble hideux. Que peut-on faire dans un tel environnement pour garder le sens de la dignité humaine ? Rien, peut-être. Rien sinon – pourquoi pas ? – s'enorgueillir d'avoir toujours excellé dans l'art de lever les filets de ses poissons, ou de servir la ricotta la plus aérienne de la ville.

Je ne veux insulter personne en poussant trop loin la comparaison entre le peuple sicilien, qui endure tant d'épreuves depuis si longtemps, et moi-même. Les tragédies survenues dans ma vie n'ont eu qu'une étendue personnelle et c'est moi qui, en grande part, les ai provoquées. Elles n'avaient rien d'accablant, ni aucune dimension héroïque. J'ai enduré un divorce et une dépression, pas plusieurs siècles de tyrannie meurtrière. J'ai traversé une crise identitaire, mais là encore, je disposais des ressources (financières, artistiques et émotionnelles) pour tenter de la résoudre. Cependant, je dirais que ce qui a aidé des générations de Siciliens à conserver leur dignité – à savoir, l'idée que chacun peut ancrer son humanité dans l'appréciation du plaisir – m'a également aidée à commencer à recouvrer la mienne. C'est là, je crois, ce que voulait dire Goethe lorsqu'il écrit qu'il faut venir ici, en Sicile, pour comprendre l'Italie. Et c'est, je suppose, ce que j'ai senti d'instinct lorsque j'ai décidé que je devais venir ici, en Italie, pour me comprendre moi-même.

C'est dans une baignoire, à New York, en lisant à voix haute des mots dans un dictionnaire d'italien que j'avais commencé à ravauder mon âme. Ma vie était alors en miettes et j'étais si méconnaissable à mes propres yeux que je ne me serais probablement pas reconnue dans un tapissage de police. Mais j'ai senti s'allumer une étincelle de bonheur quand j'ai commencé à étudier l'italien et quand, après avoir connu des moments aussi sombres, on sent une opportunité, si infime soit-elle, de bonheur, on doit l'empoigner par les chevilles et ne plus le lâcher jusqu'à ce qu'il vous oblige à relever la tête de la crasse – ce n'est pas de l'égoïsme, mais un devoir. Nous avons reçu la vie ; il est de notre devoir (et également de notre droit, en tant qu'être humain) de trouver un objet de beauté dans la vie, si insignifiant soit-il.

Je suis arrivée en Italie les traits tirés et maigre. À l'époque, j'ignorais encore ce que je méritais. Et peut-être que je l'ignore encore en partie. Mais je sais avec certitude que ces derniers temps – grâce aux joies que m'ont procurées des plaisirs simples – je me suis reconstruite, j'ai retrouvé un peu de l'intégrité de ma personne. La preuve la plus simple, la plus fondamentalement humaine, c'est que j'ai pris du poids. J'existe aujourd'hui plus que je n'existais il y a quatre mois de ça. Je vais quitter l'Italie notablement plus grosse que je n'y suis arrivée. Et je vais partir d'ici avec l'espoir que l'épanouissement d'un être – la célébration d'une vie – est un acte qui vaut vraiment quelque chose dans ce monde. Même s'il se trouve que cette vie, cette fois-ci justement, n'est autre que la mienne.

LIVRE DEUX

L'Inde

« Heureux de vous rencontrer »
ou
Trente-six épisodes de la quête de la dévotion

37

Chez mes parents, nous avions un poulailler. Il y avait en permanence une douzaine de poules, et quand l'une d'elles disparaissait – fauchée par un faucon, un renard ou quelque mystérieuse maladie aviaire –, mon père la remplaçait. Il se rendait dans un élevage du voisinage, et en rapportait une nouvelle poule, dans un sac. Il faut faire très attention, lorsqu'on introduit une poule dans une volée. On ne peut pas se contenter de la lâcher bêtement au milieu de celles qui sont déjà là, car celles-ci verraient en la nouvelle venue un envahisseur. La bonne façon de procéder, c'est d'introduire subrepticement le nouveau volatile dans le poulailler en pleine nuit, quand les autres dorment. De le jucher sur un perchoir à leurs côtés, puis de s'éloigner sur la pointe des pieds. Le matin, au réveil, la nouvelle poule passera inaperçue, ses comparses se diront juste : « Elle doit être là depuis toujours puisque je ne l'ai pas vue arriver. » L'argument décisif de toute l'affaire, c'est qu'en s'éveillant au sein de la volée, la nouvelle elle-même ne se souvient pas qu'elle est nouvelle ; elle se dit juste : « Je dois être là depuis toujours puisque… »

C'est exactement de cette façon qu'a eu lieu mon arrivée en Inde.

Mon avion atterrit à Bombay aux alentours de 1 h 30 du matin. Nous sommes le 30 décembre. Je récupère mon bagage, puis je trouve le taxi qui va me conduire à l'ashram, situé en pleine campagne, dans un village reculé. Je somnole tout au long du trajet dans la nuit indienne ; parfois, je me réveille, et par la vitre, je vois se mouvoir d'étranges formes fantomatiques – des femmes aux silhouettes menues, vêtues de saris, qui marchent le long des routes, des ballots de bois de chauffage sur la tête. *À cette heure-ci ?* Des bus tous feux éteints nous dépassent ; nous doublons des chars à bœufs. Les élégantes racines des banians s'étalent le long des fossés.

À 3 h 30, nous nous rangeons devant le portail principal de l'ashram, pile en face du temple. Tandis que je descends du taxi, un jeune homme vêtu à l'occidentale et coiffé d'un bonnet de laine émerge de la pénombre et se présente – c'est Arturo, un journaliste mexicain de vingt-quatre ans, disciple de mon guru, qui est chargé de m'accueillir. Tandis que nous procédons aux présentations en chuchotant, j'entends monter de l'intérieur du temple les premières mesures familières de mon cantique sanskrit préféré. C'est l'*arati* du matin, la première prière de la matinée, chantée tous les jours à 3 h 30, quand l'ashram se réveille. Je désigne le temple et demande à Arturo : « Est-ce que je peux… ? » Il me répond d'un geste d'invite. Je règle donc mon chauffeur, fourre mon sac à dos sous un arbre, retire mes chaussures, je m'agenouille, pose mon front sur les marches du temple et entre rejoindre le petit groupe – des Indiennes, en majeure partie – qui chante ce magnifique cantique.

Ce cantique, que j'ai rebaptisé « L'Incroyable Grâce du sanskrit », est empli d'une immense soif de piété. C'est le seul chant de dévotion que j'ai mémorisé, non par effort mais par amour. Je commence à chanter ces mots sanskrits familiers, depuis l'introduction qui évoque avec simplicité les enseignements sacrés du yoga jusqu'aux élans de ferveur (« J'adore le fondement de l'univers… J'adore celui dont les yeux sont le soleil, la lune et le feu… Tu es tout pour moi, ô Dieu des dieux… »), et puis cette ultime et merveilleuse récapitulation de toute foi : « Ceci est la perfection, cela est la perfection, si on soustrait la perfection de la perfection, la perfection demeure. »

Les femmes terminent leur chant. Elles s'inclinent en silence, puis sortent par une porte latérale, traversent une cour enténébrée et pénètrent dans un temple plus petit, faiblement éclairé par une unique lampe à huile et parfumé avec de l'encens. Je les suis. La salle est remplie de disciples – Indiens et Occidentaux – drapés dans des châles en laine pour se protéger de la fraîcheur qui précède l'aube. Tous sont assis en position de méditation, comme juchés là, si vous voulez, et moi, la nouvelle de la volée, je me glisse à leurs côtés, à l'insu de tous. Je m'assieds en tailleur, je pose les mains sur mes genoux, je ferme les yeux.

Cela fait quatre mois que je n'ai pas médité. Quatre mois que je n'ai même pas *songé* à méditer. Je suis assise. Ma respiration s'apaise. Je me récite mentalement le mantra une fois, très lentement, posément, une syllabe après l'autre.

Om.
Na.
Mah.
Shi.
Va.
Ya.
Om namah shivaya.
J'honore la divinité qui réside en moi.

Puis je le répète. Une fois, deux fois. Je ne dirais pas que je médite, mais plutôt que je déballe soigneusement le mantra, comme on déballerait le plus beau service en porcelaine de sa grand-mère après l'avoir longtemps laissé dans un carton, sans l'utiliser. Je ne sais pas si je m'endors, ou si je me laisse happer par un genre d'enchantement ; je perds toute notion du temps qui passe. Mais quand finalement ce matin-là le soleil se lève sur l'Inde, et que tous nous ouvrons les yeux et regardons autour de nous, je sens que l'Italie est à huit mille kilomètres de moi, et c'est comme si j'avais toujours été dans cette volée.

38

« Pourquoi pratiquons-nous le yoga ? »

Une fois, à New York, un de mes professeurs a posé cette question pendant un cours particulièrement ardu. Nous étions tous ployés dans une de ces épuisantes équerres de côté, et le prof nous faisait tenir la position plus longtemps que nous l'aurions tous souhaité.

« Pourquoi pratiquons-nous le yoga ? a-t-il répété. Est-ce pour nous permettre d'acquérir plus de *souplesse* que nos voisins ? Ou bien existe-t-il un but plus élevé ? »

Yoga, mot sanskrit, peut se traduire par « union ». Il dérive de la racine *yuj*, qui signifie « atteler, accoupler, relier, s'atteler à une tâche à accomplir avec une discipline de bœuf ». Et la tâche à accomplir, dans le yoga, consiste à trouver l'union – entre le corps et l'esprit, l'individu et son dieu, nos pensées et leur source, entre le maître et l'élève et, même, entre nous et nos voisins qui manquent parfois de souplesse. En Occident, nous avons appris à connaître le yoga essentiellement par le biais de ses exercices désormais célèbres qui tordent le corps en forme de bretzel, mais cela ne concerne que le hatha yoga, une des branches de la philosophie. Les anciens mirent au point ces étirements physiques non par souci d'entretenir leur forme, mais pour se détendre les muscles et l'esprit, et se préparer à la méditation. Après tout, c'est dur de rester immobile plusieurs heures d'affilée si on a mal à une hanche, et si cette douleur nous empêche de contempler attentivement notre divinité intrinsèque parce que notre attention est monopolisée par d'autres considérations – « Waouh... cette hanche me fait vraiment un mal de chien. »

Mais *yoga* peut également désigner l'ensemble des pratiques par lesquelles on essaie de trouver Dieu, qu'il s'agisse de la méditation, l'érudition, le silence, le service de piété ou la récitation d'un mantra – la répétition de mots sanskrits sacrés. Si certaines de ces pratiques tendent à paraître, dans leur dérivation, assez hindoues, *yoga* n'est pas pour autant synonyme d'hindouisme, pas plus que tous les hindous ne sont yogis. Le vrai yoga n'est jamais dans un rapport de concurrence ou d'exclusion avec une religion, quelle qu'elle soit. On peut utiliser son yoga – les pratiques auxquelles on s'astreint avec discipline en vue d'atteindre l'union sacrée – pour se rapprocher de Krishna, de Jésus, de Mahomet, de Bouddha ou de Yahvé. Durant mon séjour à l'ashram, j'ai rencontré des adeptes qui se reconnaissaient comme chrétiens, juifs, bouddhistes, hindous ou même musulmans pratiquants. J'en ai rencontré d'autres qui préféraient taire leur affiliation religieuse – ce dont, dans ce monde belliqueux, on ne peut guère les blâmer.

Le propos de la voie yogique est de nous aider à nous dépêtrer des vices d'origine de la condition humaine, que je vais résumer ici à cette définition archi-schématique : notre incapacité douloureuse à faire per-

193

durer le contentement. Différentes écoles de pensée, au cours des siècles, ont trouvé diverses explications à cette tare apparemment inhérente à l'homme. Les taoïstes la nomment déséquilibre, les bouddhistes ignorance, l'islam blâme la détresse de l'homme dans sa rébellion contre Dieu, et la tradition judéo-chrétienne attribue toutes nos souffrances au péché originel. Pour les freudiens, notre tristesse est le résultat inévitable du conflit entre nos pulsions naturelles et les exigences de la civilisation. (Comme l'explique mon amie Deborah la psychologue : « La faille du schéma, c'est le désir. ») Selon les yogis, toutefois, l'incomplétude de l'homme ressort simplement d'une appréciation erronée de son identité. Nous sommes malheureux parce que nous pensons n'être que de simples mortels, seuls avec nos craintes, nos faiblesses, nos ressentiments. Nous croyons, à tort, que notre petit ego limité constitue à lui tout seul notre nature. Nous avons échoué à reconnaître notre caractère divin plus profond. Nous ne réalisons pas que, quelque part en nous tous, il existe bel et bien un moi suprême qui est éternellement en paix. Or, c'est ce moi suprême qui est notre véritable identité, universelle et divine. Tant que l'on n'aura pas pris conscience de cette vérité, disent les yogis, on sera toujours aux prises avec le désespoir – notion que le philosophe stoïcien Épictète a joliment exprimée dans cette apostrophe exaspérée : « Tu portes Dieu en toi, pauvre loque, et tu l'ignores. »

Le yoga, c'est l'effort que consent un individu pour faire l'expérience de sa divinité, et pour ensuite se cramponner à jamais à cette expérience. L'objet du yoga réside dans la maîtrise de soi, dans nos efforts récompensés pour détourner notre attention de l'interminable ressassement mélancolique que nous inspire le passé et de la perpétuelle inquiétude que nous inspire le futur, afin de pouvoir nous consacrer à la contemplation d'un lieu de *présence* éternelle d'où l'on pourra se considérer, et considérer son environnement, avec sérénité. Ce n'est que du point de cette équanimité que la vraie nature du monde (et notre vraie nature) nous sera révélée. Les authentiques yogis, de leur siège d'équilibre, voient en tout ce qui compose ce monde une égale manifestation de l'énergie créatrice de Dieu – les hommes, les femmes, les enfants, les navets, les punaises des lits, le corail : tout cela, c'est Dieu déguisé. Toutefois, les yogis croient qu'une vie humaine constitue une opportunité très spéciale, car la conscience de Dieu ne peut advenir que dans une forme humaine, dotée d'un esprit humain. Les navets, les punaises des lits, le corail... n'auront jamais l'opportunité de découvrir qui ils sont vraiment. Alors que nous, nous l'avons.

Par conséquent, comme l'écrivait saint Augustin d'une façon assez yogique, tout notre travail dans cette vie est de guérir l'œil du cœur au moyen duquel on peut voir Dieu.

Comme toutes les grandes idées philosophiques, celle-ci est simple à comprendre mais quasi impossible à assimiler. D'accord – nous sommes donc tous un, et la divinité demeure en chacun de nous, de façon égale. Pas de problème. Pigé. Mais maintenant, essayez de vivre à partir de là. Essayez de mettre cette compréhension en pratique vingt-quatre heures sur vingt-quatre. Ce n'est pas si facile. Voilà pourquoi en Inde, il est acquis qu'on ne peut faire l'économie d'un professeur pour pratiquer le yoga. À moins de compter au nombre de ces rares saints scintillants qui naissent déjà pleinement réalisés, vous allez avoir besoin de quelques conseils tout au long de votre voyage vers l'illumination. Si la chance est avec vous, vous trouverez un guru vivant. C'est ce que, depuis des siècles, les pèlerins viennent chercher en Inde. Au IVe siècle avant Jésus-Christ, Alexandre le Grand dépêcha un ambassadeur en Inde, le sommant de mettre la main sur un de ces célèbres yogis et de le ramener à la cour. (L'ambassadeur rapporta à son souverain qu'il avait bel et bien trouvé un yogi, mais n'avait pas réussi à convaincre le monsieur d'entreprendre le voyage.) Au Ier siècle de notre ère, Apollonius de Thyane, un autre ambassadeur grec, écrivit, à propos de son périple en Inde : « J'ai vu des brahmanes indiens qui vivent sur cette terre sans pourtant y être vraiment, qui sont des forteresses sans fortifications et qui, sans rien posséder, possèdent pourtant la richesse de tous les hommes réunis. » Gandhi lui-même caressa toujours le désir d'étudier auprès d'un guru, mais n'eut jamais, à son grand regret, ni le temps ni l'opportunité d'en trouver un. « Je pense qu'il y a une grande part de vérité, écrivit-il, dans la doctrine selon laquelle la véritable connaissance est impossible sans l'entremise d'un guru. »

Un grand yogi est celui qui a atteint l'illumination et baigne dans cette félicité permanente. Un guru est un grand yogi qui est capable d'amener d'autres personnes vers cet état. *Guru* est un mot sanskrit composé de deux syllabes. La première signifie « obscurité », la seconde « lumière ». Sortir de l'obscurité et entrer dans la lumière. Ce que le maître transmet au disciple s'appelle *mantravirya* : la « force de la conscience illuminée ». On rend donc visite à son guru non seulement pour recevoir un enseignement, comme de la part de n'importe quel professeur, mais aussi pour recevoir l'état de grâce.

Il arrive que ce transfert de grâce se produise à la faveur de la plus fugace des rencontres avec un grand être. Une fois, à New York, je suis allée entendre le grand moine poète et pacificateur vietnamien Thich

Nhat Hank. C'était un soir de semaine new-yorkais trépidant, comme d'habitude ; la foule jouait des coudes pour pénétrer dans l'auditorium et saturait l'atmosphère de la salle d'une urgence, d'un stress collectif éprouvant pour les nerfs de chacun. Puis, le moine est apparu sur scène. Il s'est assis et est demeuré un long moment immobile avant de prendre la parole, et cette immobilité – le phénomène était palpable ; on le sentait agir, rang après rang, sur ces New-Yorkais à cran – a *colonisé* l'ensemble du public. Bientôt, plus un seul bruissement n'était audible. En l'espace d'environ dix minutes, ce petit Vietnamien nous avait, tous autant que nous étions, attirés dans son silence. Ou plutôt, il avait attiré chacun de nous dans son *propre* silence, dans cette paix que nous possédions tous de façon innée, mais que nous n'avions pas encore découverte, ou briguée. La capacité de cet homme à mettre en avant cette dimension en chacun de nous par sa seule présence dans cette salle – c'est ça, le pouvoir divin. Et c'est pour cela qu'on va voir un guru : avec l'espoir que les mérites de notre maître vont nous révéler notre propre grandeur cachée.

Les sages indiens classiques ont énoncé les trois facteurs qui indiquent si une âme s'est vu accorder la chance la plus haute et la plus prometteuse dans l'univers :

1. Naître homme, capable de procéder à un examen de conscience.
2. Naître avec – ou développer – une aspiration à comprendre la nature de l'univers.
3. Avoir trouvé un maître spirituel vivant.

Il existe une théorie selon laquelle si on aspire suffisamment à trouver un guru, notre souhait sera exaucé.

L'univers se mouvra, les molécules du destin se réorganiseront entre elles et notre chemin croisera sans tarder celui du maître dont nous avons besoin. Ce n'est qu'un mois après ma première nuit de prière désespérée sur le sol de ma salle de bains – une nuit passée à pleurer et à supplier Dieu de me donner des réponses – que j'ai trouvé le mien, en entrant chez David et en tombant sur la photo de cette éblouissante Indienne. Naturellement, le concept d'avoir un guru me laissait quelque peu perplexe. En règle générale, les Occidentaux ne sont pas à l'aise avec ce mot. L'histoire qui nous lie à lui est récente, et rudimentaire. Dans les années 70, un certain nombre de jeunes voyageurs occidentaux fortunés, enthousiastes et influençables, croisèrent le chemin de tout un contingent de gurus indiens charismatiques mais douteux. Ce chaos s'est presque entièrement résorbé aujourd'hui, mais les échos de méfiance perdurent. Même moi, après tout ce temps, je me surprends encore à regimber parfois contre le mot « guru ». Qui ne pose aucun problème à mes amis indiens ; ils ont grandi avec le principe du guru, ils sont à l'aise avec lui. « En Inde, tout le monde a presque un guru ! » m'a dit un jour une jeune Indienne. J'avais bien compris ce qu'elle avait voulu dire (qu'en Inde, *tout le monde ou presque* a un guru), mais j'adhérais davantage à son lapsus car c'est parfois ainsi que je sens les choses – comme si j'avais *presque* un guru. Par moments, il semblerait qu'en bonne native de la Nouvelle-Angleterre, qui a hérité culturellement du scepticisme et du pragmatisme, admettre l'idée que j'ai un guru soit au-dessus de mes forces. Cependant, ce n'est pas comme si j'étais allée sciemment faire les magasins pour m'en dégoter un. Elle est venue à moi. Et la première fois que je l'ai vue, j'ai eu l'impression qu'elle me dévisageait, depuis sa photo, de ces yeux sombres où couvait une compassion intelligente et qu'elle me disait : « Tu m'as appelée, et me voilà… Alors, tu veux tenter le coup, ou pas ? »

Et, toute blague dictée par l'appréhension et le décalage culturel mis à part, je ne dois jamais oublier ce que j'ai répondu ce soir-là : un OUI franc et massif.

39

Une de mes premières camarades de chambre à l'ashram a été une Afro-Américaine entre deux âges, baptiste pratiquante et professeur de méditation en Caroline du Sud. Au nombre de mes autres coturnes, je compterais, au fil des mois, une danseuse argentine, une homéopathe suisse, une secrétaire mexicaine, une mère australienne de cinq enfants, une jeune programmatrice informatique bangladaise, une pédiatre du Maine et une comptable philippine. Il y en aurait d'autres, aussi, au gré des arrivées et des départs.

Cet ashram n'a rien d'un endroit où l'on vient comme ça, en passant. Tout d'abord, il n'est pas facilement accessible. Il est situé loin de Bombay, dans une vallée fluviale, au bout d'un chemin de terre en pleine campagne, près d'un charmant petit village en piteux état. Celui-ci se compose d'une unique rue, d'un unique temple, d'une poignée de boutiques et d'une population de vaches qui se baladent en liberté, et qui parfois pénètrent dans l'échoppe du tailleur et s'y installent. Un soir, j'ai remarqué une ampoule nue de soixante watts qui pendait d'un fil électrique lui-même suspendu à un arbre ; c'est l'unique réverbère du village. L'ashram est à la fois le principal vecteur de l'économie locale, et le fleuron du village. Hors de l'enceinte de l'ashram, tout n'est que poussière et pauvreté. À l'intérieur, ce n'est que jardins irrigués, massifs de fleurs, orchidées cachées dans les frondaisons, chants d'oiseaux, manguiers, jacquiers, anacardiers, palmiers, magnolias, banians. Les bâtiments sont jolis, mais sans ostentation. Il y a une salle à manger toute simple – genre cafétéria. Une bibliothèque bien fournie en ouvrages sur les traditions spirituelles du monde entier. Il y a quelques temples, affectés chacun à différents types de rassemblements. Il y a deux « caves » de méditation – des sous-sols sombres et silencieux agrémentés de coussins confortables, qui restent ouverts jour et nuit et sont réservés à la pratique de la méditation. Il y a un préau où ont lieu, le matin, les cours de yoga, et un genre de parc, ceint d'un chemin de promenade où les élèves peuvent faire du jogging. Je dors dans un dortoir en béton.

Durant mon séjour à l'ashram, il n'y avait jamais plus de quelques centaines de résidents à la fois. Si le guru en personne avait été là, cette population se serait considérablement accrue, mais elle n'est jamais venue en Inde du temps où j'y demeurais. Je m'y étais plus ou moins attendue ; elle avait passé pas mal de temps dernièrement aux États-Unis, mais on ne savait jamais à l'avance où elle pourrait se montrer. On ne considère pas que sa présence physique soit essentielle pour suivre ses enseignements. Évidemment, le contact direct avec un maître yogique vivant procure une irremplaçable griserie, j'en ai déjà fait l'expérience. Mais nombre de disciples de longue date s'accordent à dire que cette présence peut aussi parfois constituer une distraction – la célébrité crée toute une effervescence autour de la personne du guru, et si on n'y prend garde, on peut se laisser happer dans cette spirale d'excitation et perdre de vue sa véritable intention. Alors que si on se contente de séjourner dans un de ses ashrams, qu'on s'astreint à la discipline et à l'austère emploi du temps des pratiques, on s'aperçoit qu'il est plus simple de communiquer avec son maître en soi-même lors de ses méditations privées plutôt qu'en cherchant à faire son trou dans une horde d'élèves empressés pour tenter d'en placer une à tout prix.

L'ashram emploie quelques salariés, mais la plus grande part du travail est effectuée par les disciples eux-mêmes. Quelques villageois travaillent également ici contre salaire. D'autres y vivent au titre de disciples du guru. Un adolescent indien rencontré dans l'enceinte de l'ashram a suscité chez moi une certaine fascination. Il y avait quelque chose dans son (pardonnez le mot, mais c'est comme ça…) *aura* que je trouvais fascinant. Pour commencer, il était incroyablement maigre, encore que cela n'ait rien d'inhabituel dans le coin ; et s'il existe dans ce monde plus maigre qu'un adolescent indien, j'aurais peur de le voir. Sa tenue me rappelait celle que portaient mes camarades de lycée fanas d'informatique pour assister à un concert – un pantalon sombre, et une chemise blanche à col boutonné trop ample pour lui, d'où son cou gracile émergeait telle une marguerite d'un vase gigantesque. Ses cheveux étaient toujours soigneusement lissés, et il enroulait sa ceinture, destinée à l'origine à un homme plus âgé, presque deux fois autour de sa taille – dont le tour ne devait pas excéder trente-cinq centimètres. Il portait les mêmes vêtements d'un jour sur l'autre. C'était sa seule tenue, ai-je fini par comprendre. Sans doute chaque soir lavait-il sa chemise à la main, pour la repasser le matin venu. (Cela dit, cette attention portée à des vêtements corrects est elle aussi courante, ici ; à voir les habits amidonnés des adolescentes indiennes, j'ai vite eu honte de mes robes paysannes froissées et je me suis tournée vers des vêtements plus nets, plus modestes.)

Qu'avait-il donc, ce garçon? Pourquoi étais-je si émue chaque fois que je croisais son visage – un visage à ce point imprégné de luminescence qu'il semblait rentrer de vacances dans la Voie lactée? J'ai fini par demander à une jeune Indienne qui il était. Elle m'a répondu, d'un ton neutre : « C'est le fils d'un commerçant du village. Sa famille est très pauvre. Le guru l'a invité à vivre ici. Quand il joue des percussions, on croit entendre la voix de Dieu. »

Un seul temple de l'ashram est ouvert au public ; tout au long de la journée, des Indiens viennent, nombreux, présenter leurs respects à une statue du Siddha Yogi, ou le « maître parfait », qui a établi cette lignée d'enseignement dans les années 20, et que, aujourd'hui encore, dans toute l'Inde, on révère à l'égal d'un saint. Mais le reste de l'ashram est réservé aux élèves. Ce n'est pas un hôtel, ni une destination touristique. L'ashram s'apparente davantage à une université. Pour venir ici, il faut faire acte de candidature, et pour y être accepté en résidence, il faut prouver qu'on étudie sérieusement ce yoga depuis un bon bout de temps. Et rester au minimum un mois. (J'ai décidé de passer six semaines à l'ashram, puis de voyager à travers le pays, seule, pour découvrir d'autres temples, d'autres ashrams et sites de dévotion.)

Les élèves, ici, sont à parts égales des Indiens et des Occidentaux (qui, eux-mêmes, se divisent en proportions identiques entre Américains et Européens). Les cours sont dispensés à la fois en hindi et en anglais. Lors de l'inscription, on doit rédiger un texte, rassembler des références, répondre à des questions sur sa santé physique et mentale, signaler tout problème qu'on a pu avoir avec la consommation d'alcool ou de drogue, et justifier également de sa stabilité financière. Le guru ne veut pas que les gens utilisent son ashram comme refuge pour fuir le chahut, de quelque nature qu'il soit, qu'ils ont pu créer dans leur vie; cela ne profitera à personne. Elle a aussi pour règle générale que si, pour une raison quelconque, l'idée que vous suiviez un guru et viviez dans un ashram inspire de vives réticences à votre famille ou à ceux qui vous sont chers, mieux vaut renoncer, ça n'en vaut pas la peine. Contentez-vous de rester chez vous, de poursuivre le train-train de votre vie et d'être quelqu'un de bien. Faire de grandes mises en scène autour de tout ça n'apporterait rien à personne.

Le degré de raison et d'esprit pratique de cette femme n'a de cesse de me réconforter.

Pour venir ici, vous devez démontrer que vous aussi vous êtes un être humain doué de raison et de sens pratique, que vous êtes capable de travailler, car on compte sur vous pour contribuer à la bonne marche du lieu en effectuant quelque cinq heures quotidiennes de *seva* ou « service désintéressé ». L'administration de l'ashram vous demande également, si jamais vous avez essuyé un important traumatisme émotionnel au cours des six derniers mois (un divorce, un deuil dans votre famille), de bien vouloir remettre votre visite à plus tard, car il est probable qu'une personne en pleine dépression sera incapable de se concentrer sur ses études et ne fera que distraire ses condisciples. Je me remets moi-même à peine du contrecoup de mon divorce. Et quand je repense à l'angoisse dans laquelle je vivais juste après ma séparation, je sais avec certitude que si j'étais venue à l'ashram dans la foulée, j'aurais épuisé tout le monde ici. Mieux valait me reposer d'abord en Italie, pour récupérer des forces et ma santé, et me rendre ensuite ici. Parce que désormais, je vais avoir besoin de ces forces.

En effet, la vie à l'ashram est rigoureuse. Sur un plan physique – avec des journées qui débutent à 3 heures du matin et se terminent le soir à 9 heures – mais aussi psychologique. Vous allez passer chaque jour des heures et des heures en méditation et contemplation silencieuses, sans que rien ou presque ne vienne distraire ou soulager la mécanique de votre esprit. Vous allez vivre dans une certaine promiscuité avec des étrangers, dans l'Inde rurale. Il y a des cafards, des serpents et des rongeurs. Les conditions climatiques peuvent être extrêmes : parfois il pleut à torrents sans discontinuer des semaines durant ; d'autres fois, on observe 37 degrés à l'ombre avant le petit déjeuner. Dans ce coin, les choses peuvent devenir intensément réelles, et très vite.

Mon guru dit toujours que lorsque l'on vient séjourner à l'ashram, il ne nous arrive qu'une seule chose – nous découvrons qui nous sommes vraiment. Par conséquent, si vous êtes déjà en train de rôder à la lisière de la folie, elle préférerait vraiment que vous renonciez à votre séjour – franchement, personne n'a envie de devoir évacuer quelqu'un qui serre une cuillère entre ses dents.

40

Mon arrivée coïncide agréablement avec celle de la nouvelle année. Je dispose d'une journée à peine pour trouver mes repères dans l'ashram jusqu'au soir du réveillon. Après dîner, la petite cour commence à se remplir de gens. Nous nous asseyons tous par terre – quelques-uns sur le sol en marbre frais, d'autres sur des nattes en rabane. Les Indiennes se sont toutes habillées comme pour assister à un mariage. Elles ont enduit leurs cheveux bruns d'huile et les ont nattés dans le dos. Elles arborent leur plus beau sari en soie, des bracelets en or, et chacune a collé un *bindi* décoré de pierreries au centre de son front, tel un pâle écho de la lumière stellaire. Le programme, c'est de psalmodier dans la cour jusqu'à minuit, jusqu'à l'arrivée de la nouvelle année.

Psalmodier est un mot que je n'aime pas, mais qui désigne une pratique qui m'est très chère. Pour moi, ce verbe connote un bourdonnement monotone, effrayant, et m'évoque un peu une ronde de druides autour d'un bûcher sacrificiel. Mais ici, à l'ashram, les psalmodies m'évoquent un chœur angélique. Généralement, on procède selon un principe d'alternance d'appels et de réponses. Une poignée de jeunes gens à la voix ravissante se met à chanter une phrase harmonieuse, que le reste d'entre nous répète. C'est une technique de méditation – l'effort consiste à fixer son attention sur la progression de la musique, et à fondre sa voix dans celle de son voisin, de telle sorte qu'à la fin, tout le monde chante en ne faisant qu'un. Je souffre du décalage horaire et j'ai bien peur d'être incapable de rester éveillée jusqu'à minuit, et plus incapable encore de trouver l'énergie de chanter aussi longtemps. Cette soirée de musique commence. D'un unique violon tapi dans l'obscurité monte une longue note vibrante de soif de piété. Suivent l'harmonium, puis les percussions, lentement, puis les voix…

Je suis assise à l'arrière de la cour, aux côtés des mères – des Indiennes confortablement assises en tailleur, leurs enfants endormis sur leurs genoux comme de petites courtepointes humaines. La psalmodie, ce soir, est une berceuse, une lamentation, une offrande de gratitude, dont le *raga* (la mélodie) cherche à suggérer compassion et dévotion. Nous chantons en sanskrit, comme toujours (une langue ancienne, aujourd'hui éteinte en

Inde, sauf pour les prières et l'exégèse religieuse), et je m'efforce de devenir un miroir vocal pour les voix des principaux chanteurs, en reprenant leurs inflexions comme si je pinçais de petites cordes de lumière bleue. Ils me passent les mots sacrés, je les porte un instant, puis les leur repasse, et c'est ainsi que nous sommes capables de chanter des heures durant sans nous fatiguer. Nous oscillons tous tel du varech dans le courant des eaux noires de la nuit. Les enfants autour de moi sont enveloppés de soie, comme des cadeaux.

Je suis totalement épuisée, mais je ne lâche pas ma petite corde bleue, et me voilà qui pars à la dérive, en proie à un état qui me donne l'impression que je pourrais invoquer le nom de Dieu dans mon sommeil, à moins que je ne sois seulement qu'en train de chuter dans le puits de cet univers. À 11 heures et demie, l'orchestre a trouvé le tempo de la psalmodie et lui a insufflé une joie sans mélange. Des femmes magnifiquement vêtues, parées de bracelets tintinnabulants, frappent dans leurs mains et dansent, comme si leur corps devenait tambourin. Les percussions claquent à un rythme de plus en plus soutenu. Tandis que les minutes défilent, j'ai l'impression que dans un effort collectif, nous halons l'année 2004 jusqu'à nous. Comme si nous l'avions capturée au lasso de nos psalmodies et que nous la tirions à présent à travers le ciel nocturne, tel un gigantesque filet de pêche rempli à ras bord de toutes les inconnues de nos destinées. Et qu'il est lourd, ce filet qui renferme toutes les naissances, toutes les morts, toutes les tragédies, les guerres, les histoires d'amour, les inventions, les transformations et les calamités qui nous sont destinées au cours de cette année à venir ! Et nous chantons, et nous le tirons, une main après l'autre, minute après minute, voix après voix, plus près de nous, toujours plus près. Les secondes s'égrènent, minuit va bientôt sonner, et nous chantons, avec plus d'énergie que jamais, et dans cet ultime effort, nous finissons par tirer le filet de la nouvelle année *sur* nous, telle une couverture étendue à la fois sur le ciel et sur nos corps. Dieu seul sait ce que nous réserve cette nouvelle année, mais à présent, elle est là, et elle nous recouvre tous.

Pour la première fois de ma vie, je ne connais aucune des personnes avec lesquelles je fête le Nouvel An. Au milieu de tous ces chants, de toutes ces danses, je n'ai personne à embrasser à minuit. Mais je ne peux pas dire qu'à un quelconque moment j'ai éprouvé un sentiment de solitude.

Non, je ne dirais absolument pas ça.

41

Chacun ici se voit confier un travail, et il s'avère que ma mission consiste à astiquer le sol des temples. C'est donc là qu'on peut me trouver désormais, plusieurs heures par jour – agenouillée sur le marbre froid avec une brosse et un seau, en train de trimer comme une sœur d'un premier lit dans un conte de fées. (Soit dit en passant, je ne suis pas dupe de la métaphore – le temple qu'il s'agit d'astiquer n'est autre que mon cœur, c'est mon âme que je dois polir, et cet effort quotidien et trivial doit être rapporté à une pratique spirituelle dont le but est la purification du moi.)

La majorité de mes camarades de travail sont des adolescents indiens, de l'un et l'autre sexe. On confie toujours ce travail aux adolescents parce qu'il requiert une grande énergie physique, et n'exige pas un grand sens des responsabilités ; si vous vous acquittez mal de votre travail, les dégâts seront limités. J'aime bien mes jeunes collègues. Les filles sont de petits papillons virevoltants qui semblent bien plus jeunes que des Américaines de dix-huit ans, et les garçons, eux, sont de petits autocrates pénétrés de sérieux qui paraissent beaucoup plus mûrs que des Américains du même âge. Dans les temples, le silence est de rigueur, mais ce sont des adolescents, ça papote donc en permanence, tout le temps que nous sommes au travail. Mais ces bavardages ne sont pas que futiles. Un des garçons passe la journée à astiquer le sol à côté de moi, et il me sermonne avec componction sur la façon de m'acquitter au mieux de mon travail : « Prends-le au sérieux. Sois ponctuelle. Sois calme et sereine. N'oublie pas : tout ce que tu fais, tu le fais pour Dieu. Et tout ce que Dieu fait, il le fait pour toi. »

C'est un boulot physiquement éprouvant, mais ces heures de travail quotidien sont largement plus faciles que mes heures de méditation. La vérité, c'est que je ne suis pas douée pour la méditation, que je ne l'ai jamais été. Je sais que je manque d'entraînement. Il semblerait que je n'arrive pas à imposer l'immobilité à mon esprit. Je m'en suis ouverte un jour à un moine indien, et il m'a dit : « C'est vraiment triste que vous soyez la seule personne de l'histoire de l'humanité à rencontrer ce problème. » Puis il m'a cité la Bhagavad-Gita, le plus sacré des anciens textes yogiques : « Ô Krishna, que l'esprit est agité, turbulent, têtu et inflexible ! Je le trouve aussi difficile à dompter que le vent. »

La méditation est à la fois l'ancre et les ailes du yoga. La méditation, c'est la *voie*. Il y a une différence entre méditer et prier, même si les deux pratiques visent à la communion avec le divin. J'ai entendu dire que la prière est l'acte de parler à Dieu, tandis que la méditation est celui de l'écouter. Devinez un peu lequel de ces deux exercices est le plus facile pour moi... Je peux jacasser toute la journée pour entretenir Dieu de mes sentiments et de mes problèmes, mais quand vient le moment de descendre dans le silence et d'*écouter*... Là, c'est une autre histoire. Quand je demande à mon esprit de se tenir tranquille, c'est étonnant de voir avec quelle rapidité il va 1) sombrer dans l'ennui, 2) céder à la colère, 3) à la dépression, 4) à l'anxiété ou 5) à tout ce qui précède.

Comme la plupart des humanoïdes, je souffre de posséder ce que les bouddhistes appellent « l'esprit du singe » – des pensées qui se balancent d'une branche à l'autre, et ne s'interrompent que pour se gratter, cracher et éructer. Entre le passé lointain et le futur inconnaissable, mon esprit se balance allégrement à travers le temps, effleure des dizaines d'idées à la minute, sans harnais ni discipline. Cela n'est pas, en soi, un problème ; le problème réside dans la pièce jointe émotionnelle qui accompagne l'acte de penser. Des pensées heureuses me rendent heureuse, mais l'oscillation suivante gâche aussitôt cette belle humeur en me renvoyant dans les cordes de mon anxiété obsessionnelle, et tout de suite après, je suis assaillie par le souvenir d'un épisode qui m'a mise hors de moi et de nouveau je cède à l'énervement, à la contrariété ; puis mon esprit décide que le moment pourrait être indiqué pour un instant d'autoapitoiement et, dans la foulée, un sentiment de solitude s'empare de moi. Nous sommes, après tout, ce que nous pensons. Nos émotions sont les esclaves de nos pensées, et nous, nous sommes les esclaves de nos émotions.

L'autre problème de ces va-et-vient à répétition dans les méandres de ses pensées est que l'on n'est jamais vraiment à l'endroit où l'on *est*. On passe son temps à excaver le passé, ou à scruter l'avenir, mais on se repose rarement dans le moment présent. Susan, qui, chaque fois qu'elle voit un bel endroit, s'exclame dans un état proche de la panique : « C'est si beau ici ! Je veux revenir un jour ! » m'oblige à user de tout mon pouvoir de persuasion pour tenter de la convaincre qu'elle est *déjà* là. Quand on cherche l'union avec le divin, cette espèce de tourbillonnement d'avant en arrière pose un problème. Ce n'est pas sans raison qu'on dit de Dieu qu'il est une *présence* – c'est parce que Dieu est *ici, en ce moment même*. Le présent est le seul endroit et le seul moment où le trouver.

Mais demeurer dans l'instant présent requiert de focaliser son esprit sur une seule chose, ce que nous enseignent diverses techniques de méditation. Par exemple, en fixant son regard sur un unique point de lumière, ou en concentrant son attention sur sa respiration. Mon guru, elle, enseigne la méditation au moyen d'un mantra, des mots ou des syllabes sacrés que l'on répète. Le mantra a une double fonction. D'une part, il occupe l'esprit. C'est comme si vous donniez au singe un tas de dix mille boutons en lui disant : « Tu vas déplacer ces boutons, un par un, pour constituer un nouveau tas. » Pour le singe, cette tâche est bien plus facile que si vous le mettiez dans un coin en lui demandant de ne pas bouger. L'autre but du mantra est de vous transporter dans un état second, comme sur un canot, en ramant sur les vagues de l'esprit. Chaque fois que votre attention se fait happer par un contre-courant de pensée, revenez au mantra, regrimpez à bord du canot, et continuez à ramer. Les grands mantras sanskrits, dit-on, recèlent des pouvoirs inimaginables, et si l'on arrive à rester à bord de l'un d'eux, ils peuvent nous mener, à la rame, jusqu'aux rivages du divin.

Au nombre de mes nombreux, très nombreux problèmes avec la méditation, il y a le fait que le mantra qu'on m'a donné – *Om namah shivaya* – ne trouve pas ses aises dans ma tête. Ses sonorités et son sens me ravissent, mais il échoue à me pousser sur la voie de la méditation. Il ne l'a jamais fait, pas une seule fois au cours des deux années où j'ai pratiqué le yoga. Pour tout dire, quand j'essaie de répéter « *Om namah shivaya* » dans ma tête, le mantra se coince dans ma gorge, m'oppresse la poitrine, excite ma nervosité. Je n'arrive jamais à caler ses différentes syllabes sur ma respiration.

Je finis par m'en ouvrir un soir à Corella, ma camarade de chambrée. Cela m'embête de reconnaître devant elle à quel point j'ai du mal à rester concentrée sur la répétition du mantra, mais Corella est professeur de méditation. Elle peut peut-être m'aider. Elle me dit qu'autrefois, son esprit lui aussi vagabondait pendant les méditations, mais qu'aujourd'hui, sa pratique est l'immense source de sérénité et de joie qui a métamorphosé sa vie.

« Je m'assieds, je ferme les yeux, tout ce que j'ai à faire, c'est *penser* au mantra, et je me volatilise au paradis », me dit-elle.

Entendre ça me donne des nausées d'envie. Mais il ne faut pas oublier que Corella pratique le yoga depuis presque autant d'années que je suis née. Je lui demande si elle peut me montrer *comment*, exactement, elle utilise *Om namah shivaya* dans sa pratique de la méditation. Inspire-t-elle à chaque syllabe ? (Quand j'essaie, ça me semble franchement interminable et crispant.) Ou dit-elle un mot par respiration ? (Mais chaque mot a une longueur différente ! Alors, comment s'y prend-on pour égaliser ?) Ou bien encore récite-t-elle la totalité du mantra une fois sur l'inspiration, et une fois encore sur l'expiration ? (Parce que quand j'essaie de faire ça, tout s'accélère, et ça m'angoisse.)

« Je ne sais pas, me répond Corella. Il faut juste… le dire.

— Mais est-ce que tu le chantes ? j'insiste, au désespoir. Est-ce que tu le scandes ?

— Je le dis, c'est tout.

— Tu pourrais le dire pour moi à voix haute, de la même façon que tu le dis dans ta tête quand tu médites ? »

Obligeamment, ma camarade de chambrée ferme les yeux et commence à réciter le mantra à voix haute, tel qu'il lui apparaît mentalement. Et, effectivement, elle… le dit, c'est tout. Elle le dit calmement, normalement, une ébauche de sourire aux lèvres. Elle le répète même plusieurs fois, jusqu'à ce que, gagnée par l'impatience, je l'interromps : « Mais… tu ne t'ennuies pas ? »

Corella ouvre les yeux, elle sourit et regarde sa montre : « Il s'est écoulé dix secondes, Liz. Et on s'ennuie déjà ? »

42

Le lendemain matin, je me présente pile à 4 heures pour la séance de méditation qui ouvre la journée. Nous sommes censés passer une heure assis en silence, mais je consigne les minutes comme autant de kilomètres – soixante impitoyables kilomètres qu'il me faut endurer. Au kilomètre/minute quatorze, mes nerfs commencent à lâcher, l'état de mes genoux se détériore et l'exaspération s'empare de moi.

Bientôt, un grand halètement me secoue, comme si je reprenais mon souffle. Mes paupières se rouvrent et je déclare forfait. En larmes. Un ashram est supposé être le lieu où l'on vient approfondir sa pratique de la méditation, mais pour moi, l'expérience tourne au désastre. La pression ici est trop forte. Je n'y arrive pas. Mais que faire ? Quitter le temple en pleurant au bout de quatorze minutes, tous les jours ?

Ce matin, cela dit, je renonce à lutter. Je me laisse aller contre le mur derrière moi. J'ai mal au dos, je n'ai plus de force, je grelotte. Ma posture s'affaisse, comme un pont qui s'effondre. Je me détourne du mantra, il pesait sur moi telle une invisible enclume, et je dis à Dieu : « Je suis vraiment désolée, mais je ne pourrai pas aller plus loin aujourd'hui. »

Les Sioux Lakota affirment qu'un enfant incapable de rester assis et immobile n'est qu'à moitié développé. Et un ancien texte sanskrit dit : « Certains signes permettent de juger si la méditation est bien menée. L'un d'eux est qu'un oiseau se perche sur votre tête, en croyant que vous êtes une chose. » Je ne peux pas dire que cela me soit arrivé. Pendant les quelque quarante minutes suivantes, j'ai essayé de rester aussi immobile que possible, piégée à la fois dans la salle de méditation, dans ma honte et mon incapacité, et j'ai observé les disciples immobiles autour de moi, assis dans une posture impeccable, les yeux clos, le visage béat irradiant de calme tandis qu'ils se transportaient à n'en pas douter jusque dans quelque paradis de perfection. Je me suis sentie dévorée de tristesse et j'aurais adoré m'abandonner au réconfort des larmes, mais j'ai essayé de me retenir, de toutes mes forces, en songeant à ce qu'avait dit un jour mon guru – qu'on ne devrait jamais s'autoriser à s'effondrer, car lorsqu'on le fait une fois, cela devient une habitude. On doit au contraire s'entraîner à rester fort.

Mais je ne me sentais pas forte du tout. Mon corps souffrait, se sentait diminué par son inanité. Mon cerveau, songeais-je, était une machine à produire des pensées qui ne s'arrêtait jamais, une machine dévoreuse d'âme. Comment diable allais-je réussir un jour à la contrôler ? Et là, je me suis souvenue d'une réplique des *Dents de la mer*, et je n'ai pu réprimer un sourire : « Il va nous falloir un plus gros bateau. »

43

Heure du dîner. Installée seule à une table, je m'efforce de manger lentement. Mon guru nous encourage toujours à faire preuve de discipline à table. À manger avec modération, sans avidité, afin de ne pas étouffer les feux sacrés de notre corps en lâchant trop de nourriture, trop vite dans nos voies digestives. (Mon guru, j'en ai la quasi-certitude, n'a jamais mis les pieds à Naples.) Quand les disciples viennent la voir en se plaignant des difficultés qu'ils éprouvent à méditer, elle s'enquiert toujours de leurs facultés de digestion. Il va sans dire qu'on aura des difficultés à glisser avec légèreté dans la transcendance si nos tripes bataillent pour baratter un feuilleté à la saucisse, une livre d'ailes de poulet et la moitié d'une tarte à la crème de noix de coco. La nourriture à l'ashram est végétarienne, légère et saine. Mais néanmoins délicieuse. D'où le mal que j'ai à ne pas l'engloutir telle une orpheline affamée. Sans compter qu'elle est présentée en libre-service sur un buffet et que ça a toujours été un calvaire pour moi de résister à l'envie de me resservir une ou deux fois quand des plats délicieux sont là, à disposition, qu'ils embaument et ne coûtent rien.

Je suis donc là, attablée, seule, en m'efforçant de tenir la bride à ma fourchette, quand je vois approcher un homme, avec son plateau, qui cherche une chaise libre. Je lui indique d'un signe de tête qu'il peut se joindre à moi. C'est la première fois que je le vois. Sans doute un nouvel arrivant. L'inconnu a une démarche placide – genre, y a pas le feu au lac – et il se meut avec l'autorité d'un shérif de ville-frontière ou d'un joueur de poker qui a passé sa vie à flamber. Il semble avoir la cinquantaine, mais à sa démarche, on pourrait croire qu'il a plusieurs siècles dans les pattes. Il a des cheveux blancs, une barbe blanche, et porte une chemise de flanelle écossaise. Il a une large carrure, et des mains de géant dont on imagine qu'elles pourraient faire quelques dégâts, mais son visage est totalement détendu.

Mesdames, messieurs, Richard du Texas est arrivé.

44

Dans la liste des nombreux boulots que Richard du Texas a exercés dans sa vie – et je sais que je vais en omettre un grand nombre – on trouve : ouvrier sur les champs pétroliers ; conducteur de semi-remorque ; premier revendeur agréé de Birkenstock dans les deux Dakota ; « secoueur » sur un site d'enfouissement de déchets du Midwest (navrée, mais je n'ai pas vraiment le temps d'expliquer en quoi consiste le métier de « secoueur ») ; manœuvre sur les chantiers de construction d'autoroutes ; vendeur de voitures d'occasion ; soldat au Vietnam ; « négociant en matières premières » (les matières premières en question étant en général des stupéfiants mexicains) ; junkie et alcoolique (si on peut appeler ça une profession) ; puis junkie et alcoolique *repenti* (une profession bien plus respectable) ; fermier dans une communauté hippie ; commentateur en voix off à la radio ; enfin, vendeur prospère d'équipements médicaux haut de gamme (jusqu'à ce que son mariage ne parte à vau-l'eau, qu'il ne cède l'affaire à son ex et ne se retrouve « une fois de plus à me gratter mon derrière blanc et fauché »). Aujourd'hui, il rénove des maisons anciennes à Austin.

« Je n'ai jamais vraiment eu de plan de carrière, dit-il. Je n'ai jamais su vivre que d'expédients. »

Richard du Texas n'est pas un gars à se faire du mouron pour grand-chose. Et on ne peut pas dire qu'il soit parano, loin de là. Mais parce que moi je le suis un peu, j'en suis venue à l'adorer. La présence de Richard dans l'ashram devient mon distrayant rempart de sécurité. Sa façon de traverser la vie avec cette immense confiance en soi apaise ma nervosité intrinsèque et me rappelle que tout va bien se passer. (Et si jamais ça ne se passe pas bien, au moins rigolera-t-on.) Vous souvenez-vous de Charlie le Coq, ce personnage de dessin animé ? Eh bien, Richard tient un peu de lui, et moi je deviens Henri le Faucon, son acolyte bavard. Ou, comme le dit Richard : « Moi et Supérette, on passe notre temps à se fendre la poire. »

Supérette.

C'est le surnom dont Richard m'a affublée. Dès le soir de notre rencontre, en voyant tout ce que j'étais capable de manger. J'ai bien tenté de me défendre (« Je mange avec détermination et discipline ! »), mais le surnom m'est resté.

Richard du Texas ne ressemble sans doute pas à un yogi classique. Encore que le temps que j'ai passé en Inde m'a appris à faire montre de prudence sur ce sujet.

216

(Ne me branchez pas sur l'éleveur laitier irlandais que j'ai rencontré ici l'autre jour, ou la religieuse défroquée d'Afrique du Sud.) Richard est arrivé au yoga via une ex-petite amie, qui l'a emmené du Texas jusqu'à l'ashram de l'État de New York pour assister à une conférence du guru. Richard dit : « Je n'avais jamais rien vu d'aussi bizarre que cet ashram. Je me demandais où était la pièce où tu devais filer toute ta thune et pousser la bonne action jusqu'à leur livrer ta maison et ta bagnole en prime, mais rien de tel ne s'est passé... »

À la suite de cette expérience, qui remonte à une dizaine d'années, Richard s'est surpris à prier tout le temps. Sa prière était toujours la même : « Mon Dieu, s'il te plaît, s'il te plaît, s'il te plaît, ouvre-moi le cœur », suppliait-il sans cesse. C'était son unique vœu – qu'on lui ouvre le cœur. Et il concluait toujours en disant à Dieu : « Et s'il te plaît, fais-moi signe quand l'événement aura eu lieu. » Aujourd'hui, quand il repense à cette époque, il dit : « Fais gaffe à ce que tu demandes dans tes prières, Supérette, parce que tu pourrais bien l'obtenir. » Après quelques mois à constamment appeler de ses vœux qu'on lui ouvre le cœur, que pensez-vous que Richard a obtenu ? Eh bien oui : une opération à cœur ouvert, pratiquée en urgence. On lui a carrément fracassé la poitrine et écarté les côtes pour qu'un rai de lumière du jour puisse enfin se frayer un chemin jusqu'à son cœur – un peu comme si Dieu lui demandait : « Ça t'ira, comme signe ? » Alors maintenant, me dit-il, il reste toujours prudent dans ses prières. « Chaque fois que je prie pour quelque chose, aujourd'hui, je conclus toujours en disant : "Ah, au fait, Dieu, s'il te plaît, vas-y mollo avec moi, OK ?" »

« Que devrais-je faire pour ma pratique de la méditation ? » demandé-je un jour à Richard, tandis qu'il me regarde frotter le sol du temple. Il a de la chance – il travaille à la cuisine, il lui suffit de se montrer une heure à peine avant le repas. Mais il aime bien me regarder briquer. Il trouve ça rigolo.

« Pourquoi faut-il que tu fasses quelque chose à ce sujet, Supérette ?

— Parce que ça ne va pas du tout.

— Qui a dit ça ?

— Je n'arrive pas à tenir mon esprit tranquille.

— Souviens-toi de ce que le guru nous a enseigné – si quand tu t'assieds, ton intention de méditer est pure, quoi qu'il se passe ensuite, ce n'est pas ton problème. Alors pourquoi t'ériges-tu en juge de ton expérience ?

— Parce que ce qui se passe dans mes méditations *ne peut pas* être l'objet de ce yoga.

— Supérette, bébé – tu n'as aucune *idée* de ce qui arrive ici.

— Je n'ai jamais de visions, je ne fais jamais d'expériences transcendantes…

— Tu veux voir quoi ? De jolies couleurs ? Ou la vérité ? Quelle est ton intention ?

— Quand j'essaie de méditer, je n'arrive apparemment qu'à me chamailler avec moi-même.

— Parce que ton ego essaie de s'assurer qu'il reste maître de la situation. C'est ça que *fait* ton ego. Il te maintient dans un sentiment de séparation, il te maintient dans la dualité, il essaie de te convaincre que tu es imparfaite, que tu es en miettes, que tu es seule, et il t'empêche de te voir comme un tout.

— Et ça m'avance à quoi de savoir ça ?

— À rien. Le boulot de ton ego, c'est pas de te rendre service. Son seul boulot, c'est de conserver son pouvoir. Et là tout de suite, ton ego est mort de trouille parce qu'il est sur le point de se faire ratatiner. Continue sur ce chemin spirituel, bébé, et les jours de ce sale

218

gosse sont comptés. Dans très peu de temps, ton ego sera au chômage, et c'est ton cœur qui prendra toutes les décisions. Du coup, ton ego lutte pour sa survie, il joue avec ton esprit, il essaie d'affirmer son autorité, il essaie de te mettre au piquet dans un coin, loin du reste de l'univers. Ne l'écoute pas.

– Comment ne pas l'écouter ?

– Tu as déjà essayé de retirer un jouet des mains d'un petit môme ? Il n'aime pas ça, n'est-ce pas ? Il commence à lancer des coups de pied, il se met à pleurer. La meilleure façon de retirer un jouet des mains d'un jeune enfant, c'est de distraire le gamin, de lui donner autre chose avec quoi jouer. De détourner son attention. Au lieu d'essayer d'arracher de force des pensées de ton esprit, donne-lui un truc encore mieux avec lequel jouer. Un truc plus sain.

– Comme quoi ?

– Comme l'amour, Supérette. Comme le pur amour divin. »

45

Descendre chaque jour dans la cave de méditation est supposé m'amener à ce moment de communion avec le divin, mais ces derniers temps, je m'y rends à reculons, un peu comme mon chien quand il pénétrait dans le cabinet du vétérinaire en sachant pertinemment que même si tout le monde allait rivaliser d'amabilité à son égard, l'histoire ne s'en conclurait pas moins par une douleur aiguë administrée par un instrument médical. Mais à la suite de ma dernière conversation avec Richard du Texas, j'essaie ce matin une nouvelle approche. Je m'assieds, je prends la posture et je dis à mon esprit : *Écoute – je comprends que tu aies un peu la trouille. Mais je te promets, je n'essaie pas de t'anéantir. J'essaie juste de te donner un lieu où être en paix. Je t'aime.*

L'autre jour, un moine m'a dit : « Le lieu de la paix de l'âme est le cœur. Toute la journée, l'esprit n'entend que cloches qui tintent, bruits et disputes, et tout ce à quoi il aspire, c'est la quiétude. Le seul endroit où l'esprit pourra trouver la paix, c'est à l'intérieur du silence du cœur. C'est là que vous avez besoin d'aller. »

J'essaie également un mantra différent. C'est un mantra avec lequel j'ai eu de la chance par le passé. Il est simple, juste deux syllabes.

Ham-sa.

Ce qui en sanskrit signifie « je suis cela ».

Les yogis disent que ce *Ham-sa* est le plus naturel des mantras, celui que Dieu nous a donné à tous avant la naissance. C'est le son de notre propre respiration – *Ham* sur l'inspiration, *sa* sur l'expiration. Aussi longtemps que nous vivons, chaque fois que nous respirons, nous répétons ce mantra. Je suis cela. Je suis divine, je suis avec Dieu, je suis une expression de Dieu, je ne suis pas séparée, je ne suis pas seule, je ne suis pas cette illusion bornée d'un individu. J'ai toujours trouvé *Ham-sa* facile et relaxant. Plus facile, comme outil de méditation, que *Om namah shivaya*, le – comment dire ? – mantra « officiel » de ce yoga. Mais tandis que je parlais avec ce moine l'autre jour, il m'a dit de continuer à utiliser *Ham-sa*, si cela m'aidait à méditer. Il m'a dit : « Méditez sur quoi que ce soit qui imprime une révolution dans votre esprit. »

C'est donc aujourd'hui ce que je fais.

Ham-sa.

Je suis cela.

Les pensées viennent, mais je ne leur accorde guère d'attention, sinon pour leur dire, d'une façon presque maternelle : « Oh, je *vous* connais, petites coquines… Sortez jouer maintenant… Maman est en train d'écouter Dieu. »

Ham-sa.

Je suis cela.

Je m'assoupis un instant. (Ou pas. Quand on médite, on ne peut jamais savoir avec certitude si ce qu'on croit être le sommeil l'est vraiment ; parfois, il s'agit juste d'un autre niveau de conscience.) Quand je me réveille – ou pas –, je sens cette douce énergie bleue et électrique pulser dans tout mon corps, par vagues. C'est un peu inquiétant, mais également étonnant. Ne sachant trop quoi faire, je me contente de parler, intérieurement, à cette énergie. Je lui dis : « Je crois en toi », et en réponse, elle se magnifie, redouble d'intensité. La sensation est effroyablement puissante, maintenant, comme si elle kidnappait mes sens. Elle vrombit depuis la base de mon épine dorsale. Il semblerait que ma nuque ait envie de s'étirer, de se tordre, alors je la laisse faire, et je me retrouve dans la plus curieuse des positions – assise le dos bien droit, comme un bon yogi, mais avec mon oreille gauche pressée très fort contre l'épaule. J'ignore pourquoi ma tête et ma nuque veulent faire ça, mais je ne vais pas leur chercher querelle ; elles ont l'air d'insister pour le faire. L'énergie bleue continue à pulser et à se propager dans mon corps, et j'entends une sorte de raclement dans les oreilles, et ce bruit gagne tellement en puissance que je ne peux plus le supporter. Il m'effraie tant que je lui dis : « Je ne suis pas encore prête ! » Et je rouvre les yeux, d'un coup. Tout s'arrête. Je suis de retour dans la pièce, dans ce qui m'environne. Je regarde ma montre. Je viens de passer presque une heure ici – ici, ou *ailleurs*.

Et je halète – littéralement.

46

Pour comprendre la teneur de cette expérience, de ce qui s'est passé là (un « là » par lequel j'entends à la fois « dans la cave de méditation » et « en moi »), il me faut aborder un sujet assez ésotérique et extravagant – la *kundalinî shakti*. Chaque religion, dans le monde, a un sous-groupe d'adeptes qui cherchent une expérience directe, transcendante, avec Dieu, et qui délaissent les fondamentaux et les dogmes afin de rencontrer personnellement le divin. Ce qui est intéressant, chez ces mystiques, c'est que lorsqu'ils décrivent leurs expériences, ils finissent tous par rendre compte exactement du même événement. En général, l'union avec Dieu intervient au cours de la méditation et advient grâce à un flot d'énergie qui emplit tout le corps d'une lumière euphorique, électrique. Les Japonais appellent cette énergie *ki*, les bouddhistes chinois *chi*, les Balinais *taksu*, les chrétiens Saint-Esprit, les *bushmen* du Kalahari *n'um* (leurs saints hommes la décrivent comme un pouvoir qui ondule tel un serpent le long de la colonne vertébrale et qui, comme sous l'effet d'une détonation, perce dans la tête un trou par lequel les dieux peuvent entrer). Les poètes soufis de l'islam ont baptisé cette énergie-déité « le Bien-Aimé » et lui ont dédié des vers vibrants de dévotion. Les aborigènes australiens, eux, décrivent un serpent céleste qui descend dans le sorcier et lui confère des pouvoirs intenses et détachés des contingences du monde. Dans la tradition juive de la kabbale, il est dit que cette union avec le divin intervient par paliers au cours de l'ascension spirituelle, au fur et à mesure que l'énergie remonte le long de la colonne vertébrale et de toute une série de méridiens invisibles.

Sainte Thérèse d'Ávila, la plus mystique des grandes figures du catholicisme, décrit son union avec Dieu telle une ascension physique qui lui fait traverser les sept « demeures » intérieures de son être, pour la précipiter en présence de Dieu. Elle entrait dans des transes méditatives si profondes que les autres religieuses ne sentaient plus son pouls. Elle suppliait ses camarades de ne dévoiler à personne ce dont elles avaient été témoins car, de par son caractère extraordinaire, l'expérience n'aurait pas manqué de susciter nombre de commentaires. (Sans parler d'un possible interrogatoire par l'inquisiteur.) Le défi le plus ardu, a écrit la sainte dans ses Mémoires, consiste à ne pas agiter l'intellect pendant la méditation, car n'importe quelle pensée – même la prière la plus fervente – éteindrait le feu de Dieu. Une fois que l'esprit, éternel trublion, « commence à composer des discours et échafauder des thèses, il aura tôt fait, surtout si celles-ci sont intelligentes, d'imaginer qu'il accomplit une tâche importante ». Mais si on arrive à outrepasser ces pensées, explique sainte Thérèse, l'ascension vers Dieu est « une extase glorieuse, un égarement divin, dans lesquels on acquiert la vraie sagesse ». Faisant écho sans le savoir aux poèmes du mystique soufi persan Hafiz, qui demandait pourquoi, avec un Dieu à ce point débordant d'amour, nous ne sommes pas tous en train de hurler d'ivresse, Thérèse s'est écriée avec ravissement, dans ses Mémoires, que, si ces expériences divines relevaient d'une forme de folie, « je vous en conjure, mon Père, livrez-nous à la folie ! ».

Dans la phrase suivante, on croirait qu'elle reprend haleine. Quand on lit sainte Thérèse d'Ávila aujourd'hui, on la voit presque émerger de cette délirante expérience, puis considérer le climat politique de l'Espagne du XVIᵉ siècle (où elle vivait sous l'une des tyrannies religieuses les plus répressives de l'histoire) et, avec sobriété, consciencieusement, s'excuser de son excitation. « Pardonnez mon extrême impudence », écrit-elle, avant de répéter qu'il n'y a pas lieu de tenir compte de tout son babillage stupide puisqu'elle n'est, naturellement, qu'une femme, un ver de terre, une méprisable vermine, etc. On croit presque la voir lisser sa jupe de nonne et discipliner quelques dernières mèches folles – dévorée à l'insu de tous par son divin secret comme par un bûcher ardent.

Dans la tradition yogique indienne, ce divin secret s'appelle la *kundalinî shakti*, et celle-ci est dépeinte tel un serpent qui reste lové à la base de l'épine dorsale jusqu'à ce que, délivré par le contact d'un maître ou par un miracle, il la gravisse et franchisse les sept chakras, ou roues (qu'on peut également appeler les sept demeures de l'âme), pour enfin ressortir par la tête et, dans cette déflagration, s'unir à Dieu. Ces chakras n'existent pas dans le corps visible (ou « grossier »), disent les yogis – donc, inutile de les y chercher ; on ne les trouve que dans le corps subtil, ce corps auquel font référence les pédagogues bouddhistes quand ils encouragent leurs élèves à extraire un nouveau soi de leur enveloppe physique, de la même façon qu'on dégaine une épée de son fourreau. Mon ami Bob, qui est à la fois apprenti yogi et neurologue, m'a dit que cette histoire de chakras l'avait toujours perturbé, et que pour croire à leur existence, il avait voulu les observer, de ses yeux, dans un corps humain disséqué. Or, une expérience de méditation particulièrement transcendante lui a apporté un éclairage neuf sur le sujet. « Exactement comme il y a dans l'écriture une vérité littérale et une vérité poétique, il y a, dans l'être humain, une anatomie littérale et une anatomie poétique, m'a-t-il dit. L'une est visible ; l'autre ne l'est pas. L'une est constituée d'os, de dents et de chair ; l'autre, d'énergie, de mémoire et de foi. Mais les deux sont également vraies. »

J'aime bien que la science et la dévotion se rejoignent. J'ai lu récemment dans le *New York Times* qu'une équipe de neurologues avait tenté l'expérience de passer au scanner le cerveau d'un moine tibétain qui s'était porté volontaire. Ils voulaient voir ce qui arrive à un esprit transcendant, scientifiquement parlant, au cours de ces moments d'illumination. L'esprit d'une personne qui pense normalement produit un orage électrique de réflexions et d'impulsions qui tourbillonne et s'enregistre sur une scanographie du cerveau à coup de flashs jaunes et rouges. Plus le sujet cède à la colère, ou à l'exaltation, plus les flashs rouges deviennent incandescents et intenses. Or, les mystiques, toutes époques et cultures confondues, ont décrit une inactivité du cerveau pendant la méditation, et dit que l'union suprême avec Dieu est une lumière bleue qu'ils sentent rayonner depuis le centre de leur squelette. Dans la tradition yogique, on appelle ça « la perle bleue », et c'est elle que veulent trouver tous ceux qui sont en quête spirituelle. Ce moine tibétain placé sous observation pendant sa méditation était capable de tellement pacifier son esprit qu'on ne voyait ni flash jaune, ni flash rouge. En fait, toute l'énergie neurologique de ce monsieur se rassemblait, pour finir, au centre de son cerveau – on voyait le phénomène se produire en direct sur le moniteur – en une petite perle de lumière bleue et sereine. Exactement comme les yogis l'ont toujours décrit.

C'est là le but de la *kundalinî shakti*.

Dans l'Inde mystique, comme dans maintes traditions chamaniques, on considère que la *kundalinî shakti* est une force dangereuse, avec laquelle on ne joue pas impunément, ni sans être supervisé ; le yogi inexpérimenté pourrait tout à fait se faire littéralement sauter la cervelle. Il lui faut un professeur – un guru – pour le guider sur ce chemin, et idéalement, un lieu sûr – un ashram – où pratiquer la méditation. On dit que c'est le contact du guru (soit par sa présence physique, soit par le biais d'une rencontre plus surnaturelle, dans un rêve par exemple) qui libère l'énergie ligotée de la *kundalinî*, lui permet de se dérouler depuis la base de la colonne vertébrale et d'entreprendre son ascension vers Dieu. Ce moment de délivrance s'appelle *shaktipat*, ou initiation divine, et c'est le plus précieux des cadeaux que puisse nous faire un maître qui a reçu l'illumination. Après ce contact, l'élève peut encore trimer des années durant pour atteindre à son tour l'illumination, mais au moins, le voyage a-t-il commencé. L'énergie a été libérée.

J'ai suivi une introduction à *shaktipat* il y a deux ans, à New York, lors de ma première rencontre avec mon guru. C'était au cours d'un week-end de retraite dans son ashram des Catskills. Pour être franche, cela dit, je n'ai rien senti de spécial. J'espérais plus ou moins une rencontre éblouissante avec Dieu – un éclair bleu, ou une vision prophétique –, mais j'ai eu beau interroger mon corps à l'affût d'effets particuliers, je n'ai senti qu'une vague sensation de faim, comme d'habitude. Je me souviens avoir songé que je n'avais probablement pas assez de foi pour faire un jour une expérience aussi forte que la libération de la *kundalinî shakti*. Je me souviens avoir pensé que j'étais trop cérébrale, pas assez intuitive, et que mon chemin de dévotion serait probablement plus intellectuel qu'ésotérique. Je prierais, je lirais des ouvrages, je réfléchirais à des sujets dignes d'intérêt, mais jamais, sans doute, je n'atteindrais cette sorte de béatitude méditative que décrit sainte Thérèse. Mais ça m'allait. Cela n'entamait en rien l'adoration que je vouais aux pratiques de dévotion. Simplement, cette *kundalinî shakti* n'était pas pour moi.

Le lendemain, cependant, il s'est passé quelque chose d'intéressant. Nous étions, une fois encore, tous rassemblés autour du guru. Elle nous a amenés en méditation, et au beau milieu de tout ça, je me suis endormie (ou pas) et j'ai fait un rêve. Dans ce rêve, je me trouvais sur une plage, au bord de l'océan. Les vagues étaient immenses, terrifiantes, et enflaient rapidement. Brusquement, un homme apparut à mes côtés. C'était le propre maître de mon guru – un grand yogi charismatique auquel je ne ferai allusion ici que sous le nom de « Swamiji » (le mot sanskrit qui signifie « moine bienaimé »). Swamiji est mort en 1982. Je ne le connais que par les photos qui se rencontrent çà et là dans l'ashram. Même sur ces photos – je dois l'admettre –, j'avais trouvé le bonhomme un peu trop intimidant, un peu trop énergique, un peu trop incandescent à mon goût. Cela faisait un bon bout de temps que j'évitais de penser à lui et qu'en général, j'évitais son regard qui me dévisageait depuis les murs. Cet homme semblait écrasant. Il n'était pas mon genre de guru. J'avais toujours préféré mon adorable maître, pleine de vie et débordante de compassion féminine à ce personnage décédé (mais qui n'avait rien perdu de sa virulence).

Mais voilà que Swamiji était présent dans mon rêve, il était à mes côtés sur cette plage, dans toute sa puissance. J'étais terrorisée. Il me désignait les vagues qui déferlaient vers nous et m'intimait, d'un ton sévère : « Je veux que tu trouves un moyen d'arrêter *cela*. » Paniquée, je sortais un carnet et essayais de dessiner des inventions qui empêcheraient les vagues de l'océan d'avancer. Je dessinais des digues monumentales, des canaux, des barrages. Mais tous ces croquis étaient absurdes, ils ne rimaient à rien. Je savais que je ne jouais pas dans ma catégorie (je ne suis pas ingénieur !), mais je sentais Swamiji qui m'observait, impatient, et me jugeait. Finalement, je renonçai. Aucune de mes inventions n'était assez intelligente ou puissante pour empêcher ces vagues de se briser.

C'est à ce moment-là que j'entendis Swamiji éclater de rire. Je levai les yeux vers ce minuscule Indien en robe orange. Il était littéralement plié en deux, en train de pleurer d'hilarité.

« Dis-moi, chère petite, me disait-il alors en me désignant l'océan colossal, puissant, infini, tumultueux. Dis-moi donc comment, exactement, *tu* comptais t'y prendre pour arrêter *ça* ? »

47

Voilà maintenant deux nuits d'affilée que je rêve qu'un serpent pénètre dans ma chambre. J'ai lu qu'il s'agissait d'un auspice spirituel (et pas seulement dans les religions orientales ; saint Ignace a eu des visions de serpents tout au long de ses expériences mystiques), mais cela ne rend en rien les serpents moins saisissants ou effrayants. Je me suis réveillée en nage. Et ce n'est pas tout : une fois réveillée, mon esprit m'a prise en traître, et m'a de nouveau précipitée dans un accès de panique tel que je n'en avais plus connu depuis les pires moments de mon divorce. Mes pensées me ramènent sans cesse à la faillite de mon mariage, et à toute la honte, toute la colère qu'elle a instillées en moi. Pire : me revoilà en train de m'appesantir sur ma relation avec David. Je me dispute avec lui dans ma tête, je sors de mes gonds, je me sens écrasée de solitude et je repense à tout ce qu'il a pu me dire, ou me faire, de blessant. De plus, je ne peux chasser de mon esprit tous ces épisodes de bonheur que nous avons connus ensemble, toute la folle excitation qui accompagnait les bons moments. J'ai un mal fou à me retenir de sauter du lit pour aller l'appeler d'Inde au milieu de la nuit et… lui raccrocher au nez, probablement. Ou le supplier de recommencer à m'aimer. Ou lui énumérer, dans un acte d'accusation d'une impitoyable férocité, tous ses défauts de caractère.

Pourquoi est-ce que tout ça resurgit maintenant ?

Je sais bien ce qu'ils me diraient, tous les anciens de cet ashram – c'est parfaitement *normal*, tout le monde *en passe par là*, ces séances de méditation intensive font tout *remonter*, je suis juste en train de faire le ménage, de me débarrasser de tous mes *démons* résiduels… Mais je suis à cran et c'est insoutenable. Que les gens me fichent la paix avec leurs *théories* hippies. Je vois bien que tout sort, merci beaucoup. Ça sort comme du *vomi*.

Je réussis tout de même à me rendormir, petite veinarde que je suis, et je fais un autre rêve. Dans ce rêve-là, point de serpent cette fois, mais un grand chien découplé et méchant qui me poursuit et me dit : « Je vais te tuer. Je vais te tuer, et te dévorer. »

Je me réveille en larmes, toute tremblante. Répugnant à déranger mes compagnes de chambre, je gagne la salle de bains. La salle de bains, toujours la salle de bains ! Que le ciel me vienne en aide – me revoilà une fois de plus dans une salle de bains, une fois encore au milieu de la nuit, en train de pleurer affalée par terre, à m'arracher le cœur à force de solitude. Ô monde de froideur – j'en ai tellement marre de toi et de toutes tes horribles salles de bains !

Voyant que les larmes ne tarissent pas, je vais chercher un carnet et un stylo (dernier refuge d'une roublarde) puis me rassieds à côté des toilettes. J'ouvre le carnet à une page vierge et je griffonne ma supplique, désormais familière, de désespoir :

J'ai besoin de ton aide.

Suit une longue exhalaison de soulagement tandis que, de ma propre écriture, mon indéfectible ami (mais *qui* est-il ?), dans sa grande loyauté, vient à mon secours :

Je suis là. Tout va bien. Je t'aime. Jamais je ne t'abandonnerai…

48

La méditation du lendemain matin est un désastre. Au désespoir, je supplie mon esprit de bien vouloir s'écarter pour me laisser trouver Dieu, mais il prend le dessus avec une force inflexible. « *Jamais* je ne te laisserai me battre froid », m'assène-t-il.

Tout au long de la journée, je suis tellement écumante de rage que je crains pour la vie de tous ceux qui croisent ma route. Je m'énerve après cette pauvre Allemande parce qu'elle ne parle pas bien anglais et ne pige pas mes indications pour se rendre à la bibliothèque. J'ai tellement honte de ma fureur que je pars me cacher et pleurer (rebelote!) dans une salle de bains, et là, je retourne ma rage contre moi lorsque je me remémore le conseil de mon guru qui dit que quand on cède une fois à l'effondrement, cela devient vite une habitude… Mais qu'en sait-*elle*? Elle est *illuminée*. Elle ne peut pas m'aider. Elle ne *me* comprend pas.

Je ne supporte pas qu'on m'adresse la parole. Je ne peux tolérer pour l'instant aucun visage. Je trouve même le moyen d'esquiver Richard du Texas pendant un petit moment, mais il finit par me retrouver au dîner et il s'assied – l'intrépide – dans les fumées noires de mon dégoût de soi.

« C'est quoi qui t'a mise en boule? s'enquiert-il d'une voix aux intonations chantantes, un cure-dent planté dans la bouche, comme d'habitude.

– Laisse tomber », réponds-je. Mais je n'ai pas plutôt dit ça que je commence à tout lui raconter par le menu. « Et le pire de tout, c'est que je n'arrive pas à chasser David de mon esprit. Je croyais m'en être détachée, mais ça recommence, je conclus.

– Accorde-toi six mois de plus, et tu te sentiras mieux.

– Je m'en suis déjà accordé douze, Richard.

– Eh bien, donne-t'en six de plus. Et six encore si besoin est, jusqu'à ce que ça passe. Ce genre de trucs, ça prend du temps. »

J'exhale une bouffée brûlante par les narines, comme un taureau.

« Supérette, écoute-moi. Un jour, tu te retourneras et verras que ce moment de ta vie était une douce période d'affliction. Tu verras que tu étais en deuil, que tu avais le cœur brisé, et que tu te trouvais au meilleur endroit qui soit au monde en ces circonstances – dans un magnifique lieu de dévotion, nimbé de grâce. Profite de ce moment, profite de chaque minute. Laisse les choses se dénouer d'elles-mêmes, ici, en Inde.

— Mais je l'aimais vraiment.

— La belle affaire. Tu es tombée amoureuse de quelqu'un. Tu ne vois donc pas ce qui s'est passé ? Ce type a touché dans ton cœur un endroit profondément enfoui, et auquel tu ne soupçonnais pas avoir accès un jour. Tu vois, petite, tu t'es fait *écraser*, comme un vulgaire fichier informatique. Mais cet amour que tu as éprouvé, ce n'est que le début. Tu n'as eu qu'un avant-goût de l'amour. C'était un petit amour de rien du tout, mortel, limité. Attends de voir quelle profondeur ton amour peut atteindre. Nom d'un chien, Supérette – tu as la capacité d'aimer un jour le monde dans sa totalité. C'est ton destin. Ne te marre pas.

— Je ne me marre pas. » En fait, j'étais en train de pleurer. « S'il te plaît, ne te fiche pas de moi – mais tu vois, je crois que si j'ai tant de mal à oublier ce type, c'est parce que je croyais sérieusement que David était mon âme sœur.

— Il l'était, probablement. Ton problème, c'est que tu ne comprends pas la signification de ces mots. Les gens pensent qu'une âme sœur est leur association parfaite, et tout le monde lui court après. En fait, l'âme sœur, la vraie, est un miroir, c'est la personne qui te montre tout ce qui t'entrave, qui t'amène à te contempler toi-même afin que tu puisses changer des choses dans ta vie. Une vraie âme sœur est probablement la personne la plus importante que tu rencontreras jamais, parce qu'elle abat tes murs et te réveille d'une claque. Mais passer sa vie avec une âme sœur ? Quelle idée ! Trop douloureux. L'âme sœur, elle ne débarque dans ta vie que pour te révéler une autre strate de toi-même, et ensuite, elle se casse. Dieu merci. Ton problème, c'est que tu n'arrives pas à laisser celle-là s'en aller.

C'est fini, Supérette. La raison d'être de ta rencontre avec David, c'était de te secouer, de te faire quitter ce qu'il te fallait quitter, de t'écorcher un peu l'ego, de te montrer ce sur quoi tu buttes et ce dont tu es dépendante, de te briser grand le cœur afin qu'une nouvelle lumière puisse y pénétrer, de t'acculer à un désespoir et une perte de contrôle tels que tu étais *obligée* de transformer ta vie, puis de t'introduire auprès de ton maître spirituel et de *mettre les voiles*. C'était ça, son boulot, et il l'a super bien fait, mais là, c'est terminé. Le problème, c'est que tu n'arrives pas à accepter que cette relation était éphémère. Tu es comme un chien dans une décharge, bébé – tu t'obstines à lécher une boîte de conserve vide, à essayer d'en extraire coûte que coûte de quoi te nourrir. Et si tu n'y prends garde, cette boîte va rester coincée à jamais sur ton museau et rendre ta vie misérable. Alors, lâche-la.

— Mais je l'aime.

— Eh bien, aime-le.

— Mais il me manque.

— Eh bien qu'il te manque ! Envoie-lui de l'amour et de la lumière chaque fois que tu penses à lui, et ensuite, passe à autre chose. Tu as juste peur de laisser filer les dernières miettes de David parce que, alors, tu seras seule pour de bon, et que Liz Gilbert est morte de trouille à l'idée de ce qui se passera si elle est vraiment seule. Mais c'est ça qu'il te faut comprendre, Supérette. Si tu libères, dans ta tête, toute cette place que tu monopolises en ce moment pour ta fixette sur ce type, tu auras un vide, là, une ouverture – une porte. Et devine un peu ce que l'univers va faire de cette porte ? Il va s'y précipiter – Dieu va s'y précipiter – et te remplir de plus d'amour que tu n'en as jamais rêvé. Alors, arrête de te servir de David pour bloquer cette porte. Lâche prise.

233

– Mais j'aimerais que David et moi ne puissions…

– Tu vois, me coupe-t-il, c'est ça ton problème. Tu n'es jamais satisfaite de ce que tu as. Il va falloir que tu arrêtes de vouloir bomber le torse là où devrait se trouver ta colonne vertébrale. »

Cette repartie m'arrache mon premier éclat de rire de la journée.

Puis je demande à Richard : « Et combien de temps ça va me prendre d'en finir avec ce deuil ?

– Tu veux une date précise ?

– Oui.

– Une date que tu puisses entourer sur ton calendrier ?

– Oui.

– Laisse-moi te dire un truc, Supérette. Tu as un sérieux problème : tu veux tout régenter. »

Cette déclaration me met dans une rage qui me consume comme un feu. *Je veux tout régenter ? Moi ?* J'envisage très sérieusement de gifler Richard pour cette insulte. Et puis, des abysses grondants de mon indignation émerge la vérité. La vérité immédiate, évidente, risible.

Il a entièrement raison.

Le feu s'évanouit en moi, aussi vite qu'il s'est embrasé.

« Tu as entièrement raison.

– Je *sais* que j'ai raison, bébé. Écoute, tu es une femme forte, et tu es habituée à obtenir ce que tu veux de la vie. Or, avec tes dernières relations sentimentales, tu n'as pas obtenu ce que tu voulais, et ça, ça t'a coincée de partout. Ton mari ne s'est pas comporté comme tu souhaitais qu'il se comporte, pas plus que David. Pour une fois, la vie n'en a fait qu'à sa tête. Et rien n'énerve plus quelqu'un qui veut tout régenter que la vie qui n'en fait qu'à sa tête.

234

– Arrête de me dire que je veux tout régenter.

– Mais tu as un problème avec *ça*, Supérette. Allons ! Personne ne te l'a jamais dit avant moi ? »

(Euh… *si*. Mais le truc, quand on divorce, c'est qu'au bout d'un moment, on fait plus ou moins la sourde oreille à toutes les vacheries que l'autre vous assène.)

Je me secoue donc et j'admets. « Bon d'accord, tu as probablement raison. Il se peut que j'aie tendance à vouloir tout régenter. Mais ce que je trouve bizarre, c'est que tu l'aies remarqué. Parce que je ne pense pas que ça saute aux yeux… Je parie que la plupart des gens que je rencontre ne remarquent pas que j'ai un problème avec ça au premier coup d'œil. »

Richard du Texas rit si fort qu'il manque d'en lâcher son cure-dent.

« Tu es sérieuse ? Mais, ma chérie, même Ray Charles pourrait voir que tu as un problème avec ça !

– Bon, je crois que cette conversation a assez duré, merci.

– Va falloir que tu apprennes à lâcher du lest, Supérette. Tu vas te rendre malade, sinon. Tu ne dormiras jamais plus sur tes deux oreilles. Tu passeras tes nuits à te tourner et te retourner dans tous les sens, en te maudissant de provoquer un tel fiasco dans ta vie. *Qu'est-ce qui déconne chez moi ? D'où vient le fait que je bousille toutes mes relations ? Pourquoi suis-je une telle ratée ?* Attends, laisse-moi deviner : je parie que c'est à ça que tu as passé la nuit dernière.

– Bon, Richard, ça suffit. Je ne veux plus que tu viennes rôder dans ma tête.

– Ferme la porte, en ce cas », me rétorque mon grand yogi texan.

49

Entre neuf et dix ans, j'ai traversé une authentique crise existentielle. Ça semble peut-être un peu jeune pour ce genre d'expérience, mais j'ai toujours été une enfant précoce. Cela s'est passé en été, pendant les vacances qui ont précédé mon entrée en CM2. J'allais avoir dix ans en juillet, et quelque chose dans cette transition de neuf à dix – dans le fait de passer d'un chiffre à un nombre – m'a plongée dans une vraie panique existentielle, d'ordinaire réservée à ceux qui vont fêter leur demi-siècle. Je me souviens d'avoir pensé que ma vie défilait effroyablement vite. La veille encore, me semblait-il, j'étais en maternelle, et là, j'allais avoir dix ans. Bientôt, ce serait l'adolescence, puis la maturité, puis la vieillesse, puis la mort. Et tout le monde autour de moi vieillissait également à vitesse grand V. Tout le monde allait bientôt mourir. Mes parents allaient mourir. Mes amis allaient mourir. Mon chat allait mourir. Ma sœur aînée entrerait bientôt au *lycée*; je me souvenais d'elle, comme si c'était hier, avec ses chaussettes aux genoux, terminant sa troisième, et elle allait entrer au *lycée*? À l'évidence, elle serait morte sous peu. À quoi bon tout ça?

Le plus étrange, dans cette crise, c'est que rien de particulier ne l'avait suscitée. Aucun ami ni parent n'avait disparu, me donnant un premier contact avec la mort, pas plus que je n'avais lu ou vu quoi que ce soit de particulier à ce sujet. Je n'avais même pas encore lu *Le Petit Monde de Charlotte*. Cette panique qui s'est emparée de moi à dix ans n'était rien moins qu'une prise de conscience spontanée et entière de la marche inéluctable vers la mort, et je ne disposais d'aucun vocabulaire spirituel pour m'aider à me défaire de cette pensée. Nous étions protestants, et même pas pratiquants. Nous ne récitions l'action de grâces qu'à Noël et à Thanksgiving, et ne fréquentions que sporadiquement le temple. Le dimanche matin, mon père préférait rester à la maison, où les travaux de la ferme lui tenaient lieu de pratique de dévotion. Je chantais dans la chorale parce que j'aimais chanter ; ma ravissante sœur incarnait l'ange dans le spectacle de Noël. Ma mère se servait du temple comme d'un quartier général où organiser les travaux bénévoles d'entraide à la communauté. Et puis, même dans ce temple, je ne me souviens pas qu'il y ait été beaucoup question de Dieu. Nous vivions en Nouvelle-Angleterre, après tout, et Dieu est un mot qui a tendance à rendre les Yankees nerveux.

J'étais submergée par un sentiment d'impuissance. J'aurais voulu pouvoir tirer un énorme frein d'urgence, comme ceux que j'avais observés sur les rames du métro new-yorkais lors de notre voyage de classe, afin d'enrayer la course de l'univers. Je voulais réclamer une pause, exiger que tout le monde s'arrête jusqu'à ce que j'aie la possibilité de tout comprendre. Je suppose que cette envie irrépressible d'obliger l'univers à s'arrêter net jusqu'à ce que j'aie pu me ressaisir marque la naissance de ce que mon cher ami Richard du Texas appelle ma tendance à vouloir tout régenter. Naturellement, mes efforts et mon inquiétude sont restés vains. Plus je scrutais le temps qui passe, plus celui-ci filait, et cet été-là est passé si vite que j'en avais mal à la tête. Je me souviens que chaque soir, je songeais : « Encore un autre jour de passé », puis éclatais en sanglots.

Un de mes amis de lycée, Rob, travaille aujourd'hui avec des handicapés mentaux, et il dit que ses patients atteints d'autisme ont une conscience particulièrement poignante du passage du temps, comme s'il leur manquait ce filtre psychique qui nous permet, à nous autres, d'oublier parfois que nous sommes mortels pour savourer la vie. Un des patients de Rob lui demande chaque matin la date et, à la fin de la journée, il lui redemande : « Rob, quand est-ce qu'on sera de nouveau le 4 février ? » Et sans laisser à Rob le temps de répondre, le type secoue la tête et dit : « Je sais, je sais, laisse tomber… Pas avant *l'année prochaine*, pas vrai ? »

Je ne connais que trop intimement ce sentiment. Je connais ce douloureux désir de vouloir surseoir au dénouement d'un autre 4 février. La tristesse qu'il fait naître est l'une des grandes épreuves de l'expérience humaine. Pour ce que nous en savons, nous sommes la seule espèce sur la planète qui s'est vu gratifier – ou accabler – de la conscience de sa mortalité. Tout ce qui vit sur terre finit, un jour ou l'autre, par mourir ; simplement, nous seuls, petits veinards que nous sommes, avons le loisir d'y penser chaque jour. Comment faire face à cette information ? À neuf ans, elle me laissait désemparée, je ne savais que pleurer. Plus tard, avec les années, ma conscience suraiguë de la course effrénée du temps m'a incitée à profiter de la vie pied collé au plancher. S'il était dit que mon séjour sur terre serait de si courte durée, je devais faire tout mon possible pour ne pas en gaspiller une minute. D'où tous ces voyages, toutes ces histoires d'amour, toute cette ambition, toutes ces assiettes de pâtes. Ma sœur avait une amie qui a longtemps cru que Catherine avait plusieurs sœurs cadettes, à force d'entendre parler de la sœur qui était en Afrique, de la sœur qui travaillait dans un ranch dans le Wyoming, de la sœur qui était serveuse dans un bar à New York, de la sœur qui écrivait un livre, de la sœur qui allait se marier – il ne pouvait pas s'agir de la même personne, n'est-ce pas ? Effectivement, si j'avais pu me scinder en plusieurs Liz Gilbert, je l'aurais fait volontiers, afin de ne pas louper un seul moment de vie.

Mais qu'est-ce que je raconte ? Je me suis bel et bien dissociée en plusieurs Liz Gilbert, qui se sont toutes simultanément effondrées d'épuisement sur le carrelage d'une salle de bains, une nuit, dans une banlieue new-yorkaise, vers la trentaine.

Je suis consciente, dois-je préciser ici, que tout le monde ne traverse pas ce genre de crise existentielle. Certains d'entre nous sont équipés de l'antenne qui leur permet de capter l'angoisse de la mort, tandis que d'autres donnent l'impression d'être bien plus sereins face à cette idée. Il se rencontre en ce monde des tas de gens apathiques, bien sûr, mais aussi quelques personnes qui paraissent capables d'accepter de bonne grâce les termes selon lesquels l'univers fonctionne et qui, en toute sincérité, ne semblent nullement dérangés par ses paradoxes et ses injustices. J'ai une amie à qui sa grand-mère disait toujours : « Aucun problème en ce monde n'est si grave qu'il ne puisse être résolu par un bain chaud, un verre de bourbon et un missel. » Pour quelques personnes, ça suffit vraiment. Pour d'autres, il faut des mesures bien plus drastiques.

À présent, je vais vous parler de mon ami fermier qui élève des vaches laitières en Irlande – à première vue, le genre de personnage qu'il est plus qu'improbable de croiser dans un ashram. Mais Sean est, comme moi, de ces êtres qui, de naissance, sont démangés, tenaillés, harcelés par ce désir de comprendre le fonctionnement de l'univers. Sa petite paroisse du comté de Cork ne pouvant vraisemblablement pas fournir de réponses à ses questions, il a quitté sa ferme dans les années 80 pour voyager en Inde, et chercher la paix intérieure par la pratique du yoga. Au bout de quelques années, il est rentré chez lui, en Irlande, dans sa ferme. Il était assis dans la cuisine de la vieille bâtisse en pierre, avec son père – un homme taciturne, qui avait toujours été fermier – auquel il racontait toutes les découvertes spirituelles qu'il avait faites en Extrême-Orient. Son père ne lui prêtait qu'une oreille distraite et observait les flammes dans l'âtre en tirant sur sa pipe. Il s'est tenu coi, jusqu'à ce que Sean dise : « P'pa – ce truc, là, la méditation, c'est crucial pour t'enseigner la sérénité. Ça peut vraiment te sauver la vie. Ça t'apprend à apaiser ton esprit. »

Son père s'est tourné vers lui et lui a répondu, gentiment : « J'ai *déjà* l'esprit apaisé, fiston », avant de contempler à nouveau le feu.

Mais ce n'est pas mon cas, pas plus que celui de Sean. Nous sommes nombreux à regarder les flammes dans l'âtre et à ne voir que les fournaises de l'enfer. Il me faut activement apprendre ce que le père de Sean, apparemment, sait de naissance – comment, comme l'a écrit Walt Whitman, se tenir « toujours à l'écart de la mêlée », être celui qui « regarde d'un air amusé, éprouve de la connivence, de la compassion, ne fait rien, se solidarise… À la fois dans le jeu et hors du jeu, simultanément, qu'il contemple avec stupeur[*] » ; mais au lieu d'être amusée, je ne suis qu'angoissée. Au lieu de contempler, je passe mon temps à mener des investigations, à me mêler de tout. L'autre jour, pendant la prière, j'ai dit à Dieu : « Écoute. Je comprends qu'une vie qui n'est pas examinée ne vaut pas la peine d'être vécue, mais penses-tu qu'un jour, je pourrai *déjeuner* sans examiner mon repas ? »

La tradition bouddhiste rapporte les instants qui ont suivi l'illumination de Bouddha. Quand – après trente-neuf jours de méditation – le voile de l'illusion tomba enfin, et que le fonctionnement de l'univers

---

[*] Whitman, Walt, « Chanson de moi-même », in *Feuilles d'herbe*, Paris, Gallimard, 2002, traduction de Jacques Darras.

se révéla dans sa vérité au vénérable maître, celui-ci rouvrit immédiatement les yeux et dit : « Ceci ne peut être enseigné. » Mais par la suite, il changea d'avis et décida que finalement, il allait tenter d'apprendre la pratique de la méditation à une petite poignée d'élèves. Il savait que ses enseignements ne serviraient (ou n'intéresseraient) qu'un maigre pourcentage de gens. Dans leur grande majorité, dit-il, les hommes ont les yeux tellement obstrués par la poussière de l'illusion qu'ils ne verront jamais la vérité, qui que soit celui qui essaie de les aider. Quelques rares autres personnes (comme le père de Sean, peut-être) sont déjà si naturellement clairvoyantes et sereines qu'elles n'ont besoin d'aucune instruction ni d'assistance. Mais reste ceux dont les yeux ne sont que légèrement obstrués par la poussière, et qui pourraient, avec l'aide du bon maître, apprendre un jour à y voir plus clairement. Bouddha décida qu'il deviendrait un maître pour le bénéfice de cette minorité.

J'espère vivement que je suis au nombre de ceux dont les yeux ne sont que moyennement obstrués par la poussière, mais je n'en sais trop rien. Je sais seulement que j'ai été incitée à trouver la paix intérieure par des méthodes qui pourront sembler un peu drastiques aux non-spécialistes. (Par exemple, quand, à New York, j'ai annoncé à un ami que je partais en Inde vivre dans un ashram et entamer une quête spirituelle, il a soupiré : « Ah, il y a une part de moi qui aimerait *tant* faire ça… Mais franchement, ça ne m'inspire pas l'ombre d'un désir. ») Je ne sais pas si j'ai vraiment le choix, cela dit. Cette recherche effrénée, tous azimuts du contentement que je mène depuis tant d'années, toutes ces acquisitions, tous ces accomplissements, ça finit par décharger vos batteries. La vie, quand on s'acharne à la poursuivre, conduit à la mort. Et le temps, s'il se sent pourchassé comme un bandit, se comportera comme tel. Il aura toujours un comté ou une pièce d'avance sur nous, il changera de nom et de couleur de cheveux pour nous échapper, et pendant qu'on fera du potin à la réception avec notre tout dernier mandat de perquisition, il filera du motel par la porte de derrière, en laissant dans le cendrier une cigarette en train de se consumer, juste pour nous narguer. À un moment donné, nous sommes contraints de nous arrêter : *on ne le rattrapera pas*. Il nous faut admettre qu'on ne pourra pas le rattraper. Qu'on n'est pas supposé le faire. À un moment donné, comme Richard ne cesse de me le seriner, on va devoir lâcher prise, s'asseoir, ne plus bouger, et laisser la satisfaction venir à *nous*.

Lâcher prise, naturellement, est une entreprise effrayante pour ceux d'entre nous qui croient que le monde ne tourne que parce qu'il est doté en son sommet d'une manivelle que nous actionnons, en personne, et que, si jamais nous lâchions cette manivelle ne serait-ce qu'un instant, eh bien ce serait la fin de l'univers. *Essaie pourtant de la lâcher, Supérette*. C'est le message que je reçois. Assieds-toi tranquillement et arrête de vouloir sans cesse participer. Observe ce qui se passe. Les oiseaux ne tombent pas du ciel foudroyés en plein vol, après tout. Les arbres ne se vident pas de leur sève et ne s'étiolent pas. Nulle effusion de sang ne vient rougir l'eau des rivières. La vie continue d'aller de l'avant. Même la poste italienne va poursuivre son petit train-train clopin-clopant, sans toi – d'où te vient cette certitude que ton micromanagement de chaque instant est à ce point indispensable à la bonne marche globale de ce monde ? Pourquoi ne lui lâches-tu pas les baskets ?

J'entends cet argument, et il me plaît. Je crois à sa pertinence, intellectuellement. J'y crois vraiment. Mais je me demande – compte tenu de toutes mes aspirations qui ne font jamais relâche, de ma ferveur surexcitée et de ma nature toujours affamée – à quoi je vais bien pouvoir employer mon énergie, à la place.

Cette réponse arrive, également :

Cherche Dieu, suggère mon guru. *Cherche Dieu comme un homme dont la tête est en feu cherche l'eau.*

50

Le lendemain matin, en méditation, toutes mes vieilles pensées haineuses et corrosives sont de retour. Je commence à voir en elles d'exaspérants agents de télémarketing qui ont le chic pour appeler aux moments les plus inopportuns. Ce que j'ai très peur de découvrir, dans la méditation, est qu'en fait, tout bien considéré, mon esprit n'a rien d'un lieu intéressant. En réalité, je ne pense qu'à quelques trucs, en boucle. Je crois que le terme consacré est « ressasser ». Je ressasse mon divorce, la souffrance que m'a infligée ma vie conjugale, toutes les erreurs que j'ai commises, toutes les erreurs que mon mari a commises, puis – ce sujet sombre étant au point de non-retour – je commence à ressasser mon histoire avec David…

Ce qui devient gênant, pour être franche. Imaginez – je suis ici, dans ce lieu sacré d'étude, au beau milieu de l'Inde, et je n'arrive à penser à rien d'autre qu'à mon *ex-petit ami*. Qui suis-je ? Une gamine de quatrième ?

De fil en aiguille, je me remémore une histoire que m'a racontée un jour mon amie Deborah, la psychologue. Dans les années 80, la municipalité de Philadelphie lui a demandé si elle pouvait offrir un sou-

243

tien psychologique bénévole à un groupe de réfugiés cambodgiens – des *boat people* – qui venaient d'arriver en ville. Deborah est une psychologue exceptionnelle, mais elle se sentait affreusement découragée par avance. Ces Cambodgiens avaient enduré les pires souffrances que des êtres humains peuvent infliger à leurs semblables – génocide, viol, torture, famine, massacre de leur famille sous leurs yeux, puis de longues années d'internement dans des camps et de périlleuses traversées à destination de l'Occident, auxquelles certains n'ont pas survécu, et dont les corps sont allés nourrir les requins – qu'est-ce que Deborah pouvait offrir à ces gens en termes d'aide ? Comment pouvait-elle comprendre leur souffrance ?

« Eh bien, tu ne devineras jamais de quoi tous ces gens voulaient parler, une fois qu'ils pouvaient consulter un psychologue… », m'avait-elle dit.

Tout tournait autour d'histoires telles que : « J'ai rencontré ce type quand je vivais au camp de réfugiés, et on est tombés amoureux. Je pensais qu'il m'aimait vraiment, mais ensuite, nous avons été séparés et embarqués sur des bateaux différents, et il s'est mis avec ma cousine. Aujourd'hui, il l'a épousée, mais il dit que c'est moi qu'il aime, et il n'arrête pas de m'appeler, et je sais que je devrais l'envoyer au diable, mais je l'aime encore, et je n'arrive pas à cesser de penser à lui. Et je ne sais pas quoi faire… »

Ainsi sommes-nous faits. Collectivement, en tant qu'espèce, c'est là notre paysage émotionnel. J'ai rencontré un jour une vieille dame presque centenaire qui m'a dit : « Tout au long de l'histoire, seules deux questions ont amené les êtres humains à s'entre-tuer : *Jusqu'à quel point m'aimes-tu ?* Et : *Qui commande ?* Tout le reste, on finit toujours par s'en défaire d'une manière ou d'une autre. Mais ces deux questions-là

244

nous détruisent tous, nous font commettre des erreurs et engendrent des guerres, du chagrin, de la souffrance. Et malheureusement (ou peut-être devrais-je dire évidemment) ce sont les deux questions avec lesquelles je me débats dans cet ashram. Une fois que je suis installée dans ma posture et dans mon silence, et que je contemple mon esprit, seules émergent des questions relatives aux désirs qui me rongent et à mon besoin de tout contrôler, et ce sont ces questions qui me perturbent et m'empêchent de progresser.

Quand j'ai essayé ce matin, après une heure environ de pensées misérables, de me replonger dans ma méditation, j'ai emporté une nouvelle idée avec moi : la compassion. J'ai demandé à mon cœur de bien vouloir insuffler à mon âme un point de vue plus généreux sur le fonctionnement de mon esprit. Au lieu de me voir comme une ratée, ne pourrais-je pas accepter que je ne suis qu'un être humain – et normal, qui plus est ? Mais les mêmes pensées que d'habitude se sont présentées – bon, d'accord, on va faire avec… – puis les émotions qui vont de pair ont fait surface à leur tour. Je commençais à me laisser gagner par la frustration, à sentir que je m'érigeais en juge de moi-même, à me sentir la proie de la solitude, de la colère, quand une réponse véhémente a jailli des cavités les plus profondes de mon cœur, et je me suis dit : *Je ne te jugerai* pas *pour ces pensées.*

Mon esprit a tenté de protester : « Ouais, mais tu es vraiment trop nulle, ta vie est un fiasco total, tu n'arriveras jamais à rien… »

Mais brusquement on aurait dit qu'un lion rugissait de l'intérieur de ma poitrine pour étouffer tout ce baratin. Une voix, qui ne ressemblait à rien de ce que j'avais pu entendre auparavant, a tonné en moi et résonné avec une telle puissance que j'ai collé une main sur mes lèvres de crainte que, si j'ouvrais la bouche et libérait ce son, il puisse ébranler les fondations des constructions jusqu'à Detroit.

Ce rugissement disait : « TU N'IMAGINES PAS LA FORCE DE MON AMOUR ! »

Les pensées négatives qui jacassaient dans mon esprit se sont dispersées, soufflées par cette affirmation, et comme détalent les oiseaux, les lièvres et les antilopes, elles se sont carapatées, terrorisées. Le silence a suivi. Un silence intense, vibrant, intimidant. Le lion, dans la savane géante de mon cœur, a embrassé d'un regard satisfait son royaume rendu à cette quiétude toute neuve. Il s'est pourléché les babines, il a fermé ses yeux d'ambre et s'est rendormi.

Et là, dans ce majestueux silence, j'ai enfin commencé à méditer sur (et avec) Dieu.

51

Richard du Texas a quelques adorables marottes. Chaque fois qu'il me croise dans l'ashram et devine, à mon air distrait, que mes pensées sont à des milliers de kilomètres de là, il s'enquiert : « Comment va David ? »

À quoi je réponds toujours : « Mêle-toi de tes oignons. Tu ignores ce à quoi je pense, mon petit monsieur. »

Mais bien entendu, il met dans le mille chaque fois.

Une autre de ses marottes consiste à m'attendre à ma sortie de la salle de méditation parce qu'il aime bien contempler mon air perdu et ahuri lorsque je m'en extrais. L'air de quelqu'un qui se serait débattu avec des alligators et des fantômes. Richard dit que jamais il n'a vu quelqu'un batailler aussi farouchement contre lui-même. *Ça*, je n'en sais rien, mais c'est vrai que ce qui se passe en moi dans la pénombre de la salle de méditation peut devenir drôlement intense. Les expériences les plus violentes se produisent quand je déstocke quelques-unes de mes dernières appréhensions, et laisse une véritable turbine d'énergie se déchaîner le long de mon épine dorsale. Cela m'amuse aujourd'hui d'avoir pu un jour rejeter tout ce qui a trait à la *kundalinî shakti* en taxant ça de mythe. Quand cette énergie déferle à travers moi, elle gronde comme un moteur Diesel en première, et ne requiert de moi rien d'autre que cette chose toute simple – *Aurais-tu la gentillesse de te retrousser, de manière à placer tes poumons, ton cœur, ton foie, tes reins à l'extérieur, et la totalité de l'univers à l'intérieur de toi ? Et pourrais-tu faire pareil avec tes émotions ?* Le temps se distord entièrement dans cet espace tout parcouru de vibrations ; je suis emportée – engourdie, abasourdie, étourdie – vers toutes sortes de mondes ; j'expérimente l'intensité de chaque sensation : le feu, le froid, la haine, le désir, la crainte… Quand tout se termine, j'oscille sur mes jambes et émerge, chancelante, dans la lumière du jour, tenaillée par une faim de loup, une soif atroce, et plus excitée qu'un marin après trois mois en mer. Richard est généralement là à m'attendre, le rire prêt à fuser. Quand il voit mon visage déconcerté et épuisé, il me taquine, toujours avec la même phrase : « Crois-tu que tu arriveras un jour à quelque chose, Supérette ? »

Mais ce matin, après que j'ai entendu le lion rugir « TU N'IMAGINES PAS LA FORCE DE MON AMOUR ! », j'ai émergé de la cave de méditation telle une reine guerrière. Richard n'a même pas eu le temps de me demander si je pensais arriver un jour à quelque chose dans cette vie que je l'ai regardé, dans les yeux, et je lui ai dit : « C'est déjà fait, mon bon monsieur.

– Mais regarde-toi ! Il faut fêter ça. Allez, viens, petite – je t'emmène en ville et je t'offre un Thumbs-Up. »

Le Thumbs-Up est un soda indien, une sorte de Coca-Cola, mais avec neuf fois plus de sirop de maïs et une triple dose de caféine. Et je ne serais pas étonnée d'apprendre que ça renferme aussi des amphétamines. Ça me fait voir double. Plusieurs fois par semaine, Richard et moi allons nous balader en ville et partageons une petite bouteille de Thumbs-Up – une expérience qui tranche radicalement avec la nourriture végétarienne et saine de l'ashram – en veillant soigneusement à ne jamais toucher des lèvres le goulot. En matière de voyage en Inde, Richard a une règle très sensée : « Ne touche rien ni personne d'autre que toi-même. » (Eh oui, c'était là encore un titre pressenti pour ce livre.)

Nous avons nos lieux de prédilection, en ville. Nous nous arrêtons toujours présenter nos respects au temple, et saluer M. Panicar, le tailleur, qui chaque fois nous serre la main en disant : « Heureux de vous rencontrer ! » Nous observons les vaches profiter de leur statut sacré pour déambuler où bon leur semble. (Franchement, je trouve qu'elles abusent de ce privilège, avec leur manie de s'étendre au beau milieu de la route, juste pour bien insister sur le fait qu'elles sont sacrées.) Nous regardons les chiens se gratter l'oreille comme s'ils se demandaient ce qu'ils ont bien pu faire dans une vie antérieure pour se retrouver à croupir dans ce patelin. Nous contemplons les femmes qui entretiennent la route, cassent des pierres sous le soleil de plomb à grands coups de marteaux de forgeron, pieds nus, saisissantes de beauté dans leurs saris aux couleurs de pierres précieuses, avec leurs colliers et leurs bracelets. Elles nous adressent des sourires étincelants que je trouve totalement incompréhensibles – comment peuvent-elles être heureuses d'accomplir un labeur aussi pénible dans des conditions aussi extrêmes ? Pourquoi aucune d'elles ne s'évanouit puis trépasse après un quart d'heure passé à manier ces masses sous cette chaleur bouillante ? Je soumets ma question à M. Panicar, le tailleur, qui me répond que c'est comme ça, que dans cette contrée du globe, les gens sont venus au monde pour accomplir ce genre de dur labeur, qu'ils n'ont jamais connu que ça.

« Et puis, ajoute-t-il avec indifférence, on ne vit pas vieux dans le coin. »

Ce village est pauvre, il va sans dire, mais nullement acculé à la misère selon les critères du subcontinent. La présence (et la philanthropie) de l'ashram et les quelques devises occidentales qui circulent dans les parages font une différence de poids. Ce n'est pas qu'il y ait grand-chose à acheter par ici, mais Richard et moi aimons bien flâner dans les échoppes qui vendent des perles et des statuettes. Il y a là quelques Cachemiris – des commerçants très habiles, c'est le moins qu'on puisse dire – qui essaient toujours de nous refourguer leur camelote. Aujourd'hui, l'un d'eux m'a poursuivie avec insistance. « Madame n'aimerait-elle pas acheter un beau tapis cachemiri pour sa maison ? »

Cela a fait rire Richard. Entre autres sports, il adore se moquer de mon statut de SDF.

« Économise ta salive, mon frère, a-t-il conseillé au marchand de tapis. Cette pauvre fille n'a même pas de plancher sur lequel poser un tapis.

– Peut-être madame aimerait alors une tenture à pendre au mur ? a suggéré du coup le marchand, nullement démonté.

– C'est bien là tout le problème, lui a répondu Richard. C'est qu'elle n'a plus trop de murs non plus.

– Mais j'ai le cœur brave ! me suis-je défendue.

– Et d'autres qualités en or », a ajouté Richard, qui pour une fois dans sa vie m'a fait un compliment.

52

Le plus grand obstacle auquel je me heurte à l'ashram n'est en fait pas la méditation. L'exercice est ardu, c'est certain, mais nullement atroce. Il y a ici un truc encore plus dur pour moi. Un truc qui me tue, et que nous faisons tous les matins après la méditation et avant le petit déjeuner (mon Dieu, que ces matinées sont longues !) – une psalmodie appelée la *Guru Gita*, et que Richard surnomme affectueusement la « Geet ». La Geet me pose d'énormes problèmes. Je ne l'aime pas du tout, je ne l'ai jamais aimée, et ce, dès la première fois que je l'ai entendu chanter dans un ashram, au nord de l'État de New York. J'aime tous les autres chants et hymnes de cette tradition yogique, mais la *Guru Gita*, je la trouve longue, ennuyeuse, grandiloquente, insupportable. Cette opinion n'engage que moi, évidemment ; d'autres gens disent l'adorer, même si leurs motifs m'échappent.

La *Guru Gita* se compose de cent quatre-vingt-deux vers pour chanter à cor et à cri l'amour de Dieu (et surtout à cri – en ce qui me concerne) et chaque strophe est un paragraphe de sanskrit impénétrable. Avec le préambule et les refrains qui résument ce qui a été dit dans les strophes, l'ensemble du rituel s'étale sur environ une heure et demie. Et ce, avant le petit déjeuner, rappelez-vous, et après une heure de méditation et vingt minutes à psalmodier le premier hymne de la matinée. En gros, c'est à cause de la *Guru Gita* qu'il faut se lever ici aux alentours de 3 heures du matin.

Je n'aime pas l'air, et je n'aime pas les paroles. Chaque fois que je dis ça à quelqu'un dans l'ashram, on me répond : « Oh, mais ce chant est tellement sacré ! » Certes, mais le Livre de Job lui aussi est sacré, et je ne le déclame pas pour autant tous les matins avant le petit déjeuner.

Il est vrai que la *Guru Gita* a un impressionnant lignage spirituel ; c'est un extrait d'un ancien texte yogique sacré, la *Skanda Purana*, dont la majeure partie a été perdue, et dont une infime partie a été traduite en sanskrit. À l'instar de maints textes sacrés de la tradition yogique, celui-ci est écrit sous forme de conversation, presque à la façon d'un dialogue socratique. Il s'agit d'une conversation entre la déesse Parvati et le tout-puissant Shiva qui englobe tout. Parvati et Shiva sont les incarnations divines de la nature (le féminin) et de la conscience (le masculin). Elle est la force génératrice de l'univers ; il est sa sagesse. Toute chose que Shiva imagine, Parvati lui donne vie. Ce qu'il rêve, elle le matérialise. Leur danse, leur union (leur *yoga*) est tout à la fois la cause de l'univers (ce qui le génère) et sa manifestation.

Dans la *Guru Gita*, la déesse demande au dieu de lui révéler les secrets de l'épanouissement en ce monde, et il les lui confie. Il me casse les pieds, cet hymne. J'avais espéré que mes sentiments à l'égard de la *Guru Gita* se modifieraient au cours de mon séjour à l'ashram. J'avais espéré qu'une fois replacé dans un contexte indien, j'apprendrais à l'aimer. Or, c'est tout l'inverse qui s'est produit. Au bout de quelques semaines, mes sentiments à l'égard de la *Guru Gita*, de simple antipathie, se sont mués en franche épouvante. J'ai commencé à sécher, pour consacrer mes matinées à d'autres activités que je juge plus bénéfiques à mon épanouissement spirituel –

écrire mon journal, prendre une douche, téléphoner à ma sœur en Pennsylvanie pour prendre des nouvelles de ses gosses. Quand je fais l'école buissonnière, j'ai immanquablement droit aux remontrances de Richard du Texas : « J'ai noté que tu n'étais pas à la "Geet", ce matin », me dira-t-il. Et moi, de répondre : « Je connais d'autres façons de communiquer avec Dieu. » Et lui de me rétorquer : « En faisant la grasse matinée, tu veux dire ? »

Quand je fais l'effort d'assister à la psalmodie, cela ne sert qu'à m'agiter. Physiquement, j'entends. Je n'ai pas tant l'impression de chanter que d'être traînée en remorque. Cela me fait transpirer. Ce qui est très curieux parce que j'ai un naturel frileux, et qu'en janvier, avant le lever du jour, il fait froid dans cette région de l'Inde. Tous les autres, pendant la psalmodie, se pelotonnent sous des couvertures et enfilent un bonnet pour avoir chaud, et moi, au fur et à mesure que l'hymne poursuit son bourdonnement monotone, je me découvre, couche après couche, aussi écumante qu'un cheval de trait harassé par l'effort. Et quand je sors du temple après la *Guru Gita*, la transpiration s'élève de mon corps dans l'air froid du matin comme une brume – comme une affreuse brume verte et poisseuse. Et cette réaction physique n'est rien comparée aux vagues brûlantes d'émotion qui me secouent tandis que j'essaie de chanter ce maudit truc. D'autant que je n'arrive même pas à le chanter. Je ne suis capable que de le croasser. Avec ressentiment.

Ai-je mentionné que la *Guru Gita* comporte cent quatre-vingt-deux vers ?

Donc, il y a quelques jours de ça, après une séance de psalmodie particulièrement insoutenable, j'ai décidé de prendre conseil auprès de mon maître préféré ici – un moine au nom sanskrit merveilleusement long, qui se traduit par « Celui qui habite dans le cœur du Seigneur qui habite dans son propre cœur ». Ce moine est un Américain d'une soixantaine d'années, intelligent, cultivé. Il enseignait autrefois le théâtre classique à l'université de New York, et il demeure empreint d'une vénérable dignité. Il a prononcé ses vœux monastiques il y a presque trente ans. Je l'apprécie parce qu'il s'abstient de discours amphigouriques, et pour son humour. Une fois, à un moment où je perdais les pédales à propos de David, je lui ai confié mon tourment. Il m'a écoutée avec respect et m'a donné un conseil avec toute la compassion dont il était capable, puis a ajouté : « Et maintenant, j'embrasse mes robes. » Il a soulevé un pan de ses robes safran et les a embrassées démonstrativement. Pensant que c'était là quelque coutume religieuse archi-ésotérique, je lui ai demandé le sens de ce geste. « Je fais toujours ça quand quelqu'un vient me demander un conseil de nature sentimentale, m'a-t-il répondu. Je remercie Dieu d'être moine, et de n'avoir plus à me préoccuper de ces histoires. »

Je savais donc que je pouvais compter sur lui pour me parler en toute franchise de mes problèmes avec la *Guru Gita*. Un soir après dîner, nous sommes allés nous promener dans les jardins. Je lui ai dit combien je détestais ce truc, et je lui ai demandé s'il pouvait me dispenser de le chanter à nouveau. Il est aussitôt parti d'un éclat de rire. « Vous n'êtes pas obligée de la chanter, si vous n'en avez pas envie. Personne ici ne vous forcera jamais à faire quelque chose contre votre gré.

— Mais les gens disent que c'est une pratique spirituelle essentielle.

— Ça l'est. Mais je ne vais pas vous raconter que vous irez en enfer si vous ne le faites pas. La seule chose que je vous dirai, c'est que votre guru a été très clair à ce sujet : la *Guru Gita* est LE texte essentiel de ce yoga, et sa pratique la plus importante peut-être, à côté de la méditation. Si vous séjournez à l'ashram, elle attend de vous que vous vous leviez tous les matins pour le chant.

— Ce n'est pas que ça m'embête de me lever de bonne heure…

— C'est quoi, alors ? »

J'ai expliqué au moine pourquoi j'en étais venue à redouter la *Guru Gita*, combien je la trouvais tarabiscotée.

« Waouh, s'est-il exclamé. Regardez-vous ! Le seul fait d'en parler vous déforme le corps ! »

C'était vrai. Je sentais une sueur froide et poisseuse s'accumuler sous mes aisselles. « Ne puis-je pas utiliser ce temps pour d'autres pratiques ? ai-je demandé. Il me semble parfois que si je vais dans la cave de méditation pendant la *Guru Gita*, je peux faire venir une bonne vibration pour la méditation.

— Ah… Swamiji vous aurait grondée pour ça. Il vous aurait traitée de voleuse, à vouloir ainsi vous nourrir de l'énergie de vos camarades qui travaillent dur. Écoutez — on n'est pas supposé chanter la *Guru Gita* pour s'amuser. Sa fonction est autre. C'est un texte doté de pouvoirs inimaginables. C'est une pratique puissamment purificatrice. Qui brûle et détruit tous vos déchets, toutes vos émotions négatives. Et à mon avis, si vous faites l'expérience de réactions émotionnelles et physiques aussi fortes pendant la psalmodie, c'est probablement qu'elle a un effet positif sur vous. Ce truc peut être douloureux, mais affreusement bénéfique.

— Comment conserver la motivation nécessaire pour ne pas se décourager ?

— Quelle est l'alternative ? Renoncer à chaque obstacle qui nous met au défi ? Gaspiller toute sa vie à des broutilles, et rester un être malheureux et incomplet ?

– Des broutilles ? C'est bien ce que vous venez de dire ?

– Oui. Oui, c'est bien ce que j'ai dit.

– Que devrais-je faire ?

– La décision vous appartient. Mais à mon avis – puisque vous me le demandez –, vous devriez-vous astreindre à chanter la *Guru Gita* tant que vous êtes ici, *et ce d'autant plus* qu'elle provoque chez vous une réaction aussi extrême. Quand quelque chose vous lamine à ce point, vous pouvez être certaine que ça marche. C'est ce que fait la *Guru Gita*. Elle consume l'ego, elle vous transforme en pures cendres. C'est censé être ardu, Liz. Et détenir un pouvoir qui dépasse toute compréhension rationnelle. Vous n'avez plus qu'une semaine à passer ici, n'est-ce pas ? Et ensuite, vous serez libre de voyager et de vous amuser. Alors chantez la *Guru Gita* juste sept fois de plus, et vous n'aurez jamais plus à le faire ensuite. Souvenez-vous de ce que dit notre guru – soyez l'exégète de votre propre expérience spirituelle. Vous n'êtes pas ici en tant que touriste, ni journaliste : vous êtes là en tant que chercheuse. Alors, explorez !

– Donc, vous ne me retirez pas l'épine du pied.

– Cette épine, vous pouvez la retirer vous-même, Liz. C'est le contrat divin d'un petit quelque chose que nous appelons *libre arbitre*. »

53

Le lendemain matin, je suis partie psalmodier, pleine de détermination, et la *Guru Gita* m'a fait dégringoler à coups de pied un escalier en ciment sur six mètres de dénivelé – ou du moins est-ce l'impression que j'ai eue. Le surlendemain, c'était même pire. Je me suis réveillée dans une colère noire, et je n'avais même pas encore atteint le temple que déjà je transpirais, je bouillais, je *fourmillais*. Je n'arrêtais pas de me dire : « Une heure et demie – ce n'est pas le bout du monde. Tu as des amies qui ont passé quatorze heures en salle de travail… » Mais il n'empêche – cette chaise n'aurait pas été plus inconfortable si on m'y avait agrafée. Je me sentais bombardée par un tir nourri de boules de feu, comme si j'étais en proie aux bouffées de chaleur de la ménopause, et j'ai bien cru que j'allais m'évanouir, ou mordre quelqu'un de rage.

Ma colère était immense. Elle n'épargnait personne sur cette terre, mais elle était plus particulièrement dirigée contre Swamiji, le maître de mon guru qui avait institué ce rituel. Ce n'était pas ma première rencontre problématique avec le grand maître aujourd'hui décédé. C'était lui qui m'était apparu en rêve, sur la plage, et avait exigé de savoir comment je comptais arrêter la marée, et j'avais l'impression de l'avoir perpétuellement sur le dos.

Swamiji avait été, sa vie durant, implacable, un vrai brandon spirituel. Comme saint François d'Assise, il était issu d'une famille aisée, qui attendait de lui qu'il rejoignît l'affaire familiale. Mais du temps où il n'était encore qu'un petit garçon, il fit la connaissance d'un saint homme dans un hameau voisin, et l'expérience le marqua profondément. Swamiji n'était encore qu'un adolescent lorsqu'il quitta les siens, vêtu d'un sarong, et il passa des années à effectuer des pèlerinages dans chaque lieu sacré de l'Inde, en cherchant un authentique maître spirituel. On raconte qu'il rencontra plus de soixante saints et gurus, sans jamais trouver un maître selon ses vœux. Il connut la faim, il vagabonda à pied, dormit à la belle étoile dans l'Himalaya sous des tempêtes de neige, contracta la malaria, souffrit de dysenterie – et de ces années qu'il avait exclusivement consacrées à chercher quelqu'un qui lui montrerait Dieu, il disait qu'elles avaient été les plus heureuses de sa vie. Au cours de ces années-là, Swamiji devint hatha yogi, expert en médecine et en cuisine ayurvédiques, architecte, jardinier et (détail que j'adore) combattant au sabre. Au mitan de sa vie, il n'avait toujours pas trouvé de guru. Mais c'est alors qu'il croisa un sage quelque peu allumé qui allait nu, qui lui dit de rentrer chez lui, de retourner dans le hameau où, enfant, il avait rencontré le saint homme, et d'étudier auprès de ce grand homme.

Swamiji obéit. Il retourna chez lui, devint le plus fervent disciple du saint homme et, grâce aux conseils de celui-ci, atteignit enfin l'illumination. Pour finir, Swamiji devint lui-même guru. Au fil des années, son ashram en Inde, de ferme de trois pièces sur une terre aride, se transforma en ce jardin luxuriant qu'il est aujourd'hui. Puis, il eut l'inspiration de partir voyager et révolutionna le monde entier en incitant les gens à pratiquer la méditation. Quand il vint en Amérique en 1970, il en boucha un coin à tout le monde. Il donna l'initiation divine – *shaktipat* – à des milliers de gens par jour. Il avait le pouvoir de convertir sur-le-champ. Le révérend Eugene Callender (un des chefs de file du mouvement pour les droits civiques, proche de Martin Luther King, et qui officiait toujours à l'époque dans un temple baptiste de Harlem) se souvient d'avoir vu Swamiji dans les années 70 et d'être tombé à genoux devant l'Indien, stupéfait, en se disant : « À quoi bon continuer à tourner autour du pot, c'est *ça*... Cet homme sait tout ce qu'il y a à savoir sur toi. »

Swamiji exigeait de l'enthousiasme, de l'engagement, de la maîtrise de soi. Il reprochait toujours avec véhémence aux gens d'être *jad*, le mot hindi qui signifie « inerte ». Il instilla d'anciens préceptes de discipline dans la vie de ses jeunes disciples occidentaux, souvent rebelles, et leur ordonna d'arrêter de gaspiller leur temps (et celui des autres) et leur énergie avec leurs âneries d'insouciance hippie. Il était capable de vous jeter sa canne à la figure et de vous serrer contre son cœur la minute d'après. Il était complexe, souvent controversé, mais il a vraiment changé le monde. Si aujourd'hui en Occident nous avons accès à de nombreux anciens textes yogiques, c'est parce que Swamiji a présidé à leur traduction, ainsi qu'à la diffusion d'écrits philosophiques qui étaient depuis longtemps tombés dans l'oubli, même en Inde.

Mon guru était la plus fervente disciple de Swamiji. Elle l'est de naissance, littéralement ; ses parents, des Indiens, étaient des adeptes de la première heure de Swamiji. Quand elle n'était encore qu'une enfant, elle psalmodiait souvent dix heures par jour, infatigable dans sa dévotion. Swamiji devina son potentiel et il l'engagea, alors qu'elle était adolescente, pour lui servir d'interprète. Avec lui, elle parcourut le monde, si attentive à son guru, raconta-t-elle par la suite, qu'elle pouvait même l'entendre parler avec ses genoux. Elle lui succéda en 1982, lorsqu'elle n'avait qu'une vingtaine d'années.

Tous les authentiques gurus ont en commun d'exister dans un état constant d'autoréalisation, mais se différencient par leurs caractéristiques externes. De prime abord, les différences entre mon guru et son maître ne manquent pas. Elle est une femme, parle plusieurs langues, a fait des études supérieures et est une femme d'affaires avisée ; lui était un vieux lion natif du sud de l'Inde, un homme parfois capricieux, parfois royal. Pour une bonne fille de la Nouvelle-Angleterre comme moi, il est aisé de suivre mon professeur vivant, dont la bienséance est si rassurante – pile-poil le genre de guru qu'on pourrait ramener chez soi et présenter à papa-maman. Mais Swamiji... lui, c'était un drôle de numéro. Et dès que je me suis engagée sur ce chemin yogique, que j'ai vu des photos de lui et que j'ai entendu des anecdotes à son sujet, j'ai pensé : « Je vais me tenir à l'écart de ce personnage. Il est trop balèze. Il me rend nerveuse. »

Mais maintenant que je suis ici, en Inde, dans l'ashram qui était sa demeure, je découvre que tout ce que je veux, c'est Swamiji. Tout ce que je ressens, c'est Swamiji. Le seul à qui je parle dans mes prières et pendant mes méditations, c'est Swamiji. Je suis branchée sur la chaîne Swamiji en continu, vingt-quatre heures sur vingt-quatre. Ici, je suis dans le four de Swamiji, et je le sens qui m'aiguillonne. Même par-delà la mort, il conserve une vraie présence, toute en truculence. Il est le maître dont j'ai besoin quand je me débats très fort, parce que je peux le maudire, et lui montrer tous mes échecs, tous mes défauts – il se contente de rire. De rire, et de m'aimer. Son rire décuple ma colère, et celle-ci m'incite à agir. Et jamais je ne le sens plus proche de moi que quand je me débats avec la *Guru Gita*, avec ses impénétrables strophes en sanskrit. Dans ma tête, je passe mon temps à me disputer avec Swamiji, à l'asticoter, à le provoquer : « Tu as intérêt à faire un truc pour moi, parce que moi, je fais ça pour toi ! Et j'entends bien voir des *résultats* ! Ce truc a intérêt à me purifier. » Hier, je suis entrée dans une rage folle quand j'ai regardé mon livre de chant et vu que nous n'en étions qu'à la strophe XXV, alors que déjà j'étais consumée d'inconfort, que je transpirais (et pas comme le fait un être humain normal, mais plutôt un fromage), et j'ai carrément lâché à voix haute : « Non mais *tu te fiches de moi* ! » Quelques femmes se sont retournées et m'ont dévisagée, paniquées, s'attendant, sans aucun doute, à voir ma tête pivoter sur mon cou sous l'effet de quelque impulsion démoniaque.

Régulièrement, je me souviens que j'ai vécu un temps à Rome, où je consacrais mes matinées à manger des gâteaux, à boire des *cappucini* et à lire le journal.

C'était assurément le bon temps.

Même si ça me semble aujourd'hui très loin.

54

Ce matin, j'ai fait la grasse mat'. Ce qui signifie – paresseuse que je suis – que j'ai dormi jusqu'à l'heure impie de 4 heures et quart. Je ne me suis réveillée que quelques minutes avant le début de la *Guru Gita*, je me suis motivée, bien à contrecœur, pour me tirer du lit, je me suis aspergé le visage d'eau froide, habillée et – hargneuse, revêche, pleine de ressentiment – je m'apprêtais à quitter ma chambre dans une aurore qui était encore aussi noire que de la suie… quand je me suis rendu compte que ma camarade de chambrée, partie la première, m'avait enfermée.

Elle a vraiment dû y mettre du sien ! La chambre n'est pas bien grande, et ce n'est pas dur de remarquer que sa coturne dort encore dans le lit voisin. D'autant que c'est une femme très responsable, dotée d'un solide esprit pratique – une Australienne, mère de cinq enfants. Ce n'est pas son style. Mais elle l'a fait. Elle m'a littéralement cadenassée dans la chambre.

Ma première pensée a été : *S'il existe une bonne excuse pour ne pas aller à la* Guru Gita*, c'est bien celle-*

là. Et ma seconde pensée ? Bon… ce n'était même pas une pensée. C'était une action.

J'ai sauté par la fenêtre.

Pour être plus précise, je suis passée par-dessus la balustrade, je m'y suis agrippée de mes paumes moites et suis restée là un petit moment, à me balancer un étage au-dessus du sol, dans le noir. C'est uniquement là que je me suis posé la question que dictait la raison : « Pourquoi sautes-tu par la fenêtre de ce bâtiment ? » Ma réponse a fusé avec une détermination farouche, impersonnelle : *Je dois aller réciter la* Guru Gita. Et là, j'ai lâché la rambarde et je me suis laissée choir jusque sur le trottoir en béton, presque trois mètres plus bas, heurtant au passage dans ma descente un truc qui m'a arraché une lanière de peau tout le long du tibia, mais je m'en fichais. Je me suis relevée et j'ai couru, pieds nus et d'une traite, jusqu'au temple, j'entendais le mar-tèlement de mon pouls dans mes oreilles, j'ai trouvé un siège libre, j'ai ouvert mon livre de prières à l'ins-tant où la psalmodie commençait et – la jambe en sang – j'ai commencé à chanter la *Guru Gita*.

Ce n'est qu'au bout de quelques strophes que j'ai retrouvé mon souffle et que j'ai été en mesure d'émettre ma pensée normale, instinctive, du matin : *Je n'ai pas envie d'être ici*. Et là, j'ai entendu Swamiji éclater de rire dans ma tête et dire : *C'est marrant – tu agis pour-tant comme quelqu'un qui veut y être.*

Je lui ai répliqué : *Bon, d'accord. Tu as gagné.*

Assise là, en train de chanter et de saigner, je me suis dit qu'il était temps pour moi de changer mon appré-hension de cette pratique spirituelle. La *Guru Gita* est censée être un hymne de pur amour, mais quelque chose m'avait empêchée d'offrir cet amour avec sincé-rité. Aussi, tout en chantant une strophe après l'autre, j'ai compris qu'il me fallait trouver quelque chose – ou quelqu'un – à qui je pourrais dédier cet hymne, afin de trouver un lieu de pur amour à l'intérieur de moi. Arrivée à la vingtième strophe, j'avais trouvé : *Nick*.

Nick, mon neveu de huit ans, est un garçonnet chétif pour son âge, épouvantablement intelligent, effroyablement malin, sensible, complexe. Même quelques minutes après sa venue au monde, au milieu des autres nouveau-nés qui s'époumonaient dans la maternité, il était le seul à ne pas pleurer : il regardait autour de lui avec le regard soucieux d'un adulte qui a l'expérience de la vie, et il donnait l'impression d'en être déjà passé par là tant de fois auparavant qu'il n'était pas certain d'être très excité à l'idée de devoir recommencer. C'est un enfant pour qui la vie n'est jamais simple, un enfant qui entend, voit et sent tout intensément, un enfant qui peut se laisser si rapidement submerger par ses émotions que ça nous perturbe tous. J'aime ce petit garçon d'un amour profond et protecteur. J'ai réalisé – en calculant le décalage horaire entre l'Inde et la Pennsylvanie – que pour lui, c'était bientôt l'heure du marchand de sable. Alors, j'ai chanté la *Guru Gita* pour Nick, mon neveu, pour l'aider à s'endormir. Parfois, il a du mal à trouver le sommeil parce qu'il n'arrive pas à apaiser son esprit. Aussi, chaque mot de dévotion de cet hymne, je l'ai dédié à Nick. J'ai empli mon chant de tout ce que j'aimerais pouvoir lui enseigner sur la vie. J'ai essayé de le rassurer, vers après vers, sur le fait que, si le monde est parfois dur et injuste, ce n'est pas un problème parce qu'il est très aimé. Ceux qui l'entourent feraient n'importe quoi pour l'aider. Et de surcroît, il possède une sagesse et une patience propres, profondément enfouies dans son être, qui ne se révéleront qu'au fil du temps et lui permettront de traverser toutes les épreuves. Il est un don que Dieu nous a fait à tous. C'est tout cela que je lui ai dit, à travers ces anciennes écritures en sanskrit, et je me suis vite aperçue que je pleurais d'émotion. Mais avant que j'aie pu essuyer mes larmes, la *Guru Gita* était terminée. Une heure et demie s'était écoulée, qui me faisait l'effet de dix minutes. J'ai compris ce qui s'était passé – Nick m'avait portée tout du long. Ce petit bonhomme que j'avais voulu aider, c'est en fait lui qui m'avait aidée.

Au sortir du temple, je me suis agenouillée et j'ai collé mon visage au sol pour signifier ma gratitude à mon Dieu, au pouvoir révolutionnaire de l'amour, à moi-même, à mon guru et à mon neveu – comprenant de façon sommaire, sur un plan moléculaire (et non intellectuel), qu'il n'y avait aucune différence, d'aucune nature que ce soit, entre ces mots, ces idées et ces personnes. Puis je me suis faufilée dans la salle de méditation, où je suis restée près de deux heures, toute fredonnante d'immobilité. Et j'ai sauté le petit déjeuner.

Inutile de dire que je n'ai jamais plus séché la *Guru Gita* et que celle-ci est devenue la plus sacrée de mes pratiques à l'ashram. Naturellement, Richard du Texas ne s'est pas privé de se moquer de moi au sujet de mon évasion du dortoir, et chaque soir après dîner, il me lance : « À demain à la "Geet", Supérette ? Hé… au fait – essaie de descendre par l'escalier cette fois, d'accord ? » Bien entendu, j'ai appelé ma sœur la semaine suivante et elle m'a dit que, pour une raison inexplicable, Nick n'avait brusquement plus de problème à trouver le sommeil. Quelques jours plus tard, à la bibliothèque, je lisais un ouvrage consacré au saint indien Sri Ramakrishna quand je suis tombée sur l'histoire d'une adepte qui vint un jour voir le grand maître et admit devant lui qu'elle craignait de ne pas être une assez bonne disciple, de ne pas aimer assez Dieu. « N'y a-t-il rien ni personne que vous aimiez ? » s'enquit alors le saint homme. La femme reconnut adorer son jeune neveu plus que tout au monde. Le saint lui dit : « Eh bien voilà. Il est votre Krishna, votre bien-aimé. En servant votre neveu, vous servez Dieu. »

Mais tout cela est sans importance. Le plus étonnant, c'est ce qui s'est passé le même jour que celui où j'ai sauté par la fenêtre du dortoir. Cet après-midi-là, j'ai croisé Delia, ma camarade de chambrée. Je lui ai dit qu'elle m'avait enfermée à double tour. Elle est restée bouche bée. « Je ne vois pas pourquoi j'aurais fait une chose pareille ! s'est-elle défendue. D'autant que j'ai pensé à toi toute la matinée. J'ai fait un rêve particulièrement saisissant à ton propos la nuit dernière. Et il m'a hantée toute la journée.

– Raconte.

– J'ai rêvé que tu étais en feu, a dit Delia. Et que ton lit lui aussi était en feu. J'ai bondi du mien pour essayer de t'aider, mais le temps que j'arrive près de toi, tu n'étais plus que cendres – blanches. »

55

C'est à ce moment-là que j'ai décidé que j'avais besoin de prolonger mon séjour à l'ashram. Une résolution à mille lieux de mon projet initial, qui était de passer uniquement six semaines ici, de faire quelques expériences transcendantes, puis de poursuivre mon voyage à travers l'Inde, histoire de… euh… chercher Dieu. J'avais des cartes, des guides, des chaussures de marche. J'avais une liste de temples et de mosquées à visiter, de saints hommes à rencontrer. C'est ça, l'Inde ! Il y a tant de choses à voir dans ce pays, tant d'expériences à faire ! J'avais des kilomètres à parcourir, des villes à explorer, des éléphants et des chameaux à chevaucher. Et l'idée de louper le Gange, le désert du Rajasthan, les studios de Bollywood, la chaîne de l'Himalaya, les plantations de thé centenaires, les rickshaws de Calcutta qui se tirent la bourre comme dans la course de chars de *Ben Hur* m'aurait désespérée. J'avais même projeté de rencontrer le dalaï-lama en mars, à Dharamsala. J'espérais que lui pourrait m'enseigner deux ou trois choses sur Dieu.

Mais me tenir tranquille, m'immobiliser dans un petit ashram, dans ce minuscule village au milieu de nulle part – non, ça, ça n'entrait pas dans mes plans.

Cela étant, les maîtres zen disent toujours qu'on ne peut pas voir son reflet dans l'eau qui court, mais uniquement dans l'eau qui dort. Donc, quelque chose me suggérait que ce serait faire preuve de négligence spirituelle que de filer maintenant, au moment où tant de choses advenaient ici, dans ce lieu clos où chaque minute de la journée est organisée pour faciliter l'exploration de soi et la pratique de la dévotion. Avais-je vraiment besoin là, tout de suite, de sauter d'un train à l'autre, de contracter des parasites intestinaux et de fréquenter des routards ? Ne pouvais-je pas remettre ces projets à plus tard ? Ne pouvais-je pas rencontrer le dalaï-lama une autre fois ? Le dalaï-lama ne serait-il pas toujours là ? (Et, si jamais il venait à mourir, n'en trouveraient-ils pas un autre ?) Mon passeport ne ressemble-t-il pas déjà à La Femme aux Tatouages qui pourrait être une bête de foire ? Voyager davantage va-t-il réellement me rapprocher encore plus d'un contact révélateur avec le divin ?

Je ne savais pas quoi faire. J'ai atermoyé une journée entière avant de me décider. Comme d'habitude, c'est Richard du Texas qui a eu le dernier mot.

« Tiens-toi tranquille, Supérette. Oublie le tourisme – tu as toute ta vie pour ça. Tu fais un voyage spirituel, bébé. Ne te défile pas, ne t'arrête pas à mi-chemin de ton potentiel. Tu as reçu ici personnellement une invitation de la part de Dieu – et tu veux vraiment la décliner ?

– Oui, mais toutes ces belles choses qu'il y a à voir en Inde ? ai-je protesté. N'est-ce pas dommage d'aller à l'autre bout du monde pour passer tout son temps dans un petit ashram ?

– Ma petite Supérette, écoute ton ami Richard. Tu vas continuer à aller poser ton derrière d'albâtre dans cette salle de méditation chaque jour pendant les trois prochains mois, et je te promets une chose : tu vas commencer à voir un truc d'une telle beauté que ça te donnera envie de caillasser le Taj Mahal. »

56

Voici ce que je me suis surprise à penser ce matin pendant la méditation.

Je me demandais où m'installer au terme de cette année de voyage. Je ne veux pas me réinstaller à New York uniquement par réflexe. Je pourrais peut-être essayer une petite ville. Austin… Il paraît que c'est sympa. Ou Chicago – l'architecture y est magnifique. Mais les hivers y sont atroces, cela dit. Ou alors, je pourrais m'expatrier. J'ai entendu dire pas mal de bien de Sydney… Si je m'installe dans un endroit où la vie est moins chère qu'à New York, je pourrais peut-être m'offrir le luxe d'avoir une pièce en plus et du coup, j'aurais une pièce entièrement consacrée à la méditation… Ce serait super. Je pourrais la peindre en doré. Ou en bleu vif. Non, plutôt en doré. Non, non, non – en bleu…

Quand j'ai fini par prendre garde à ce train de pensée, je suis restée médusée. *Tu es en Inde*, me suis-je dit in petto, *dans un ashram, dans un des lieux de pèlerinage les plus sacrés du monde. Et au lieu de communier avec le divin, tu essaies de prévoir où tu méditeras dans un an, dans une maison qui n'existe pas encore, dans une ville qui reste à déterminer. Et si, espèce de demeurée, tu essayais de méditer ici, tout de suite, là où tu es en ce moment ?*

J'ai reporté mon attention sur la répétition silencieuse du mantra.

Quelques instants plus tard, j'ai marqué une pause pour retirer la vacherie – « demeurée », ce n'était pas très gentil à mon égard.

Mais tout de même, ai-je songé l'instant suivant, *une salle de méditation entièrement dorée, ce serait top.*

J'ai rouvert les yeux et lâché un soupir. C'est vraiment là le mieux dont je suis capable ?

Ce soir-là, du coup, j'ai essayé un nouveau truc. Je venais de rencontrer à l'ashram une femme qui étudiait la méditation vipassana, une technique bouddhiste ultra-orthodoxe, très austère et très intensive. Qui, en gros, consiste à rester assis. Un cours d'introduction à la vipassana dure dix jours, durant lesquels on reste assis dix heures par jour, à raison de plages de silence de deux à trois heures chacune. C'est la version « sports extrêmes » de la méditation transcendantale. Votre maître ne vous donnera même pas un mantra – c'est considéré comme de la tricherie. Vipassana est une pratique qui consiste uniquement à contempler son esprit, et à offrir son entière considération à ses schémas mentaux, sans permettre à un seul muscle de décoller du siège.

Physiquement, c'est tout aussi éreintant. Une fois qu'on s'est assis, il est strictement interdit de bouger, quelque cuisant que soit l'inconfort. Il faut rester assis, et se dire : « Je n'ai aucune raison, aucun besoin de bouger pendant les deux prochaines heures. » Et si inconfort il y a, alors vous êtes supposé méditer sur cet inconfort, observer les effets de cette douleur physique sur vous. Dans nos vraies vies, nous passons notre temps à sautiller à droite, à gauche pour nous ajuster autour de cet inconfort – physique, émotionnel, psychologique – afin d'éluder la réalité du chagrin et nous soustraire à l'ennui. La méditation vipassana enseigne que chagrin et sources d'ennui sont inévitables ici-bas, mais que si on peut s'enraciner assez longtemps dans l'immobilité, on fera, le temps aidant, l'expérience d'une vérité – à savoir que tout, l'inconfort comme le plaisir, ne dure qu'un temps.

« Le monde est accablé par la mort et la décrépitude. Par conséquent, le sage, qui connaît les termes du monde, n'en conçoit pas de chagrin », dit un vieil enseignement bouddhiste. En d'autres termes : blindez-vous.

Je ne pense pas que vipassana soit nécessairement la voie indiquée pour moi. C'est bien trop austère au regard de la pratique de la dévotion telle que je la conçois, qui généralement tourne autour de la compassion, de l'amour, des papillons, de la félicité et d'un Dieu amical (ce que mon amie Darcey surnomme « la théologie à l'usage des soirées pyjamas »). Il n'est même jamais question de « Dieu », dans la vipassana, puisque quelques bouddhistes considèrent la notion de Dieu comme l'objet ultime de la dépendance, l'ultime objet transitionnel nébuleux, la dernière chose qu'il convient d'abandonner sur le chemin du pur *détachement*. Personnellement, ce mot même de « détachement » me pose problème : j'ai rencontré des gens en quête spirituelle qui semblent déjà totalement déconnectés, émotionnellement parlant, des autres êtres humains, alors quand je les entends gloser sur la poursuite sacrée du détachement, j'ai juste envie de les secouer et de leur crier : « Mon pote, c'est la *dernière* chose à laquelle tu as besoin de t'exercer ! »

Cependant, je vois bien que cultiver une dose de détachement intelligent dans sa vie peut s'avérer un instrument utile de pacification. Et après quelques lectures sur la méditation vipassana à la bibliothèque, un après-midi, j'en suis venue à songer à tout ce temps que j'ai passé, dans ma vie, à m'ébattre dans tous les sens comme un gros poisson hors de l'eau, soit pour me détourner d'une détresse importune, soit pour me jeter avec voracité sur un surcroît de plaisir. Et je me suis demandé si ça pourrait m'aider (ou aider ceux sur qui pèse la corvée de m'aimer) d'apprendre – si tant est que j'en sois capable – à rester immobile, et à endurer davantage, sans constamment me laisser traîner le long de la route accidentée des circonstances.

Toutes ces questions me sont revenues ce soir quand, ayant trouvé un banc un peu à l'écart dans l'un des jardins de l'ashram, j'ai décidé de m'y asseoir pour méditer une heure – dans le style vipassana. Ni mouvement ni agitation, pas même un mantra – uniquement de la contemplation pure. Voyons ce qui va sortir de ça. Malheureusement, j'avais oublié ce qui « sort » au crépuscule, en Inde : les moustiques. Je n'étais pas plus tôt installée sur ce banc, dans ce beau crépuscule, que je les ai entendus rappliquer, avant de les sentir frôler mon visage, se poser – dans un assaut groupé – sur ma tête, mes chevilles, mes bras, et me piquer férocement. Ça ne me plaisait pas du tout. Je me suis dit : *C'est la mauvaise heure pour pratiquer la méditation vipassana.*

Cela dit – quelle est la *bonne* heure du jour, ou de la vie, pour rester assise sans bouger et détachée de tout ? Quelle est l'heure où il n'y a pas quelque chose qui bourdonne autour de vous, qui tente de vous distraire et de vous faire sortir de vos gonds ? Aussi ai-je pris une décision – inspirée une fois encore par l'enseignement de mon guru, selon laquelle nous sommes tous appelés à devenir les savants de notre propre expérience intérieure. Je me suis dit que j'allais tenter une expérience – *et si pour une fois je m'y collais ?* Et si, au lieu d'écraser les moustiques et de ronchonner, je restais assise et supportais l'inconfort, juste une heure dans ma longue vie ?

C'est donc ce que j'ai fait. Immobile, je me suis observée devenir la proie des moustiques. Pour être franche, une part de moi se demandait ce que cette petite expérience masochiste était supposée prouver, mais l'autre part connaissait la réponse – je m'essayais, en débutante, à la maîtrise de soi. Si je pouvais supporter ce désagrément physique mais nullement mortel, alors quels autres désagréments serais-je capable d'endurer un jour ? Qu'en serait-il des contrariétés émotionnelles, que j'ai encore plus de mal à encaisser ? Qu'en serait-il de la jalousie, de la colère, de la peur, de la solitude, de la honte, de l'ennui ?

Au début, les démangeaisons me rendaient folle, mais finalement, cela s'est transformé en une sensation diffuse de brûlure et je me suis laissé porter par cette chaleur jusqu'à atteindre une douce euphorie. J'ai accepté d'isoler la douleur de ses associations spécifiques pour la laisser devenir une sensation pure – ni bonne ni mauvaise, simplement intense – et cette intensité m'a fait sortir de moi-même et m'a emportée dans la méditation. Je suis restée assise là deux heures. Un oiseau aurait fort bien pu se poser sur ma tête, je n'y aurais pas pris garde.

Laissez-moi préciser un point. J'admets que cette expérience n'était pas l'acte de force d'âme le plus stoïque de l'histoire de l'humanité, et je ne réclame pas ici de médaille. Mais il y avait quelque chose de légèrement grisant dans le fait de réaliser que, en trente-quatre années passées sur cette terre, je n'avais *jamais* omis d'écraser un moustique qui me piquait. À cela, comme à des millions d'autres petits et grands signaux de douleur ou de plaisir, j'avais réagi tel un pantin tout au long de ma vie. Chaque fois qu'il se passe quelque chose, je réagis. Or, voilà ce à quoi j'étais arrivée – à dédaigner le réflexe. Je faisais quelque chose que je n'avais jamais fait auparavant. Ce n'était pas grand-chose, certes, mais m'est-il souvent donné l'occasion de dire ça ? Et de quoi, dont je suis encore incapable aujourd'hui, serai-je capable demain ?

Quand tout a été terminé, je me suis levée, j'ai regagné ma chambre et constaté l'étendue des dégâts. J'ai dénombré une vingtaine de piqûres de moustiques. Mais en l'espace d'une demi-heure, les cloques s'étaient résorbées. Elles avaient disparu. Finalement, tout finit par disparaître.

57

Chercher Dieu, c'est aller à l'encontre de l'ordre normal, trivial, matériel. Chercher Dieu, c'est tourner le dos à ce qui nous attire, pour nager vers ce qui est difficile. On abandonne ses habitudes rassurantes et familières avec l'espoir (le simple espoir !) de se voir offrir quelque chose de mieux en retour. Chaque religion fonctionne sur la simple compréhension commune de ce qu'être un bon disciple signifie – se lever de bonne heure et prier son Dieu, perfectionner ses qualités, se montrer bon avec son prochain, se respecter soi-même et respecter les autres, dominer ses envies. Nous reconnaissons tous qu'il serait plus facile de faire la grasse matinée, et nous sommes nombreux à la faire, mais depuis des millénaires, il en est d'autres qui ont choisi, eux, de se lever avant le soleil et de se consa-crer à leurs prières. Et de s'accrocher ensuite inflexi-blement à leur foi face à la folie du nouveau jour qui s'annonce.

Les dévots de ce monde accomplissent leurs rites sans garantie aucune qu'il en sortira un jour quelque bien. Certes, quantité de textes et de prêtres font quan-tité de promesses sur les bénéfices qu'on retirera de nos bonnes actions (ou de menaces quant aux punitions qui nous attendent si on a failli), mais croire à tout cela est en soi un acte de foi, parce que aucun d'entre nous ne s'est vu montrer la fin de partie. La dévotion, c'est le zèle sans assurance de résultat. La foi, c'est une façon de dire : « Oui, j'accepte a priori les termes de l'uni-vers, et j'adopte par avance ce que je suis actuellement incapable de comprendre. » Ce n'est pas sans raison qu'on parle de « sauts de foi » : décider de consentir à la notion de Dieu, c'est s'élancer, d'un bond formi-dable, du rationnel vers ce qu'on ne peut connaître, et peu m'importent les érudits zélés qui, toutes religions confondues, vont chercher à nous obliger à potasser leurs tas de livres pour nous prouver, écritures à l'appui, que leur foi est tout ce qu'il y a de plus rationnel ; elle ne l'est pas. Si la foi était rationnelle, ce ne serait pas – par définition – la foi. La foi, c'est croire en ce que l'on ne peut ni voir, ni prouver, ni toucher. La foi, c'est fon-cer à l'aveuglette. Si nous connaissions véritablement à l'avance les réponses sur le sens de la vie, la nature de

Dieu et le destin de notre âme, notre croyance ne serait pas un élan de foi, non plus qu'elle ne serait un acte de courage humain ; elle serait simplement... une police d'assurance prudente.

Je n'ai cure des assurances. Je suis fatiguée d'être une sceptique, je suis agacée par la prudence spirituelle et je suis lassée et desséchée par le débat empirique. Je ne veux plus l'entendre. Je ne pourrais pas me ficher davantage de l'évidence, de la preuve et des promesses. Je veux juste Dieu. Je veux Dieu à l'intérieur de moi. Je veux que Dieu joue avec mon flux sanguin comme la lumière du soleil s'amuse sur les flots.

58

Mes prières sont en train de gagner en circonspection et spécificité. Il m'est venu à l'esprit que ça ne sert pas à grand-chose d'expédier dans l'univers des prières paresseuses. Chaque matin, avant la méditation, je m'agenouille dans le temple et parle à Dieu quelques minutes. Au début de mon séjour ici à l'ashram, il m'a semblé que souvent je m'assombrissais durant ces conversations avec le divin. Abattues, confuses, agacées, mes prières se ressemblaient toutes. Je me souviens qu'un matin, je me suis agenouillée, j'ai posé mon front sur le sol et marmonné au Créateur : « Ah, je ne sais pas ce dont j'ai besoin... Mais toi, tu dois bien avoir quelques petites idées... Alors fais quelque chose, veux-tu ? »

Ce qui n'est guère éloigné de la façon dont j'ai souvent parlé à mon coiffeur.

Et franchement, c'est un peu minable. On imagine bien Dieu considérant cette prière d'un sourcil arqué et renvoyer le message suivant : « Rappelle-moi quand tu auras décidé de prendre ça au sérieux. »

Évidemment que Dieu sait déjà ce dont j'ai besoin. La question est : est-ce que *moi* je le sais ? Se jeter à ses pieds, de désespoir et d'impuissance, c'est très bien – et, le ciel m'en est témoin, je l'ai souvent fait –, mais au final, l'expérience sera vraisemblablement un peu plus bénéfique si on peut soi-même agir de son côté. Il y a une blague italienne que j'adore : un homme pauvre va tous les jours à l'église prier devant la statue d'un saint. « Cher saint, le supplie-t-il, s'il te plaît, s'il te plaît... accorde-moi la grâce de gagner à la loterie. » Cette supplique se poursuit des mois et des mois. Pour finir, la statue, au comble de l'exaspération, prend vie et, baissant les yeux sur le quémandeur, lui dit, avec dégoût et lassitude : « Mon fils, s'il te plaît, s'il te plaît... *achète-toi un billet.* »

La prière est une relation ; il m'incombe de faire la moitié du boulot. Si je veux une transformation, mais ne prends même pas la peine d'exprimer clairement ce que je vise au juste, comment pourra-t-elle se produire ? Le bénéfice de la prière réside pour moitié dans la demande elle-même, dans la suggestion d'une intention clairement posée et mûrement réfléchie. Sans ça, toutes nos suppliques, tous nos désirs sont mous, inertes, privés d'ossature ; ils tourbillonnent à nos pieds telle une brume froide et ne s'élèveront jamais. Aussi, désormais, tous les matins, je prends le temps de me creuser la tête pour trouver la spécificité de ce que je demande vraiment. Je m'agenouille dans le temple et reste le visage collé sur le marbre froid aussi longtemps qu'il me faut pour formuler une authentique prière. Si je ne me sens pas sincère, je reste par terre, jusqu'à ce

que je le sois. Ce qui a marché hier ne marche pas forcément aujourd'hui. Si on laisse stagner son attention, les
prières peuvent s'éventer et se transformer en un vrom-
bissement monotone, familier et ennuyeux. En faisant
l'effort de rester alerte, j'assume la responsabilité qui
m'a été confiée d'entretenir mon âme.

La destinée, je le sens, est également une relation –
qui se joue entre la grâce divine et l'effort que nous
consentons par volonté. Cette relation échappe pour
moitié à notre contrôle ; l'autre moitié est entièrement
entre nos mains, et nos actions montreront une conséquence mesurable. L'homme n'est jamais tout à fait
une marionnette des dieux, non plus qu'il est tout à
fait le capitaine de sa propre destinée ; il est un peu des
deux. Nous traversons la vie au galop tels des écuyers
de cirque – un pied posé sur le cheval baptisé « Destin », l'autre sur « Libre Arbitre ». Et la question qu'il
faut se poser chaque jour est : lequel de ces deux che-
vaux est le destin ? Lequel le libre arbitre ? Quel est
celui dont je dois cesser de me préoccuper parce qu'il
n'est pas sous mon contrôle, et lequel dois-je guider en
faisant un effort de concentration ?

De multiples aspects de ma destinée échappent à
mon contrôle, mais d'autres relèvent, eux, entièrement
de ma juridiction. En achetant certains billets de loterie,
je peux augmenter mes chances d'obtenir satisfaction.
Je peux décider à quoi occuper mon temps, qui fréquenter, avec qui partager mon corps, ma vie, mon argent,
mon énergie. Je peux sélectionner ce que je mange, ce
que je lis, ce que j'étudie. Je peux choisir l'angle sous
lequel je vais considérer les événements malheureux de
ma vie – choisir de les voir comme des malédictions, ou
des opportunités. Et, de temps à autre, quand j'échoue à
me hisser jusqu'au point de vue le plus optimiste parce
que je m'apitoie trop sur moi-même, je peux choisir

de persévérer dans mon effort pour modifier mon point de vue. Je peux choisir mes mots, le ton de voix que j'adopte pour m'adresser aux autres, et surtout, mes pensées.

Ce dernier concept est pour moi une idée radicalement nouvelle. C'est Richard du Texas qui dernièrement a attiré mon attention sur ce point, un jour où je me plaignais de mon incapacité à cesser de ressasser. Il m'a dit : « Supérette, il te faut apprendre à sélectionner tes pensées exactement de la même façon que tu sélectionnes chaque jour les vêtements que tu vas enfiler. C'est là une faculté que tu peux travailler. Si tu tiens tant à contrôler ce qui se passe dans ta vie, travaille sur l'esprit. C'est lui seul que tu devrais essayer de contrôler. Laisse tomber tout le reste, sauf ça. Parce que si tu ne peux pas apprendre à maîtriser tes pensées, tu n'es pas au bout de tes peines. »

Au premier coup d'œil, cela semble une tâche quasi impossible. Contrôler ses *pensées* ? Au lieu que ce soit le contraire ? Mais imaginez qu'on y arrive ! Il ne s'agit pas ici de refoulement, ni de déni. Refoulement et déni mettent en branle des mécanismes élaborés visant à nier l'existence de certaines pensées, de certains sentiments négatifs. Ce dont parle Richard, c'est d'admettre au contraire l'existence de ces pensées négatives, de comprendre d'où elles sortent, pourquoi elles nous sont venues, pour ensuite – avec une infinie indulgence et force d'âme – les écarter. C'est une technique qui n'est pas très éloignée du travail psychologique auquel on s'astreint au cours d'une thérapie. On peut se servir du cabinet d'un psy pour comprendre l'origine de ces pensées destructrices ; on peut s'aider d'exercices spirituels pour les dominer. C'est un sacrifice de les laisser partir, naturellement. C'est accuser la perte de vieilles habitudes, se priver du réconfort d'anciennes rancunes et de portraits de soi familiers. Il va sans dire que tout cela requiert de l'entraînement et de la persévérance. Ce n'est pas un enseignement qu'il suffit d'entendre une fois pour espérer le maîtriser dans la foulée. C'est une vigilance de tous les instants, et je veux m'y astreindre. J'ai besoin de m'y astreindre, pour le bien de ma force. *Devo farmi le ossa*, comme on dit en italien. J'ai besoin de me faire les os.

Donc j'ai commencé à me montrer vigilante, je surveille mes pensées toute la journée, je les contrôle. Je répète ce vœu quelque sept cents fois par jour : « Les pensées malsaines ne feront plus escale dans mon esprit. » Sitôt qu'une pensée déprimante se forme, je répète le vœu. *Les pensées malsaines ne feront plus escale dans mon esprit.* La première fois que je me suis entendue dire ça, mon oreille interne a tiqué. Le mot « escale » m'évoquait un port, un lieu de débarquement, un asile. Je me suis représenté le port de mon esprit – un peu défraîchi, peut-être, un peu fatigué par les tempêtes, mais jouissant d'une belle situation, et d'une bonne profondeur. Le port de mon esprit est une baie, le seul accès à l'île du Moi (une île jeune, volcanique, certes, mais fertile, riche de promesses). Cette île a essuyé quelques guerres, c'est vrai, mais aujourd'hui, elle s'est engagée dans un processus de paix, sous l'égide d'un nouveau dirigeant (moi) qui a institué de nouvelles lois pour protéger la place. Et ces nouvelles lois sont bien plus strictes au regard de qui est autorisé à pénétrer dans ce port.

Vous pourriez bien vous en voir refuser l'accès si vous avez à bord des pensées violentes et injurieuses, des pensées infectieuses, coercitives, belliqueuses – vos galères et bâtiments de guerre ne pénétreront plus ici. Non plus que n'y pénétreront dorénavant les pensées des exilées acrimonieuses et perpétuellement affamées, des journalistes grognonnes, insubordonnées, criminelles et avides de débauche, des maquerelles et des passagères clandestines séditieuses. Les pensées des cannibales, pour des raisons évidentes, ne seront plus accueillies elles non plus. Même celles des missionnaires seront attentivement passées au crible, pour jauger leur sincérité. Ce port est un lieu paisible, la voie d'accès à une île belle et fière qui ne commence qu'à peine à cultiver sa tranquillité. Si vous pouvez vous conformer à ces nouvelles lois, mes chères pensées, alors vous êtes les bienvenues dans mon esprit. Sinon, je vous renverrai au large, vers la mer d'où vous êtes venues.

C'est ma mission, à jamais.

59

Je me suis liée d'amitié avec une petite Indienne de dix-sept ans, Tulsi. Chaque jour, nous astiquons de concert le sol des temples. Chaque soir, nous nous promenons ensemble dans les jardins et parlons de Dieu et de hip-hop, deux sujets qui inspirent à Tulsi une égale dévotion. Tulsi est le plus ravissant rat de bibliothèque qu'on puisse trouver dans ce pays, et elle est encore plus ravissante depuis que, la semaine dernière, un des verres de ses « lorgnettes » (comme elle dit) a éclaté en une toile d'araignée digne d'un dessin animé, ce qui ne l'a pas empêchée de continuer à les porter. À mes yeux, Tulsi est une foule de choses passionnantes et exotiques en même temps – une adolescente, un garçon manqué, une jeune Indienne en rébellion contre sa famille et une âme tellement obnubilée par Dieu qu'on croirait voir une gamine qui s'est amourachée de lui. Elle s'exprime aussi dans un délicieux anglais mélodieux – le genre d'anglais qu'on n'entend parler qu'en Inde – qu'elle émaille d'exclamations aux connotations coloniales telles que « Splendide ! » ou « Absurde ! » et donne parfois lieu à des moments d'éloquence tels que : « C'est bénéfique de fouler l'herbe le matin quand la rosée s'est déjà accumulée car cela fait baisser la température du corps naturellement et agréablement. » Une fois où je lui ai dit que j'allais me rendre à Bombay pour la journée, Tulsi m'a dit : « Observe de la prudence, je t'en prie, dans la mesure où tu vas t'apercevoir qu'il y a des autobus qui roulent vite partout. »

Elle a exactement la moitié de mon âge, et fait pratiquement la moitié de ma taille.

Ces derniers temps, au cours de nos promenades, Tulsi et moi avons beaucoup parlé du mariage. Elle aura bientôt dix-huit ans – âge auquel elle sera légitimement considérée comme bonne à marier. Cela va se passer ainsi : une fois qu'elle les aura fêtés, on la priera d'assister aux mariages qui auront lieu dans sa famille, revêtue d'un sari qui signalera qu'elle est entrée dans l'âge de femme. Une gentille *amma* (« tatie ») viendra s'asseoir à côté d'elle et l'entreprendra de questions pour mieux la connaître : « Quel âge as-tu ? Quelle est l'histoire de ta famille ? Qu'est-ce que fait ton père ? Dans quelle université postules-tu ? Quels sont tes centres d'intérêt ? Quel jour es-tu née ? » Et en deux temps trois mouvements, le papa de Tulsi trouvera au courrier une grosse enveloppe dans laquelle cette femme aura glissé une photo de son petit-fils qui étudie l'informatique à Delhi, le thème astral du garçon, ses diplômes universitaires, le tout accompagné de l'inévitable question : « Votre fille accepterait-elle de l'épouser ? »

Tulsi dit : « C'est des conneries, tout ça. »

Mais cela signifie tant, pour les parents, que leurs enfants fassent un beau mariage ! Tulsi a une tante qui vient tout juste de se raser la tête par geste de gratitude envers Dieu car son aînée – à l'âge jurassique de vingt-huit ans – vient enfin de se marier. Et la demoiselle n'avait pas été facile à caser. Ça se présentait drôlement mal. « Qu'est-ce qui fait qu'une Indienne est difficile à marier ? ai-je demandé à Tulsi.

– Tout un tas de raisons, m'a-t-elle répondu. Si elle a un mauvais horoscope. Si elle est trop vieille. Si elle a la peau trop foncée. Si elle a trop de diplômes et qu'elle n'arrive pas à trouver un homme qui a une situation supérieure à la sienne (et c'est un problème de plus en plus fréquent aujourd'hui), parce qu'une épouse ne peut pas avoir plus de diplômes que son mari. Ou alors, si elle a eu une aventure avec un homme et que toute la communauté est au courant, elle aura du mal à trouver un mari après ça… »

J'ai passé rapidement en revue cette liste, en essayant d'apprécier dans quelle mesure je serais mariable au vu des critères de la société indienne. J'ignore si mon horoscope est bon ou mauvais, mais je suis définitivement trop vieille, j'ai bien trop de diplômes, et il a été publiquement montré que l'éclat de ma moralité est quelque peu terni… Je n'ai rien d'un parti séduisant. Au moins ai-je la peau claire. C'est le seul point en ma faveur.

Tulsi devait assister la semaine dernière au mariage d'une autre cousine, et elle m'a confié (en des termes qui n'avaient rien d'indien) combien elle détestait les mariages. Toutes ces danses, ces commérages. Tous ces invités sur leur trente-et-un. Elle aurait préféré rester à l'ashram pour astiquer le sol et méditer. Personne dans sa famille ne comprend ça ; sa dévotion dépasse de loin celle que chez elle on considère comme normale. « Mes parents, dit-elle, ont déjà renoncé, ils me trouvent trop différente. Je me suis forgé la réputation d'être quelqu'un qui, si tu lui dis de faire une chose, fera très certainement le contraire. Et puis, j'ai aussi mon petit caractère. Et je ne suis pas studieuse, sauf que désormais, je vais le devenir, parce que je vais entrer à la fac et pouvoir décider par moi-même ce qui m'intéresse. Je veux étudier la psychologie, exactement comme notre guru. On considère que je suis une fille difficile. On dit de moi que je dois entendre une bonne raison de faire quelque chose avant de m'exécuter. Ma mère l'a compris et elle essaie toujours de me donner une raison, mais mon père, lui, ne comprend pas. Il me donne des raisons, mais je ne les trouve pas assez bonnes. Parfois, je me demande ce que je fais dans ma famille parce que je ne leur ressemble pas du tout. »

Sa cousine, qui s'est mariée la semaine dernière, n'a que vingt et un ans, et son aînée, qui est la prochaine sur la liste, a vingt ans. Ce qui signifie qu'ensuite, Tulsi va subir une énorme pression pour se trouver à son tour un mari. Je lui ai demandé si elle voulait un jour se marier et elle a répondu :

« Noooooooooooooooooooooooon… Je veux bourlinguer ! Comme toi.

— Tu sais, Tulsi, tu ne peux pas passer ta vie à bourlinguer. J'ai été mariée, un jour. »

Elle m'a dévisagée, sourcils froncés, le regard interrogateur derrière son verre fêlé, presque comme si je venais de lui dire que j'étais autrefois brune et qu'elle essayait d'imaginer le tableau. À la fin, elle a lâché : « Toi, mariée ? Je n'arrive pas à me le représenter.

— C'est pourtant vrai. J'étais mariée.

— Et c'est toi qui es partie ?

— Oui. »

Elle a dit : « Je pense que c'est très louable que tu aies mis un terme à ton mariage. Tu sembles splendi-

281

dement heureuse, aujourd'hui. Mais moi, comment en suis-je arrivée là ? Pourquoi suis-je née indienne ? C'est scandaleux ! Pourquoi suis-je venue au monde dans cette famille ? Pourquoi dois-je assister à autant de mariages ? »

Et là, elle s'est mise à tourner en rond, de frustration, en criant (assez fort au vu des critères de l'ashram) : « Je veux vivre à Hawaï ! »

60

Richard du Texas lui aussi a été marié, un jour. Il a deux fils, tous deux adultes aujourd'hui, et proches de lui. Parfois, Richard mentionne son ex-épouse à la faveur d'une anecdote, et il semble toujours parler d'elle avec affection. Cela me rend chaque fois un peu envieuse d'entendre ça, j'imagine la chance qu'il a d'être resté ami avec son ancienne femme, même après leur séparation. C'est un des effets secondaires de mon épouvantable divorce ; chaque fois que j'entends parler de couples qui se séparent à l'amiable, ça me rend jalouse. C'est même pire que ça – j'en suis carrément venue à trouver que c'est romantique quand un mariage se termine en des termes courtois. Genre « Ah la la… que c'est mignon !… Comme ils ont dû s'aimer fort ! »

Un jour, j'ai questionné Richard à ce propos. « On dirait que tu éprouves encore de l'affection pour ton ex-femme. Vous êtes restés proches ?

– Du tout, m'a-t-il répondu avec désinvolture. Elle pense que j'ai changé de nom et qu'aujourd'hui je m'appelle Richard l'Enfoiré. »

Le détachement dont Richard fait preuve ici m'impressionne. Il se trouve que mon ex-mari lui aussi pense que j'ai changé de nom, et ça me brise le cœur. Un des aspects les plus douloureux de ce divorce reste le fait que mon ex-mari ne m'a jamais pardonné d'être partie. Peu importent les innombrables boisseaux d'excuses et d'explications que j'ai déversés à ses pieds, tous les torts que j'ai endossés, tous les biens ou tous les actes de contrition que j'étais prête à lui offrir en échange de ma désertion – il n'était certainement pas prêt à me féliciter, à me dire : « Dis donc, j'ai été drôlement impressionné par ta générosité et ton honnêteté, et je tiens à te dire que ça a été un grand plaisir pour moi que tu aies pris l'initiative de ce divorce. » Non rien ne pouvait me racheter à ses yeux. Et cette impossibilité de rachat était encore en moi, tel un trou noir. Même dans des moments de bonheur et d'excitation (surtout dans des moments de bonheur et d'excitation), je ne pouvais jamais l'oublier bien longtemps. *Il me hait encore.* Et j'avais l'impression que ça ne changerait jamais, qu'il n'y aurait jamais de rémission.

Je parlais de tout ça un jour avec mes amis de l'ashram – dont le tout dernier en date est un plombier néozélandais, un type dont j'ai fait la connaissance parce que, ayant entendu dire que j'étais écrivain, il m'a cherchée pour me faire savoir que lui aussi, il écrivait. Il est poète, et il vient de publier dans son pays un formidable texte autobiographique relatant son voyage spirituel, intitulé *Les Évolutions d'un plombier.* Le plombier-poète de Nouvelle-Zélande, Richard du Texas, l'éleveur laitier irlandais, Tulsi le garçon manqué indien et Vivian, une femme d'un certain âge à la chevelure blanche duveteuse et aux yeux incandescents de malice (qui a été religieuse en Afrique du Sud) – voilà ceux qui composent mon cercle d'amis proches ici, des personnages hauts en couleur tels que jamais je ne me serais attendue à en rencontrer dans un ashram en Inde.

Un jour à déjeuner, la conversation générale roulait sur le mariage et le plombier-poète de Nouvelle-Zélande a dit : « Pour moi, le mariage c'est une opération qui consiste à coudre deux personnes ensemble, et le divorce, un genre d'amputation dont on met parfois longtemps à guérir. Plus longtemps on reste marié, ou plus l'amputation est rude, plus c'est difficile de s'en remettre. »

Ce qui expliquerait ces sensations postdivorce, postamputation que je ressens depuis quelques années maintenant – la sensation qu'un membre fantôme continue de pendouiller de mon corps et n'a de cesse de faire dégringoler des trucs de sur les étagères.

Richard du Texas se demandait si je prévoyais d'autoriser mon ex-mari à me dicter pour le restant de ma vie ce que je devais éprouver à mon sujet. Je lui ai répondu qu'en fait, je n'en savais trop rien – que jusque-là, la voix de mon ex semblait continuer à peser lourd sur le scrutin et que pour être franche, j'attendais toujours plus ou moins que le bonhomme me pardonne, me libère et m'autorise à aller de l'avant en paix.

« Que voulez-vous que je vous dise ? Je fais beaucoup dans la culpabilité. Un peu comme d'autres femmes font beaucoup dans le beige. »

La bonne sœur défroquée (qui, après tout, doit en connaître un rayon, en matière de culpabilité) ne voulait pas en entendre parler. « La culpabilité, c'est la façon qu'a votre ego de vous piéger, pour vous faire croire que vous progressez moralement. Ne tombez pas dans le panneau, mon enfant.

– Ce que je déteste, dans la façon dont s'est terminé mon mariage, c'est que rien n'a été résolu. Ça reste une plaie ouverte qui refuse de cicatriser.

– Si tu l'affirmes, a lâché Richard. Si c'est comme ça que tu as décidé de voir les choses, ne me laisse pas te gâcher la fête.

– Un de ces jours, il faudra bien qu'elle se termine, ai-je dit. J'aimerais juste savoir comment. »

À la fin du déjeuner, le plombier-poète de Nouvelle-Zélande m'a glissé un petit mot. Qui m'invitait à le retrouver après dîner ; il voulait me montrer quelque chose. Ce soir-là, à l'heure convenue, je suis donc allée le rejoindre près de la salle de méditation, et il m'a dit de le suivre, qu'il avait un cadeau pour moi. Il m'a fait traverser l'ashram, jusqu'à un bâtiment dans lequel je n'avais jamais pénétré auparavant, il a déverrouillé une porte et m'a invitée à grimper quelques marches. Sans doute connaissait-il cet endroit parce qu'il est chargé de la réparation des appareils à air conditionné et que certains d'entre eux sont situés ici. En haut de l'escalier se trouvait une porte qu'il a dû déverrouiller en pianotant un code, rapidement, de mémoire. Et là, nous nous sommes retrouvés sur un somptueux toit-terrasse, carrelé de tesselles de céramique qui miroitaient dans le crépuscule comme une piscine à fond réfléchissant. Il m'a emmenée à l'autre extrémité de la terrasse, jusqu'à une petite tour, un vrai minaret, et il m'a désigné une autre volée étroite de marches qui menaient au sommet pointu de la tour. « Je vais te laisser là. Tu vas monter. Et tu restes là-haut jusqu'à ce que ce soit terminé.

– Jusqu'à ce que *quoi* soit terminé ? »

Il s'est contenté de me sourire et m'a tendu une torche « pour redescendre sans encombre quand ce sera terminé », en même temps qu'une feuille de papier, pliée. Puis il est parti.

J'ai grimpé jusqu'au sommet de la tour et me suis retrouvée au point le plus élevé de l'ashram, d'où je dominais toute la vallée du fleuve. Montagnes et champs s'étiraient devant moi à perte de vue. Je pressentais que les étudiants n'étaient pas normalement autorisés à se trouver là, mais c'était merveilleusement agréable. Peut-être est-ce de là que mon guru contemple le coucher du soleil lorsqu'elle réside à l'ashram. Et justement, le soleil était en train de se coucher. La brise était tiède. J'ai déplié la feuille de papier que le plombier-poète m'avait donnée.

Il avait tapé à l'ordinateur :

LIBERTÉ MODE D'EMPLOI

Les métaphores du vivant sont les consignes de Dieu.

Tu viens de grimper sur le toit. Il n'y a rien entre toi et l'infini. Maintenant, lâche prise.

La journée se termine. L'heure a sonné pour ce qui était beau de se transformer en autre chose de tout aussi beau. Maintenant, lâche prise.

Ton vœu de résolution était une prière. L'être que tu es ici est la réponse de Dieu. Lâche prise, et regarde naître les étoiles – à l'extérieur et à l'intérieur.

De tout ton cœur, demande la grâce, et lâche prise.

De tout ton cœur, pardonne-lui, PARDONNE-TOI et lâche-le.

Donne-toi pour objectif de te libérer de toute souffrance inutile. Ensuite, lâche prise.

*Observe la chaleur du jour passer dans la fraî-
cheur de la nuit. Lâche prise.*

*Quand le karma d'une relation est terminé, seul
l'amour demeure. C'est sans danger. Lâche
prise.*

*Quand le passé t'a enfin dépassée, lâche prise.
Ensuite, redescends, et commence le reste de ta
vie. Avec une immense allégresse.*

Les quelques premières minutes, j'ai ri sans pouvoir
m'arrêter. Je dominais la totalité de la vallée, les cimes
en parasol des manguiers, le vent faisait claquer mes
cheveux comme un drapeau. J'ai contemplé le coucher du soleil, puis je me suis étendue sur le dos, et
j'ai regardé les étoiles apparaître. J'ai chanté une petite
prière en sanskrit, et je l'ai répétée chaque fois qu'une
nouvelle étoile émergeait dans le ciel de plus en plus
sombre, un peu comme si je les incitais à naître, mais
ensuite elles se sont mises à surgir à un rythme trop soutenu, je n'arrivais plus à garder la cadence. Très vite,
le ciel tout entier s'est transformé en un fastueux spectacle d'étoiles. La seule chose entre moi et Dieu était...
le rien.

Alors j'ai fermé les yeux et j'ai dit : « Seigneur, s'il
te plaît, indique-moi tout ce qu'il me faut comprendre
sur le pardon et le renoncement. »

Ce que j'avais voulu, pendant si longtemps, c'était
avoir une vraie conversation avec mon ex-mari, mais
celle-ci, manifestement, n'aurait jamais lieu. Ce que
j'avais désiré, de toutes mes forces, c'était parvenir à
une résolution, tenir un sommet pour la paix qui aurait
débouché pour nous sur une compréhension commune
de ce qui était arrivé à notre couple, et une indulgence

mutuelle pour la laideur de notre divorce. Mais des mois de thérapie de couple et de médiation conjugale n'avaient réussi qu'à nous diviser davantage, à nous verrouiller dans nos positions respectives, à nous transformer en deux êtres totalement incapables d'exonérer l'autre. Et c'était, pourtant, ce dont nous avions l'un et l'autre besoin, j'en étais certaine. Tout comme j'avais la certitude que les règles de la transcendance sont formelles sur un point : on ne progresse pas d'un centimètre vers le divin tant qu'on se cramponne à ne serait-ce qu'un seul dernier fil tentateur de reproche. Ce que le tabac inflige aux poumons, le ressentiment l'inflige à l'âme ; même une seule bouffée est nocive. Franchement, quel genre de prière est-ce là – « Donnenous aujourd'hui notre rancune quotidienne ? » Si on a absolument besoin de mettre ses propres limites dans la vie sur le dos de quelqu'un, autant raccrocher tout de suite et dire au revoir à Dieu. Compte tenu du fait bien réel que je ne reparlerai probablement jamais plus à mon ex-mari, voilà ce que j'ai demandé à Dieu cette nuit-là, sur le toit de l'ashram : y aurait-il un plan sur lequel nous *pourrions* communiquer ? Un plan sur lequel nous pourrions nous pardonner ?

Étendue là, à bonne hauteur au-dessus du monde, j'étais entièrement seule. Je suis entrée en méditation et j'ai attendu qu'on m'indique quoi faire. J'ignore combien de minutes, ou d'heures ont passé avant d'avoir ma réponse. J'ai pris conscience que je réfléchissais à tout cela de façon trop littérale. Je voulais parler à mon ex-mari ? Eh bien – *mais parle-lui. Parle-lui là, tout de suite.* J'attendais qu'on m'offre le pardon ? *Offre-le, toi. Tout de suite.* J'ai pensé à tous ceux, innombrables, qui partent pour la tombe sans être pardonnés, ou sans avoir pardonné. À tous ceux qui ont vu des enfants, des amis ou des amants disparaître de leur vie sans avoir pu leur donner de précieuses paroles de clémence ou d'absolution. Comment les survivants de ces relations avortées peuvent-ils endurer la douleur de l'incomplétude ? De ce lieu de méditation, j'ai trouvé la réponse – on peut achever soi-même le travail, de l'intérieur de soi. C'est non seulement possible, mais essentiel.

Puis, toujours en méditation, je me suis surprise à faire une chose curieuse. J'ai invité mon ex-mari à me rejoindre sur ce toit, en Inde. Je lui ai demandé s'il aurait la gentillesse de venir me retrouver ici, pour cette cérémonie d'adieu. J'ai patienté, jusqu'à ce que je le perçoive arriver. Et il est bel et bien arrivé. Sa présence était soudain absolument tangible. Je pouvais presque la sentir.

J'ai dit : « Bonjour, mon grand. »

Presque aussitôt, j'ai commencé à pleurer, avant de réaliser bien vite que je n'en avais pas besoin. Les larmes appartiennent à notre vie incarnée, et le lieu où ces deux âmes se rencontraient cette nuit-là, en Inde, était étranger à toute dimension corporelle. Les deux personnes qui avaient besoin de se parler sur ce toit n'étaient même plus des personnes. Elles n'allaient même pas parler. Elles n'étaient même plus des ex-époux, elles n'étaient plus un quadra têtu natif du Midwest et une Yankee trentenaire perpétuellement survoltée, elles n'étaient plus ces deux personnes bornées qui s'étaient disputées pendant des années à propos de sexe, d'argent et de meubles – non, rien de tout ça n'était pertinent. Pour les besoins de cette rencontre, au plan où se tenait cette réunion, il n'y avait que deux âmes bleues et sereines qui avaient déjà tout compris. Détachées de leur enveloppe corporelle, détachées de l'histoire compliquée de leur relation passée, elles se réunissaient au-dessus de ce toit (et même au-dessus de moi) dans une sagesse infinie. Toujours plongée dans ma méditation, j'ai observé ces deux âmes bleues et sereines décrire des cercles l'une autour de l'autre, fusionner, se disjoindre à nouveau et considérer l'autre dans sa perfection et sa similitude. Elles savaient tout. Elles savaient tout depuis longtemps, et sauraient toujours tout. Elles n'avaient nul besoin de se pardonner ; elles étaient *nées* en se pardonnant.

Leur beau revirement m'enseignait une leçon : « Reste en dehors de ça, Liz. Tu n'as plus de rôle à jouer dans cette relation. À partir de maintenant, laisse-*nous* le soin de résoudre les choses. Occupe-toi de ta vie. »

Bien plus tard, j'ai rouvert les yeux, et j'ai su que c'était *terminé*. J'avais mis un point final non seulement à mon mariage, non seulement à mon divorce, mais aussi à toute cette tristesse vaine et irrésolue qui s'était ensuivie… C'était terminé. Je me sentais libérée. Entendons-nous bien – il ne s'agissait pas de ne plus jamais repenser à mon ex-mari, ou de ne plus jamais éprouver d'émotions liées à mes souvenirs avec lui. Simplement, ce rituel sur le toit m'avait enfin donné un lieu où héberger ces pensées et ces sentiments chaque fois qu'à l'avenir ils se présenteraient – car ils continueront à se présenter. Mais quand ils réapparaîtront, je pourrai les renvoyer *ici*, les renvoyer sur ce toit du souvenir, aux soins de ces deux âmes bleues et sereines qui ont déjà, et à jamais, tout compris.

Voilà ce que sont les rituels à mes yeux : nous autres êtres humains faisons des cérémonies spirituelles pour offrir à nos sentiments les plus complexes, liés à la joie ou à des traumatismes, à ces sentiments qui nous pèsent, une demeure sûre, et cela nous dispense de les traîner partout avec nous. Nous avons tous besoin de tels lieux où mettre ces sentiments sous bonne garde. Et je suis convaincue que si votre culture ou vos traditions n'offrent pas le rituel spécifique dont vous avez tant besoin, alors vous êtes entièrement autorisé à inventer votre propre cérémonial, et à réparer vos circuits émotionnels endommagés avec l'ingéniosité bricoleuse d'un généreux plombier-poète. Si une vraie sincérité préside à votre cérémonie maison, Dieu pourvoira à la grâce. Et c'est pour ça que nous avons besoin de Dieu.

Je me suis levée et j'ai fait un équilibre sur le toit de mon guru pour fêter ma libération. J'ai senti les faïences poussiéreuses sous mes paumes. J'ai senti ma force, et mon aplomb. J'ai senti la brise nocturne caresser mes plantes de pied nues. Un équilibre spontané sur les mains – une âme bleue, sereine et désincarnée ne peut pas le faire, mais un être humain, lui, le peut. Nous avons des mains : nous pouvons prendre appui sur elles si nous le désirons. C'est notre privilège. C'est la joie d'un corps mortel. Et c'est ce pourquoi Dieu a besoin de nous. Parce que Dieu adore sentir les choses à travers nos mains.

61

Richard du Texas nous a quittés aujourd'hui. Il est reparti à Austin. Je l'ai accompagné à l'aéroport, et nous étions tristes tous les deux. Nous sommes restés un long moment dehors, sur le trottoir, avant qu'il n'entre dans le terminal.

« Qu'cst-ce que je vais devenir, maintenant que je n'aurai plus Liz Gilbert à houspiller ? » Il lâche un soupir. Puis ajoute : « L'ashram a été pour toi une expérience bénéfique, n'est-ce pas ? Tu sembles différente d'il y a quelques mois, comme si tu avais balancé un peu de ce chagrin que tu traînes partout.

– Je me sens vraiment heureuse, ces temps-ci, Richard.

– Bien, mais n'oublie pas – à ta sortie, toutes tes misères t'attendront devant la porte, au cas où tu voudrais les ramasser en partant.

– Je ne les ramasserai pas.

– C'est bien, ma petite.

– Tu m'as beaucoup aidée. Je te vois comme un ange aux mains velues et aux ongles de pieds cracra.

– Ouais, mes ongles de pieds ne se sont jamais remis du Vietnam, les pauvres.

– Ç'aurait pu être pire.

– Ça l'a été pour plein de mecs. Moi au moins, j'ai réussi à garder mes deux jambes. Non franchement, j'ai eu une incarnation assez pépère dans cette vie. Et toi aussi, petite, n'oublie jamais ça. Dans ta prochaine vie, tu pourrais revenir dans la peau d'une de ces pauvres Indiennes qui cassent des pierres sur le bord de la route, et découvrir que la vie n'a rien de drôle. Alors apprécie ce que tu as maintenant, d'accord ? Continue à cultiver la gratitude. Tu vivras plus longtemps. Hé, Supérette, fais-moi plaisir, progresse dans ta vie, d'ac' ?

– Je *suis* en train de progresser.

– Je voulais dire : trouve-toi un nouveau mec à aimer, un de ces quatre. Prends le temps qu'il te faut pour guérir, mais n'oublie pas de finir, un jour, par partager ton cœur avec quelqu'un. Ne fais pas de ta vie un monument à David ou à ton ex-mari.

– Je ne ferai rien de tel », l'ai-je assuré. Et j'ai su brusquement que je disais vrai – *Je ne ferai rien de tel*. J'ai senti toute cette vieille douleur nourrie d'amour perdu et d'erreurs passées s'atténuer sous mes yeux, diminuer à tout le moins, grâce au fameux pouvoir guérisseur du temps, de la patience et de la grâce de Dieu.

Et puis Richard a repris la parole, et renvoyé en moins de deux mes pensées vers les réalités les plus triviales : « Après tout, bébé, n'oublie pas ce qu'on dit : parfois, le meilleur moyen de se remettre de quelqu'un, c'est de se mettre sous quelqu'un d'autre. »

J'ai éclaté de rire. « D'accord, Richard, ça va aller. Tu peux rentrer au Texas, maintenant.

– T'as raison, a-t-il répondu en regardant distraitement ce triste parking d'aéroport indien. Parce que ça va pas me rendre plus beau de rester planté là. »

62

En rentrant à l'ashram, après avoir pris congé de Richard, je décide que je parle trop. Pour être franche, toute ma vie durant, j'ai toujours trop parlé, mais au cours de mon séjour à l'ashram, j'ai vraiment *beaucoup trop* parlé. Il me reste deux mois à passer ici, et je ne veux pas gâcher la plus belle opportunité spirituelle de ma vie par un trop-plein de bavardage et d'urbanité. J'ai eu la surprise de découvrir que même ici, à l'autre bout du monde, dans l'environnement sacré de cette retraite spirituelle, je me suis débrouillée pour recréer autour de moi une ambiance de cocktail. Je parlais tout le temps avec Richard, mais pas seulement avec lui – même si c'était l'un avec l'autre que nous papotions le plus –, je suis continuellement en train de jacasser avec quelqu'un. Je me suis même retrouvée – dans un *ashram*, vous vous rendez compte ! – à prendre rendez-vous avec des *connaissances*, à dire à quelqu'un : « Désolée, je ne peux pas déjeuner avec toi aujourd'hui parce que j'ai promis à Sakshi de manger avec elle… Mais on pourrait prendre date pour mardi prochain. »

C'est l'histoire de ma vie. Je suis comme ça. Mais ces derniers temps, je me suis dit que, spirituellement, ma prolixité constitue peut-être un handicap. Le silence et la solitude sont des pratiques spirituelles universellement reconnues, et il y a de bonnes raisons à ça. Apprendre à discipliner son discours nous permet d'empêcher nos énergies de profiter du point de rupture de notre bouche pour se répandre et remplir le monde de mots, encore de mots, toujours de mots, en lieu et place de paix, de sérénité, de félicité. Swamiji se montrait très pointilleux sur le chapitre du silence dans l'enceinte de l'ashram. Le silence, insistait-il, est une pratique de dévotion, la seule vraie religion. C'est ridicule, tout ce que j'ai dit dans cet ashram, le seul lieu au monde où le silence devrait – et peut – régner !

C'est donc décidé : je vais arrêter de jouer à la mondaine de service. Finis la dispersion, les bavardages, les blagues. Je ne monopoliserai plus l'attention, ni ne dominerai les conversations. Terminé, mon petit numéro de claquettes verbales à trois sous pour m'affirmer. Il est temps que ça change. Maintenant que Richard est parti, je vais faire du restant de mon séjour ici une expérience de silence total. Ce sera difficile, mais nullement impossible, parce que ici à l'ashram, tout le monde respecte le silence. Et l'ensemble de la communauté, reconnaissant dans cette décision un acte de piété, la soutiendra. À la librairie, ils vendent même des petits badges qu'on peut arborer et qui disent : « Je suis dans le silence. »

Je vais en acheter quatre.

Dans la voiture qui me reconduit à l'ashram, je lâche complètement la bride à mon fantasme de vœu de silence. Je serai si silencieuse que j'en deviendrai célèbre. Dorénavant, aux yeux de tous, je serai la Fille Silencieuse. Je vais respecter à la lettre l'emploi du temps de l'ashram, prendre mes repas en solitaire, méditer interminablement chaque jour des heures durant et astiquer le sol des temples sans piper mot. Ma seule interaction avec mes condisciples se bornera à un sourire béat depuis l'intérieur de mon monde autonome de sérénité et de piété. Les gens parleront de moi. Ils demanderont : « Qui est donc cette fille silencieuse au fond du temple, qui passe son temps à astiquer le sol, à genoux ? Elle ne parle jamais. Elle est tellement insaisissable ! Tellement mystique ! Je n'arrive même pas à imaginer à quoi ressemble le son de sa voix. Et quand elle marche derrière vous dans le jardin, on ne l'entend jamais arriver... Elle se déplace aussi silencieusement que la brise. Elle doit être dans un état permanent de communion méditative avec Dieu. *C'est la fille la plus silencieuse que j'aie rencontrée.* »

63

Le lendemain matin, alors que j'étais à genoux dans le temple, en pleine séance d'astiquage, et qu'il émanait de moi (imaginais-je) un rayonnement sacré de silence, un jeune Indien est venu m'apporter un message : j'étais attendue au bureau du *seva*, sur-le-champ. *Seva* désigne, en sanskrit, la pratique spirituelle du service désintéressé (comme, par exemple, astiquer le sol d'un temple). Le bureau du *seva* gère et répartit le travail dans l'enceinte de l'ashram. Je m'y suis donc rendue, très intriguée par les raisons de cette convocation. « Vous êtes Elizabeth Gilbert ? » s'est enquise la charmante dame du bureau.

Je lui ai souri de ma plus fervente piété et j'ai hoché la tête. Silencieusement.

Elle m'a alors annoncé que l'affectation de mon travail avait été modifiée. À la suite d'une demande spéciale de la direction, je ne faisais plus partie de l'équipe chargée de l'entretien des sols. Ils avaient en tête un nouveau poste pour moi.

Et l'intitulé de ce nouveau poste était – tenez-vous bien – première hôtesse.

64

C'était une nouvelle blague de Swamiji – ça crevait les yeux.

Ah ! Tu voulais être la Fille Silencieuse au fond du temple ? Eh bien, devine un peu…

Mais c'est le genre de choses qui se produit sans cesse à l'ashram. Vous prenez une décision grandiose quant à ce qu'il vous faut faire, ou qui il vous faut être, et aussitôt, les circonstances se font fort de vous révéler à quel point vous ne pigez pas grand-chose à vous-même. J'ignore combien de fois Swamiji l'a martelé au cours de sa vie et mon guru l'a répété depuis la mort de son maître, mais tout indique que je n'ai pas encore totalement intégré la vérité de leur affirmation la plus insistante : « Dieu réside en toi, il est qui tu es. »

Il est QUI tu es.

S'il y a une vérité sacrée dans le yoga, cette phrase en incarne l'essence. Dieu réside en chacun de nous et est *qui* nous sommes, exactement *tel* que nous sommes. Dieu se moque pas mal de nous regarder nous livrer à une performance de personnalité, histoire de nous conformer à quelque notion tordue qu'on aurait conçue quant à l'apparence ou au comportement qui sied à une personne spirituellement élevée. Nous serions tous enclins à croire, semblerait-il, que pour être religieux, il nous faut réformer, de façon radicale et spectaculaire, notre tempérament, qu'il nous faut renoncer à notre individualité. C'est un exemple typique de ce qu'en Asie, on appelle « penser à l'envers ». Swamiji disait toujours que chaque jour, les renonçants trouveront une nouvelle chose à laquelle renoncer, mais qu'en général c'est à la dépression, non à la paix, qu'ils accéderont. Il n'avait de cesse d'enseigner que ce n'est pas – pour notre propre bien – d'austérité et de renoncement que nous avons besoin. Pour connaître Dieu, il n'est besoin de renoncer qu'à une seule chose – le sentiment qu'on a d'être séparé de lui. Pour le reste, restons tels que nous avons été faits, restons dans les limites de notre tempérament naturel.

Quel est mon tempérament naturel ? J'adore étudier dans cet ashram, mais quand je rêve d'accéder au divin en traversant ces lieux comme si je flottais, silencieusement, un doux sourire aux lèvres… d'où sort cette fille ? Il s'agit probablement de quelqu'un que j'ai vu dans une émission à la télé. La réalité, et ça me chagrine un peu de l'admettre, c'est que je ne serai jamais cette fille-là. J'ai toujours été fascinée par ces âmes spectrales, éthérées. J'ai toujours voulu être la Fille Taciturne. Justement, sans doute, parce que je ne suis pas taciturne. C'est pour cette même raison que je trouve les épaisses chevelures brunes si belles – précisément parce que je n'en ai pas une, parce que je ne pourrai jamais en avoir une. Mais arrive un moment où il faut faire la paix avec ce qui nous a été donné, et si Dieu avait voulu que je sois une fille timide à l'épaisse chevelure brune, il m'aurait faite telle. Cela n'étant pas le cas, il serait donc peut-être judicieux de m'accepter telle que j'ai été faite, et de m'incarner entièrement dans celle que je suis.

Ou, comme disait Sextus Empiricus, le philosophe : « L'homme sage demeure égal à lui-même. »

Cela ne signifie pas que je ne peux pas être pieuse. Que l'amour de Dieu ne peut pas me chambouler et me remplir d'humilité. Cela ne signifie pas que je ne peux pas servir l'humanité. Que je ne peux pas m'améliorer en tant qu'être humain, peaufiner mes qualités et travailler chaque jour pour minimiser mes vices. Par exemple, il y a peu de chances que je devienne quelqu'un qui se fond dans la tapisserie, mais rien ne m'empêche de reconsidérer sérieusement mon débit oral pour en réformer certains aspects, pour l'améliorer – en travaillant de l'intérieur ma personnalité. Oui, j'aime bien parler, mais ai-je besoin de jurer autant ? De rire pour un oui ou pour un non ? Ai-je vraiment besoin de parler constamment de moi ? Ou encore, tenez, voici une décision radicale : et si j'arrêtais de couper la parole aux autres ? Car en dépit de tous mes efforts de créativité, quand je considère ma manie de couper la parole, je ne vois là qu'une façon de dire à l'autre : « Je crois que ce que je dis est plus important que ce que toi tu dis. » Ce qui, à mes yeux, n'est rien d'autre qu'une façon de dire : « Je crois que je suis plus importante que toi. » Et ça, ça doit cesser.

Il serait utile de procéder à ces changements. Mais même ainsi, même en réformant raisonnablement mes habitudes de parole, je ne serai probablement jamais reconnue comme la Fille Silencieuse. Quelque séduisante que soit cette image, quel que soit le mal que je me donne. C'est de moi qu'il est question ici, ne l'oublions pas. Quand la femme du bureau du *seva* m'a assignée à mon nouveau poste de première hôtesse, elle m'a dit : « Nous avons un petit sobriquet pour la personne qui occupe ce poste, vous savez. Nous l'appelons "Suzy Bonne-Pâte", parce que la première hôtesse doit être tout le temps sociable, pétillante et souriante. »

65

Mon boulot va consister à encadrer une série de retraites qui auront lieu ce printemps à l'ashram. Au cours de chacune d'elles, une centaine de disciples viendra du monde entier, pour une semaine ou dix jours, afin d'approfondir leur pratique de la méditation. Mon rôle sera de veiller sur ces gens le temps de leur séjour. Les participants observeront le silence pendant presque toute la durée de la retraite. Pour certains d'entre eux, cette expérience du silence comme pratique de dévotion sera une première, et cela peut être assez intense. Toutefois, si jamais quelque chose se passe mal, ils pourront m'en parler ; je serai la seule personne dans l'ashram avec laquelle ils seront autorisés à communiquer.

Oui, mon boulot consiste à me transformer, officiellement, en aimant à paroles.

J'écouterai les problèmes que rencontrent les participants et j'essaierai de les résoudre. Il se peut qu'ils souhaitent changer de camarade de chambrée parce qu'il ronfle, ou consulter un médecin en raison de désordres intestinaux liés à la nourriture indienne – j'essaierai de trouver des solutions. Il me faudra connaître chaque participant par son nom, et savoir d'où il vient. Je me déplacerai avec un bloc à pince, en prenant des notes pour le suivi. Je suis Julie McCoy, votre directrice de croisière yogique.

Et, oui, le poste me vaut un *pager*.

Sitôt que la retraite commence, cela crève les yeux que je suis faite pour ce boulot. Je suis installée au bureau d'accueil, avec mon badge *Bonjour, je m'appelle…*, et ces participants arrivent de trente pays différents. Si certains d'entre eux sont des habitués, beaucoup n'ont jamais mis les pieds en Inde. À 10 heures du matin, il fait déjà plus de 30 degrés, et la plupart de ces gens ont passé la nuit dans l'avion, en classe éco. Certains, en pénétrant dans cet ashram, donnent l'impression de s'être réveillés dans un coffre de voiture – on dirait qu'ils n'ont pas la moindre idée de ce qu'ils font ici. Quel que soit le désir de transcendance qui les a conduits à s'inscrire à cette retraite spirituelle, ils l'ont oublié depuis longtemps, probablement au moment où leurs bagages se sont perdus à Kuala Lumpur. Ils sont assoiffés, mais ne savent pas encore s'ils peuvent boire l'eau du robinet sans risque. Ils sont affamés, mais ignorent à quelle heure le déjeuner est servi et où se trouve la cafétéria. Leurs vêtements en synthétique, leurs godillots sont totalement inadaptés au climat tropical. Ils ne savent pas s'il y a là quelqu'un qui parle russe…

Je parle trois mots de russe…

Je peux les aider. Je suis tellement équipée pour aider. Toutes les antennes que j'ai déployées tout au long de ma vie et qui m'ont appris comment décrypter ce que les gens ressentent, toute l'intuition que j'ai développée en grandissant dans la peau de la cadette

ultrasensible, toutes les facultés d'écoute que j'ai peau-
finées en me montrant une barmaid sympathique et une
journaliste curieuse, tout cet art de dispenser des soins
que j'ai acquis en étant, pendant des années, la femme
ou la petite amie de quelqu'un – tout cela s'est accu-
mulé afin que je puisse aider ces braves gens dans la
tâche difficile avec laquelle ils ont décidé de se colleter.

Je les vois arriver du Mexique, des Philippines,
d'Afrique, du Danemark, de Detroit, et j'ai l'impression d'être dans cette scène de *Rencontre du troisième
type* où Richard Dreyfuss et tous les autres chercheurs
ont été attirés au beau milieu du Wyoming par l'arrivée
du vaisseau spatial pour des raisons qui leur échappent
complètement. Leur bravoure me consume d'émerveillement. Ces gens ont momentanément laissé derrière eux leur famille et leur vie pour partir faire une
retraite silencieuse en Inde, en compagnie d'une foule
de parfaits inconnus. Tout le monde n'en fait pas autant,
dans sa vie.

J'aime tous ces gens, instinctivement et incondition-
nellement. J'aime mêmes les enquiquineurs du lot. Je
vois à travers leurs neurones et j'y lis l'épouvante que
leur inspire ce qu'ils vont devoir affronter quand ils
s'assoiront en silence pour méditer sept jours durant.
J'aime cet homme, cet Indien, qui vient me trouver
avec indignation pour me signaler qu'il manque un
pied à la statuette du dieu Ganesh qui se trouve dans
sa chambre. Il est furieux, il pense que c'est un affreux
présage et il veut qu'on enlève cette statuette – dans
l'idéal, il faudrait que ce soit un prêtre brahmane qui
s'en charge, au cours d'une cérémonie purificatrice
« conduite selon la tradition ». Je le rassure et écoute sa
colère, puis j'envoie Tulsi, ma copine garçon manqué,
faire disparaître la statue de la chambre pendant que le

type déjeune. Le lendemain, je lui fais passer un petit mot pour lui dire que j'espère qu'il se sent mieux désormais et lui rappeler que je suis là s'il a besoin de quoi que ce soit d'autre ; il me récompense d'un immense sourire de soulagement. Il avait la trouille, c'est tout. La Française qui a frôlé la crise d'angoisse au sujet de ses allergies au gluten – elle aussi, elle a la trouille. Tout comme l'Argentin qui veut un rendez-vous spécial avec toute l'équipe de direction du département de hatha yoga afin qu'on le conseille sur la meilleure façon de s'asseoir durant la méditation pour ne pas avoir mal à la cheville. Ils ont tous la trouille. Ils vont pénétrer dans le silence, pénétrer dans les tréfonds de leur âme. Même pour celui qui a une grande expérience de la méditation, nul territoire n'est plus inconnu que celui-là. Tout peut s'y produire. Ils seront guidés, au cours de la retraite, par une femme extraordinaire, une religieuse d'une cinquantaine d'années, dont chaque mot, chaque geste est la compassion incarnée, mais ils ont tout de même la trouille parce que, quelque aimante que soit cette femme, elle ne peut les accompagner là où ils vont aller. Personne ne le peut.

Au moment où la retraite commence, je reçois au courrier une lettre d'un ami d'Amérique, Mike, qui est réalisateur de documentaires animaliers pour la chaîne National Geographic. Il me raconte qu'il vient d'assister à un dîner chic au Waldorf-Astoria, à New York, donné en l'honneur des membres du Club des explorateurs. C'était saisissant, m'écrit-il, de se retrouver en présence de gens aussi incroyablement courageux, qui tous avaient risqué tant de fois leur vie pour découvrir les lieux les plus reculés et les plus dangereux du monde – chaînes de montagnes, canyons, fleuves, grands fonds marins, mers de glace, volcans. Nombre d'entre eux, me raconte-t-il, avaient laissé des petits morceaux d'eux-mêmes dans l'aventure – orteils, nez, doigts, perdus au fil des ans à cause des requins, des morsures du froid et d'autres dangers.

Jamais je n'avais vu autant de gens courageux rassemblés en un seul lieu au même moment, m'écrit-il.

Et je me suis dit : *T'as rien vu, Mike.*

66

Le sujet de la retraite, et son objectif, est l'état *turiya*, l'insaisissable quatrième niveau de la conscience humaine. Au cours d'une expérience humaine ordinaire, disent les yogis, la plupart d'entre nous se meuvent entre trois niveaux différents de conscience – l'éveil, le rêve ou le sommeil profond et sans rêve. Mais il existe également un quatrième niveau. Celui-ci est le témoin de tous les autres, un état de conscience intégrale, qui fait le lien entre les trois précédents niveaux. C'est la pure conscience, la cognition intelligente qui peut – par exemple – nous faire souvenir de nos rêves le matin au réveil. Nous n'étions plus là, nous dormions, mais quelqu'un surveillait nos rêves pendant notre sommeil – qui était ce témoin ? Et qui est celui qui se tient toujours à l'extérieur de notre activité mentale, et observe nos pensées ? Dieu, tout simplement, disent les yogis. Si nous pouvons atteindre ce stade de conscience témoin, alors nous pouvons être en présence de Dieu tout le temps. Cet état de cognition permanente et l'expérience de la présence de Dieu à l'intérieur de soi ne peuvent advenir que dans un quatrième état de conscience humaine, qu'on appelle *turiya*.

Voilà comment on peut déterminer si l'on a atteint l'état *turiya* – si nous sommes dans un état de béatitude permanente. Celui qui vit de l'intérieur de *turiya* n'est pas sujet aux sautes d'humeur de l'esprit, il ne redoute pas le temps, les pertes ne l'affectent pas. « Pur, propre, vide, paisible, sans souffle, désintéressé, infini, immarcescible, inébranlable, éternel, non né, indépendant, il attend dans sa propre grandeur », disent les Upanishads, les anciens textes yogiques, pour décrire celui qui a atteint l'état *turiya*. Les grands saints, les grands gourous, les grands prophètes de l'histoire – tous vivaient dans l'état *turiya*, en permanence. Le restant d'entre nous a, le plus souvent, connu également cet état, ne serait-ce que fugacement, à l'occasion. Même deux minutes seulement dans notre vie, nous avons fait l'expérience, à un moment ou à un autre, d'une sensation inexplicable et aléatoire de félicité absolue, sans lien aucun avec ce qui se passait dans le monde extérieur. À un moment donné, on est juste monsieur ou madame Tout-le-monde, en train de se coltiner sa vie banale, et puis soudain – qu'est-ce que c'est que ça ? – rien n'a changé, et pourtant, on se sent ébranlé par la grâce, dilaté d'émerveillement, inondé de félicité. Tout – sans aucune raison décelable – est parfait.

Naturellement, pour la plupart d'entre nous, cet état se dissipe aussi vite qu'il est apparu. C'est presque comme si on nous montrait notre perfection intérieure pour nous allécher, et qu'ensuite, nous dégringolions à nouveau très vite dans la « réalité », nous affalant une fois de plus comme une masse sur tous nos anciens soucis, nos vieux désirs. Au cours des siècles, les gens ont essayé de s'accrocher à cet état de perfection béate par toutes sortes de moyens – les drogues, le sexe, le pouvoir, l'adrénaline et l'accumulation de beaux objets –, mais il finit toujours par se dissiper. Nous cherchons le bonheur partout, mais nous sommes comme le mendiant de Tolstoï qui passe sa vie assis sur un pot d'or, à quémander quelques piécettes à chaque passant sans savoir que pendant tout ce temps, la fortune est là, pile sous son derrière. Notre trésor – notre perfection – est déjà en nous. Mais pour le réclamer, on doit fuir le tapage et l'agitation de l'esprit, renoncer aux désirs de l'ego et pénétrer dans le silence du cœur. La *kundalinî shakti* – l'énergie suprême du divin – nous y emmènera.

C'est cela que chacun est venu chercher ici.

En écrivant cette dernière phrase, je voulais dire, initialement : « C'est pourquoi cette centaine de participants est venue du monde entier faire une retraite dans cet ashram, en Inde. » Mais en fait, les saints et les philosophes yogiques auraient été d'accord avec la généralisation de mon affirmation originale : « C'est cela que chacun est venu chercher ici. » D'après les mystiques, cette quête de la félicité divine constitue le but d'une vie humaine entière. C'est pourquoi nous avons tous choisi de naître, et pourquoi toutes les souffrances et les douleurs de la vie sur terre valent d'être vécues – juste pour avoir l'opportunité de faire l'expérience de cet amour infini. Et une fois que vous avez trouvé cette divinité intérieure, pouvez-vous la retenir ? Parce que si vous en êtes capable, s'offre à vous la *félicité*.

J'ai passé tout le temps de la retraite au fond du temple, à observer les participants méditer dans la pénombre et le silence total. C'est mon boulot d'être attentive à leur confort, de rester vigilante pour voir si quelqu'un rencontre un problème, ou a besoin de quelque chose. Ils ont tous fait vœu de silence pour la durée de la retraite, et chaque jour, je les sens s'enfoncer plus profondément dans ce silence, jusqu'à ce que leur quiétude sature l'ashram tout entier. Par respect pour ces participants, tout le monde ne se déplace plus que sur la pointe des pieds ; nous prenons même nos repas en silence. Tout bavardage a disparu. Même moi, je me tais. Il règne à présent en ces lieux un silence nocturne et cette impression feutrée d'être hors du temps, dont on ne fait généralement l'expérience que vers 3 heures du matin, quand on est seul – et qui pourtant perdure à la pleine lumière du jour, soutenue par tout l'ashram.

Tandis que cette centaine d'esprits médite, je n'ai aucune idée de ce qu'ils pensent, ou ressentent, mais je sais ce dont ils veulent faire l'expérience, et je me retrouve dans un état permanent de prières que j'adresse à Dieu pour leur bénéfice. Je me livre, pour eux, à de curieux marchandages : *S'il te plaît, donne à ces gens merveilleux toutes les bénédictions que tu aurais pu mettre de côté pour moi.* Ce n'est pas mon intention d'entrer en méditation en même temps que les participants à la retraite ; je suis censée les garder à l'œil, et non me préoccuper de mon propre voyage spirituel. Mais chaque jour, je me retrouve soulevée par les vagues de leur dévotion collective – à l'image de ces oiseaux charognards qui profitent des courants ascendants pour se laisser emporter plus haut dans les airs, bien plus haut que ne le leur permettrait la seule force de leurs ailes. Ce n'est probablement pas surprenant que ce soit à ce moment-là que ça se passe. Un jeudi après-midi, au fond du temple, dans le cadre de ma mission de première hôtesse, me voilà soudain charriée à travers le portail de l'univers et emportée au centre de la paume de Dieu.

67

Quand je lis un récit de quête spirituelle, la frustration s'empare de moi à l'évocation du moment où l'âme prend congé du temps et du lieu et se confond avec l'infini. De Bouddha à sainte Thérèse, des mystiques soufis à mon guru, bien des grands esprits au cours des siècles ont essayé d'exprimer l'impression de ne plus faire qu'un avec le divin, mais ces descriptions ne me satisfont jamais entièrement. Souvent, pour décrire l'événement, on rencontre l'exaspérant qualificatif *indescriptible*. Mais même ceux qui ont raconté avec le plus d'éloquence l'expérience de la dévotion – comme Rumi, qui a écrit avoir abandonné tout effort et s'être attaché lui-même à la manche de Dieu, ou Hafiz, qui a dit que lui et Dieu étaient devenus comme deux gros hommes cohabitant sur un petit bateau, « nous n'arrêtions pas de nous cogner l'un à l'autre et de rire » –, même ces poètes m'ont laissée loin derrière eux. Je ne veux pas lire sur cette expérience ; je veux la faire, la ressentir à mon tour. Sri Ramana Maharshi, un guru indien très respecté, entretenait souvent ses élèves de cette accession à la transcendance, et il concluait toujours ses leçons par l'instruction suivante : « Maintenant, à vous de la trouver. »

C'est donc fait, je l'ai trouvée. Et je me refuse à dire que ce dont j'ai fait l'expérience ce jeudi après-midi en Inde était indescriptible, même si c'est le cas. Je vais essayer d'expliquer ce qui s'est passé. Pour dire les choses simplement, j'ai été tirée le long du tunnel de l'absolu, et dans cette course précipitée, j'ai brusquement compris le fonctionnement de l'univers, entièrement. J'ai quitté mon corps, j'ai quitté la pièce où je me trouvais, j'ai quitté la planète, j'ai traversé le temps et pénétré dans le vide. J'étais à l'intérieur du vide, mais j'étais également le vide, et je le contemplais – tout ça en même temps. Le vide était un lieu de paix et de sagesse sans limites. Le vide était conscient et intelligent. Le vide était Dieu, ce qui signifie que j'étais à l'intérieur de Dieu. Mais pas dans un sens dégoûtant, physique – ce n'était pas comme si j'étais Liz Gilbert coincée dans le muscle de la cuisse de Dieu. J'étais juste une part de lui. En plus d'être lui. J'étais à la fois une minuscule pièce de l'univers et exactement de la même taille que l'univers. « Qu'une goutte se fonde dans la mer, tout le monde peut le comprendre, mais peu comprennent que la mer est contenue dans la goutte », a écrit le sage Kabir – et je peux aujourd'hui personnellement témoigner que c'est vrai.

Ce que je ressentais n'avait rien d'une hallucination. C'était l'événement le plus basique qui soit. C'était le paradis, oui. C'était l'amour le plus profond dont j'avais jamais fait l'expérience, qui dépassait tout ce que j'avais pu auparavant imaginer, mais cela n'avait rien d'euphorique. Ni d'excitant. C'était juste évident. Comme lorsqu'on fixe suffisamment longtemps une illusion d'optique, en forçant nos yeux à démanteler sa construction, et que brusquement, notre connaissance bascule. Ça y est, désormais, on voit clairement la chose : les deux vases sont en fait deux visages. Et une fois qu'on a décrypté une illusion d'optique, on ne peut jamais plus la revoir.

Alors c'est ça, Dieu, ai-je songé. *Heureuse de vous rencontrer !*

L'endroit à l'intérieur duquel je me tenais ne peut être décrit comme un lieu terrestre. Il n'était ni sombre ni lumineux, ni grand ni petit. D'ailleurs, ce n'était pas un lieu ; techniquement parlant, je ne m'y trouvais pas ; je n'étais plus exactement « moi ». Mes pensées étaient toujours avec moi, mais elles étaient infiniment modestes et paisibles, elles se contentaient d'observer. Non seulement j'éprouvais sans hésitation une compassion universelle et ne faisais plus qu'un avec tout et tout le monde, mais je m'étonnais aussi un peu que quelqu'un puisse éprouver autre chose que cela. J'étais également un peu amusée par toutes mes vieilles idées quant à qui je suis et à quoi je ressemble. *Je suis une femme, je viens d'Amérique, je suis bavarde, je suis écrivain* – je trouvais tout cela mignon, et obsolète. Imaginez que vous cherchiez à faire entrer votre identité dans une boîte aussi riquiqui quand, à la place, vous pourriez faire l'expérience de votre infinitude.

« Pourquoi ai-je poursuivi toute ma vie le bonheur quand la béatitude était là, depuis toujours ? » me suis-je demandé avec étonnement.

Je ne sais combien de temps j'ai flotté dans ce sublime espace, cet espace d'union, avant qu'une pensée ne surgisse : *Je veux m'accrocher pour toujours à cette expérience !* Et c'est là que la dégringolade a commencé. À cause de ces deux petits mots de rien du tout – « *Je veux !* » –, j'ai commencé à glisser vers la terre. Et là, mon esprit s'est mis à protester pour de bon – « *Non ! Je ne veux pas partir d'ici !* » – et la glissade a continué.

Je veux !

Je ne veux pas !

Je veux !

Je ne veux pas !

À chaque réitération de ces cris de désespoir, je me sentais traverser, dans ma dégringolade, des strates successives d'illusion, tel le héros d'un film d'action comique qui, au cours de sa chute du haut d'un immeuble, transperce une douzaine d'auvents en toile. La réapparition de ces désirs vains me ramenait à nouveau dans mes limites exiguës, mes limites mortelles, dans mon univers borné de bande dessinée. J'ai observé le retour de mon ego comme on regarde l'image apparaître sur un Polaroïd et se préciser seconde après seconde – voilà le visage, et les rides autour de la bouche, et ici les sourcils –, oui, c'est fini, maintenant : voilà une photo de mon bon vieux moi. J'ai senti un frémissement de panique, un serrement au cœur d'avoir perdu cette expérience divine. Mais dans le même temps, comme parallèlement à cette panique, je sentais aussi un moi plus sage et plus vieux, qui pouvait témoigner, et qui secouait la tête en souriant parce qu'il savait cela : si je croyais que cet état de bonheur suprême pouvait m'être enlevé, alors à l'évidence je ne l'avais pas encore compris. Et par conséquent, je n'étais pas encore prête à l'habiter complètement. Il me faudrait m'entraîner davantage. À l'instant où je prenais conscience de cela, Dieu m'a lâchée, m'a laissée glisser d'entre ses doigts, avec ce dernier message de compassion implicite :

Tu pourras revenir ici une fois que tu auras entièrement compris que tu es toujours ici.

68

La retraite s'est terminée deux jours plus tard, et tout le monde est sorti du silence. Un nombre incroyable de participants m'ont serrée dans leurs bras, en me remerciant de mon aide.

« Oh, non ! Merci à *vous* », répétais-je sans cesse, frustrée de ces mots inadéquats, de leur incapacité à exprimer l'ampleur de ma gratitude pour m'avoir hissée jusqu'à de si grandioses sommets.

La semaine suivante, une autre centaine d'adeptes est arrivée pour une nouvelle retraite; les enseignements, les courageux efforts vers l'intérieur de soi et le silence qui englobe tout ont repris, expérimentés par de nouveaux esprits. Eux aussi, je les ai surveillés, j'ai fait tout mon possible pour les aider, et à quelques reprises, je suis retournée avec eux dans l'état *turiya*. Et j'ai bien ri quand, plus tard, au sortir de leur méditation, plusieurs d'entre eux m'ont dit qu'au cours de leur retraite, je leur étais apparue telle une présence « silencieuse, planante, éthérée ». Ce serait donc là l'ultime pied de nez de l'ashram à mon endroit? Il avait fallu que j'apprenne à accepter mon naturel tapageur, bavard et mondain, et que je me jette à fond dans mon rôle de première hôtesse pour pouvoir, seulement alors, devenir la Fille Silencieuse au fond du temple?

Au cours des dernières semaines que j'y ai passées, l'ashram était empreint de cette sorte de mélancolie qui règne les derniers jours dans les colonies de vacances. Chaque matin, semblait-il, des gens toujours nombreux pliaient bagage et embarquaient à bord d'un bus. Il n'y avait plus d'arrivées. Nous étions presque en mai, le mois qui marque, en Inde, le début de la saison la plus chaude, et l'ashram allait ralentir le rythme de ses activités pour un petit moment. Il n'y aurait pas d'autre retraite. J'ai donc été affectée à un nouveau poste, au bureau des enregistrements, cette fois, où il m'était échu la tâche douce-amère d'enregistrer officiellement le départ de tous mes amis en supprimant leur nom de l'ordinateur une fois qu'ils avaient quitté l'ashram.

Je partageais mon bureau avec un garçon amusant qui avait été coiffeur sur Madison Avenue. Nous faisions nos prières du matin ensemble, tout seuls. Nous n'étions plus que nous deux à chanter notre hymne à Dieu.

« Tu crois qu'on pourrait accélérer le tempo de cet hymne, aujourd'hui ? m'a demandé le coiffeur un matin. Et peut-être le chanter une octave plus haut ? Ça m'éviterait de ressembler à une version mystique de Count Basie quand je chante. »

Je dispose de plus en plus de temps seule, désormais. Je passe entre quatre et cinq heures chaque jour dans une salle de méditation. Je suis maintenant capable de rester assise plusieurs heures d'affilée en ma propre compagnie, d'être à l'aise en ma présence, de ne pas me sentir dérangée par mon existence terrestre. Parfois, mes méditations sont des expériences surréalistes et physiques de *shakti* – une ferveur qui me distord l'épine dorsale, porte mon sang à ébullition. J'essaie de m'y abandonner en opposant le moins de résistance possible. D'autres fois, je fais simplement l'expérience d'un contentement agréable, paisible, et ça me convient aussi tout à fait. Les phrases continuent de se former dans ma tête, et les pensées poursuivent leur sarabande de petites frimeuses, mais je connais si bien mes schémas mentaux, désormais, que cela ne m'ennuie plus. Mes pensées sont devenues comme des voisins de longue date, un peu rasoir, mais finalement attachants – M. et Mme Moulinàparole et leurs trois idiots de gamins, Bla, Bla, Bla. Mais ils ne perturbent pas ma maison. Il y a de la place pour chacun de nous dans ce quartier.

Pour ce qui est des autres changements, quels qu'ils soient, susceptibles d'être intervenus en moi au cours de ces derniers mois, peut-être ne suis-je pas encore en mesure de les ressentir. Mes amis qui apprennent depuis longtemps le yoga disent qu'on ne voit pas vraiment l'impact qu'un ashram a eu sur nous avant d'en être parti et de s'être réinstallé dans sa vie normale. « Ce n'est qu'à ce moment-là, m'a dit l'ex-religieuse d'Afrique du Sud, que vous commencerez à remarquer que tous vos placards intérieurs sont rangés différemment. » Naturellement, pour l'instant, je ne sais pas trop quelle est ma vie normale. Je suis sur le point de partir m'installer chez un vieux sorcier en Indonésie – est-ce là ma vie normale ? Oui, peut-être. Qui sait ? Mais quoi qu'il en soit, mes amis m'assurent que les changements n'apparaissent que plus tard. On peut alors s'apercevoir que des obsessions qui ne nous avaient jamais quittés se sont éteintes, ou que de vilains schémas indestructibles se sont enfin modifiés. Les tracasseries qui autrefois nous rendaient fous ne constituent plus des problèmes, tandis que nous ne tolérerons plus, même cinq minutes, ces vieux chagrins atroces que nous endurions autrefois par habitude. Les relations pernicieuses, nous les aérerons, ou nous les jetterons, et des êtres plus lumineux, plus bénéfiques commenceront à pénétrer dans notre monde.

La nuit dernière, je n'arrivais pas à trouver le sommeil. Pas par anxiété, ni à cause de l'excitation de ces changements que j'anticipais. Je me suis habillée et je suis sortie me promener dans les jardins. La lune était pleine comme un fruit délicieusement mûr ; elle flottait haut au-dessus de moi, et répandait alentour une lumière aux reflets d'étain. L'air embaumait le jasmin, parfum enivrant, capiteux et fleuri de ces buissons dont les fleurs ne s'ouvrent qu'à la nuit tombée. La journée avait été humide, chaude, et cette touffeur ne s'était que très légèrement atténuée. L'air tiède bougeait autour de moi. *Je suis en Inde !* ai-je réalisé.

Je suis en sandales et je suis en Inde !

Je me suis mise à courir, à galoper, j'ai quitté l'allée pour descendre dans la prairie, me précipiter dans ce bain d'herbe et de clair de lune. Mon corps se sentait si vivant et sain après tous ces mois de yoga, de nourriture végétarienne, de sommeil réparateur. Dans toute

313

la vallée, on n'entendait que le bruissement de mes semelles sur l'herbe couverte de rosée. Mon exultation était telle que j'ai foncé vers le bosquet d'eucalyptus planté au milieu du parc (là où se trouvait autrefois, dit-on, un temple en l'honneur du dieu Ganesh – celui qui fait disparaître les obstacles), j'ai enlacé le tronc d'un de ces eucalyptus encore gorgé de la chaleur de la journée, et je l'ai embrassé avec passion. Non, vraiment, j'ai embrassé cet arbre de tout mon cœur, sans même songer sur le moment qu'il s'agissait là du pire cauchemar de tout parent américain dont l'enfant est parti en Inde pour se trouver – qu'il finisse par se livrer à des orgies avec les arbres au clair de lune.

Mais il était pur, cet amour que j'éprouvais. Il était pieux. J'ai regardé autour de moi la vallée enténébrée et je ne voyais rien qui ne soit Dieu. Je me sentais profondément, terriblement heureuse. Je me suis dit : « Quelle que soit la nature de ce sentiment, c'est ce pour quoi j'ai prié. Et c'est aussi ce à quoi j'ai adressé mes prières. »

69

Au fait, j'ai trouvé mon mot d'ordre.

Je l'ai trouvé dans un bouquin, évidemment, en bon rat de bibliothèque que je suis. Je m'interrogeais à propos de mon mot d'ordre depuis cet après-midi à Rome, où Giulio, mon ami italien, m'avait appris que celui de Rome était SEXE, et qu'il m'avait demandé quel était le mien. Je ne connaissais pas la réponse, à l'époque, mais je me disais que mon mot d'ordre finirait par se montrer, et que, quand je le verrais, je le reconnaîtrais.

Je l'ai donc vu, au cours de ma dernière semaine à l'ashram. En parcourant un texte ancien sur le yoga, je suis tombée sur une description des anciens chercheurs spirituels. Un mot sanskrit est apparu dans le paragraphe : ANTEVASIN. Il signifie « celui qui vit sur la frontière ». Autrefois, c'était là une description littérale. Il désignait celui qui avait quitté le centre agité de cette vie temporelle pour partir vivre à la lisière de la forêt, là où les maîtres spirituels avaient élu domicile. L'*antevasin* n'était plus un membre de la communauté villageoise, ni un habitant menant une vie conventionnelle. Mais il n'était pas encore, non plus, un transcendant – il n'était pas encore l'un de ces sages qui vivent dans les profondeurs inexplorées des bois, entièrement réalisés. L'*antevasin* était un homme de l'entre-deux. Un habitant de la frontière. Il avait vue sur l'un et l'autre monde, mais son regard était tourné vers l'inconnu. Et il était un érudit.

Quand j'ai lu cette description de l'*antevasin*, j'ai senti une telle excitation que j'ai lâché un petit cri étranglé de reconnaissance. *C'est ton mot, bébé !* À notre époque, naturellement, cette image de la forêt inexplorée devrait être employée au sens figuré, tout comme celle de la frontière. Mais on peut néanmoins vivre là. On peut vivre sur cette ligne chatoyante entre son vieux mode de pensée et sa compréhension toute neuve, tout en restant dans une phase d'apprentissage. Au sens figuré, c'est une frontière toujours mouvante. Tandis qu'on progresse dans ses études et ses réalisations, cette mystérieuse forêt de l'inconnu demeure toujours à quelques mètres devant nous, donc mieux vaut voyager léger pour continuer à avancer vers elle. Il faut rester mobile, souple. Insaisissable, même. Ce qui est amusant, car la veille, mon ami le plombier-poète de Nouvelle-Zélande avait quitté l'ashram, et

315

avant d'en franchir le portail, il m'avait tendu un amical petit poème d'adieu. Je me suis souvenue de cette strophe :

> *Elizabeth est dans l'entre-deux,*
> *Des mots italiens et des rêves balinais.*
> *Elizabeth est dans l'entre-deux,*
> *Parfois aussi insaisissable qu'un poisson…*

J'ai passé tellement de temps, au cours de ces dernières années, à me demander qui je suis censée être. Une épouse ? Une mère ? Une amante ? Une célibataire ? Une Italienne ? Une goinfre ? Une voyageuse ? Une artiste ? Un yogi ? Mais je ne suis rien de tout ça, pas complètement du moins. Je ne suis pas non plus tante Liz la Folledingue. Je suis juste un *antevasin* insaisissable – toujours dans l'entre-deux –, une élève sur la frontière toujours mouvante, à la lisière de la merveilleuse et effrayante forêt du nouveau.

70

Je crois que toutes les religions du monde ont en commun, fondamentalement, le désir de trouver une métaphore porteuse. Quand on veut parvenir à la communion avec Dieu, ce qu'on essaie réellement de faire, c'est de quitter le monde matériel pour entrer dans le monde éternel (quitter le village pour la forêt, pourrait-on dire, pour poursuivre sur le motif de l'*antevasin*) et il nous faut une idée somptueuse pour nous y convoyer. Elle a intérêt à être convaincante, cette métaphore – vraiment convaincante, magique, puissante –, parce qu'il lui faut nous transporter sur une distance non négligeable. Elle doit être le plus gros bateau qui se puisse imaginer.

Les rituels religieux se développent souvent à partir d'expériences mystiques. Quelques courageux éclaireurs partent en quête d'une nouvelle voie conduisant au divin, font une expérience transcendante et rentrent chez eux en prophètes. Ils rapportent à la communauté des histoires du paradis, et des cartes qui indiquent comment s'y rendre. Puis d'autres, pour traverser à leur tour la distance qui les en sépare, vont répéter les paroles, les recherches, les prières ou les actes de ces prophètes. Parfois, ça marche – la même combinaison familière de syllabes et de pratiques de dévotion répétées génération après génération peuvent transporter nombre de gens de l'autre côté. Parfois, ça ne marche pas, cela dit. Inévitablement, même les nouvelles idées les plus originales finiront par se figer en dogme ou par ne plus marcher pour tout le monde.

Dans cette région d'Inde, les habitants rapportent un récit édifiant au sujet d'un grand saint qui, dans son ashram, était toujours entouré d'adeptes loyaux. Quatre heures par jour, le saint et ses disciples méditaient sur Dieu. Le seul problème, c'est que le saint avait un jeune chat, une agaçante créature qui avait l'habitude de se promener dans le temple en miaulant et en ronronnant, et de gêner tout le monde pendant la méditation. Aussi le saint, dans toute sa sagesse pratique, ordonna que le chat soit attaché à un poteau pendant les heures de méditation, afin qu'il ne dérange personne. Cela devint une habitude – on attachait le chat au poteau, puis la méditation commençait. Mais, les années passant, cette habitude se transforma en un rituel religieux. Personne ne pouvait méditer tant que le chat n'était pas d'abord attaché au poteau. Puis un jour, le chat mourut. Les disciples du saint furent frappés de panique. C'était une crise religieuse majeure – comment pouvaient-ils méditer désormais, sans un chat attaché à un poteau ? Comment allaient-ils atteindre Dieu ? Dans leur esprit, le chat était devenu le moyen indispensable.

Soyez très prudent et ne vous laissez pas obséder par la répétition du rituel religieux en lui-même, avertit ce conte. Cela n'est pas inutile – surtout dans ce monde divisé où les islamistes intégristes et la droite conservatrice américaine se livrent une guerre à l'échelle internationale pour déterminer qui détient les droits du mot « Dieu » et qui possède les rituels adéquats pour atteindre ce Dieu – de rappeler que ce n'est pas le fait d'attacher un chat au poteau qui a amené quelqu'un à la transcendance, mais uniquement le désir persévérant d'un individu qui cherche à faire l'expérience de la compassion divine éternelle. La flexibilité est aussi essentielle pour la divinité que la discipline.

Notre mission, si nous l'acceptons, est donc de continuer à chercher les métaphores, les rituels et les professeurs qui vont nous aider à nous rapprocher toujours plus de la divinité. Les textes yogiques disent que Dieu répond aux prières et aux efforts des hommes *quels que soient* les rites par lesquels ils choisissent de l'adorer – tant que leurs prières sont sincères. Comme le suggère un verset des Upanishads : « Les gens suivent des chemins différents, droits ou tortueux, en fonction de leur caractère, et selon ce qu'ils jugent le mieux, ou le plus approprié – et tous arrivent à Toi, exactement comme le fleuve se jette dans l'océan. »

L'autre objectif de la religion, naturellement, est d'essayer de trouver un sens au chaos qui règne dans notre monde et une explication à toutes ces choses inexplicables que nous voyons se dérouler ici sur terre chaque jour : les innocents souffrent, les méchants sont récompensés – comment nous débrouiller de cet état de fait ? La tradition judéo-chrétienne dit : « Le bon grain sera séparé de l'ivraie après la mort, au paradis et en enfer. » (Toute justice devant être, naturellement, distribuée au compte-gouttes par ce que James Joyce appelait le « Dieu bourreau » – une figure paternelle, du haut de son siège sévère de juge, qui punit le mal et récompense le bien.) En Orient, cela dit, les Upanishads dédaignent toute tentative de donner un sens au chaos du monde. Ils ne sont même pas certains que le monde *est* chaotique, mais suggèrent qu'il pourrait simplement nous apparaître tel, à cause de notre vision limitée. Ces textes ne promettent ni justice ni revanche pour qui que ce soit, bien qu'ils disent que chaque action a des conséquences – choisissez donc votre conduite en fonction. Ces conséquences peuvent tarder à se manifester, cependant. Les yogis voient loin, toujours. En outre, les Upanishads suggèrent que le prétendu chaos a peut-être une réelle fonction divine, même si, en ce qui nous concerne et pour l'instant, elle nous échappe : « Les dieux ont un faible pour ce qui est sibyllin, et n'apprécient pas ce qui est évident. » Le mieux à faire en réponse à notre monde incompréhensible et dangereux est donc de nous entraîner à maintenir l'équilibre *intérieurement* – quelle que soit la folie qui transpire ici-bas.

Sean, mon éleveur laitier yogi irlandais, me l'a expliqué en ces termes : « Imagine que l'univers est un grand moteur qui tourne. Tu préfères rester près du centre – dans le moyeu de la roue – et non pas sur les bords, là où ça tourne à toute berzingue, où tu risques de te faire déchiqueter et de devenir folle. Le moyeu de quiétude, c'est ton cœur. C'est là que Dieu vit en toi. Alors arrête de chercher des réponses dans le monde. Contente-toi de revenir dans ce centre, et tu trouveras toujours la paix. »

Rien ne m'a jamais semblé plus sensé, spirituellement parlant, que cette idée. Elle fonctionne pour moi. Et si jamais je trouve quelque chose qui marche mieux, je m'en servirai, je vous assure.

J'ai beaucoup d'amis à New York qui ne sont pas croyants. La plupart de mes amis, je dirais. Soit ils ont laissé tomber les enseignements spirituels de leur jeunesse, soit ils n'ont jamais grandi avec un dieu. Naturellement, certains d'entre eux sont un peu effrayés par mes efforts de fraîche date pour atteindre la sainteté. Ça donne lieu à des plaisanteries, évidemment. Comme cette raillerie que m'a lancée mon ami Bobby, un jour où il essayait de réparer mon ordinateur : « Sans vouloir froisser ton aura, tu n'as toujours pas pigé comment télécharger un logiciel. » J'encaisse les vannes. Je trouve ça drôle, aussi. Évidemment que c'est drôle.

Ce que j'observe chez certains de mes amis, cependant, tandis qu'ils avancent en âge, c'est le désir très fort de croire en *quelque chose*. Mais ce désir est corrodé par quantité d'obstacles – leur intelligence et leur bon sens inclus. En dépit de toute leur intelligence, cependant, ces gens vivent toujours dans un monde qui donne de la bande à coups d'embardées désordonnées, dévastatrices et complètement dénuées de sens. Comme nous tous, ces gens font dans leur vie des expériences magnifiques ou terribles, de joie ou de souffrance, et ces méga-expériences nous donnent souvent envie d'avoir un contexte spirituel dans lequel exprimer gratitude ou lamentation et où chercher des éléments de compréhension. Le problème est : à quel culte se vouer, à qui adresser ses prières ?

J'ai un ami très cher dont le premier enfant est né juste après la mort de sa mère, qu'il adorait. Après cette confluence de miracle de vie et de deuil, mon ami a senti le désir d'avoir un lieu sacré où se rendre, où accomplir un rituel afin de faire le tri dans toutes ces émotions. Il avait été élevé dans la foi catholique, mais ne pouvait pas supporter l'idée de retourner, adulte, à l'église. (« Je ne peux plus gober leurs sornettes, sachant ce que je sais aujourd'hui », disait-il.) Évidemment, devenir hindou ou bouddhiste, ou un truc loufoque du même genre, le gênait aussi. Alors que pouvait-il faire ? Comme il m'a dit : « On n'a pas envie de trier une religion sur le volet. »

Je respecte entièrement ce sentiment, mais n'y sous-cris pas du tout. Je pense qu'on a entièrement le droit de procéder à un tri sur le volet quand il s'agit de faire mouvoir son esprit et de trouver la paix en Dieu. Je pense qu'on est libre de chercher n'importe quelle métaphore qui nous permettra d'enjamber le fossé du matériel chaque fois qu'on a besoin d'être transporté ou consolé. Il n'y a là aucun motif de honte. C'est toute l'histoire de la quête du genre humain pour la sainteté. Si l'humanité n'avait jamais évolué dans son exploration du divin, nous serions nombreux à continuer à vénérer les statues égyptiennes à effigie de chats. Et cette évolution de la pensée religieuse implique bel et bien pas mal de tris sur le volet. On prend ce qui marche là où on le trouve, et on continue à avancer en direction de la lumière.

Les Indiens Hopi pensaient que les religions du monde contenaient chacune un fil spirituel et que ces fils n'avaient de cesse de chercher à se rejoindre. Quand tous les fils seront enfin tressés tous ensemble, ils formeront une corde qui nous tirera hors de ce sombre cycle de l'histoire, et jusque dans le prochain royaume. Plus près de nous, le dalaï-lama a exprimé la même idée, assurant sans cesse ses élèves occidentaux qu'ils n'ont nullement besoin de se convertir au bouddhisme tibétain pour suivre ses enseignements. Il les invite chaleureusement à prendre toutes les idées qu'ils aiment dans le bouddhisme tibétain et à les intégrer à leur propre pratique religieuse. Même dans les lieux les plus improbables et les plus conservateurs, on peut parfois trouver cette idée scintillante que Dieu est peut-être plus grand que ne nous l'ont enseigné nos doctrines religieuses bornées. En 1954, le pape Pie XII a dépêché des émissaires du Vatican en Libye avec ces instructions écrites : « Ne pensez pas que vous allez parmi les infidèles. Les musulmans eux aussi atteignent le salut. Les voies de la Providence sont infinies. »

Mais cela ne fait-il pas sens ? Que l'infini serait effectivement... infini ? Que même le plus saint d'entre nous n'est capable de voir, de l'image de l'éternité, que des fragments épars ? Et que si nous pouvions collecter ces fragments et les comparer, il en émergerait peut-être une histoire de Dieu qui rassemblerait tout le monde, n'exclurait personne ? Et notre envie individuelle de transcendance n'est-elle pas une simple part de cette quête humaine, plus générale, de la divinité ? N'avons-nous pas chacun le droit de poursuivre cette quête jusqu'à ce que nous soyons arrivés aussi près que possible de la source d'émerveillement ? Même si cela signifie venir passer un petit moment en Inde et embrasser les arbres au clair de lune ?

C'est moi qui suis sur la sellette, en d'autres termes. C'est moi qui suis sous le feu des projecteurs. En train de choisir ma religion.

71

Mon vol quitte l'Inde à 4 heures du matin, détail révélateur du fonctionnement de ce pays. Je décide de ne pas dormir de la nuit, mais de passer toute la soirée dans l'une des salles de méditation, en prière. Je ne suis pas une couche-tard de nature, mais quelque chose en moi veut rester éveillé et profiter de ces dernières heures dans l'ashram. Il y a tant de choses dans ma vie pour lesquelles j'ai passé des nuits blanches – faire l'amour, me disputer avec quelqu'un, parcourir de longues distances au volant, danser, pleurer, me faire du souci (et parfois même tout cela en une seule et même nuit) –, mais jamais encore je n'avais sacrifié mon sommeil pour me consacrer exclusivement à la prière. Pourquoi ne pas le faire aujourd'hui ?

Je boucle mes bagages et les laisse près des portes du temple, pour n'avoir plus qu'à les prendre et filer quand mon taxi arrivera avant l'aube. Puis je gagne la salle de méditation, je m'assieds. Je suis seule dans la pièce, et je m'assieds à un endroit d'où je peux voir la grande photo de Swamiji, le maître de mon guru, le fondateur de cet ashram, le lion depuis longtemps disparu qui parfois encore rôde par ici. Je ferme les yeux et je laisse le mantra venir. Je descends par cette échelle dans mon centre de quiétude. Quand je l'atteins, je sens le monde marquer une halte, de la façon dont je voulais toujours qu'il marque une halte quand j'avais neuf ans et que je paniquais devant la fuite inexorable du temps. Dans mon cœur, l'horloge s'arrête, les pages du calendrier cessent de se détacher du mur. Je reste assise, pénétrée d'un silencieux émerveillement face à tout ce que je comprends. Je ne prie pas activement. Je suis *devenue* une prière.

Je peux passer la nuit assise là.

C'est d'ailleurs ce que je fais.

Je ne sais pas ce qui m'alerte quand il est temps pour moi d'aller à la rencontre de mon taxi, mais après plusieurs heures d'immobilité, quelque chose me donne une petite bourrade, et quand je regarde ma montre, il est précisément l'heure de partir. Alors je me lève et m'incline devant la photo de Swamiji – l'autoritaire, le merveilleux, l'explosif Swamiji. Et puis je glisse une feuille de papier sous le tapis, juste en dessous de son effigie. Sur le papier, il y a les deux poèmes que j'ai écrits au cours des quatre mois que j'ai passés en Inde. Ce sont les premiers poèmes que j'ai écrits. Un plombier venu de Nouvelle-Zélande m'a encouragée à m'essayer à la poésie, pour une fois. J'ai écrit un de ces poèmes un mois seulement après mon arrivée ici, l'autre ce matin.

Dans l'intervalle, j'ai trouvé la grâce.

72

Deux poèmes écrits dans un ashram en Inde :

1.

Ils commencent à m'agacer, tous ces discours sur le
                   [nectar et la félicité,
J'ignore ce qu'il en est pour toi, mon ami,
Mais mon chemin vers Dieu n'embaume nullement
                   [le doux fumet de l'encens.
Imagine un chat lâché dans un pigeonnier,
Et c'est moi le chat – et moi aussi le pigeon qui
                   [piaille de douleur quand il se fait épingler.

Mon chemin vers Dieu est une insurrection ouvrière,
Nulle paix ne se fera sans l'intervention du syndicat

324

Et les piquets sont si effrayants que la Garde natio-
            [nale ne se risquera pas à les charger.

Quelqu'un a battu mon chemin à mort devant moi.
C'est un petit bonhomme tout sombre, que je n'arrive
                        [jamais à voir,
Il a traqué Dieu à travers l'Inde, de la boue jus-
                        [qu'aux mollets,
Pieds nus et affamé, rongé par la malaria,
*Dormant sous les porches et les ponts – un vrai hobo**
(un mot qui – le saviez-vous ? – est la contraction
                    *[de « homeward bound** »).*
Et maintenant, cet homme me poursuit, et il me crie :
                [« Ça y est, tu as pigé, Liz ?
Le CHEMIN du RETOUR – tu as compris ce que ça
                        [voulait dire ? »

2.

Il n'empêche.
Si on me laisse porter des pantalons taillés dans
            [l'herbe fraîchement tondue de ce lieu,
Je le ferai.

Si on me laisse me frotter contre chaque eucalyptus
                    [du bois de Ganesh,
Je le jure, je le ferai.

J'ai transpiré de la rosée ces derniers jours,
J'ai remué les bas-fonds,
J'ai frotté mon menton sur l'écorce de l'arbre
Que j'ai pris pour la jambe de mon maître.

---

* Soit « vagabond ».
** Soit « le chemin du retour ».

Je ne peux m'enfoncer assez loin.

Si on me laissait manger la terre de ce lieu
Servie sur un lit de nids d'oiseau,
Je ne mangerais que la moitié de mon assiette et dor-
[mirais toute la nuit sur le reste.

LIVRE TROIS

L'Indonésie

« Même dans ma culotte, je me sens différente »
ou
Trente-six chroniques sur la quête de l'équilibre

73

Jamais de ma vie je n'ai eu moins de plans en tête que lorsque j'arrive à Bali. Dans les annales de mes voyages insouciants, c'est l'endroit où j'atterris avec le plus d'insouciance. J'ignore où je vais habiter, ce que je vais faire, je ne connais pas le taux de change, je ne sais pas comment trouver un taxi à la sortie de l'aéroport – ni même quelle destination indiquer au chauffeur. Personne n'attend mon arrivée. Je n'ai pas d'amis en Indonésie, pas même des amis d'amis. Et voilà l'inconvénient qu'il y a à voyager avec un guide caduc – que de toute façon je n'ai pas lu : je découvre, en pénétrant dans le pays, qu'il m'est impossible de séjourner quatre mois en Indonésie, même si je le souhaite. Je n'ai droit, s'avère-t-il, qu'à un visa touristique d'un mois. Que le gouvernement indonésien puisse ne pas m'accueillir à bras ouverts sur son territoire aussi longtemps que je le souhaiterais, voilà bien un détail qui ne m'avait pas effleuré l'esprit.

Tandis que l'aimable préposé du service de l'immigration appose sur mon passeport le cachet qui m'autorise à un séjour de trente jours et pas un de plus, je lui demande, de mon ton le plus aimable, si je peux prolonger mon séjour au-delà.

« Non », me répond-il avec une exquise courtoisie. Les Balinais sont réputés pour leur courtoisie.

« Vous comprenez, je suis censée passer quatre mois ici », j'explique.

Je m'abstiens de mentionner que c'est là une prophétie – que ce séjour de trois ou quatre mois m'a été prédit, deux ans auparavant, par un vieux sorcier balinais qui n'avait peut-être plus toute sa tête, lors d'une séance de lecture des lignes de la main. Je ne sais pas trop comment m'y prendre pour entrer dans ces détails.

Mais que m'a *dit* ce sorcier, maintenant que j'y repense ? M'a-t-il vraiment dit que je reviendrais à Bali passer trois ou quatre mois chez lui ? A-t-il vraiment dit « chez lui » ? Ou me proposait-il juste de passer le revoir à l'occasion, si jamais j'étais dans le coin, histoire de lui donner dix dollars de plus pour me dire la bonne aventure ? A-t-il dit que j'*allais* revenir ? Ou que je *devrais* revenir ? A-t-il vraiment dit « *See you later, alligator* » ? Ou bien était-ce « *In a while, crocodile ?* ». Je n'ai plus communiqué avec le sorcier depuis cette soirée. Je n'aurais pas su comment le contacter, de toute façon. Quelle peut être son adresse ? « Sorcier, sous son porche, Bali, Indonésie » ? J'ignore s'il est toujours vivant. Je me rappelle qu'il y a deux ans, il m'avait semblé cacochyme ; il aurait pu lui arriver n'importe quoi depuis. Tout ce dont je suis certaine, c'est de son nom – Ketut Liyer – et du fait que, dans mon souvenir, il habite dans un village à la sortie d'Ubud. Mais j'ai oublié le nom de ce village.

Peut-être aurais-je dû réfléchir à deux fois avant de me lancer dans cette expédition.

Cependant, à Bali, c'est assez facile de retrouver son chemin. Ce n'est pas comme si j'avais atterri au beau milieu du Soudan, sans savoir quoi faire à partir de là. Bali est une île dont la superficie est comparable à celle du Delaware, et c'est une destination touristique très prisée. Tout y est arrangé pour vous aider, vous, l'Occidental détenteur de cartes de crédit, à vous y déplacer sans encombre. On y parle anglais presque partout, et de bonne grâce. (Ce qui me procure un sentiment de coupable soulagement. Mes efforts, au cours de ces derniers mois, pour apprendre l'italien et le sanskrit ont tellement saturé mes synapses que c'est au-dessus de mes forces d'essayer d'apprendre l'indonésien ou, bien plus ardu, le balinais – un idiome plus complexe que le martien.) Tout est simple, ici. On peut facilement changer de l'argent à l'aéroport et trouver un gentil chauffeur de taxi qui vous suggère un charmant hôtel. Et comme l'industrie touristique s'est effondrée après l'attentat terroriste qui a frappé l'île en 2002 (quelques semaines à peine après mon départ), c'est même encore plus facile qu'avant de se déplacer ; tout le monde est prêt à tout pour vous aider, prêt à tout pour travailler.

Je prends donc un taxi jusqu'à Ubud, qui me semble un bon endroit pour commencer mon séjour. Je m'installe dans un ravissant petit hôtel, situé sur la route de la forêt du Singe – n'est-ce pas là un nom fabuleux ? L'hôtel possède une petite piscine, et son jardin regorge de fleurs tropicales plus grosses que des ballons de volley (entretenues par une équipe drôlement bien organisée de colibris et de papillons). Le personnel est balinais, ce qui signifie que dès que vous passez la porte, ils vous adorent automatiquement et vous font compliment de votre beauté. Ma chambre ouvre sur les cimes des essences tropicales et la pension comprend chaque matin un petit déjeuner avec tout un festin de fruits exotiques frais. En bref, il s'agit là de l'un des endroits les plus charmants où j'ai résidé, et cela me coûte moins de dix dollars par jour. C'est bon d'être de retour.

La ville d'Ubud, située au cœur de l'île, dans la montagne, est entourée de rizières en terrasses, d'un nombre incalculable de temples, de rivières qui entaillent les profondeurs de la jungle de leur courant tempétueux et de volcans qui se dressent à l'horizon. Ubud a longtemps été considéré comme le cœur culturel de l'île, le lieu où prospèrent les arts et traditions vernaculaires – la peinture, la danse, la sculpture sur bois, les cérémonies religieuses. Comme il n'y a aucune plage à proximité, une sélection s'opère d'elle-même et les touristes qui viennent à Ubud ont une certaine classe ; ils préféreront assister à une cérémonie traditionnelle dans un temple plutôt que de siroter des piña coladas devant les vagues. Quoi qu'il advienne de la prophétie de mon sorcier, ce pourrait être agréable de séjourner quelque temps dans cette ville. Elle m'évoque un Santa Fe miniature, version Pacifique, à ce détail près qu'on y croise partout des singes en liberté et des familles balinaises vêtues de costumes traditionnels. On y trouve de bons restaurants, de jolies petites librairies. Je pourrais sans problème m'installer ici à demeure et occuper mon temps comme le font toutes les gentilles Américaines divorcées depuis l'invention de la YWCA – m'inscrire à un cours après l'autre : batik, percussions, création de bijoux, poterie, danse et cuisine indonésiennes traditionnelles… Pile en face de mon hôtel, il y a même un endroit baptisé « La Boutique de la méditation » – la pancarte apposée sur la petite devanture fait de la publicité pour des séances de méditation tous les soirs de six à sept. « Puisse la paix régner sur terre », dit la pancarte. Je suis entièrement d'accord.

Une fois que j'ai déballé mes sacs, l'après-midi ne fait que commencer et je décide d'aller me balader pour retrouver mes marques dans cette ville que je n'ai pas revue depuis deux ans. Puis j'essaierai de penser à un moyen de retrouver mon sorcier. J'imagine la tâche difficile, susceptible de m'occuper plusieurs jours, voire plusieurs semaines. Ne sachant trop par quel bout commencer mes recherches, je demande à Mario s'il peut m'aider.

Mario est l'un des employés de l'hôtel. Nous sommes devenus copains dès que je me suis enregistrée, en grande partie à cause de son prénom. Il n'y a pas si longtemps de ça, je voyageais dans un pays où il y avait des Mario à foison, mais aucun d'eux n'était un énergique Balinais petit et musclé arborant un sarong en soie et une fleur derrière l'oreille. Je n'ai donc pas pu m'empêcher de lui demander : « Mario, c'est ton vrai prénom ? Ça ne fait pas très indonésien.

– Pas mon vrai nom. Mon vrai nom est Nyoman. »

Ah… j'aurais dû m'en douter. J'aurais dû me douter que j'avais 25 % de chances de deviner le vrai prénom de Mario. À Bali, si vous me permettez cette digression, il n'y a que quatre prénoms que la majorité de la population donne à ses enfants, quel que soit le sexe du bébé : Wayan, Made, Nyoman et Ketut. Si on les traduit, ces noms veulent tout bêtement dire « premier », « deuxième », « troisième » et « quatrième », et ils indiquent l'ordre de naissance. Si vous avez un cinquième enfant, vous recommencez le cycle au début, aussi votre cinquième rejeton sera-t-il connu sous le nom de « Wayan du deuxième pouvoir ». Et ainsi de suite. Si vous avez des jumeaux, vous les prénommerez selon l'ordre de naissance. Parce qu'il n'y a en gros que quatre prénoms à Bali (les élites des castes supérieures ont leur propre sélection de prénoms), il est entièrement possible (et assez courant, en fait) que deux Wayan se marient ensemble. Et que leur premier-né soit prénommé, naturellement, Wayan.

Cela donne une petite indication de l'importance de la famille à Bali, et de l'importance du rang de chacun au sein de la famille. On pourrait penser que ce système complique les choses, mais allez savoir comment, les Balinais s'y retrouvent très bien. On comprend sans mal la nécessité et la popularité des surnoms. Par exemple, à Ubud, l'une des femmes qui a le mieux réussi dans les affaires se prénomme Wayan, et comme son restaurant, qui ne désemplit pas, s'appelle le Café Wayan, elle est également connue sous le sobriquet « Wayan Café » – ce qui signifie « la Wayan qui tient le Café Wayan ». D'autres pourront être surnommés « le Gros Made », ou « Nyoman Location de Voitures », ou « l'Idiot de Ketut qui a fait cramer la Maison de son Oncle ». Mon nouvel ami balinais a contourné le problème en se prénommant tout simplement lui-même Mario.

« Pourquoi Mario ?

– Parce j'adore tout ce qui est italien », m'a-t-il répondu.

Quand je lui ai dit que j'avais passé quatre mois en Italie, il a trouvé ça si prodigieusement incroyable qu'il est sorti de derrière son comptoir et m'a dit : « Viens, asseoir, on va parler. » J'ai fait ce qu'il me demandait. Et c'est comme ça que nous avons sympathisé.

Cet après-midi, je décide donc d'entamer ma recherche du vieux sorcier en demandant à mon nouvel ami Mario si par hasard il ne connaîtrait pas un homme du nom de Ketut Liyer.

Mario plisse le front, l'air de réfléchir.

J'attends qu'il me réponde quelque chose comme : « Ah, oui ! Ketut Liyer ! Le vieux sorcier qui est mort la semaine dernière – c'est tellement triste quand un vénérable sorcier décède… »

Mario me demande de répéter le nom, et cette fois, comme je suppose que je le prononce mal, je l'écris. Et comme il fallait s'y attendre, le visage de Mario s'éclaire. « Ketut Liyer ! »

Cette fois, je m'attends à ce qu'il me dise quelque chose comme : « Ah, oui ! Ketut Liyer ! Un fou furieux ! Il a été arrêté la semaine dernière pour… »

Au lieu de quoi il répond : « Ketut Liyer est célèbre guérisseur.

— Oui ! C'est lui !

— Je le connais. Je vais dans sa maison. La semaine dernière, j'emmène ma cousine, elle besoin médicament pour son bébé, il pleure toute la nuit. Ketut Liyer le soigne. Une fois, j'emmène une Américaine comme toi à la maison de Ketut Liyer. La fille veut magie pour la rendre plus belle aux hommes. Ketut Liyer dessine peinture magique, pour l'aider être plus belle. Après je me moque d'elle. Je lui dis chaque jour : "La peinture marche ! Regarde comme tu es belle ! La peinture marche !" »

Me souvenant du dessin que m'avait fait Ketut Liyer deux ans auparavant, je raconte à Mario que, moi aussi, j'ai eu droit à un dessin magique du sorcier.

Ça le fait marrer. « Peinture marche pour toi aussi !

— Mon dessin avait pour but de m'aider à trouver Dieu, j'explique.

— Tu ne veux pas être plus belle aux hommes ? » demande-t-il, dérouté, ce qui se comprend.

Et moi : « Hé, Mario, tu crois que tu pourrais m'emmener chez Ketut Liyer, un jour ? Si tu n'es pas trop occupé ?

– Pas maintenant. »

Et juste au moment où je sens poindre la déception, il ajoute : « Mais peut-être dans cinq minutes. »

75

Voilà comment – l'après-midi même de mon arrivée à Bali – je me retrouve tout d'un coup à l'arrière d'une moto, agrippée à mon nouvel ami Mario l'Italo-Indonésien, qui me fait traverser à vive allure les paysages de rizières en terrasses en direction de chez Ketut Liyer. J'ai souvent songé au cours des deux années écoulées à ces retrouvailles avec le sorcier, mais je n'ai pas la moindre idée de ce que je vais lui raconter, une fois en sa présence. Et naturellement, nous n'avons pas rendez-vous. Nous nous présentons donc à l'improviste. La pancarte à l'extérieur de sa maison n'a pas changé. « Ketut Liyer, artiste peintre », indique-t-elle. C'est un *kampong* – une résidence familiale balinaise traditionnelle. Un haut mur de pierre enceint toute la propriété ; une cour occupe le centre ; au fond se trouve un temple. Plusieurs générations vivent là, dans les différentes petites maisons contiguës bâties autour de la cour. Nous entrons sans frapper (il n'y a pas de porte, de toute façon), au grand dam très démonstratif de quelques chiens de garde typiquement balinais (faméliques, agressifs), et là, dans la cour, se tient Ketut Liyer, le vénérable sorcier, en sarong et polo de golf ; il n'a pas changé d'un iota depuis notre première rencontre. Mario dit quelques mots à Ketut. Ça ressemble, me semble-t-il, à un préambule général – quelque chose comme : « Voici une fille qui vient d'Amérique. Vas-y, mon gars, fonce. »

« Je suis très heureux de vous rencontrer », dit-il.

Il ne sait absolument pas qui je suis.

« Venez, venez », ajoute-t-il en m'introduisant sous le porche de sa maisonnette, où des nattes de bambou tissé tiennent lieu de mobilier. Rien n'a changé depuis ma première visite. Nous nous asseyons. Sans l'ombre d'une hésitation, il prend ma paume dans sa main – supposant qu'à l'instar de la plupart des Occidentales qui viennent le voir, c'est là le motif de ma visite. Il me fait une lecture rapide, qui – cela me rassure – répète, dans une version abrégée, ce qu'il m'a dit la dernière fois. (Il ne se souvient peut-être pas de mon visage, mais mon destin, pour son œil aguerri, demeure inchangé.) Il parle mieux anglais que dans mon souvenir, et mieux que Mario, aussi. Ketut s'exprime comme les vieux sages chinois dans les films classiques de kung-fu, dans une variante d'anglais qu'on pourrait appeler le « sauterellais », parce qu'il suffirait d'intercaler le terme d'affection « Sauterelle » au milieu de n'importe quelle phrase pour qu'il s'en dégage une impression de grande sagesse. « Ah… et tu as beaucoup de chance, *Sauterelle…* »

J'attends que Ketut marque une pause dans ses prédictions pour l'interrompre et lui rappeler que je suis déjà venue le voir, il y a deux ans.

Il prend un air perplexe. « Tu es déjà venue à Bali ?

– Oui, monsieur. »

Il se creuse la tête. « Toi, la fille de Californie ?

– Non, réponds-je, tandis que mon moral dégringole de quelques crans supplémentaires. Je suis la fille de New York. »

Ketut me dit alors (et je ne sais pas trop ce que la chose a à voir avec ce qui nous occupe) : « Je ne suis plus aussi beau, perdu beaucoup de dents. J'irai peut-être chez dentiste un jour, faire nouvelles dents. Mais trop peur du dentiste. »

Il ouvre sa bouche déboisée pour me montrer les dégâts. Effectivement, du côté gauche, il a perdu la plupart de ses dents, et à droite, il y a eu de la casse, il ne lui reste que des chicots jaunes qui ont l'air nocifs. Il est tombé, me raconte-t-il. Et c'est comme ça qu'il s'est abîmé les dents.

Je lui dis que je suis navrée de l'apprendre, puis je retente le coup, en parlant lentement : « Je crois que vous ne vous souvenez pas de moi, Ketut. Je suis venue il y a deux ans avec un professeur de yoga, une Américaine qui a vécu plusieurs années à Bali. »

Il sourit, transporté : « Je connais Ann Barros !

– C'est exact. Le professeur de yoga s'appelle Ann Barros. Mais moi, c'est Liz. J'étais venue vous demander de m'aider à me rapprocher de Dieu. Vous m'aviez fait un dessin magique. »

Il hausse gentiment les épaules, il ne pourrait pas se sentir moins concerné. « Me souviens pas », dit-il.

Voilà une nouvelle tellement mauvaise que la situation en devient drôle. Que vais-je bien pouvoir faire à Bali, maintenant ? Je ne saurais dire précisément comment je m'étais imaginé ces retrouvailles avec Ketut, mais j'espérais, pour sûr, qu'elles seraient du genre superkarmiques, baignées de larmes. Et s'il est exact que j'avais redouté qu'il ne soit mort, il ne m'avait pas traversé l'esprit que s'il était toujours vivant, il ne se souviendrait pas du tout de moi. Encore que maintenant, ça me semble un sommet de bêtise d'avoir pu imaginer que notre première rencontre aurait été aussi mémorable pour lui que pour moi. Peut-être aurais-je dû planifier tout ça un peu mieux.

Je me lance dans la description du dessin qu'il m'avait fait, le personnage aux quatre jambes (« solidement arrimées au sol »), sans tête (« ne pas contempler le monde avec l'intelligence »), et le visage à la place du cœur (« mais avec le cœur »). Ketut m'écoute poliment, avec un intérêt pudique, comme si nous parlions de la vie d'une tierce personne.

Je déteste l'idée de le mettre dans l'embarras, mais ce qui me préoccupe doit être dit, donc je l'expose, avec méthode : « Vous m'aviez dit que je devrais revenir à Bali. Vous m'aviez dit de venir passer trois ou quatre mois ici. Vous m'aviez dit que je pourrais vous aider à apprendre l'anglais et que vous m'apprendriez ce que vous savez. » Je n'aime pas cette note de léger désespoir que j'entends dans ma voix. Je me garde de toute allusion à l'invitation de demeurer chez lui, avec sa famille. Cela me semble déplacé, compte tenu des circonstances.

Il m'écoute poliment, en souriant et secouant la tête, comme pour dire : « C'est pas marrant, tout ce que les gens peuvent raconter ? »

À ce stade-là, j'ai presque renoncé. Mais à venir de si loin, je me dois de faire un dernier effort. « Je suis la fille qui écrit des livres, Ketut. L'écrivain, qui vit à New York. »

Et là, pour une raison que j'ignore, le déclic a lieu. Brusquement, son visage s'illumine de joie. Un cierge de reconnaissance s'embrase dans son esprit. « TOI ! s'écrie-t-il. TOI ! Je me souviens de TOI ! » Il se penche, me saisit par les épaules et me secoue allégrement, comme un gamin qui, à Noël, secoue un paquet avant de le déballer pour essayer d'en deviner le contenu. « Tu es revenue ! Tu es revenue !

— Oui ! Je suis revenue ! Je suis revenue !

— Toi, toi, toi !

– Moi, moi, moi ! »

J'ai les larmes aux yeux maintenant, mais j'essaie de ne pas le montrer. Mon soulagement est sans fond – c'est une sensation difficile à expliquer. Qui me prend moi-même par surprise. Disons que ça ressemble à un accident de voiture – comme si ma voiture était passée par-dessus bord sur un pont et avait coulé au fond de la rivière, comme si je m'étais débrouillée pour m'extraire du véhicule englouti en me faufilant par une vitre ouverte puis, en me propulsant à l'aide de mes jambes, comme une grenouille, pour nager tant bien que mal jusqu'à la surface, en fendant les eaux vertes et froides, et qu'au moment où j'étais presque à court d'oxygène, où mes artères saillaient le long de mon cou, où mes joues étaient gonflées de ma dernière bouffée d'air, j'émergeais et inspirais goulûment. J'avais survécu. Cette percée à l'air libre – voilà ce que je ressens lorsque j'entends le sorcier balinais dire : « Tu es revenue ! » Mon soulagement est aussi immense.

Je n'arrive pas à croire que ça ait marché.

« Oui, je suis revenue. Évidemment.

– Je suis tellement heureux ! » s'écrie-t-il. Nous nous tenons les mains et il est comme un fou, à présent. « Je me souviens pas de toi, au début ! Si longtemps qu'on se rencontre ! Tu sembles différente aujourd'hui ! Si différente d'il y a deux ans ! La dernière fois, tu es très triste ! Maintenant, si heureuse ! Comme une autre personne ! »

Cette idée – l'idée que quelqu'un paraisse si différent après un laps de temps de deux ans – semble provoquer en lui des gloussements.

Je renonce à cacher mon émotion et laisse libre cours à mes larmes. « Oui, Ketut. J'étais très triste, avant. Mais ma vie va mieux, maintenant.

340

– Dernière fois tu es dans un mauvais divorce. Pas bon.

– Pas bon, je confirme.

– Dernière fois, tu as trop de soucis, trop de chagrin. Dernière fois, tu ressembles à vieille femme triste. Maintenant, tu ressembles à jeune fille. Dernière fois, tu es laide. Aujourd'hui, tu es jolie ! »

Mario se met à applaudir et déclare victorieusement : « Tu vois ? La peinture *marche* ! »

Je dis : « Vous voulez toujours que je vous aide à perfectionner votre anglais, Ketut ? »

Je peux commencer à l'aider là tout de suite, me répond-il en sautillant lestement, comme un lutin. D'un bond, il entre dans sa petite maison et en revient avec un tas de lettres qu'il a reçues de l'étranger au cours des quelques années passées. (Il a donc bel et bien une adresse !) Il me demande de lui lire les lettres à voix haute ; il arrive à comprendre l'anglais, mais a du mal à le lire. Me voilà déjà embauchée comme secrétaire. Je suis la secrétaire d'un sorcier. C'est génial. Les lettres proviennent de collectionneurs d'art étrangers, de gens qui ont réussi à acquérir ses fameux dessins et peintures magiques. Une des lettres, émanant d'un collectionneur australien, loue le talent de Ketut : « Comment pouvez-vous avoir l'intelligence de peindre avec autant de détails ? » Ketut me dit, comme s'il me dictait la réponse : « Parce que je pratique depuis très nombreuses années. »

La lecture des lettres terminée, il me met au courant de ce qui s'est passé dans sa vie depuis deux ans. Il y a eu quelques changements. Aujourd'hui, par exemple, il a une femme. Il me désigne, de l'autre côté de la cour, une femme à l'air sérieux qui se tient dans l'ombre, sur le seuil de sa cuisine, et qui me dévisage sans aménité, comme si elle s'interrogeait sur la meilleure marche à suivre – m'éliminer tout de suite d'un coup de fusil, ou bien m'empoisonner d'abord, et me flinguer ensuite. Lors de ma dernière visite, Ketut m'avait montré avec affliction des photos de sa femme morte depuis peu – une belle vieille dame balinaise qui, même à son âge avancé, semblait vive et enfantine. J'agite la main en direction de la nouvelle épouse, qui se replie dans sa cuisine.

« Bonne femme, proclame Ketut en direction de la pénombre de la cuisine. Très bonne femme. »

Il a été très occupé avec ses patients balinais, poursuit-il, il ne chôme pas, il est sans cesse sollicité par les naissances, les cérémonies pour les morts, les soins à donner aux malades, les mariages. La prochaine fois qu'il ira à un mariage, « Nous pouvons aller ensemble ! Je t'emmène ! » dit-il. Le seul souci, c'est qu'il ne reçoit plus guère de visites d'Occidentaux. Depuis l'attentat terroriste, plus personne ne vient à Bali. À cause de cela, il se sent « très perdu dans [s]a tête ». Et également « vide dans [s]a banque ». « Tu viens tous les jours à ma maison pour pratiquer l'anglais maintenant ? » me demande-t-il. J'acquiesce d'un signe de tête, avec joie. « Je t'enseignerai méditation balinaise, OK ?

– OK.

– Je crois trois mois assez de temps pour t'enseigner méditation balinaise, et trouver Dieu pour toi de cette façon. Quatre mois, peut-être. Tu aimes Bali ?

– J'adore Bali.

– Tu es mariée à Bali ?

– Pas encore.

– Je crois bientôt, peut-être. Tu reviens demain ? »

Je lui promets de revenir le lendemain. Comme il n'évoque pas le fait que je m'installe chez lui, avec sa famille, je me garde bien de soulever le sujet, et lance un dernier coup d'œil à l'effrayante épouse tapie dans sa cuisine. Peut-être me contenterai-je de rester, pour la durée de mon séjour, dans mon charmant hôtel. C'est plus confortable, de toute façon. La plomberie, tout ça… Je vais avoir besoin d'un vélo, cela dit, pour venir le voir tous les jours…

C'est l'heure de prendre congé.

« Je suis très heureux de vous rencontrer », dit-il en me serrant la main.

Je lui offre ma première leçon d'anglais. Je lui apprends la différence entre « heureux de vous rencontrer » et « heureux de vous voir ». Je lui explique que la première formule ne sert que la première fois qu'on rencontre quelqu'un. Et que les fois suivantes, on dit : « Heureux de vous voir », parce qu'on ne rencontre quelqu'un qu'une seule fois. Mais désormais, nous allons nous voir régulièrement, jour après jour.

Ça lui plaît. Il se livre à un petit exercice. « Ravi de vous voir ! Je suis heureux de vous voir ! Je vous vois ! Je ne suis pas sourd ! »

Cela nous fait tous rire, Mario y compris. Nous échangeons d'autres poignées de main, et je conviens de revenir le lendemain dans l'après-midi. Et là, il dit : « *See you later, alligator.*

– *In a while, crocodile*, lui réponds-je.

– Laisse ta conscience être ton guide. Si tu as des amis occidentaux qui viennent à Bali, envoie-les-moi pour que je lise à eux les lignes de la main – je suis très vide dans ma banque depuis la bombe. Je suis un autodidacte. Je suis très heureux de te voir, Liss !

– Moi aussi je suis très heureuse de vous avoir vu, Ketut. »

76

Bali est une petite île hindoue située au cœur de l'archipel indonésien, qui abrite la plus importante population musulmane du globe. Bali est donc une île étrange et extraordinaire ; elle ne devrait même pas exister, et pourtant, elle existe. L'hindouisme de l'île fut importé d'Inde, via Java. Des commerçants indiens, poussant vers l'est, y introduisirent la religion au cours du IVe siècle. Les rois javanais fondèrent une puissante dynastie hindoue, dont il ne reste plus rien aujourd'hui, excepté les impressionnantes ruines du temple de Borobudur. Au XVIe siècle, une violente insurrection islamiste déferla sur la région, et la famille royale hindoue qui vouait un culte à Shiva se sauva de Java et gagna massivement Bali. Au cours de cet épisode, connu dans l'histoire comme l'Exode des Majapahit, cette caste javanaise de haut lignage n'emmena à Bali que les membres de sa famille royale, ses artisans et ses prêtres. Ainsi, les gens n'exagèrent pas beaucoup lorsqu'ils disent que tout le monde à Bali descend d'un roi, d'un artiste ou d'un prêtre, et que c'est pour cette raison que les Balinais sont si orgueilleux et d'une intelligence aussi supérieure.

Les colons javanais introduisirent leur système de castes à Bali, et si les cloisonnements entre castes ne furent jamais appliqués aussi durement qu'en Inde, les Balinais obéissent cependant à une hiérarchie sociale complexe. (Les brahmanes sont à eux seuls divisés en cinq groupes.) J'aurais plus de chance de succès à vouloir décoder le génome humain qu'à essayer de comprendre la complexité et les emboîtements du système de clans qui continue de prospérer ici. (Les remarquables essais de l'écrivain Fred. B. Eiseman sur la culture balinaise expliquent ces subtilités avec des détails bien plus experts, et c'est dans ses recherches que j'ai puisé la majorité de mes informations générales, non seulement ici, mais tout au long de ce livre.) Il suffit de dire pour le propos qui nous occupe que tout le monde à Bali appartient à un clan, que tout le monde sait à quel clan il appartient, et que tout le monde sait à quel clan appartiennent les autres. Et que si jamais vous vous faites exclure du vôtre pour quelque grave manquement, autant vous jeter dans la gueule d'un volcan, parce que, franchement, vous êtes déjà pratiquement mort.

La culture balinaise est l'un des systèmes les plus méthodiques en matière d'organisation sociale et religieuse qui soient sur terre, une somptueuse ruche de devoirs, de rôles et de cérémonies. Les Balinais sont *logés*, complètement tenus, dans un treillage élaboré de coutumes. L'existence de ce réseau tient à la combinaison de plusieurs facteurs, mais, en gros, on peut dire que Bali est ce qu'il advient lorsque l'on superpose les rituels grandioses de l'hindouisme traditionnel à une vaste société agricole rizicole qui s'appuie, nécessairement, sur un système de coopération communautaire élaboré. Les rizières en terrasses exigent, pour prospérer, une quantité incroyable de travail, un partage des tâches, de la maintenance et de la technique. Chaque village balinais est donc doté d'un *banjar* – une communauté solidaire de citoyens qui prend au consensus les décisions politiques, économiques, religieuses et agricoles du village. À Bali, la collectivité prime sur l'individu, et ce de façon absolue, sinon personne ne mange.

Les cérémonies religieuses revêtent une importance primordiale à Bali (une île, ne l'oubliez pas, dotée de sept volcans imprévisibles – vous aussi, vous prieriez).

On estime qu'une femme balinaise vivant traditionnellement consacre un tiers de sa vie éveillée à préparer une cérémonie, à y participer ou à nettoyer une fois qu'elle a eu lieu. La vie est ici un cycle perpétuel d'offrandes et de rituels. Il ne faut en omettre aucun, il faut les faire dans l'ordre qui se doit et avec l'intention idoine, sinon, c'est l'ensemble de l'univers qui s'en trouvera déséquilibré. Margaret Mead a écrit sur l'incroyable « activité » que déploient les Balinais et c'est vrai – il y a rarement des instants d'oisiveté dans les maisons balinaises. Il existe ici des cérémonies qu'il faut accomplir cinq fois par jour, et d'autres qui doivent l'être une fois par jour, ou une fois par semaine, ou par mois, ou une fois tous les dix ans, tous les cent ans, tous les mille ans. Ce sont les prêtres et les saints hommes qui président à l'organisation de toutes ces dates et de tous ces rituels, en consultant un système sibyllin de trois calendriers distincts.

À Bali, tout être humain connaît treize rites de passage majeurs, marqués chacun par une cérémonie extrêmement codifiée. Des cérémonies sophistiquées d'apaisement spirituel ont lieu tout au long de la vie, afin de protéger l'âme des cent huit vices (cent huit – encore ce même nombre !) dans lesquels figurent des empêcheurs de danser en rond tels que la violence, le vol, la fainéantise et le mensonge. Chaque enfant balinais endure une cérémonie capitale qui marque son entrée dans la puberté, au cours de laquelle on lui lime les canines, les « crocs », à titre d'amélioration esthétique. La pire chose qui soit pour un Balinais, c'est d'avoir des traits grossiers qui rappellent l'animalité, et ces crocs, considérés comme des rappels de notre nature plus brute, doivent par conséquent disparaître. Dans une culture à la trame si serrée, la brutalité d'un membre de la communauté représente un danger. Les intentions meurtrières d'un seul individu peuvent lacérer tout le tissu coopératif d'un village. Par conséquent, il n'est rien de mieux à Bali que d'être *alus*, terme qui signifie « raffiné » ou « embelli ». À Bali, la beauté est une vertu, pour les hommes autant que pour les femmes. La beauté est gage de sécurité. La beauté est révérée. On apprend aux enfants à aborder les épreuves et les inconforts de la vie avec « un visage radieux », un immense sourire.

Bali peut être comparée à une matrice, à un gigantesque et invisible réseau d'esprits, de guides, de voies et de coutumes. Chaque Balinais, homme ou femme, connaît exactement sa place, orienté qu'il est à l'intérieur de cette immense carte intangible. Il suffit de considérer les quatre prénoms de presque tous les citoyens balinais – Premier, Deuxième, Troisième et Quatrième – qui leur rappellent à tous le moment où ils sont entrés dans leur famille, et où se trouve leur place. On n'obtiendrait pas une cartographie sociale plus claire si on appelait nos gamins Nord, Sud, Est et Ouest. Mario, mon nouvel ami italo-indonésien, m'a dit qu'il n'est heureux que lorsqu'il arrive à se maintenir – mentalement et spirituellement – à l'intersection d'une ligne verticale et d'une ligne horizontale, en parfait équilibre. Pour ce faire, il lui faut savoir exactement où il se situe à chaque instant, tant dans sa relation au divin que par rapport à sa famille, ici sur terre. S'il perd cet équilibre, il perd son pouvoir.

Cela n'a donc rien d'une hypothèse ridicule d'avancer que les Balinais sont les maîtres planétaires de l'équilibre, le peuple pour qui le maintien de l'équilibre parfait est un art, une science et une religion. Moi qui me lance dans ma propre quête de l'équilibre, j'avais espéré apprendre beaucoup des Balinais sur la façon de conserver sa stabilité dans ce monde chaotique. Mais plus je lis d'ouvrages sur la culture balinaise, plus je l'observe, et plus je prends conscience d'avoir largement perdu de vue mon équilibre, du moins selon une perspective balinaise. L'habitude que j'ai de me balader dans ce monde sans prendre garde à mon orientation physique, ajoutée à ma décision de me libérer de l'entrave des réseaux du mariage et de la famille, fait de moi, d'un point de vue balinais, un fantôme. J'apprécie cette façon de vivre, mais selon les critères de tout Balinais qui se respecte, cette vie a tout d'un cauchemar. Si vous ignorez où vous êtes, ou à quel clan vous appartenez, comment pouvez-vous trouver l'équilibre ?

Compte tenu de tout ça, je ne saurais dire dans quelles proportions je vais pouvoir assimiler la vision du monde balinaise, puisque pour l'instant, il semblerait que je me réfère à une définition plus moderne et plus occidentale de l'*équilibre*. (En ce moment, je vois dans ce mot un synonyme de « liberté égale », ou la possibilité à part égale de prendre n'importe quelle direction, n'importe quand, en fonction de… oh, vous savez bien… la tournure que prennent les événements.) Les Balinais n'attendent pas de voir « la tournure que prennent les événements ». Ce serait terrifiant. Ils organisent les événements, afin d'empêcher qu'ils ne tournent mal.

À Bali, quand on croise un inconnu en marchant le long d'une route, la toute première question qu'il vous posera est : « Où vas-tu ? », la deuxième question : « D'où viens-tu ? » Un Occidental jugera ces questions assez indiscrètes ; l'inconnu n'essaie pourtant que d'obtenir une orientation vous concernant, de vous trouver une place dans le réseau, à des fins de sécurité et de confort. Si vous lui répondez que vous ne savez pas où vous allez, ou que vous déambulez où vos pas vous portent, vous pourriez instiller quelque détresse dans le cœur de votre nouvel ami balinais. Il est bien plus recommandé d'indiquer une direction précise – n'importe laquelle – afin que tout le monde se sente mieux.

La troisième question qu'un Balinais vous posera presque à coup sûr est : « Es-tu marié(e) ? » Là encore, on vous demande d'indiquer votre position et votre orientation. Les Balinais ont besoin de savoir ce qu'il en est pour s'assurer que votre vie est parfaitement en ordre. Si vous êtes célibataire, mieux vaut ne pas le dire de but en blanc. Et je vous conseille instamment de ne pas mentionner du tout votre divorce, si jamais vous en avez connu un. Cela ne sert qu'à inquiéter les Balinais. À leurs yeux, votre solitude ne prouve qu'une seule chose – votre disjonction dangereuse d'avec le réseau. Si vous êtes une femme célibataire et que vous voyagez seule à Bali, la meilleure réponse à donner à celui qui vous demande si vous êtes mariée sera : « Pas encore. » C'est une façon polie de répondre par la négative tout en indiquant que vous êtes optimiste et bien résolue à remédier à cela dès que possible.

Que vous ayez quatre-vingts ans, que vous soyez lesbienne, ou féministe acharnée, ou religieuse, ou que vous soyez une religieuse lesbienne et féministe acharnée de quatre-vingts ans qui n'a jamais été mariée et n'a aucune intention d'en passer par là, la plus polie des réponses possibles est : « Non, pas encore. »

77

Le lendemain matin, Mario m'aide à acheter un vélo. En bon presque-Italien, il me dit : « Je connais un type », et il me conduit dans le magasin de son cousin, où je m'achète un beau vélo tout-terrain, un casque, un cadenas et un panier pour un peu moins de 50 dollars. Me voilà dorénavant mobile dans ma nouvelle ville d'Ubud, ou aussi mobile, du moins, que me le permet mon sentiment de sécurité sur ces routes étroites, sinueuses, mal entretenues et encombrées de motos, de camions et de bus de touristes.

Dans l'après-midi, je pédale jusqu'au village de Ketut, pour passer cette première journée en compagnie de mon sorcier à… Pour être franche, je ne sais pas trop à quoi nous allons occuper la journée. S'agira-t-il de cours d'anglais ? De cours de méditation ? Allons-nous simplement nous asseoir sous le porche, à l'ancienne mode ? J'ignore ce que Ketut a en tête me concernant, mais je suis heureuse qu'il m'ait invitée dans sa vie.

Quand j'arrive, il a des hôtes – un couple de campagnards qui lui a amené sa fille âgée d'un an. La pauvre petite est en train de faire ses dents et a passé plusieurs nuits à pleurer. Le papa est un beau jeune homme ceint d'un sarong ; il a les mollets musclés d'une statue de héros de guerre soviétique. La maman est belle et timide, elle me regarde de loin, de sous ses paupières craintivement baissées. Ils ont apporté à Ketut un minuscule cadeau pour ses services – 2 000 rupiahs, soit environ 25 cents, présentées dans une corbeille en feuilles de palme tressées et à peine plus grande qu'un cendrier d'hôtel, avec une fleur en bouton, quelques grains de riz. (Leur pauvreté offre un vif contraste avec l'aisance de la famille de Denpasar, la capitale de l'île, qui rendra visite à Ketut plus tard dans l'après-midi : la mère aura en équilibre sur sa tête une corbeille à trois étages de fruits et de fleurs sur laquelle trônera un canard rôti – une coiffe si somptueuse et impressionnante que Carmen Miranda se serait inclinée profondément devant elle en signe d'humilité.)

Ketut est détendu et aimable avec ses hôtes. Il écoute les parents expliquer les problèmes de leur bébé. Puis, d'une petite malle sous son porche, il extrait un grand registre ancien rempli de minuscules caractères manuscrits de sanskrit balinais. Il consulte cet ouvrage en homme instruit, en quête de quelque combinaison de mots à sa convenance, tout en bavardant jovialement avec les parents. Puis il détache d'un bloc une feuille vierge ornée de l'effigie de la grenouille Kermit, et il rédige ce qu'il me dit être une « ordonnance ». La petite fille, diagnostique-t-il, souffre des tourments que lui inflige un démon mineur, en plus de l'inconfort physique lié à la poussée de dents. Pour cette dernière, il recommande aux parents de frotter tout simplement les gencives du bébé avec le jus d'un oignon pressé. Pour apaiser le démon, ils doivent faire une offrande : un petit poulet mort et un petit cochon, un bout de gâteau, et des herbes spécifiques que leur grand-mère aura forcément dans son jardin de simples. (Cette nourriture ne sera pas gâchée : après la cérémonie, les familles balinaises sont toujours autorisées à manger leurs offrandes aux dieux, puisque l'offrande est plus métaphysique que littérale. Selon la façon de voir des Balinais, chacun prend ce qui lui est destiné : à Dieu le geste, aux hommes la nourriture.)

L'ordonnance rédigée, Ketut nous tourne le dos, remplit un bol d'eau et chante une mélopée au-dessus de celui-ci – un mantra spectaculaire et assez glaçant. Ensuite, il bénit le bébé avec cette eau à laquelle il vient d'insuffler un pouvoir sacré. À un an à peine, la petite fille sait déjà comment recevoir une bénédiction sacrée dans la tradition balinaise. Dans les bras de sa mère, elle tend ses petites paumes couleur lie-de-vin pour

351

recueillir l'eau, elle boit une gorgée, puis une autre, puis elle s'asperge le sommet du crâne avec le restant – un rituel exécuté à la perfection. Ce vieil homme édenté qui psalmodie devant elle ne l'effraie pas le moins du monde. Puis Ketut verse le restant d'eau bénite dans un petit sachet en plastique, qu'il ferme d'un nœud et donne à la famille, pour une utilisation ultérieure. La mère s'en va avec ce sachet d'eau à la main ; on dirait qu'elle a gagné un poisson rouge à une kermesse, mais qu'elle a oublié de prendre le poisson.

Ketut Liyer a donné à cette famille quelque quarante minutes d'attention sans partage, pour un salaire d'environ 25 cents. Ils n'auraient pas eu du tout d'argent qu'il aurait agi de même ; c'est son devoir de guérisseur. Il ne doit éconduire personne, sinon les dieux lui confisqueront son don. Ketut reçoit chaque jour une dizaine de visiteurs tels que ceux-ci, des Balinais qui ont besoin de son aide, ou d'un conseil d'ordre sacré ou médical. En des jours très propices, quand tout le monde veut une bénédiction spéciale, il peut recevoir plus de cent visiteurs.

« Ça ne vous fatigue pas ?

– Mais c'est mon métier, me dit-il. C'est mon passe-temps – sorcier. »

Au cours de l'après-midi, d'autres patients viennent le consulter, mais Ketut et moi jouissons aussi d'un peu de temps en tête à tête. Je suis incroyablement à l'aise avec ce sorcier, autant qu'avec mon grand-père. Il me donne mon premier cours de méditation balinaise. Il existe de nombreuses façons de trouver Dieu, me dit-il, mais la plupart sont trop compliquées pour les Occidentaux ; il va donc m'enseigner une technique de méditation facile. Qui consiste, pour l'essentiel, en ceci : s'asseoir, en silence, et sourire. J'adore. Il rigole même en me l'enseignant. S'asseoir et sourire. Parfait.

« Tu étudier yoga en Inde, Liss ?

– Oui, Ketut.

– Tu peux faire yoga, dit-il, mais yoga trop dur. »
Le voilà qui se contorsionne pour adopter avec raideur
la position du lotus. Sous le coup de l'effort, son visage
se crispe, il a l'expression comique de quelqu'un qui
souffre de constipation. Puis il se relâche, rigole et
demande : « Pourquoi les gens semblent toujours si
sérieux dans le yoga ? Avec un visage sérieux comme
ça, tu fais peur à bonne énergie et elle fuit. Pour méditer,
il faut simplement sourire. Sourire avec visage, sourire
avec esprit, et bonne énergie viendra à toi et nettoiera
la mauvaise. Sourire même dans ton foie. Entraîne-toi
ce soir à l'hôtel. Sans te presser, sans trop faire d'effort.
Trop de sérieux, tu te rends malade. Tu peux appeler
bonne énergie avec sourire. Fini pour aujourd'hui. *See
you later, alligator*. Reviens demain. Je suis très content
de te voir, Liss. Laisse-toi guider par ta conscience.
Si tu as amis d'Occident qui viennent à Bali, amène-
les-moi pour lire lignes de la main. Je suis très vide
dans ma banque depuis la bombe. »

78

Voici l'histoire de la vie de Ketut Liyer, telle que,
presque mot pour mot, il me l'a racontée :

« Ça fait neuf générations qu'on est sorcier dans ma
famille. Mon père, mon grand-père, mon arrière-grand-
père, tous sont sorciers. Ils veulent tous que je sois sorcier parce qu'ils voient que j'ai la lumière. Ils voient
que j'ai la beauté et que j'ai l'intelligence. Mais je ne
veux pas être sorcier. Trop d'apprentissage ! Trop de

connaissances ! Et je ne crois pas aux sorciers ! Je veux être peintre ! Je veux être artiste ! J'ai du talent pour ça.

« Quand je suis encore jeune homme, je rencontre un Américain, très riche, peut-être même un Américain de New York comme toi. Il aime mes peintures. Il veut m'acheter une grande peinture, grande d'un mètre peut-être, pour beaucoup d'argent. Assez d'argent pour être riche. Alors je commence à peindre ce tableau pour lui. Tous les jours, je peins, je peins, je peins. Même la nuit, je peins. À cette époque, il y a longtemps de ça, il n'y a pas d'ampoules électriques comme aujourd'hui, alors j'ai une lampe. Une lampe à huile, tu vois ? Une lampe à pompe – tu dois pomper pour faire monter l'huile. Et chaque nuit je peins, avec la lampe à huile.

« Une nuit, la lampe à huile est sombre, alors je pompe, je pompe, je pompe et elle explose ! J'ai le bras en feu ! Je vais à l'hôpital pour un mois, j'ai le bras brûlé, ça s'infecte. L'infection se propage jusqu'au cœur. Le docteur dit que je dois aller à Singapour pour me faire couper le bras, pour l'amputation. Ce n'est pas ma tasse de thé. Mais le docteur dit que je dois aller à Singapour, me faire opérer, me faire couper le bras. Je dis au docteur : "D'abord, je rentre chez moi, au village."

« Ce soir-là, au village, je fais un rêve. Mon père, mon grand-père, mon arrière-grand-père – dans mon rêve, ils viennent tous chez moi, dans ma maison, et ils m'expliquent comment guérir mon bras. Ils me disent de faire un jus avec du safran et du bois de santal. De mettre ce jus sur le fourneau. Ensuite de faire de la poudre avec le santal et le safran. De frotter cette poudre sur la brûlure. Ils me disent que je dois faire ça, et que je ne perdrai pas le bras. Il est tellement réel, ce rêve, comme s'ils étaient dans la maison avec moi, tous ensemble.

« Je me réveille. Je ne sais pas quoi faire parce que parfois, les rêves sont juste une plaisanterie, tu comprends ? Mais je mets cette infusion de safran et de bois de santal sur mon bras. Puis je mets cette poudre de safran et de bois de santal sur mon bras. Mon bras est très infecté, il fait très mal, il est très gros, très enflé. Mais après l'infusion et la poudre, il devient très froid. Il devient très, très froid. Je commence à me sentir mieux. En dix jours, mon bras est bien. Entièrement guéri.

« À cause de ça, j'ai commencé à croire. Et alors je refais un rêve, avec mon père, mon grand-père, mon arrière-grand-père. Ils me disent que maintenant je dois être sorcier. Mon âme, je dois la donner à Dieu. Pour cela, je dois jeûner six jours, tu comprends ? Ni nourriture ni eau. Pas de boisson. Pas de petit déjeuner. Pas facile. J'ai tellement soif que le matin avant le lever du soleil, je vais dans les rizières. Je m'assieds dans la rizière, bouche ouverte et je prends l'eau de l'air. Comment tu appelles ça, l'eau de l'air le matin dans la rizière ? Rosée ? Oui. La rosée. Je mange seulement la rosée pendant six jours. Pas d'autre nourriture, juste cette rosée. Le cinquième jour, je deviens inconscient. Je vois du jaune partout. Non, non, pas du jaune – du DORÉ. Je vois du doré partout, même à l'intérieur de moi. Je suis très heureux. Je comprends maintenant. Ce doré est Dieu, même à l'intérieur de moi. La chose qui est Dieu est la même qu'à l'intérieur de moi. Pareille.

« Alors maintenant, je dois être sorcier. Maintenant, je dois apprendre les livres de médecine de mon arrière-grand-père. Ces livres ne sont pas en papier, ils sont en feuilles de palme. On les appelle *lontars*. C'est l'ency-clopédie médicale balinaise. Je dois apprendre toutes les différentes plantes de Bali. Pas facile. Une par une, je les apprends toutes. J'apprends à m'occuper des gens avec beaucoup de problèmes. Un problème, c'est quand les gens sont malades, physiquement. Je soulage cette maladie physique avec des herbes. Un autre problème c'est quand une famille est malade, quand elle se dispute tout le temps. Je l'aide avec l'harmonie, avec des dessins magiques spéciaux, et aussi en parlant. Mets un dessin magique dans la maison, fini les disputes. Parfois, les gens sont malades par amour, ils n'ont pas trouvé la bonne association. Pour les Balinais et aussi les Occidentaux, il y a toujours beaucoup de soucis avec l'amour, c'est difficile de trouver la bonne association. Je remédie au problème d'amour avec un mantra et un dessin magique, je t'apporte l'amour. J'apprends aussi la magie noire, pour aider les gens à qui on a jeté un sortilège maléfique. Mon dessin magique, tu le mets chez toi, il t'apporte la bonne énergie.

« J'aime toujours être artiste, j'aime peindre quand j'ai le temps, vendre à une galerie. Ma peinture, c'est toujours la même chose – c'est Bali, quand Bali était le paradis, il y a peut-être mille ans de ça. Je peins la jungle, des animaux, des femmes avec... – c'est quoi le mot ? Poitrine. Des femmes avec de la poitrine. C'est difficile pour moi de trouver le temps de peindre parce que je suis sorcier, mais je dois faire le sorcier. C'est mon métier. C'est mon passe-temps. Je dois aider les gens, sinon Dieu est en colère contre moi. Je dois mettre au monde des bébés, parfois, faire des cérémonies pour les morts, ou faire des cérémonies pour le limage des dents, ou les mariages. Parfois je me réveille, à 3 heures du matin, et je peins près de l'ampoule électrique – le seul moment où je peux peindre pour moi. J'aime ce moment de la journée quand je suis seul, c'est bien pour faire de la peinture.

« Je fais de la vraie magie, c'est pas de la blague. Je dis toujours la vérité, même si ce sont de mauvaises nouvelles. Dans ma vie, je dois avoir bonne réputation, toujours, sinon j'irai en enfer. Je parle balinais, indonésien, un peu japonais, un peu anglais, un peu hollandais. Pendant la guerre, il y avait beaucoup de Japonais ici. C'est pas si mal pour moi – je lis les lignes de la main pour eux, je fais ami avec eux. Avant la guerre, beaucoup de Hollandais ici. Maintenant, beaucoup d'Occidentaux, tous parlent anglais. Mon hollandais est – comment on dit? Quel mot tu m'apprends hier? Rouillé? Oui – rouillé. Mon hollandais est rouillé. Ah ah !

« J'appartiens à la quatrième caste, une caste très basse, comme un fermier. Mais je vois plein de gens de la première caste pas aussi intelligents que moi. Je m'appelle Ketut Liyer. Liyer est le nom que mon grand-père m'a donné quand j'étais petit. Il signifie "lumière vive". C'est moi. »

79

Je dispose de tant de temps libre, ici, que c'en est presque ridicule. Ma seule obligation quotidienne est de rendre visite à Ketut Liyer quelques heures chaque après-midi, ce qui est loin d'être une corvée. Le reste de la journée, je vaque avec nonchalance à diverses occupations. Chaque matin, je médite une heure selon la technique yogique que m'a enseignée mon guru, et chaque soir, selon la pratique que m'a apprise Ketut (« rester assise sans bouger et sourire »). Entre-temps, je me balade à pied ou à vélo, et parfois, je bavarde avec des gens, et je déjeune quelque part. J'ai déniché en ville une petite bibliothèque de prêt paisible, je m'y suis inscrite, et désormais, je passe de vastes et somptueuses plages de ma vie à lire dans le jardin. Après le quotidien intensif de l'ashram, et même après la décadence de mon séjour en Italie, à parcourir le pays en trombe pour dévorer tout ce qui me tombait sous les yeux, cet épisode de ma vie est vraiment nouveau, et radicalement serein. Je dispose de tellement de temps libre qu'on pourrait le mesurer en tonnes métriques.

Chaque fois que je quitte l'hôtel, Mario et les autres membres du personnel, à la réception, me demandent où je vais, et chaque fois que je reviens, ils veulent savoir où je suis allée. Je ne suis pas loin d'imaginer qu'ils gardent dans le tiroir du comptoir de petites cartes sur lesquelles ils indiquent d'une croix où se trouve, à chaque instant, chaque personne qu'ils aiment, juste pour s'assurer qu'ils n'ont oublié personne de la ruche.

Le soir, à vélo, je grimpe haut sur les collines, je traverse les acres de rizières en terrasses, au nord d'Ubud, qui offrent des vues splendides, d'un vert éclatant. Je vois les nuages roses se refléter dans l'eau immobile des champs de riz, comme s'il y avait deux ciels – un en haut, aux cieux, pour les dieux, et un ici-bas, dans cette boue détrempée, réservé à nous autres mortels. L'autre jour, j'ai pédalé jusqu'à la réserve de hérons, signalée par une pancarte qui nous accueille avec réticence : « OK, on peut voir des hérons ici », mais il n'y avait pas de hérons ce jour-là, seulement des canards. J'ai donc observé un moment les canards, puis j'ai poussé jusqu'au village suivant. En chemin, j'ai croisé des hommes, des femmes, des enfants, des poules et des chiens qui tous, chacun à leur façon, s'activaient à leur tâche, mais aucun n'était trop accaparé au point de ne pouvoir s'interrompre pour me saluer.

Il y a quelques soirs de ça, sur le faîte d'une charmante éminence boisée, j'ai aperçu une pancarte : « Maison d'artiste à louer, avec cuisine. » Parce que l'univers est généreux, trois jours plus tard, m'y voilà installée. Mario m'a aidée à emménager, et tous ses amis, à l'hôtel, m'ont fait des adieux éplorés.

Ma nouvelle maison est située sur une route paisible, et entièrement entourée de rizières. On dirait un petit cottage, avec ses murs tapissés de lierre. La maison appartient à une Anglaise qui passe l'été à Londres. Je me glisse donc chez elle, je la remplace dans ce lieu miraculeux. Il y a une cuisine rouge vif, une mare remplie de poissons rouges, une terrasse pavée de marbre, une douche d'extérieur carrelée de mosaïque brillante ; tout en me savonnant, je peux observer les hérons nichés dans les palmiers. De petits sentiers secrets serpentent à travers un jardin véritablement enchanteur. La maison est louée avec les services d'un jardinier, mon seul travail consiste donc à contempler les fleurs. Et comme je ne connais pas les noms de ces extraordinaires fleurs tropicales, je les invente. Pourquoi pas ? C'est mon éden, n'est-ce pas ? J'ai tôt fait d'attribuer un nouveau nom à chaque plante du jardin : « l'arbre à jonquilles », « le chou palmé », « l'herbe des débutantes », « les vrilles frimeuses », « le bouton pointe des pieds », « la vigne de mélancolie », et « la première poignée de main du bébé » pour une spectaculaire orchidée rose. Je n'en crois pas mes yeux, de cette débauche de pure beauté gratuite, superflue. Je cueille des papayes et des bananes directement sur l'arbre, devant la fenêtre de ma chambre. Il y a un chat qui habite ici, et qui chaque jour me fait d'énormes démonstrations d'affection au cours de la demi-heure qui précède l'heure de le nourrir et qui, ensuite, passe son temps à pousser des gémissements insensés, comme s'il avait des flash-back de la guerre du Vietnam. Curieusement, ça ne m'embête pas. Rien ne m'embête, ces jours-ci. Le mécontentement dépasse mon entendement, n'existe même plus dans mon souvenir.

L'univers sensible est également spectaculaire dans ce coin. Le soir, un orchestre de criquets accompagné de grenouilles assure la ligne de basse. Au beau milieu de la nuit, les chiens aboient pour faire savoir combien ils sont incompris. Peu avant l'aube, ce sont les coqs qui, à des kilomètres à la ronde, proclament à quel point il est génial d'être coq. (« On est des COQS ! braillent-ils. Nous sommes les seuls qui ont réussi à être des COQS ! ») À l'aube, les oiseaux tropicaux disputent un concours de chant, et il y a invariablement dix vainqueurs ex aequo. À l'aurore, tout redevient calme et les papillons se mettent au boulot. Tous les murs de la maison sont tapissés de plantes grimpantes ; j'ai l'impression que d'un jour à l'autre, elle va disparaître entièrement sous le feuillage, et que je vais disparaître avec elle, et me transformer moi-même en fleur de jungle. Le loyer est moindre que le montant mensuel de mes notes de taxi à New York.

Au fait, le mot « paradis », qui nous vient du persan, signifie littéralement « jardin enclos ».

80

Cela dit, je me dois ici d'être honnête, et signaler qu'après trois après-midi seulement de recherches à la bibliothèque locale, je me suis aperçue que toutes mes idées premières à propos du paradis balinais étaient passablement erronées. Depuis ma première visite à Bali il y a deux ans, je racontais à qui voulait l'entendre que cette petite île était la seule authentique utopie au monde, un lieu qui n'avait jamais connu que la paix, l'harmonie, l'équilibre. Un éden parfait, épargné tout au long de son histoire par la violence et les effusions de sang. Je ne sais pas trop où j'avais trouvé ces idées grandioses, mais j'y avais souscrit en toute confiance.

« Même les policiers arborent des fleurs dans leurs cheveux », disais-je, comme à titre de preuve.

En réalité, Bali a connu une histoire tout aussi sanglante, violente et pesante que n'importe quel séjour humain sur terre. Quand les rois javanais émigrèrent ici au XVIᵉ siècle, ils y établirent une colonie féodale, reposant sur un système strict de castes qui – comme tout système de castes qui se respecte – avait tendance à ne guère s'embarrasser de considérations pour ceux qui étaient au bas de l'échelle. Dans les premiers temps, Bali alimenta son économie par une lucrative traite d'esclaves (qui, en plus de devancer de plusieurs siècles la participation de l'Europe à la traite internationale, survécut au trafic européen de vies humaines pendant un bon bout de temps). Et comme les rois rivaux ne cessaient de s'attaquer (avec viols collectifs et meurtres à l'appui), l'île était en permanence le théâtre de guerres intestines. Jusqu'à la fin du XIXᵉ siècle, les Balinais conservèrent auprès des commerçants et des marins une réputation de combattants brutaux. (Le mot *amok*, « accès de folie meurtrière observé chez les Malais », est à l'origine balinais ; il décrit une technique guerrière qui consiste à laisser brusquement libre cours à sa folie destructrice dans un combat singulier suicidaire et sanglant avec l'ennemi ; cette pratique terrifiait les Européens.) Avec une armée bien disciplinée de trente mille hommes, les Balinais infligèrent une défaite à leurs envahisseurs hollandais en 1848, puis à nouveau en

1849, et une fois encore, pour faire bonne mesure, en 1850. Ils ne tombèrent sous le joug des Hollandais que lorsque les rois rivaux de Bali firent scission et, à coups de trahison réciproque pour tenter de s'emparer du pouvoir, s'alignèrent avec l'ennemi en échange de promesses de bonnes affaires. Ainsi, envelopper aujourd'hui le passé de l'île dans la gaze d'un rêve paradisiaque est un peu une insulte à l'histoire ; ce n'est pas comme si ces gens avaient passé le dernier millénaire assis à se tourner les pouces, en souriant et en chantant joyeusement.

Mais dans les années 20 et 30, lorsque des voyageurs occidentaux issus des élites découvrirent Bali, ces effusions de sang furent passées sous silence ; les nouveaux venus s'accordèrent à reconnaître en Bali l'authentique « île des dieux », où « tout le monde est artiste », où l'humanité a su préserver sa félicité. Cette vision subsiste ; la plupart de ceux qui viennent visiter Bali (moi y compris lors de mon premier voyage) y souscrivent. « J'étais furieux contre Dieu de n'être pas né à Bali », déclarait le photographe allemand Georg Krauser après avoir visité l'île dans les années 30. Attirés par ces comptes rendus sur la beauté et la sérénité détachées des contingences de l'île, quelques touristes appartenant au gratin entreprirent de la visiter – des artistes, des écrivains ou des danseurs, à l'instar de Walter Spies, Noel Coward, ou Claire Holt, ou encore des acteurs, comme Charlie Chaplin, et des scientifiques, telle l'anthropologue Margaret Mead, qui, en dépit de toutes ces poitrines dénudées, décrivit judicieusement la civilisation balinaise pour ce qu'elle était vraiment : une société aussi collet monté que l'Angleterre victorienne. (« Pas l'ombre d'une libido libérée en quelque endroit de cette culture. »)

La fête se termina dans les années 40 quand le monde entra en guerre. Les Japonais envahirent l'Indonésie, et les bienheureux expatriés dans leurs jardins balinais avec leurs jolis boys furent contraints de fuir. Dans la lutte pour l'indépendance indonésienne qui suivit la guerre, Bali devint le théâtre de divisions et de violences à l'instar du reste de l'archipel, et dans les années 50 (rapporte une étude intitulée *Bali : un paradis inventé*) tout Occidental se risquant à visiter l'île aurait été bien inspiré de dormir avec un pistolet sous son oreiller. Dans les années 60, la lutte pour le pouvoir entre nationalistes et communistes transforma l'ensemble de l'archipel indonésien en champ de bataille. À la suite d'une tentative de coup d'État à Jakarta en 1965, les soldats nationalistes furent dépêchés à Bali munis des noms de tous les insulaires suspectés de sympathies communistes. En une semaine environ, avec l'aide active de la police locale et des autorités villageoises, les forces nationalistes procédèrent à un massacre méthodique dans chaque commune. Au soir du carnage, quelque cent mille corps engorgeaient les belles rivières de l'île.

Le rêve d'une île édénique ressuscita à la fin des années 60, quand le gouvernement indonésien décida de réinventer Bali pour le marché du tourisme international en « île des dieux », et lança une grande campagne marketing. Les nouveaux touristes que cette ruse attira à Bali étaient une bande plutôt noble d'esprit (ce n'était pas Miami, après tout) et on guida leur attention vers la beauté des arts et de la religion vernaculaires. Des pans plus sombres de l'histoire furent passés sous silence. Et le sont restés depuis.

Me voilà quelque peu déroutée par toutes ces lectures. Attendez – pourquoi suis-je revenue à Bali, déjà ? Pour tenter de trouver cet équilibre entre les plaisirs de ce monde et la dévotion spirituelle, pas vrai ? Cette île est-elle franchement le cadre le mieux indiqué pour une telle quête ? Les Balinais demeurent-ils réellement, plus que n'importe qui d'autre sur la planète, dans cet équilibre pacifique ? Certes, ils ont *l'air* équilibrés, avec toutes ces danses, ces prières, ces banquets, cette beauté, ces sourires, mais que se passe-t-il derrière cette façade ? Je l'ignore. Certes, les policiers arborent effectivement une fleur à l'oreille, mais la corruption sévit sur toute l'île comme partout ailleurs en Indonésie (ainsi que je l'ai découvert l'autre jour, par une expérience de première main, en glissant quelques centaines de dollars sous la table à un homme en uniforme, pour qu'il prolonge illégalement mon visa, ce qui va me permettre de passer finalement quatre mois à Bali). Les Balinais vivent, assez littéralement, de cette image de peuple le plus pacifique, le plus dévot, le plus doué dans l'expression artistique, mais quelle est, dans tout ça, la part intrinsèque et la part de calcul économique ? Et dans quelle mesure un étranger, quelqu'un comme moi, peut-il connaître les tensions cachées susceptibles de rôder derrière ces « visages radieux » ? C'est ici comme partout ailleurs – à regarder la photo de trop près, les lignes claires commencent à se diluer dans une masse confuse de coups de pinceau imprécis et d'amalgames de pixels.

Pour l'instant, tout ce que je puis dire avec certitude, c'est que j'adore la maison que j'ai louée, et que tous les insulaires sans exception ont été charmants à mon égard. Je trouve leur art et leurs cérémonies beaux, stimulants ; ils semblent le penser aussi. C'est là mon expérience empirique d'un lieu qui est probablement plus complexe que je ne le comprendrai jamais. Mais quoi que les Balinais aient besoin de faire pour maintenir leur équilibre (et trouver un moyen de subsistance), cela les regarde. Moi, je suis venue ici pour travailler sur ma propre stabilité, et à cet égard, et du moins pour l'instant, je trouve ce climat toujours aussi nourrissant.

81

Je ne connais pas l'âge de mon sorcier. Je l'ai questionné à ce sujet, mais lui-même ne sait pas trop me répondre. Il me semble me rappeler que, lors de mon premier séjour, il y a deux ans, l'interprète nous avait dit qu'il avait quatre-vingts ans. Mais l'autre jour, quand Mario lui a demandé son âge, Ketut a répondu : « Peut-être soixante-cinq, pas certain. » En quelle année était-il né ? lui ai-je demandé. Il m'a répondu qu'il ne se souvenait pas être né. Je sais qu'il était adulte du temps de l'occupation japonaise, pendant la Seconde Guerre mondiale ; il pourrait donc avoir dans les quatre-vingts ans aujourd'hui. Mais quand il m'a raconté l'épisode de sa brûlure au bras, dans ses jeunes années, et que je lui ai demandé à quelle date cela s'était passé, il m'a répondu : « Je ne sais pas. Peut-être 1920 ? » S'il avait une vingtaine d'années en 1920, quel âge cela lui ferait-il aujourd'hui ? Cent cinq ans ? Nous pouvons donc estimer que Ketut Liyer a entre soixante et cent cinq ans.

J'ai également remarqué que l'estimation de son âge fluctue au jour le jour, selon sa forme. S'il est vraiment fatigué, il soupirera et dira : « Peut-être quatre-vingt-cinq aujourd'hui », mais un jour de meilleur allant, il dira : « Je crois que j'ai soixante ans, aujourd'hui. » Et si c'était là une manière d'estimer son âge aussi valable qu'une autre – quel âge avez-vous la *sensation* d'avoir ? Qu'est-ce qui importe d'autre, franchement ? Il n'empêche – je n'ai pas renoncé à calculer son âge.

Un après-midi, je n'y suis pas allée par quatre chemins :
« Ketut, c'est quand, votre anniversaire ?

– Jeudi.

– Ce jeudi qui vient ?

– Non. Pas ce jeudi. Un jeudi. »

C'est un bon début, mais… ne peut-il pas se montrer plus précis ? Un jeudi de quel mois ? De quelle année ? Impossible de savoir. De toute façon, à Bali, le jour de la semaine où l'on est né compte plus que l'année, ce pour quoi, même si Ketut ne connaît pas précisément son âge, il m'a dit que les enfants nés un jeudi ont pour saint patron Shiva, le dieu destructeur, et que ce jour est placé sous la guidance de deux esprits animaux – le lion et le tigre. L'arbre officiel des enfants nés un jeudi est le banyan. L'oiseau officiel, le paon. Toute personne née un jeudi parle toujours la première, interrompt toutes les autres, peut faire montre d'une légère agressivité, a tendance à être belle (« un play-boy ou une play-girl », selon les termes de Ketut), mais possède dans l'ensemble un caractère honnête, une excellente mémoire et un tempérament altruiste.

Quand ses patients balinais viennent le consulter pour de graves problèmes de santé, d'argent ou de couple, Ketut leur demande toujours quel jour de la semaine ils sont nés, afin de leur concocter prières et médicaments adaptés au mieux à leur cas. Car parfois, comme dit Ketut, « les gens sont malades dans l'anniversaire », et ce qu'il leur faut pour retrouver l'équilibre est un petit réglage astrologique. L'autre jour, une famille des environs a amené son cadet en consultation. Il devait avoir dans les quatre ans. Quand je me suis enquise du problème de ce petit garçon, Ketut m'a traduit les inquiétudes des parents : il était très agressif, rétif aux ordres, dissipé, indiscipliné. « Tout le monde dans maison fatigué du garçon. Aussi parfois ce garçon trop étourdi. »

Ketut a demandé aux parents s'il pouvait prendre un instant l'enfant sur ses genoux. Le petit garçon s'est laissé aller contre la poitrine du vieux sorcier, avec décontraction, sans appréhension. Ketut l'a bercé tendrement, il a posé une main sur le front de l'enfant, il a fermé les yeux. Puis il a posé la paume sur le ventre de l'enfant, et fermé les yeux à nouveau. De tout ce temps, il souriait et s'adressait à l'enfant avec douceur. L'examen a été vite terminé. Ketut a rendu le petit garçon à ses parents, et la famille s'en est allée peu après avec une ordonnance et un peu d'eau bénite. Ketut m'a dit qu'en interrogeant les parents sur les circonstances de la naissance du petit garçon, il avait découvert que celui-ci était né sous une mauvaise étoile, et un samedi qui plus est – un jour de naissance qui comporte, potentiellement, la présence d'esprits maléfiques tel l'esprit du corbeau, de la chouette, du coq (c'est ce dernier qui rend un enfant belliqueux) ou encore d'un pantin (qui est cause, lui, de l'étourderie). Mais ce n'était pas là que mauvaises nouvelles. Étant né un samedi, le petit garçon abritait également dans son corps l'esprit de l'arc-en-ciel et celui du papillon, tous deux susceptibles de lui donner de la force. Il fallait s'acquitter de séries d'offrandes et l'enfant recouvrerait son équilibre.

« Pourquoi avez-vous posé la main sur le front et le ventre de l'enfant ? ai-je demandé. Pour voir s'il avait de la fièvre ?

– J'examinais son cerveau, a dit Ketut. Pour voir s'il avait des esprits diaboliques dans son esprit.

– Quel genre d'esprits diaboliques ?

– Liss, je suis balinais. Je crois la magie noire. Je crois les esprits diaboliques qui sortent rivières et font mal aux gens.

– Le petit garçon était habité par des esprits maléfiques ?

– Non. Il est seulement malade dans son jour de naissance. Sa famille va faire sacrifice. Ça ira bien. Et toi, Liss ? Tu pratiques méditation balinaise tous les soirs ? Tu gardes esprit et cœur propre ?

– Chaque soir, je lui promets.

– Tu apprends à sourire même dans ton foie ?

– Même dans mon foie, Ketut. Un grand sourire dans mon foie.

– Bien. Ce sourire te fera belle. Il te donnera pouvoir d'être très jolie. Tu peux utiliser ce pouvoir – joli pouvoir ! – pour obtenir ce que tu veux dans la vie.

– Joli pouvoir ! » ai-je répété, séduite par cette expression. Comme une Barbie méditative. « Je veux le joli pouvoir !

– Tu pratiques encore méditation indienne aussi ?

– Chaque matin.

– Bien. N'oublie pas ton yoga. Bénéfique pour toi. Bon pour toi de continuer pratiquer les deux façons de méditation – indienne et balinaise. Les deux différentes, mais bonnes également. Pareil. Je réfléchis à religion, la plupart des religions, c'est pareil.

– Tout le monde ne pense pas ainsi, Ketut. Certaines personnes aiment se disputer à propos de Dieu.

– Pas nécessaire, a-t-il dit. J'ai bonne idée, pour si tu rencontres une personne de religion différente et il veut disputer à propos de Dieu. Mon idée c'est : tu écoutes tout ce que cet homme dit sur Dieu. Ne te dispute jamais avec lui à propos de Dieu. Mieux vaut dire : "Je suis d'accord avec toi." Puis, tu vas chez toi, tu pries qui tu veux. C'est mon idée pour que les gens ont la paix au sujet de la religion. »

Ketut, ai-je remarqué, garde toujours le menton levé, la tête légèrement rejetée en arrière, dans une attitude tout à la fois interrogative et élégante. Tel un vieux monarque curieux, il contemple l'ensemble du monde par-dessus son nez. Sa peau est lustrée, sombre et mordorée. Il est presque entièrement chauve, mais compense cette calvitie par des sourcils exceptionnellement longs et duveteux qui semblent impatients de prendre leur envol. Mis à part les dents qui lui manquent et la cicatrice de brûlure sur son bras droit, il semble en parfaite santé. Il m'a raconté que dans sa jeunesse, il dansait lors des cérémonies dans les temples, et qu'il était très beau à cette époque. Je le crois volontiers. Il ne fait qu'un repas par jour – un plat balinais traditionnel de riz accompagné de canard ou de poisson. Il aime bien boire une tasse de café sucré chaque jour, plus pour célébrer le fait qu'il puisse s'offrir du café et du sucre qu'autre chose. Vous aussi, vous pourriez aisément vivre jusqu'à cent cinq ans en suivant ce régime. Il entretient la force de son corps, dit-il, en méditant chaque soir avant de dormir, et en attirant la saine énergie de l'univers en son centre à lui. Le corps humain, dit-il, est constitué de rien de plus ni de moins que des cinq éléments de la création – l'eau *(apa)*, le feu *(tejo)*, le vent *(bayu)*, le ciel *(akasa)* et la terre *(pritiwi)*. Tout ce qu'il faut faire pendant la méditation, c'est se concentrer sur cette réalité pour recevoir l'énergie de toutes ces sources et rester fort. Me prouvant combien son oreille peut être occasionnellement très fine pour la langue anglaise, il dit : « Le microcosme devient le macrocosme. Toi – microcosme – deviendras pareille à l'univers – macrocosme. »

Aujourd'hui, Ketut est débordé. Il y a foule dans sa cour – des patients entassés partout, et qui tous ont de petits enfants ou des offrandes sur les genoux. Ketut reçoit des fermiers et des hommes d'affaires, des pères et des grands-mères. Il y a là des parents dont les bébés vomissent la nourriture et des vieillards hantés par des malédictions de magie noire ; des jeunes hommes désarçonnés par l'impétuosité du désir charnel et des jeunes femmes en quête d'un mariage d'amour ; des enfants qui souffrent et se plaignent de démangeaisons. Tous ont perdu leur équilibre ; tous ont besoin qu'on restaure leur stabilité.

Dans la cour de Ketut, cependant, l'humeur est toujours à la patience. Parfois, les gens doivent poireauter trois heures avant que Ketut ait le temps de s'occuper d'eux, mais jamais ils ne tapent nerveusement du pied, ni ne lèvent les yeux au ciel d'exaspération. L'attitude des enfants est tout aussi exemplaire : ils attendent, blottis contre leur magnifique mère, et jouent avec leurs doigts pour passer le temps. Cela m'amuse toujours d'apprendre ensuite que tel enfant si placide a été conduit chez Ketut parce que ses parents le trouvaient « vilain » et avaient décidé qu'il fallait le guérir. *Cette* petite fille-là ? Cette môme de trois ans qui a passé trois heures assise en plein soleil, sans dire un mot, sans se plaindre, ni grignoter ni jouer ? Elle est *vilaine* ? J'aimerais pouvoir dire à ces gens : « Mes amis, vous voulez voir ce qu'est un enfant vilain ? Je vais vous emmener en Amérique, et vous présenter quelques gamins qui vont vous convertir à la Ritaline. » Mais ici, la bonne conduite des enfants se juge sur des critères différents, c'est tout.

Ketut traite tous ses patients obligeamment, l'un après l'autre, sans paraître s'inquiéter du temps qui file, en accordant à chacun toute l'attention dont il a besoin, sans considération pour celui ou celle qui attend pour prendre la suite. Il était si affairé qu'à l'heure du déjeuner, il a même sauté son seul repas de la journée, il n'a pas bougé de sous son porche, contraint par respect envers Dieu et ses ancêtres de rester assis là durant des heures, interminablement, pour soigner tout le monde. Le soir venu, il semblait aussi fatigué qu'un chirurgien de campagne pendant la guerre de Sécession. Son dernier patient de la journée, un Balinais d'une quarantaine d'années profondément perturbé, se plaignait de ne pas bien dormir depuis des semaines ; il était hanté, disait-il, par un cauchemar dans lequel il se voyait « se noyer dans deux rivières en même temps ».

Jusqu'à ce soir, je demeurais encore indécise quant à mon rôle dans la vie de Ketut Liyer. Chaque jour, je lui demande si ma présence ne le gêne pas, et lui m'affirme toujours avec insistance que je dois venir passer du temps en sa compagnie. Je culpabilise d'accaparer tant d'heures de sa journée, mais lorsque je m'en vais, en fin d'après-midi, il semble toujours déçu. On ne peut pas dire que je lui apprends beaucoup d'anglais. Cette langue, quelle qu'elle soit, il l'a apprise il y a plusieurs dizaines d'années de ça et à l'heure qu'il est, elle est cimentée telle quelle dans son esprit ; il ne reste guère d'espace pour des corrections, ou de nouveaux mots de vocabulaire. Je ne peux guère que lui faire dire : « Heureux de te voir » quand j'arrive au lieu de « Heureux de te rencontrer ».

Ce soir, son dernier patient parti, Ketut, épuisé, m'a soudain l'air très vieux et usé par tous les services rendus. Je lui demande s'il n'est pas temps pour moi de prendre congé et de lui laisser un peu d'intimité, mais il me répond : « J'ai toujours du temps pour toi. » Il me prie alors de lui parler de l'Inde, de l'Amérique, de l'Italie, de ma famille. C'est à ce moment-là que je comprends que je ne suis ni le professeur d'anglais de Ketut Liyer, ni vraiment son étudiante en théologie, mais tout simplement un plaisir que s'offre ce vieux sorcier – je lui tiens compagnie. Je suis quelqu'un à qui il peut parler, car il aime entendre raconter ce qui se passe dans ce monde dont il n'a pas eu l'occasion de voir grand-chose.

Au cours de ces heures passées ensemble sous son porche, Ketut me pose des questions sur tout, depuis le prix des voitures au Mexique jusqu'aux causes du sida. (Je fais de mon mieux pour le renseigner sur l'un et l'autre sujet, même si je crois qu'il y a des experts qui auraient pu lui faire des réponses plus substantielles.) Ketut n'a jamais mis un pied hors de Bali. Il n'a même passé que très peu de temps ailleurs que sous ce porche. Une fois, il a accompli le pèlerinage au mont Agung, le plus imposant des volcans de l'île, et le plus important d'un point de vue spirituel, mais l'énergie était si puissante là-bas, me dit-il, qu'il pouvait à peine méditer, tant il craignait que le feu sacré ne le consume. Il se rend dans des temples pour les grandes cérémonies importantes et il est invité chez ses voisins afin d'accomplir les rituels qui accompagnent les mariages ou les passages à l'âge adulte, mais la plupart du temps, c'est ici qu'on le trouve, assis en tailleur sur cette natte en bambou, entouré par les encyclopédies médicales en feuilles de palme de son arrière-grand-père, affairé à soigner les gens, à apaiser les démons et, à l'occasion, à siroter une tasse de café sucré.

« J'ai rêvé de toi la nuit dernière, me dit-il aujourd'hui. J'ai rêvé tu vas n'importe où avec ton vélo. »

Parce qu'il a marqué une pause, j'ai suggéré une correction grammaticale. « Vous voulez dire que j'allais *partout* avec mon vélo ?

— Oui ! J'ai rêvé la nuit dernière tu vas n'importe où *et* partout avec ton vélo. Tu es si heureuse dans mon rêve ! Dans tout le monde, tu vas avec ton vélo ! Et je te suivre ! »

Peut-être aimerait-il le pouvoir...

« Peut-être qu'un jour vous pourrez venir me voir en Amérique, Ketut.

– Peux pas, Liss. » Il secoue la tête, comme gaiement résigné à son destin. « J'ai pas assez de dents pour voyager en avion. »

82

Avec la femme de Ketut, cela me prend un peu de temps pour trouver mes marques. Nyomo, c'est son nom, est une grande femme bien en chair, claudicante, et dont les dents sont tachées de rouge à force de mâcher de la noix de bétel. Ses orteils sont douloureusement recroquevillés par l'arthrose. Elle a aussi un regard pénétrant. De prime abord, je l'avais trouvée effrayante. Il émane d'elle cette férocité propre aux vieilles femmes, qui s'observe parfois chez les veuves italiennes et toutes ces mamas moralisatrices et bigotes vêtues de noir de pied en cap. On dirait qu'elle va vous administrer une fessée à la plus petite incartade. Au début, elle se méfiait ouvertement de moi – « c'est qui, cette espèce de flamant qui traîne chez moi tous les jours ? ». Elle me dévisageait depuis la pénombre de sa cuisine tapissée de suie, l'air dubitatif quant à mon droit d'exister.

Mais les choses ont changé. Et ce après l'histoire des photocopies.

Ketut Liyer possède des tas et des tas de vieux cahiers et registres où sont consignés, d'une écriture en pattes de mouche, tous les antiques mystères balinais des méthodes de guérison. Il a tout noté dans ces carnets dans les années 40 ou 50, après la mort de son grand-père, afin de conserver cette information médicale. Tout cela possède une valeur inestimable. Il y a plusieurs volumes qui répertorient les arbres, les feuilles et les plantes rares, et leurs propriétés médicinales. Ketut a aussi une soixantaine de pages remplies de schémas sur l'art de la chiromancie, et d'autres carnets encore où sont consignés des données astrologiques, des mantras, des sortilèges et des remèdes. Le problème est que ces carnets ont enduré plusieurs décennies durant le mildiou et les attaques de rongeurs et qu'ils tombent en morceaux. Jaunis, moisis, en voie de désagrégation, ils évoquent des feuilles d'automne en décomposition. Chaque fois que Ketut tourne une page, elle se déchire.

« Ketut, lui ai-je dit la semaine dernière, en brandissant un des carnets décatis. Je ne suis pas docteur comme vous, mais je pense que ce carnet est en train de mourir. »

Ça l'a fait rire. « Tu crois qu'il est en train de mourir ?

— Monsieur, ai-je répondu d'un ton grave, c'est mon avis de professionnelle — si ce carnet ne reçoit aucune assistance dans les meilleurs délais, il sera mort d'ici six mois. »

Puis j'ai demandé la permission d'emporter le carnet en ville pour le photocopier avant son trépas. Il m'a fallu expliquer ce qu'était une photocopie, promettre que je ne garderais pas le carnet plus de vingt-quatre heures, et que je ne lui ferais aucun mal. Et l'ayant assuré que je prendrais le plus grand soin de la sagesse de son grand-père. Ketut a finalement donné son accord pour que le carnet quitte le porche. J'ai regagné la ville à vélo, jusqu'au café Internet qui abrite des photocopieurs. Avec la plus grande précaution, j'ai dupliqué l'intégralité du carnet et j'ai fait relier ces nouvelles pages toutes propres dans une jolie chemise en plastique. J'ai rapporté les deux versions du carnet, l'ancienne et la nouvelle, le lendemain avant midi. Ketut était stupéfait et ravi car il avait ce carnet, m'a-t-il dit, depuis cinquante ans. Ce qui pouvait signifier littéralement « cinquante ans », ou juste « depuis très, très longtemps ».

Il m'a demandé si je pouvais copier le restant de ses carnets, afin de sauvegarder les informations qu'ils renfermaient. Il m'a tendu un autre cahier avachi et presque en lambeaux, bien près de rendre l'âme lui aussi et dont les pages étaient remplies de sanskrit balinais et de schémas compliqués.

« Un autre patient ! a-t-il dit.

— Laissez-moi le guérir ! » ai-je répliqué.

Là encore, ça a été un grand succès. À la fin de la semaine, j'avais photocopié plusieurs des vieux manuscrits. Chaque jour, Ketut appelait sa femme pour lui montrer ces copies flambant neuves ; il exultait. Sans que rien dans son expression ne se modifie, sa femme examinait en détail la preuve.

Et le lundi suivant, quand je suis arrivée, Nyomo m'a apporté du café chaud, servi dans un pot de confiture. Je l'ai observée traverser la cour, effectuer ce long trajet entre sa cuisine et le porche de Ketut en boitant lentement, la boisson posée sur une soucoupe en porcelaine. Le café, supposais-je, était destiné à Ketut, mais non – il avait déjà bu le sien. Celui-ci était pour moi. Elle l'avait préparé pour moi. J'ai essayé de la remercier, mais mes remerciements ont semblé l'agacer, elle paraissait prête à me faire taire d'un coup de tapette, comme lorsqu'elle chasse le coq qui essaie toujours de se percher sur sa table de cuisine en plein air quand elle prépare à déjeuner. Le lendemain, elle m'a apporté un verre de café et un bol de sucre. Et le surlendemain, un verre de café, un bol de sucre et une pomme de terre bouillie froide. Chaque jour cette semaine-là, j'ai eu droit à une nouvelle gâterie. Ça commençait à ressembler à ces jeux de mémorisation auxquels on joue, enfant, pendant les trajets en voiture : « Je vais chez grand-mère et j'apporte une pomme... Je vais chez grand-mère et j'apporte une pomme et un ballon... Je vais chez grand-mère et j'apporte une pomme, un ballon, une tasse de café dans un pot à confiture, un bol de sucre et une pomme de terre froide... »

Et puis hier, alors que je prenais congé de Ketut dans la cour, Nyomo est passée à côté de nous en trottinant, très affairée à balayer et feignant de ne pas prêter attention à ce qui se passait dans son empire. Moi, je me tenais mains jointes derrière le dos, et Nyomo est passée derrière moi et a pris une de mes mains dans la sienne. Elle a fouillé dans ma paume, comme si elle essayait de défaire la combinaison d'un cadenas, puis elle a enfermé mon index dans son gros poing, avec force, et elle l'a serré, fort, longtemps. J'ai senti son amour pulser à travers mon doigt, remonter le long de mon bras, et se propager jusque dans mes tripes. Puis elle a lâché ma main et s'est éloignée, de son boitillement arthritique, sans prononcer un seul mot, et elle a poursuivi son balayage comme s'il ne s'était rien passé. Pendant que j'étais là, en train de me noyer tranquillement dans deux rivières de bonheur en même temps.

83

J'ai un nouvel ami. Il s'appelle Yudhi. Il est indonésien, originaire de Java. J'ai fait sa connaissance parce c'est lui qui était chargé de louer la maison ; il travaille pour l'Anglaise à qui elle appartient et s'occupe des lieux pendant qu'elle est à Londres pour l'été. Yudhi a vingt-sept ans, c'est un grand gars baraqué, qui s'exprime un peu comme un surfeur de Californie du Sud. Il n'arrête pas de m'appeler « mec » ou « mon pote ». Il a un sourire qui pourrait éradiquer le crime, et sa vie est, pour quelqu'un d'aussi jeune, une longue histoire très compliquée.

Il est né à Jakarta ; sa mère était femme au foyer, et son père, un Indonésien fan d'Elvis, possédait une petite entreprise d'air conditionné et de réfrigération. La famille était chrétienne – une curiosité dans cette région du monde – et Yudhi raconte d'amusantes anecdotes sur les gamins musulmans de son quartier qui se moquaient de lui au motif de tares telles que « Tu manges du porc ! » et « Tu aimes Jésus ! ». Les taquineries ne dérangeaient pas Yudhi ; Yudhi, par nature, ne se laisse pas déranger par grand-chose. Mais sa mère ne voyait pas d'un bon œil qu'il traîne avec les petits musulmans. Ce qu'elle leur reprochait le plus, c'était d'être toujours pieds nus – chose que Yudhi appréciait lui aussi, mais sa mère, elle, ne trouvait pas ça hygiénique. Aussi demanda-t-elle à son fils de choisir – soit il portait des chaussures et pouvait jouer dans la rue, soit il restait pieds nus, à l'intérieur. Yudhi n'aime pas porter de chaussures. Il a donc passé une bonne partie de sa vie d'enfant et d'adolescent dans sa chambre, et c'est là qu'il a appris à jouer de la guitare. Pieds nus.

Peu de personnes de ma connaissance ont une aussi bonne oreille. Il excelle à la guitare sans avoir jamais pris de cours, mais il comprend la mélodie et l'harmonie comme si elles étaient les petites sœurs auprès de qui il a grandi. Dans la musique qu'il joue, l'Orient et l'Occident fusionnent, il combine des berceuses indonésiennes traditionnelles avec des rythmes de reggae et de funk des premiers Stevie Wonder – c'est difficile à expliquer, mais il devrait être célèbre, c'est certain.

Voilà ce qu'il a toujours voulu faire, par-dessus tout – vivre aux États-Unis et travailler dans le show-business. Le rêve partagé du monde. Quand il n'était encore qu'un adolescent javanais, il s'est débrouillé (en ne parlant à l'époque que trois mots d'anglais) pour se dégoter un petit boulot sur un paquebot de croisière américain, et se propulser du coup hors de son environnement étroit de Jakarta jusque dans l'immensité bleue du monde. Le travail en question était un de ces boulots de dingue qu'on réserve aux immigrants industrieux – et qui consiste à vivre dans la cale, à trimer douze heures par jour pour nettoyer, avec un jour de repos par mois. Il avait pour collègues des Philippins et des Indonésiens. Chaque groupe dormait dans des quartiers séparés et ne se mélangeait jamais (musulmans contre chrétiens, on ne sait jamais ce qui peut se passer), mais Yudhi – c'est tout lui – devint copain avec tout le monde et se transforma en un genre d'émissaire entre ces deux communautés de travailleurs asiatiques. À ses yeux, il y avait plus de similitudes que de différences entre ces stewards, ces gardiens et ces plongeurs qui tous se tuaient à la tâche pour envoyer une centaine de dollars par mois chez eux, à la famille.

La première fois que le bateau de croisière fit escale à New York, Yudhi passa la nuit debout, sur le pont supérieur, à observer la ligne de gratte-ciel de Manhattan apparaître à l'horizon, le cœur battant d'excitation. Quelques heures plus tard, il débarqua et héla un taxi jaune, exactement comme dans les films. Quand le chauffeur, un Africain immigré de fraîche date, lui demanda où il souhaitait se rendre, Yudhi lui répondit : « N'importe où, mec. Balade-moi, c'est tout. Je veux tout voir. » Quelques mois plus tard, le bateau revint à New York, et cette fois Yudhi débarqua pour de bon.

Son contrat avec la compagnie de croisière touchait à son terme, et il voulait vivre aux États-Unis.

Il échoua dans une banlieue du New Jersey, et vécut là un petit moment avec un compatriote qu'il avait rencontré sur le bateau. Il se trouva un boulot dans une sandwicherie d'un centre commercial. C'était une fois de plus un de ces boulots pour immigrants dans lesquels il fallait marner dix à douze heures par jour, en compagnie de Mexicains cette fois. Au cours de ces premiers mois, Yudhi apprit à mieux parler espagnol qu'anglais. Dans ses rares moments de temps libre, il gagnait Manhattan en bus et déambulait dans les rues de cette ville qui lui tournait la tête, le laissait sans voix – la ville, dit-il aujourd'hui, « qui recèle le plus d'amour au monde ». Au gré des rencontres (à nouveau – ce sourire), il se lia avec tout un tas de jeunes musiciens venus du monde entier. Il commença à jouer de la guitare avec eux, à taper des bœufs toute la nuit avec des gamins talentueux de Jamaïque, d'Afrique, de France, du Japon… Et à l'un de ces concerts, il rencontra Ann, une jolie blonde du Connecticut qui jouait de la basse. Ils tombèrent amoureux. Ils se marièrent. Ils trouvèrent un appartement à Brooklyn, et ils avaient une bande de copains sensass, avec lesquels ils prenaient la route et filaient jusque dans les Keys, en Floride. La vie était incroyablement belle. Très vite, Yudhi parla un anglais impeccable. Il songeait à s'inscrire à la fac.

Le 11 septembre, il observa les tours s'effondrer depuis son toit, à Brooklyn. Paralysé de douleur, comme tout un chacun – comment pouvait-on infliger une si effroyable atrocité à la ville « qui recelait le plus d'amour au monde » ? Je ne sais pas quelle fut la réaction de Yudhi lorsque le Congrès, en réponse à la menace terroriste, vota dans la foulée le Patriot Act – qui incluait de nouvelles lois draconiennes sur l'immigration, dont beaucoup étaient dirigées contre des ressortissants de pays islamiques telles que l'Indonésie. Une des dispositions de cette loi exigeait que tous les ressortissants indonésiens vivant sur le territoire américain se fassent connaître auprès du Department of Homeland Security. Yudhi et ses jeunes amis, immigrants indonésiens comme lui, tentèrent alors d'imaginer que faire – nombre d'entre eux avaient dépassé la date légale de validité de leur visa et redoutaient, en se présentant aux autorités, d'être expulsés. Mais d'un autre côté, ils craignaient, en ne s'enregistrant pas, de se comporter en criminels. Il y a tout à parier que les terroristes islamistes qui rôdaient aux États-Unis ignorèrent cette loi, mais Yudhi, lui, décida de s'enregistrer. Il était marié à une Américaine, il voulait mettre à jour son statut d'immigrant et devenir citoyen de droit. Il ne voulait pas vivre en clandestin.

Lui et Ann consultèrent toutes sortes d'avocats, mais personne ne sut comment les conseiller. Avant le 11 septembre, il n'y aurait pas eu de problème – il aurait suffi à Yudhi, désormais marié, de se rendre au service de l'immigration pour actualiser son visa et entamer les démarches d'obtention de la citoyenneté américaine. Mais aujourd'hui ? Comment savoir ? « Les lois n'ont pas encore été appliquées, lui dirent les juristes spécialisés dans le droit de l'immigration. Vous serez les cobayes. » Yudhi et sa femme prirent donc rendez-vous avec un aimable fonctionnaire des services de l'immigration, auquel ils racontèrent leur histoire. Le couple s'entendit dire que Yudhi devait revenir, l'après-midi même, pour un « second entretien ». C'est à ce moment-là qu'ils auraient dû se méfier ; Yudhi avait reçu pour stricte instruction de se présenter seul, sans sa femme, sans avocat, sans rien dans ses poches. Espérant qu'il en serait pour le mieux, il se présenta donc seul et les mains vides à ce second entretien – et c'est là qu'on l'arrêta.

On le transféra dans un centre de rétention à Elizabeth, dans le New Jersey, où il passa plusieurs semaines, avec quantité d'autres immigrants qui tous avaient été arrêtés en vertu du Patriot Act. Beaucoup vivaient et travaillaient aux États-Unis depuis des années, la plupart ne parlaient pas anglais. Quelques-uns n'avaient pas eu la possibilité de contacter leur famille, pour les prévenir de leur arrestation. Dans ce centre de détention, ils étaient invisibles ; personne ne savait s'ils existaient encore. Ann, au bord de la crise d'hystérie, mis des jours et des jours à découvrir où son mari avait été emmené. Ce qui a le plus marqué Yudhi, au centre de détention, c'est cette douzaine de Nigériens maigres et noirs comme du charbon, terrorisés, qui avaient été découverts sur un cargo, entassés dans un container ; quand on les avait arrêtés, cela faisait presque un mois qu'ils s'y cachaient, en fond de cale, pour essayer d'aller en Amérique – ou n'importe où ailleurs. Ils n'avaient aucune idée de l'endroit où ils se trouvaient. Et leurs yeux étaient tellement écarquillés, raconte Yudhi, qu'on aurait dit que des torches continuaient de les aveugler.

Après cette période de détention, le gouvernement américain renvoya Yudhi – mon ami chrétien désormais suspecté d'être un terroriste islamiste – en Indonésie. Cela s'est passé l'année dernière. Je ne sais pas s'il sera un jour de nouveau autorisé à approcher des États-Unis. Sa femme et lui cherchent encore ce qu'ils vont pouvoir faire de leur vie, désormais ; leur rêve n'était pas de la passer en Indonésie.

Incapable de supporter les quartiers pauvres de Jakarta après avoir vécu dans le monde industrialisé, Yudhi est venu à Bali pour essayer de gagner sa vie ici, en dépit du mal qu'il a à se faire accepter par cette communauté parce qu'il n'est pas balinais – il est de Java. Et les Balinais n'aiment pas du tout les Javanais. Ils les considèrent tous comme des voleurs et des mendiants. Yudhi est en butte à plus de préjugés ici – en Indonésie, dans son propre pays – qu'il ne l'a été à New York. Il ne sait pas ce qu'il va faire. Peut-être Ann, sa femme, viendra-t-elle le rejoindre ici. Ou peut-être pas. Qu'y a-t-il ici pour elle ? Leur jeune couple, qui ne vit plus désormais que par échange d'e-mails, traverse une passe périlleuse. Yudhi n'est absolument pas à sa place ici, il est complètement désorienté. Il est plus américain qu'autre chose : Yudhi et moi parlons le même argot, nous évoquons nos restaurants préférés à New York, et nous aimons les mêmes films. Il vient chez moi le soir, je lui offre des bières et il me joue des chansons incroyables à la guitare. J'aimerais qu'il devienne célèbre. S'il y avait une justice, il serait mondialement célèbre à l'heure qu'il est.

Voilà ce qu'il me dit : « Ah, mon pote, pourquoi la vie est-elle aussi folle ? »

84

« Ketut, pourquoi la vie est-elle aussi folle ? je demande à mon sorcier le lendemain.

– *Bhuta ia, dewa ia*, me répond-il.

– Qu'est-ce que ça veut dire ?

– L'homme est un démon, l'homme est un dieu. Les deux sont vrais. »

Cette idée m'était familière. Elle est très indienne, très yogique. L'idée, maintes fois expliquée par mon guru, est que les êtres humains naissent avec un potentiel équivalent de contraction et d'expansion. Les ingrédients, tant de l'obscurité que de la lumière, sont présents à égale proportion en chacun de nous, puis c'est à l'individu (ou à la famille, ou à la société) de choisir ce qu'il va mettre en avant – les vertus, ou la malveillance. La folie qui dévaste cette planète découle largement de la difficulté qu'a l'être humain à parvenir à un équilibre vertueux en lui. La folie (à la fois collective et individuelle) résulte de cet état de fait.

« Que pouvons-nous faire alors contre la folie du monde ?

– Rien. » Ketut éclate de rire, mais d'un rire teinté de bonté. « C'est nature du monde. C'est destin. Inquiète-toi uniquement de ta folie – mets-toi en paix.

– Mais comment pouvons-nous trouver la paix en nous-mêmes ?

– Méditation. Le but de la méditation est seulement bonheur et paix – très simple. Aujourd'hui, je vais enseigner une nouvelle méditation, te fera encore meilleure personne. Ça s'appelle "méditation des quatre frères". »

Ketut m'a expliqué que les Balinais croient que chacun naît accompagné de quatre frères invisibles, qui viennent au monde avec nous et nous protègent tout au long de notre vie. Quand l'enfant est dans le ventre de sa mère, ses quatre frères s'y trouvent aussi – représentés par le placenta, le fluide amniotique, le cordon ombilical et la substance jaune et cireuse qui protège l'épiderme du fœtus. Quand l'enfant vient au monde, les parents recueillent la plus grande quantité possible de ces substances dans une coque de noix de coco, qu'ils enterrent près de la porte d'entrée de leur maison. D'après la croyance balinaise, cette noix de coco inhumée figure le lieu sacré où reposent les fœtus des quatre frères, et cet endroit sera entretenu à jamais, comme un autel.

Dès que l'enfant atteint l'âge de raison, on lui apprend que ses quatre frères l'accompagnent partout, où qu'il aille dans le monde, et qu'ils veilleront toujours sur lui. Les frères hébergent les quatre vertus dont une personne a besoin pour vivre heureuse en toute sûreté : intelligence, amitié, force et (j'adore celle-là) *poésie*. On peut appeler ses frères à la rescousse dans n'importe quelle situation critique. Quand on meurt, les quatre esprits frères recueillent notre âme et la conduisent au paradis.

Aujourd'hui, Ketut m'a dit que jamais encore il n'avait enseigné la méditation des quatre frères à un Occidental, mais qu'il pense que je suis prête. Il commence par m'apprendre les noms de ma fratrie invisible – Ango Patih, Maragio Patih, Banus Patih et Banus Patih Ragio. Je dois mémoriser ces noms, me dit-il, et appeler mes frères à l'aide tout au long de ma vie, chaque fois que j'ai besoin d'eux. Nul besoin de formalité, de cette formalité avec laquelle on prie Dieu, pour s'adresser à eux, me dit-il encore. Je suis autorisée à m'adresser à mes frères avec une affectueuse familiarité : « C'est ta famille ! » me dit Ketut. Il m'invite à prononcer leurs noms quand je me lave, le matin, pour qu'ils me rejoignent. À prononcer leurs noms avant de me mettre à table, pour les inviter à partager la joie du repas. Et avant de me mettre au lit, pour leur dire : « Je vais dormir, maintenant, alors vous, mes frères, vous devez rester aux aguets pour veiller sur moi. » Ainsi, ils me protégeront tout au long de la nuit et feront barrage aux démons et aux cauchemars.

« C'est une bonne chose, dis-je à Ketut, car parfois, je fais des cauchemars.

– Quels cauchemars ? »

Je raconte au sorcier un horrible cauchemar, toujours le même, qui me poursuit depuis l'enfance, et où un homme, armé d'un couteau, se tient près de mon lit. Et ce cauchemar est si saisissant, cet homme paraît si réel que parfois je me réveille en hurlant, le cœur battant à tout rompre (cela n'a jamais été très drôle non plus pour ceux qui ont partagé ma couche). Je fais ce cauchemar toutes les quelques semaines, du plus loin que je me souvienne.

Ketut m'explique alors que, depuis des années, j'interprète à tort cette vision. Cet homme qui se trouve dans ma chambre avec un couteau n'est pas un ennemi, mais simplement un de mes quatre frères. Il est l'esprit frère qui représente la force. Il n'est pas là pour m'agresser, mais pour veiller sur moi pendant mon sommeil. Si je me réveille, c'est probablement parce que je sens mon esprit frère qui s'agite et se bagarre pour repousser quelque démon malintentionné à mon endroit. Et ce que tient mon frère n'est pas un couteau, mais un kriss – une petite dague très acérée. Je n'ai pas à avoir peur. Je peux me rendormir, me sachant protégée.

« Tu as de la chance, m'a dit Ketut. Tu as de la chance de pouvoir le voir. Parfois, je vois mes frères en méditation, mais très rare pour personnes normales de les voir. Je crois que tu as un grand pouvoir spirituel. J'espère peut-être un jour tu deviens sorcière.

– D'accord, ai-je répondu en riant. Mais uniquement si je peux devenir l'héroïne d'un feuilleton. »

Il a ri avec moi, sans avoir compris la plaisanterie, évidemment, mais parce qu'il adore qu'on plaisante. Ketut m'a ensuite enseigné que chaque fois que je m'adresse à mes quatre esprits frères, je dois leur dire qui je suis, afin qu'ils puissent me reconnaître. Je dois me présenter à eux par le petit nom secret qu'ils m'ont donné. Je dois leur dire : « Je suis Lagoh Prano. »

« Lagoh Prano » signifie « corps bienheureux ».

Je regagne ma maison à vélo, et hisse mon corps bienheureux tout en haut des collines dans les derniers rayons de soleil. Tandis que je traverse la forêt, un gros singe, un mâle, dégringole d'un arbre juste devant moi et me montre les crocs. Je ne cille même pas. Je lui lance : « Dégage, mon gros. J'ai quatre frères qui veillent sur mes fesses », et je le dépasse.

85

Il n'empêche que le lendemain (en dépit de la protection de mes frères), je me suis fait accrocher par un bus. Ou plutôt une sorte de minibus, mais qui m'a bel et bien désarçonnée et précipitée par terre tandis que je roulais sur la route sans accotement. J'ai été projetée dans une rigole d'irrigation en ciment. Une bonne trentaine de motocyclistes, témoins de l'accident, se sont arrêtés pour m'aider (le bus, lui, avait filé depuis belle lurette) et chacun m'a invitée chez lui à boire le thé, ou m'a proposé de me conduire à l'hôpital. Ils étaient choqués. L'accident était sans gravité, cependant, compte tenu des conséquences qu'il aurait pu avoir. Mon vélo n'était pas amoché, seul le panier était de travers, et mon casque fendillé. (Mieux vaut que ce soit le casque que le crâne, dans ce cas.) Le pire dégât se résumait à une entaille profonde sur mon genou, qui s'était remplie de gravillons et de poussière et qui – au cours des jours suivants, à cause de l'humidité de l'air tropical – allait salement s'infecter.

Je ne voulais pas l'inquiéter, mais quelques jours plus tard, sous le porche de Ketut, j'ai fini par remonter la jambe de mon pantalon, dérouler le bandage jauni et montrer ma plaie au vieux sorcier. Il l'a auscultée, inquiet.

« Infecté, a-t-il diagnostiqué. Douloureux ?

– Oui.

– Tu devrais aller voir docteur. »

J'étais un peu surprise. N'était-ce pas *lui*, le docteur ? Mais pour une raison qui m'échappait, il ne m'a pas proposé son aide, et je n'ai pas insisté. Peut-être n'administre-t-il pas ses médications aux Occidentaux ? Ou peut-être Ketut avait-il tout simplement conçu en secret quelque plan grandiose, puisque c'est grâce à mon genou amoché que j'ai rencontré Wayan. Et que c'est par cette rencontre, que tout ce qui devait arriver… arriva.

86

Wayan Nuriyasih, à l'instar de Ketut Liyer, exerce la profession de rebouteux. Mais outre le fait qu'il est un vieil homme et qu'elle est une femme qui n'a pas encore atteint la quarantaine, ils sont différents : Ketut est plus proche d'un prêtre, d'une figure mystique, en quelque sorte, que Wayan, qui pratique une médecine concrète, prépare ses mixtures d'herbes et ses traitements ici, dans sa boutique, où elle traite également ses patients. Wayan a une petite échoppe avec pignon sur rue dans le centre d'Ubud, baptisée « Centre de soins traditionnels balinais ». J'étais passée devant à vélo des tas de fois en me rendant chez Ketut, et je l'avais remarquée à cause des multiples plantes en pot en devanture, et de l'ardoise sur laquelle était écrite à la main cette curieuse publicité : « Plat du jour multivitaminé. » Je ne m'y étais jamais aventurée avant de me blesser au genou. Mais lorsque Ketut m'a dit d'aller consulter un médecin, je me suis souvenue de cette échoppe et je m'y suis rendue, à vélo, en espérant y trouver une personne qui puisse m'aider à soigner l'infection.

La boutique de Wayan fait à la fois microcabinet médical, maison et restaurant. Au rez-de-chaussée, il y a une minuscule cuisine et une modeste salle de restaurant, avec trois tables et quelques chaises. À l'étage, dans un espace à l'abri des regards, Wayan procède à ses massages et administre ses traitements. Et derrière celui-ci, il y a une chambre, aveugle.

Je suis entrée dans la boutique en clopinant avec mon genou mal en point et me suis présentée à Wayan la guérisseuse – une Balinaise incroyablement séduisante, avec un immense sourire et des cheveux noirs brillants jusqu'à la taille. Deux jeunes filles timides se planquaient derrière elle dans la cuisine ; elles ont souri quand je les ai saluées de la main, avant de se dissimuler à nouveau. J'ai montré ma plaie infectée à Wayan, et lui ai demandé si elle pouvait faire quelque chose. En moins de deux, elle a préparé une décoction d'herbes sur son réchaud et m'a fait boire le *jamu* – nom de ces breuvages de la médecine traditionnelle balinaise. Elle a également placé des feuilles vertes et chaudes en emplâtre sur mon genou et, immédiatement, la douleur s'est atténuée.

Nous avons bavardé. Son anglais était excellent. En bonne Balinaise, elle m'a immédiatement posé les trois questions standards d'introduction : « Où vas-tu aujourd'hui ? D'où viens-tu ? Es-tu mariée ? »

Quand je lui ai appris que je n'étais pas mariée (« Pas encore ! »), elle a semblé médusée.

« Tu n'as jamais été mariée ?

– Non », ai-je menti. Je n'aime pas mentir, mais j'ai découvert qu'en règle générale, il est plus simple de ne pas mentionner qu'on est divorcé devant un Balinais, car ça le perturbe terriblement.

« Jamais, vraiment ? a-t-elle insisté en me regardant cette fois d'un air vraiment curieux.

– Non, franchement, ai-je menti. Je n'ai jamais été mariée.

– Tu es sûre ? » Voilà qui devenait étrange.

« Oui, totalement sûre !

– Pas même une fois ? »

OK, elle lisait dans mes pensées.

« Bon, ai-je confessé. Une fois, je… »

Son visage s'est éclairé, comme pour dire : *Ouais, c'est bien ce que je pensais.* « Divorcée ?

– Oui, ai-je répondu, dans mes petits souliers. Divorcée.

– Je voyais bien que tu es divorcée.

– Ce n'est pas très courant ici, n'est-ce pas ?

– Moi aussi, a dit alors Wayan, à mon immense surprise. Moi aussi, je suis divorcée.

– Toi ?

– J'ai fait tout ce que je pouvais, a-t-elle enchaîné. J'ai tout tenté, avant de divorcer, j'ai prié chaque jour. Mais il fallait que je le quitte. »

Ses yeux se sont emplis de larmes, et la minute suivante, je tenais la main de Wayan, la première Balinaise divorcée que je rencontrais, et lui disais : « Je suis sûre que tu as fait de ton mieux, ma puce. Je suis sûre que tu as tout essayé.

– Le divorce est trop triste », a-t-elle dit.

J'en ai convenu.

De fil en aiguille, j'ai passé cinq heures dans la boutique de Wayan, à discuter avec ma nouvelle meilleure amie de ses soucis. Elle a soigné mon infection au

389

genou et j'ai écouté son histoire. Son mari, un Balinais, passait son temps à boire et à jouer, m'a-t-elle raconté ; il perdait tout leur argent, puis quand elle refusait de lui donner un supplément pour boire et jouer, il la battait. « Il m'a envoyée plein de fois à l'hôpital, m'a-t-elle dit en écartant ses cheveux pour me montrer des cicatrices sur son crâne. Ça, c'est quand il me battait avec son casque de moto. Il me battait toujours avec son casque quand il buvait, quand je ne gagnais pas assez d'argent. Il me battait tellement que je perdais connaissance, j'avais des vertiges, je ne voyais plus rien. Je crois que c'est une chance que je vienne d'une famille de guérisseurs, que je le sois moi-même parce que après qu'il m'avait battue, je savais comment me soigner. Si je n'avais pas été guérisseuse, je crois que j'aurais perdu mes oreilles, tu vois, je n'aurais plus rien entendu. Ou j'aurais perdu un œil, je n'aurais plus rien vu. » Elle l'a quitté, m'a-t-elle dit, le jour où il l'a battue si sévèrement qu'elle a perdu le bébé qu'elle portait, son second enfant. Après cet épisode, sa première-née, une gamine intelligente surnommée Tutti, lui a dit : « Je crois que tu devrais divorcer, maman. Chaque fois que tu vas à l'hôpital, Tutti a trop de travail à la maison. »

Tutti avait quatre ans, à l'époque.

À Bali, quand on s'affranchit des liens du mariage, on se retrouve seule et sans protection, et ce à un point presque inconcevable pour un Occidental. À Bali, la famille, c'est tout – c'est quatre générations de frères et sœurs, de cousins, de parents, de grands-parents et d'enfants qui vivent tous ensemble dans les maisonnettes essaimées entre les murs d'enceinte du *kampong* et autour du temple familial, et qui prennent soin les uns des autres de la naissance à la mort. Le *kampong* familial procure force et sécurité financière, il fait office de centre de soins, de crèche, de lieu d'éducation et

– plus important encore pour les Balinais – il est le lieu d'une relation spirituelle. Il est si vital que les Balinais l'envisagent comme une personne à part entière. La population d'un village balinais se dénombre traditionnellement non par le nombre d'habitants, mais par le nombre de *kampongs*. Le *kampong* est un univers d'autosubsistance. Ainsi, on ne le quitte pas. (Sauf, naturellement, si on est une femme, auquel cas on ne déménage qu'une fois : on quitte son *kampong* de naissance pour s'installer dans celui de sa belle-famille.) Quand ce système fonctionne – ce qui est presque toujours le cas dans cette société saine –, il produit les êtres humains les plus sains d'esprit, les mieux protégés, les plus paisibles, les plus heureux et les mieux équilibrés du monde. Mais quand ça ne marche pas – comme dans le cas de mon amie Wayan –, les exclus sont condamnés à graviter autour d'une orbite où l'air est rare. Wayan avait le choix entre rester dans le filet de sécurité du *kampong* avec un mari qui l'expédiait tous les quatre matins à l'hôpital, ou sauver sa peau et s'en aller, pour tomber dans un dénuement total.

Enfin, pas tout à fait. Elle a emporté avec elle un savoir encyclopédique de guérisseuse, sa bonté, son éthique professionnelle et sa fille Tutti – elle a dû se battre pour obtenir sa garde. Bali fonctionne selon une stricte règle patriarcale. Dans les rares cas de divorce, les enfants reviennent automatiquement au père. Pour récupérer Tutti, Wayan a dû engager un avocat, qu'elle a payé en se séparant de tout ce qu'elle avait. Et quand je dis tout – c'est *tout*. Elle a revendu non seulement ses meubles et ses bijoux, mais aussi ses fourchettes, ses cuillères, ses chaussettes et ses chaussures, son vieux lave-linge et ses bouts de chandelles – tout a servi à payer l'avocat. Mais elle a fini par récupérer sa fille, après deux ans de bataille. Wayan a de la chance que Tutti soit une fille ; aurait-elle été un garçon, Wayan n'aurait jamais revu son enfant. Les garçons ont bien plus de valeur.

Depuis quelques années, Wayan et Tutti vivent seules – toutes seules, dans la ruche de Bali ! –, déménagent tous les quelques mois au gré des hauts et des bas financiers, et ne dorment jamais sur leurs deux oreilles tant elles s'inquiètent de ce que le lendemain leur réserve. Le plus compliqué, à chaque déménagement, c'est que les patients de Wayan (principalement des Balinais, qui sont tous eux-mêmes soumis à rude épreuve, ces temps-ci) ont du mal à la retrouver. Et puis, à chaque déménagement, la petite Tutti doit changer d'école. La fillette était toujours la première de sa classe autrefois, mais depuis le dernier déménagement, ses résultats scolaires sont en chute libre, elle n'est plus que vingtième, sur cinquante élèves.

Au beau milieu de ce récit, Tutti en personne a déboulé dans la boutique. Elle revenait de l'école. Elle a huit ans, désormais, et on croirait voir un feu d'artifice de charisme. Quand cette petite fille explosive (avec ses couettes, son corps menu et sa pétulance) m'a demandé dans un anglais très vivant si je souhaitais déjeuner, Wayan s'est écriée : « J'avais oublié ! Tu devrais manger quelque chose ! » La fille et la mère se sont précipitées à la cuisine et, avec l'aide des deux jeunes filles timides qui étaient planquées là, m'ont concocté les meilleurs mets qu'il m'a jusque-là été donné de goûter à Bali.

La petite Tutti a apporté chaque plat en m'expliquant ce dont il s'agissait d'une voix pimpante et avec un sourire radieux. Elle faisait montre d'un tel entrain qu'il ne lui manquait qu'un bâton de majorette.

« Jus de tamarin, pour garder les reins propres ! Algues, pour le calcium ! Salade de tomates, pour la vitamine D ! Mélange d'herbes, contre le paludisme !

– Tutti, où as-tu appris à si bien parler anglais ? ai-je fini par demander.

– Dans un livre !

– Je crois que tu es une petite fille très intelligente.

– Merci ! m'a-t-elle répondu, avant de se lancer dans une petite danse improvisée. Toi aussi tu es une fille très intelligente ! »

Il me faut préciser qu'en général, les gamins balinais ne se comportent pas comme ça. D'ordinaire, ils sont calmes, polis et se cachent derrière les jupes de leur mère. Mais pas Tutti. Tutti, c'est un spectacle à elle seule. C'est la reine de l'exposé pédagogique.

« Je vais te montrer mes livres ! a-t-elle chantonné avant de grimper l'escalier quatre à quatre pour aller les chercher.

– Elle veut être docteur pour animaux, m'a dit Wayan. Quel est le mot, en anglais ?

– Vétérinaire ?

– Oui, vétérinaire. Elle pose des tas de questions sur les animaux, mais je ne sais pas comment répondre. Elle dit : "Maman, si quelqu'un m'amène un tigre malade, je dois d'abord lui bander les dents pour qu'il ne me morde pas ? Si un serpent tombe malade et a besoin de médicaments, par où il s'ouvre ?" Je ne sais pas où elle va chercher ces idées. J'espère qu'elle pourra aller à l'université. »

Tutti dévale l'escalier en tanguant, les bras chargés de livres, et s'affale en trombe sur les genoux de sa mère. Wayan rigole et embrasse sa fille ; toute la tristesse relative à son divorce s'est soudain envolée de son visage. Je les observe, en songeant que les petites filles qui sont une raison de vivre pour leur mère deviennent, en grandissant, des femmes très fortes. En l'espace d'un après-midi, j'étais déjà tellement toquée de cette gamine que j'ai envoyé une prière improvisée à Dieu : *Puisse Tutti Nuriyasih bander un jour les dents de mille tigres blancs !*

J'étais tout autant sous le charme de sa mère. Mais cela faisait plusieurs heures que j'étais dans leur boutique et il me fallait partir. D'autres touristes étaient entrés, et espéraient qu'on leur serve à déjeuner. Une des touristes, une Australienne à l'allure tapageuse et qui n'avait plus vingt ans, était en train de demander à Wayan, sans discrétion, si elle pouvait l'aider à soigner « sa maudite constipation ». Et moi je songeais : *Crie-le encore plus fort, cocotte, qu'on en profite tous…*

« Je reviendrai demain, ai-je promis à Wayan, et je commanderai à nouveau le plat du jour multivitaminé.

— Ton genou va mieux, a dit Wayan. Ça s'améliore vite. Il n'y a plus d'infection. »

Elle a essuyé les dernières traînées visqueuses que l'emplâtre d'herbes vertes avait laissées sur ma jambe, puis elle a palpé ma rotule, comme si elle cherchait à sentir quelque chose. Elle a tâté ensuite l'autre genou, les yeux fermés. Quand elle les a rouverts, elle a dit avec un grand sourire : « Je vois à tes genoux que tu n'as pas eu une grande activité sexuelle, ces derniers temps.

— Pourquoi ? Parce qu'ils sont très rapprochés ? »

Elle a éclaté de rire. « Non, c'est le cartilage. Très sec. Les hormones du sexe lubrifient les articulations. Depuis quand plus de sexe, pour toi ?

— Un an et demi environ.

— Tu as besoin d'un homme, un homme gentil. Je vais en trouver un pour toi. J'irai prier au temple pour que tu trouves un homme gentil, parce que maintenant,

tu es ma sœur. Et aussi, si tu reviens demain, je te net-
toierai les reins.

– Un homme gentil et des reins propres en prime ?
Ça m'a tout l'air d'une super affaire.

– Je n'ai jamais raconté à personne ces histoires
à propos de mon divorce. Mais ma vie est trop triste,
trop dure. Je ne comprends pas pourquoi elle est si difficile. »

À ce moment-là, j'ai fait une chose étrange. J'ai pris
les deux mains de la guérisseuse dans les miennes, et j'ai
dit, avec la plus profonde conviction : « La part la plus
dure de ta vie est maintenant derrière toi, Wayan. »

J'ai quitté la boutique, en proie à un tremblement
inexplicable, toute chamboulée par quelque intuition,
ou quelque élan puissant que je ne pouvais pas encore
identifier, ni libérer.

87

Désormais, mes journées sont divisées le plus naturellement du monde en trois. Je passe mes matinées avec
Wayan, dans sa boutique, à rire et à manger. L'après-
midi, je me rends chez Ketut le sorcier, avec lequel je
parle et bois du café. Et mes soirées, je les passe dans
mon charmant jardin, soit toute seule à bouquiner, soit
à bavarder avec Yudhi, qui vient de temps en temps
jouer de la guitare. Tous les matins, je médite tandis
que le soleil se lève sur les rizières, et avant de me coucher, je m'adresse à mes quatre esprits frères et je leur
demande de veiller sur moi pendant mon sommeil.

Je ne suis ici que depuis quelques semaines et j'ai
déjà le sentiment d'avoir plutôt accompli ma mission.

Je m'étais fixé pour tâche, en Indonésie, de trouver l'équilibre, mais je n'ai plus l'impression de chercher *quelque chose* parce que l'équilibre s'est, comme à mon insu, naturellement mis en place. Ce n'est pas que je deviens balinaise (pas plus que je ne suis devenue italienne ou indienne) mais seulement ça : je me sens en paix, et j'adore mes journées qui vont et viennent entre des dévotions pleines de simplicité et le plaisir d'admirer un paysage magnifique, entre la compagnie d'amis chers et des nourritures savoureuses. J'ai beaucoup prié ces derniers temps, fréquemment et sans difficulté. Le plus souvent, je m'aperçois que j'ai envie de prier quand je suis sur mon vélo, et que je pédale depuis la maison de Ketut jusqu'à chez moi à travers la forêt des singes et les rizières en terrasses, dans la lumière déclinante de la fin d'après-midi. Je prie, naturellement, pour ne pas me faire renverser par un autre autobus, ni assaillir par un singe, ni mordre par un chien, mais cela est superflu ; la plupart du temps, mes prières sont une action de grâces pour la plénitude de mon contentement. Jamais je ne me suis sentie moins accablée par moi-même, ou par le monde.

Je ne cesse de me remémorer un des enseignements de mon guru à propos du bonheur. Elle dit que les gens, universellement, ont tendance à penser que le bonheur est un coup de chance, un état qui leur tombera peut-être dessus sans crier gare, comme le beau temps. Mais le bonheur ne marche pas ainsi. Il est la conséquence d'un effort personnel. On se bat, on lutte pour le trouver, on le traque, et même parfois jusqu'au bout du monde. Chacun doit s'activer pour faire advenir les manifestations de sa grâce. Et une fois qu'on atteint cet état de bonheur, on doit le faire perdurer sans jamais céder à la négligence, on doit fournir un formidable effort et nager sans relâche dans ce bonheur, toujours plus haut, pour flotter sur ses crêtes. Sinon, ce contentement acquis s'échappera de vous, goutte à goutte. C'est assez facile de prier dans un moment de détresse, mais continuer à prier même quand la crise est passée, c'est comme vouloir sceller votre acquis, comme aider votre esprit à se cramponner aux bienfaits qu'il a conquis.

Tout en pédalant à ma guise à travers l'île au coucher du soleil, je me remémore ces enseignements et je continue à formuler des prières – qui sont en réalité des vœux –, je montre à Dieu cette harmonie que j'ai trouvée et je lui dis : « Voilà, c'est à ça que j'aimerais m'accrocher. S'il te plaît, aide-moi à mémoriser ce sentiment de plénitude, et aide-moi à toujours l'entretenir. » Je dépose ce bonheur à la banque, non pas tant sous la protection de la Compagnie fédérale des dépôts bancaires que sous la bonne garde de mes quatre esprits frères, pour l'y conserver à titre d'assurance contre de futures épreuves dans la vie. C'est une pratique que j'en suis venue à appeler la « joyeuse diligence ». Et tout en me concentrant sur la joyeuse diligence, je n'oublie pas pour autant cette notion toute simple que mon amie Darcey m'a exposée une fois : tous les maux, tous les problèmes de ce monde sont causés par des gens malheureux. Tant dans une vision d'ensemble à la Hitler et Staline, qu'au simple niveau individuel. Même à l'échelle de ma propre vie, je vois exactement où les épisodes malheureux que j'ai vécus ont créé souffrance, détresse ou (à tout le moins) désagréments dans mon entourage. La quête de la plénitude, par conséquent, n'est pas simplement une action dictée par notre instinct de conservation et pour notre seul bénéfice. Elle est aussi un cadeau généreux que nous offrons au monde. Éliminer toute notre misère *nous écarte du che-*

min, nous cessons d'être un obstacle, pour nous-même et pour tous les autres. C'est seulement alors qu'on est libre de servir et d'apprécier les autres.

En ce moment, la personne que j'apprécie le plus, c'est Ketut. Le vieil homme – sans conteste un des êtres humains les plus heureux que j'ai jamais rencontrés – se montre avec moi d'une accessibilité sans restriction. Je suis libre de lui poser toute question qui me trotte dans la tête à propos du divin, de la nature humaine. J'aime bien les techniques de méditation qu'il m'a enseignées, la simplicité amusante du « sourire dans le foie » et la présence rassurante des quatre esprits frères. L'autre jour, le sorcier m'a dit qu'il connaissait seize techniques différentes de méditation, et de nombreux mantras qui ont chacun une visée différente. Si certains ont pour but d'apporter la paix ou le bonheur et d'autres, la santé, quelques-uns sont en revanche purement mystiques et vont le transporter dans d'autres royaumes de conscience. Par exemple, il connaît une méditation qui l'emporte « en haut ».

« En haut ? C'est où, en haut ? ai-je demandé.

– En haut des sept niveaux. Au paradis. »

En entendant l'idée familière des « sept niveaux », je lui ai demandé s'il entendait par là que sa méditation l'emportait à travers les sept chakras sacrés du corps dont il est question dans le yoga.

Non, m'a-t-il répondu, il ne s'agit pas de chakras, mais de lieux. La méditation l'emporte en sept lieux de l'univers, « en haut, toujours en haut. Dernier lieu où je vais, c'est paradis.

– Vous avez déjà été au paradis, Ketut ? »

Il a souri. « Oui, naturellement, m'a-t-il répondu. C'est facile d'aller au paradis.

– Ça ressemble à quoi ?

– C'est beau. Tout ce qui est beau est là. Chaque belle personne est là. Tout ce qui est beau à manger est là. Tout est amour, là. Le paradis est amour. »

Ketut m'a ensuite dit qu'il connaissait une autre méditation. Pour aller « en bas ». Cette méditation-là l'emporte sept niveaux en dessous de la surface du monde. C'est une méditation plus dangereuse. Déconseillée aux débutants, réservée à un maître.

« Si vous montez au paradis dans la première méditation, ai-je demandé, dans la seconde, vous devez descendre en…

– Enfer », a-t-il complété.

Voilà qui était intéressant. Le paradis et l'enfer sont des notions que j'ai rarement entendu évoquer dans l'hindouisme. Les hindous appréhendent l'univers au travers du karma, un processus de circulation ininterrompue, ce qui revient à dire qu'à la fin de sa vie, on ne va pas vraiment quelque part – ni au paradis ni au ciel – mais qu'on est juste recyclé et renvoyé sur terre sous une autre forme, afin de remédier à toute relation ou toute erreur qu'on aurait laissée en suspens la fois précédente. Et quand enfin on atteint la perfection, on passe avec succès l'examen final qui nous permet de sortir définitivement du cycle pour fusionner avec le vide. La notion de karma implique que nous ne trouverons le paradis et l'enfer qu'ici-bas, sur terre, où nous avons la capacité de les créer, de fabriquer le bien ou le mal en fonction de notre destin, et de notre personnalité.

Le karma est une notion qui m'a toujours plu. Non pas tant littéralement – et pas forcément parce que je crois avoir été un jour la barmaid de Cléopâtre – que dans une acception métaphorique. La philosophie karmique me plaît sur un plan métaphorique parce que même en l'espace d'une seule vie, il est évident que nous répétons souvent les mêmes erreurs, et que nous nous cognons la tête sur les mêmes sempiternelles dépendances et contraintes qui génèrent immanquablement les mêmes conséquences funestes, avant de pouvoir donner le coup d'arrêt et d'y mettre bon ordre. Voilà la leçon suprême du karma (et celle de la psychologie occidentale, si je puis me permettre) : s'occuper des problèmes *hic et nunc*, si on ne veut pas recommencer à souffrir plus tard, la prochaine fois qu'on gâchera tout. Car c'est ça, l'enfer – cette souffrance à répétition. Brisons l'engrenage de cette répétition sans fin pour accéder à un nouveau niveau de compréhension – et c'est là qu'on trouvera le paradis.

Mais ici, Ketut parlait du paradis et de l'enfer d'une façon différente, comme de vrais lieux qui existeraient dans l'univers. Il les aurait effectivement visités. Du moins, je pense que c'est ce qu'il voulait dire.

Je voulais essayer de tirer ça au clair. « Ketut, vous avez déjà été en enfer ? »

Il a souri. Évidemment, qu'il y avait été.

« À quoi ça ressemble, l'enfer ?

– Pareil que paradis. »

Me voyant déroutée, il a essayé de m'expliquer. « L'univers est un cercle, Liss. »

Je n'étais toujours pas certaine de comprendre.

« En haut, en bas – tout pareil, à la fin. »

Je me suis souvenue d'une vieille notion mystique chrétienne : *là-haut comme ici-bas*. « Comment alors peut-on faire la différence entre le paradis et l'enfer ? ai-je demandé.

– Parce que la façon dont tu y vas. Le paradis, tu montes, tu traverses sept lieux heureux. L'enfer, tu descends, tu traverses sept lieux tristes. C'est pourquoi il vaut mieux que tu montes, Liss. » Il a éclaté de rire.

« Vous voulez dire qu'à tout prendre, il vaut mieux passer sa vie à monter et traverser les lieux heureux, puisque le paradis et l'enfer – les destinations – sont de toute façon identiques ?

– Même chose. À la fin, c'est les mêmes, donc mieux vaut être heureux pendant le voyage.

– Si le paradis est amour, l'enfer est…

– Amour aussi », a-t-il complété.

J'ai médité là-dessus un petit moment, en essayant de comprendre comment Ketut faisait son compte.

Il s'est remis à rire, et m'a tapoté affectueusement le genou.

« Toujours très difficile pour la jeunesse de comprendre ça. »

88

Ce matin encore, j'ai passé un bon moment dans la boutique de Wayan, qui essayait de trouver le moyen d'accélérer la pousse de mes cheveux et de les épaissir. Wayan, avec sa splendide chevelure fournie et lustrée qui dégringole jusqu'aux fesses, se sent navrée pour moi qui n'ai qu'une tignasse blonde clairsemée. À titre de guérisseuse, naturellement, elle connaît bel et bien un remède pour aider ma chevelure à s'épaissir, mais c'est pas gagné : d'abord, je dois trouver un bananier et le couper, moi-même. Je dois « me débarrasser du sommet de l'arbre », puis sculpter le tronc, les racines toujours en terre, en forme de bol, grand et profond – « comme une piscine ». Ensuite, je dois poser un morceau de bois par-dessus ce creux, pour le protéger de la pluie et de la rosée, et au bout de quelques jours, je découvrirai que les racines du bananier ont rempli cette piscine d'un liquide riche en nutriments, liquide que je dois recueillir dans des bouteilles, et apporter à Wayan. Elle ira au temple bénir ce jus de racines de bananier, puis m'en frictionnera le crâne tous les jours. En l'espace de quelques mois, j'aurai, comme Wayan, une épaisse chevelure brillante jusqu'aux fesses.

« Même si tu étais chauve, a-t-elle dit, ça te ferait pousser des cheveux. »

Tandis que nous bavardons, la petite Tutti – qui vient de rentrer de l'école – s'est installée par terre et dessine une maison. Ces temps-ci, Tutti dessine principalement des maisons. Elle meurt d'envie d'avoir une maison à elle. Il y a toujours un arc-en-ciel en arrière-plan de ses dessins, et une famille souriante – le père et tutti quanti.

Voilà à quoi nous occupons nos journées, dans la boutique de Wayan. Nous bavardons ; Tutti dessine ; Wayan et moi cancanons et nous taquinons mutuellement. Wayan a un humour paillard, elle parle sans arrêt de sexe, elle m'envoie des piques sur mon célibat, elle spécule sur la dotation génitale de tous les hommes qui passent devant sa boutique. Elle me répète inlassablement qu'elle va au temple tous les soirs, et prie pour qu'un homme gentil apparaisse dans ma vie et devienne mon amant.

Ce matin, je lui ai redit : « Non, Wayan. Je n'ai pas besoin de ça. On m'a brisé si souvent le cœur.

– Je connais un remède contre le cœur brisé », m'a-t-elle répondu. Avec une autorité doctorale, elle a énuméré sur ses doigts les six composants de son « remède infaillible pour guérir les cœurs brisés » : « Vitamine E, dormir davantage, boire beaucoup d'eau, partir en voyage loin de la personne qu'on a aimé, méditer et enseigner à son cœur que cela est le destin.

– J'ai fait tout ça, sauf prendre de la vitamine E.

402

– Alors maintenant, tu es guérie. Et tu as besoin d'un nouvel homme. Je t'en amène un, par la prière.

– Tu sais Wayan, ces temps-ci je ne prie pas pour trouver un nouvel homme, mais uniquement pour être en paix avec moi-même. »

Wayan a levé les yeux au ciel, l'air de dire : *Ouais, c'est ce que tu crois, espèce de grosse tarée de visage pâle*, et a dit : « C'est parce que tu as un problème de mauvaise mémoire. Tu as oublié combien le sexe est agréable. Moi aussi j'avais un problème de mauvaise mémoire, quand j'étais mariée. Chaque fois que je voyais passer un bel homme dans la rue, j'oubliais que j'avais un mari à la maison. »

Elle a bien failli s'écrouler de rire. Puis elle s'est reprise, et a conclu : « Tout le monde a besoin de sexe, Liz. »

À cet instant, une femme avec beaucoup d'allure est entrée dans la boutique, le sourire jusqu'aux oreilles. Tutti s'est levée d'un bond et s'est jetée dans ses bras, en criant : « Armenia ! Armenia ! Armenia ! » Il se trouve que c'était là le prénom de la femme – et non quelque étrange cri de guerre nationaliste. Je me suis présentée à Armenia, qui m'a dit qu'elle était brésilienne. Elle était incroyablement dynamique, cette femme – et tellement brésilienne. Une splendide créature à l'âge impossible à déterminer, élégamment vêtue, charismatique et avenante, tout simplement sexy *avec insistance*.

Armenia est, elle aussi, une amie de Wayan, et elle vient fréquemment à la boutique, pour déjeuner et suivre divers traitements, médicaux et esthétiques. Elle s'est jointe à notre petit cercle et est restée bavarder avec nous une heure. C'est sa dernière semaine à Bali, avant de devoir s'envoler pour l'Afrique, à moins qu'elle ne doive regagner la Thaïlande pour s'occuper de ses affaires. Cette Armenia, semble-t-il, mène la vie la moins glamour qui soit. Elle a longtemps travaillé au sein du Haut-Commissariat des Nations unies pour les réfugiés. Dans les années 80, on l'a envoyée dans les jungles salvadorienne et nicaraguayenne, au plus fort des conflits, user de sa beauté, de son charme et de son intelligence pour jouer les négociatrices de paix et ramener à la raison généraux et rebelles. (Bonjour le pouvoir de la beauté!) Aujourd'hui, elle dirige une multinationale de marketing, Novica, qui soutient le travail d'artistes du monde entier en vendant leurs œuvres sur Internet. Elle parle sept ou huit langues. Et elle porte la paire de chaussures la plus incroyable qu'il m'a été donnée de voir depuis que j'ai quitté Rome.

Wayan nous regarde l'une après l'autre, et dit : « Liz, pourquoi tu n'essaies jamais d'être sexy, comme Armenia? Tu es tellement jolie, tu as un bon capital, un joli visage, un joli corps, un beau sourire. Mais tu portes tout le temps le même tee-shirt usé, le même jean usé. Tu ne veux pas être sexy, comme elle?

– Wayan, Armenia est *brésilienne*. C'est une situation complètement différente.

– En quoi c'est différent?

– Armenia, dis-je en me tournant vers ma nouvelle amie, peux-tu s'il te plaît expliquer à Wayan ce que ça signifie d'être brésilienne? »

Armenia a rigolé, mais ensuite, elle a semblé prendre la question au sérieux : « Bon, j'ai toujours essayé d'être jolie et féminine, même dans les zones de guerre et les camps de réfugiés d'Amérique centrale. Même dans les pires crises et tragédies, il n'y a pas de raison d'ajouter au malheur des autres en ayant soi-même l'air malheureux. C'est ma philosophie. C'est pour ça que je me maquillais et que je portais toujours des bijoux dans la jungle – rien d'extravagant, mais juste un joli bracelet en or, et des boucles d'oreilles, un peu de rouge à lèvres, un bon parfum. Juste ce qu'il fallait pour montrer que j'avais encore du respect envers moi-même. »

D'une certaine façon, Armenia me fait penser à ces grandes voyageuses de l'ère victorienne, qui soutenaient que rien ne justifie de revêtir en Afrique des vêtements qui auraient déparé dans un salon anglais. C'est un vrai papillon, cette Armenia. Et elle ne pouvait guère s'attarder chez Wayan car elle devait travailler, mais cela ne l'a pas empêchée de m'inviter à une petite fête donnée le soir même. Elle connaît, m'a-t-elle dit, un autre expatrié brésilien installé à Ubud, qui organise une soirée dans un charmant restaurant. Il va cuisiner une *feijoada* – un plat brésilien traditionnel, un festin de morceaux de porc et de haricots noirs. Il y aura également des cocktails brésiliens. Et tout un tas d'expatriés intéressants, du monde entier, qui vivent ici, à Bali. Viendrai-je ? Il n'est pas impossible qu'on danse jusque tard dans la nuit. Elle ne sait pas si j'aime faire la fête, mais…

Des cocktails ? Danser ? Et du porc à tire-larigot ?

Évidemment que je vais venir.

89

Je ne saurais dire à quand remontent mes derniers efforts vestimentaires, mais ce soir, j'exhume une de mes jolies robes à fines bretelles du fond de mon sac à dos. Je mets même du rouge à lèvres. Quand ai-je mis du rouge à lèvres pour la dernière fois ? Pas en Inde, ça, c'est sûr. En me rendant à la fête, je me suis arrêtée chez Armenia, qui m'a parée d'un de ses bijoux fantaisie, m'a laissée lui emprunter son parfum de luxe et garer ma bicyclette dans sa cour, afin que j'arrive à la fête dans sa belle voiture, comme une adulte digne de ce nom.

Le dîner avec les expatriés était très amusant et j'ai senti que je revisitais ces facettes depuis longtemps endormies de ma personnalité. Je me suis même un peu enivrée, fait mémorable après ces derniers mois de pieuse ascèse à l'ashram et tout le thé que j'ai ingurgité dans mon jardin balinais. Et j'ai flirté ! Des siècles que je n'avais pas flirté ! Dernièrement, j'avais passé tout mon temps en compagnie de moines et de sorciers, mais tout d'un coup, voilà que j'époussetais mes bons vieux instincts sexuels. Cela dit, j'aurais bien été en peine de préciser avec qui je flirtais. Je m'éparpillais. Étais-je attirée par mon voisin, cet ex-journaliste australien si spirituel ? (« Nous sommes tous des ivrognes, ici, a-t-il raillé. Nous écrivons des ouvrages de *référence* pour d'autres ivrognes. ») Ou par le paisible intellectuel allemand assis en bout de table ? (Il a promis de me prêter des bouquins de sa bibliothèque personnelle.) Ou bien encore par le beau Brésilien d'un certain âge qui avait cuisiné ce festin pour nous ? (J'aimais bien la douceur de ses yeux bruns et son accent. Et sa cuisine, naturellement.) Je lui ai lancé un truc très provocateur, sorti de nulle part. Alors qu'il plaisantait à ses dépens : « Je fais un bien piètre Brésilien : je ne sais ni danser, ni jouer au foot, ni pratiquer aucun instrument », allez savoir pourquoi, je lui ai répliqué : « Peut-être, mais j'ai le sentiment que vous feriez un excellent séducteur. » Après quoi, le temps a suspendu son vol pendant un long, un interminable moment, tandis que nous nous dévisagions sans ambages, comme pour dire : *Voilà une idée intéressante à considérer*. Le culot de ma remarque flottait dans l'air environnant comme un parfum. Il ne l'a pas réfutée. Me sentant rougir, j'ai été la première à détourner les yeux.

406

Sa *feijoada* était incroyable, en tout cas. Décadente, épicée, riche – tout ce dont nous prive en général la cuisine balinaise. Je me suis resservie du porc assiette après assiette, et j'ai décidé que c'était officiel : jamais je ne pourrai être végétarienne – pas quand il existe de par le monde de telles cuisines. Puis nous sommes partis danser dans la boîte de nuit locale, si tant est qu'on puisse appeler ça une boîte de nuit. Ça ressemblait davantage à une cabane de plage ouverte aux quatre vents. Un groupe de jeunes Balinais jouait du bon reggae, et l'endroit était peuplé d'un mélange cosmopolite de fêtards, d'expatriés, de touristes, de gens du cru – de sublimes garçons et filles qui tous dansaient sans retenue, sans timidité. Armenia ne nous avait pas accompagnés, arguant qu'elle devait travailler le lendemain. Le beau Brésilien d'un certain âge était mon cavalier. Il n'était pas aussi mauvais danseur qu'il le prétendait. Sans doute savait-il également jouer au foot. J'aimais bien qu'il soit dans les parages, qu'il me tienne les portes, me fasse des compliments et m'appelle « chérie ». Cela étant, j'ai fini par remarquer qu'il appelait tout le monde « chéri(e) » – même le barman poilu. Il n'empêche, l'attention était gentille…

Cela faisait un bail que je n'avais pas mis les pieds dans un bar de nuit. Même en Italie, je n'allais pas dans les bars, et du temps où j'étais avec David, je n'étais pas beaucoup sortie non plus. À bien y réfléchir, je crois que ma dernière soirée en boîte remonte à l'époque où j'étais mariée… du temps de ma félicité conjugale. Bon Dieu, mais il y a des siècles de cela ! Sur la piste de danse, je suis tombée sur mon amie Stefania, une jeune Italienne enjouée que j'avais rencontrée peu de temps auparavant dans un cours de méditation à Ubud, et nous avons dansé ensemble, en faisant voler nos cheveux, la blonde et la brune, et en tournoyant joyeusement.

Peu après minuit, le groupe a arrêté de jouer et tout le monde dans la salle s'est mélangé.

C'est là que j'ai rencontré ce type, Ian. Ah, il me plaisait vraiment. Il m'a plu tout de suite. Il était très beau, un peu comme pourrait l'être le petit frère de Sting et de Ralph Fiennes. Il était gallois, il avait donc un bel accent. Il s'exprimait bien, il était intelligent, il posait des questions, il parlait avec mon amie Stefania dans le même babil italien que moi. Il s'est avéré qu'il était le batteur du groupe de reggae et qu'il jouait du bongo. Je l'ai vanné en lui disant qu'il était donc « bongolier », comme les Vénitiens, sauf que lui avait des percussions au lieu d'un bateau. On s'est bien entendu, on a commencé à rire et à bavarder.

Felipe nous a ensuite rejoints – Felipe, c'est le nom du Brésilien. Il nous a tous invités à aller dans ce restaurant génial tenu par des expatriés européens, un endroit où tout est permis et qui ne ferme jamais, a-t-il promis, et où l'on sert à toute heure de la bière et des conneries. Je me suis surprise à regarder Ian *(Et lui, voulait-il venir ?)* et quand il a dit oui, j'ai accepté aussi. Nous sommes donc allés dans ce restaurant, je me suis installée à côté de Ian, et nous avons parlé et plaisanté toute la nuit, et – ah, il me plaisait vraiment, ce garçon. C'était le premier homme que je rencontrais depuis un bon moment et qui me plaisait *dans ce sens-là*, comme on dit. Il était un peu plus âgé que moi, avait mené une vie passionnante et arborait un excellent CV : il aimait les Simpson, avait bourlingué partout dans le monde, avait vécu à un moment donné dans un ashram, mentionnait Tolstoï, ne semblait pas être au chômage, etc. Il avait débuté sa carrière dans l'armée britannique en Irlande du Nord, en tant qu'expert en explosifs, puis était devenu un spécialiste international du déminage. Il avait construit des camps pour réfugiés en Bosnie, et pour l'instant, faisait une pause à Bali pour jouer de la musique… Bref, que des trucs qui avaient de la gueule.

Je n'en revenais pas d'être encore debout à 3 heures et demie du matin, et pas pour méditer, en plus ! J'étais encore éveillée au milieu de la nuit, vêtue d'une robe, en train de bavarder avec un homme séduisant. C'était terriblement radical. À la fin de la soirée, Ian et moi avons convenu que c'était une rencontre fort sympathique. Il m'a demandé si j'avais un numéro de téléphone – non, lui ai-je répondu, mais j'avais une adresse e-mail, et là, il m'a dit : « Oui, mais un e-mail, c'est… Pfff… » Ainsi, à la fin de la soirée, nous n'avons rien échangé d'autre qu'une accolade. « On se reverra quand ils le décideront », m'a-t-il dit en désignant les dieux dans le ciel.

Peu avant l'aube, Felipe, le beau Brésilien d'un certain âge, m'a proposé de me raccompagner chez moi en voiture. Tandis que nous roulions sur les petites routes tortueuses, il a dit : « Chérie, tu as discuté cette nuit avec le plus gros bonimenteur de tout Ubud. »

J'ai eu un pincement au cœur.

« Ian est un bonimenteur ? C'est vrai ? Dis-moi la vérité maintenant pour m'épargner des ennuis plus tard.

– Ian ? » Felipe a éclaté de rire. « Mais non, chérie ! Ian est un type sérieux. C'est un type bien. Je voulais parler de moi. C'est moi, le plus grand bonimenteur d'Ubud. »

Nous sommes restés un instant sans rien dire.

« Je plaisante. Je cherche juste à te taquiner », a-t-il ajouté.

Un autre long silence, et puis : « Tu l'aimes bien, Ian, n'est-ce pas ?

– Je ne sais pas. » Je n'avais plus les idées très claires. J'avais bu trop de cocktails brésiliens. « Il est séduisant, intelligent. Ça fait un bon moment que je ne me suis pas intéressée à quelqu'un comme ça.

– Tu vas passer quelques mois merveilleux ici, à Bali. Tu vas voir.

– Mais je ne sais pas si je vais pouvoir faire beaucoup d'autres mondanités, Felipe. Je n'ai que cette robe. Les gens vont commencer à remarquer que je suis toujours habillée pareil.

– Tu es jeune et belle, chérie. Une robe te suffit amplement. »

90

Suis-je jeune et belle ?

Je me croyais vieille et divorcée.

Je ferme à peine l'œil de la nuit : je suis si peu habituée à ces heures indues, à la *dance music* qui continue de marteler dans ma tête, à l'odeur de cigarette dans mes cheveux, à la sensation de mon estomac qui proteste contre l'alcool. Je somnole un peu, puis me réveille quand le soleil se lève, comme d'habitude. Sauf que ce matin, je ne suis pas reposée, je ne suis pas en paix et je ne suis absolument pas en condition pour méditer. Pourquoi tant d'agitation ? J'ai passé une bonne soirée, non ? J'ai eu l'occasion de rencontrer quelques personnes intéressantes, de porter une jolie robe et de danser un peu, j'ai même flirté avec des hommes…

LES HOMMES.

À la pensée de ce mot, l'agitation devient plus houleuse, se transforme en minicrise d'angoisse. *J'ai perdu la main.* De l'adolescence à la trentaine, j'étais une fief-fée dragueuse – une dragueuse culottée, éhontée. Je crois me souvenir que c'était amusant de rencontrer un mec, de l'attirer dans mes rets, de le provoquer à coups d'invite voilée, au mépris de toute prudence et en me fichant pas mal des conséquences.

Mais aujourd'hui, je n'éprouve que panique et incertitude. Je commence à monter toute la soirée en épingle, à exagérer sa portée, à m'imaginer me lancer dans une liaison avec ce Gallois qui ne m'a même pas donné une adresse e-mail. Je brosse déjà le tableau de notre avenir ensemble, jusqu'aux disputes que feront naître sa dépendance au tabac. Je m'interroge : me donner de nouveau à un homme gâchera-t-il mon voyage/mon travail d'écriture/ma vie, etc. ? D'un autre côté – une petite idylle, ce serait agréable. La traversée du désert a été longue. (Je me souviens de Richard du Texas qui m'avait conseillé un jour, à propos de ma vie amoureuse : « Tu as besoin d'un homme qui sache mettre un terme à la sécheresse, bébé. Faut que tu te dégotes un faiseur de pluie. ») Puis j'imagine Ian fonçant jusqu'ici sur sa moto, avec son beau torse de démineur, pour me faire l'amour dans mon jardin ; j'imagine combien ce serait agréable. Cette pensée n'est pas entièrement déplaisante, et pourtant, je la sens qui crisse en moi, qui dérape affreusement sur mon refus de ne plus jamais vouloir connaître les affres des peines de cœur. Là-dessus, David recommence à me manquer. Ça ne m'était pas arrivé depuis des mois, et je me dis : *Peut-être que je devrais l'appeler et voir s'il veut qu'on essaie de se remettre ensemble...* (Là, je crois entendre, par une transmission de pensée très à-propos, mon vieil ami Richard me dire : « En voilà une idée géniale, Supérette. T'as subi une lobotomie hier soir, en plus d'avoir été un peu pompette ? ») Quand je commence à ruminer au sujet de David, mon obsession quant aux circonstances de mon divorce n'est jamais bien loin, et voilà, c'est reparti, je me mets à ressasser à propos de mon ex-mari, de mon divorce…

Je croyais le chapitre clos, Supérette.

De là – allez savoir pourquoi –, je pense à Felipe, le beau Brésilien d'un certain âge. Il est sympathique. *Felipe.* Il me dit que je suis jeune et belle, que mon séjour à Bali sera merveilleux. Et il a raison, n'est-ce pas ? Je devrais me détendre et m'amuser, non ? Mais ce matin, je n'ai pas la tête à m'amuser.

Je ne sais plus comment on s'y prend.

91

« C'est quoi, cette vie ? Tu y comprends quelque chose ? Pas moi. »

C'est Wayan qui parle.

J'étais dans son restaurant, en train de manger un délicieux plat du jour multivitaminé et roboratif, en espérant qu'il soulage ma gueule de bois et mon anxiété. Armenia, la Brésilienne, était là aussi, l'air, comme toujours, de sortir d'un institut de beauté après avoir passé le week-end dans un spa. La petite Tutti était assise par terre et dessinait des maisons, comme d'habitude.

Wayan venait d'apprendre que son bail arrivait à échéance fin août – soit dans trois mois d'ici à peine – et que sa reconduction s'accompagnerait d'une augmentation du loyer. Wayan ne pouvait pas se permettre de rester là et serait probablement contrainte de déménager, une fois de plus. Le problème, c'est qu'elle n'avait qu'une cinquantaine de dollars à la banque, et aucune idée quant à l'endroit où aller. Déménager obligerait

Tutti à changer une fois encore d'école. Elles avaient besoin d'une maison – d'une vraie maison. Ce n'est pas une façon de vivre, pour une Balinaise.

« Pourquoi n'en finit-on jamais de souffrir ? » s'interrogeait Wayan. Elle ne pleurait pas, elle posait une question simple, lasse, à laquelle il n'y avait pas de réponse. « Pourquoi tout se répète et se répète encore ? Pourquoi ça ne finit jamais ? Pourquoi ne peut-on jamais se reposer ? Tu travailles dur un jour, et le lendemain, tu dois travailler de nouveau. Tu manges, mais le lendemain, tu as déjà faim. Tu trouves l'amour, et puis l'amour s'en va. Tu nais sans rien – sans montre, sans tee-shirt. Tu travailles dur, et puis tu meurs sans rien – sans montre, sans tee-shirt. Tu es jeune, et après, tu es vieille. Tu peux travailler aussi dur que tu veux, tu ne peux pas t'arrêter de vieillir.

– Si, regarde Armenia, je plaisante. Armenia ne vieillit pas, apparemment.

– Mais parce que Armenia est brésilienne », me rétorque Wayan, qui a désormais compris comment le monde fonctionne. Nous rions, mais jaune, parce que la situation de Wayan n'a rien de drôle. Les données sont les suivantes : mère célibataire d'une enfant précoce, boulot précaire, dénuement imminent, quasi sans domicile fixe. Où va-t-elle aller ? Elle ne peut pas retourner vivre dans la famille de son ex-mari, c'est évident. Quant à sa famille à elle, ce sont des cultivateurs de riz, très pauvres, qui vivent à la campagne. Si elle part vivre chez eux, elle peut dire adieu à son affaire de guérisseuse parce que ses patients ne pourront pas aller jusqu'à elle, et du coup, autant oublier tout de suite le projet de donner assez d'instruction à Tutti pour qu'elle puisse un jour aller à l'école des docteurs pour animaux.

D'autres données se sont fait jour avec le temps. Ces deux jeunes filles timides que j'avais remarquées le premier jour, tapies au fond de la cuisine ? Il s'avère que c'est une paire d'orphelines que Wayan a adoptées. Elles se prénomment toutes les deux Ketut (histoire de semer un peu plus de confusion dans ce livre) et nous les appelons Grande Ketut et Petite Ketut. Wayan a découvert les deux Ketut il y a quelques mois de ça en train de mendier au marché, mortes de faim. Elles avaient été abandonnées là par une femme, une sorte de personnage tout droit sorti d'un roman de Dickens, peut-être une parente, qui se comporte comme une mère maquerelle pour petits mendiants : elle dépose chaque matin des enfants sans parents sur divers marchés de l'île pour qu'ils demandent l'aumône, puis chaque soir, elle les ramasse à bord d'une camionnette, elle collecte leur recette et leur donne un abri où dormir. Quand Wayan est tombée sur Grande et Petite Ketut, elles n'avaient pas mangé depuis plusieurs jours, elles avaient des poux, des vers et tout le tremblement. Selon mon amie, la plus jeune a une petite dizaine d'années, et la grande aurait dans les treize ans, mais aucune des deux ne connaît ni son âge ni son nom de famille. (Petite Ketut sait seulement qu'elle est née la même année que le « gros cochon » de son village, ce qui ne nous a pas vraiment aidées à établir une chronologie.) Wayan les a recueillies et prend soin d'elles avec autant d'affection qu'elle en témoigne à sa propre fille. Elle et les trois fillettes dorment toutes sur le même matelas dans l'unique pièce de l'arrière-boutique.

Qu'une mère célibataire menacée d'expulsion ait trouvé dans son cœur la force de s'occuper en plus de deux enfants sans foyer est quelque chose qui dépasse, et de loin, tout ce que j'ai pu comprendre sur le sens de la compassion.

Je veux les aider.

C'était ça. C'était donc ça, ce frémissement si intense que j'avais ressenti lors de ma rencontre avec Wayan. Je voulais aider cette mère célibataire et les deux orphelines dont elle s'est chargée en plus de sa fille. Je voulais leur donner accès à une vie meilleure. Simplement, je n'avais pas su trouver comment m'y prendre. Mais aujourd'hui, tandis que Wayan, Armenia et moi déjeunions et poursuivions, comme à notre habitude, notre conversation tissée d'empathie et de piques, j'ai regardé la petite Tutti et j'ai remarqué qu'elle faisait un truc assez étrange. Elle arpentait la boutique, un petit carré de céramique bleu cobalt posée sur ses paumes ouvertes, en chantant une sorte de psalmodie. Je l'ai observée un petit moment, pour essayer de comprendre ce qu'elle fabriquait. Tutti a joué un long moment avec cette tesselle, elle la lançait en l'air, elle lui parlait, en chuchotant, en chantant, puis elle la faisait glisser sur le sol, comme elle l'aurait fait d'une petite voiture Matchbox. Pour finir, elle l'a posée dans un coin, à l'écart, et s'est assise dessus, en fermant les yeux et en fredonnant pour elle-même, retirée dans quelque compartiment mystique, invisible, auquel elle seule avait accès.

J'ai demandé à Wayan à quoi tout cela rimait. Tutti avait trouvé ce carreau sur le site d'un hôtel de luxe en construction, plus bas dans la rue, m'a-t-elle expliqué, et l'avait mis dans sa poche. « Si un jour on a une maison, on pourra peut-être avoir un joli sol bleu, comme celui-là. » À en croire Wayan, Tutti passe maintenant des heures et des heures assise sur ce minuscule carré bleu, les yeux fermés, à faire semblant d'être dans sa maison.

Que puis-je dire ? Quand j'ai entendu cette histoire, quand j'ai regardé cette fillette absorbée par ses pensées sur son petit carreau bleu, je me suis dit : *OK, tu sais ce qu'il te reste à faire.*

Je me suis excusée et j'ai quitté la boutique pour aller mettre bon ordre à cette intolérable situation, une bonne fois pour toutes.

92

Wayan m'a dit un jour que parfois, lorsqu'elle prodigue des soins à ses patients, elle se transforme en un oléoduc où s'engouffre l'amour de Dieu, et qu'elle arrête même de penser à la manière dont il lui faut agir ensuite. L'intellect s'arrête, l'intuition enfle, et tout ce qu'elle a à faire, c'est permettre à la divinité de « couler » à travers elle. « C'est comme si un vent se levait et me prenait les mains », dit-elle.

C'est peut-être ce même vent qui ce jour-là m'a chassée d'un souffle de chez Wayan, a balayé cette angoisse assaisonnée de gueule de bois quant à savoir si j'étais prête de nouveau à *fréquenter* des hommes, et m'a guidée jusqu'au café Internet d'Ubud, où j'ai écrit – d'une seule traite et sans effort – un e-mail de levée de fonds, que j'ai adressé à tous mes amis et à tous les membres de ma famille de par le monde.

Mon anniversaire approchait, leur ai-je écrit, et en juillet, j'aurai trente-cinq ans. Je ne désirais rien, je n'avais besoin de rien, et je n'avais, de toute ma vie, jamais été plus heureuse. Si j'avais été à New York, leur ai-je dit, j'aurais organisé une de ces grandes fêtes d'anniversaire stupides, ils auraient tous été invités, et ils m'auraient offert des cadeaux, ils auraient apporté des bouteilles de vin, et l'un dans l'autre, tout cela aurait coûté ridiculement cher. Aussi, ai-je expliqué, il y aurait une façon bien plus belle, et bien moins onéreuse, de célébrer cet anniversaire si mes amis et ma famille acceptaient de faire un don à une femme nommée Wayan Nuriyasih, afin de l'aider à acheter une maison en Indonésie, pour elle et ses enfants.

Puis je leur ai raconté l'histoire de Wayan, de Tutti et des deux orphelines, et j'ai expliqué leur situation. J'ai promis que quelle que soit la somme recueillie, je la doublerais de mes économies. Certes, j'étais consciente que nous vivons dans un monde rempli d'incalculables souffrances et de guerres, et qu'innombrables sont ceux dans le besoin en ce moment, mais que comptons-nous faire ? Ces quelques personnes, à Bali, étaient devenues ma famille, et nous devons prendre soin de ceux qui forment notre famille, où que nous les rencontrions. En concluant cet e-mail collectif, je me suis souvenue d'une remarque de mon amie Susan avant mon départ pour ce périple autour du monde. Elle craignait que je ne rentre jamais au bercail. Elle a dit : « Je te connais, Liz. Tu vas rencontrer quelqu'un, tu vas tomber amoureuse, et finir par acheter une maison à Bali. »

Un vrai petit Nostradamus, cette Susan.

Le lendemain matin, quand j'ai relevé mes e-mails, j'avais déjà des promesses de don à hauteur de 700 dollars. Le surlendemain, le montant des dons dépassait la somme que je pouvais me permettre de donner à mon tour.

Je ne vais pas raconter en détail toutes les péripéties de cette semaine-là, ni essayer d'expliquer l'impression ressentie en lisant jour après jour des e-mails qui émanent des quatre coins de la planète et disent tous : « Compte sur moi ! » Tout le monde a donné. Des gens que je savais être fauchés ou endettés ont donné sans hésitation. Une des premières réponses que j'ai reçues émanait de la petite amie de mon coiffeur. Il lui avait fait suivre l'e-mail, et elle voulait donner 15 dollars. Le plus sarcastique de mes amis, John, n'a pas pu s'empêcher de faire une de ces remarques dont il a le secret à propos de ma longue missive pleine de sève et d'émotion. « Écoute : la prochaine fois que tu éprouves le besoin de te lamenter sur le pot de lait renversé, veille à ce que ce soit du lait condensé, d'accord ? » Mais il a tout de même donné. Le nouveau petit copain de mon amie Annie (un banquier de Wall Street que je n'avais jamais rencontré) a proposé de doubler le montant final de la somme qui aurait été recueillie. Et puis cet e-mail a commencé à faire le tour du monde, et j'ai reçu des dons de parfaits inconnus. C'était une générosité globale, dévorante. Pour conclure cet épisode, je dirai juste que – une semaine à peine après avoir lancé ma requête dans les tuyaux – mes amis, ma famille et tout un tas d'inconnus partout dans le monde m'ont aidée à recueillir près de 18 000 dollars pour que Wayan Nuriyasih s'achète une maison.

Je savais que c'était par Tutti que ce miracle s'était manifesté, par la force de ses prières, parce qu'elle voulait que cette petite tesselle bleue se polisse, s'étende autour d'elle, grossisse – comme un des haricots magiques de Jack – et devienne une vraie maison qui les mettrait à l'abri, elle, sa mère et les deux orphelines, pour toujours.

Une dernière chose. Je suis confuse de devoir reconnaître que ce n'est pas moi mais mon ami Bob qui a remarqué qu'en italien, « *tutti* » signifie « tout le monde ». Comment une telle évidence avait-elle pu m'échapper ? Après tous ces mois passés à Rome ! Je n'avais pas fait le rapprochement. C'est donc Bob qui, depuis l'Utah, dans un e-mail où il s'engageait à faire un don pour la nouvelle maison, a dû me le faire remar-

quer, en écrivant : « C'est donc là la leçon ultime, non ?
Quand tu t'en vas parcourir le monde pour t'aider, tu
finis inévitablement par aider... *Tutti*. »

93

Je ne veux rien dévoiler de ces projets à Wayan, pas
avant que tout l'argent ait été recueilli. C'est dur de garder un secret aussi énorme, surtout quand je la vois se
ronger les sangs à longueur de temps pour son avenir,
mais je ne veux pas qu'elle compte sur cet argent tant
que rien n'est officiel. Toute la semaine, je reste donc
bouche cousue, je ne dévoile rien de mes plans, et je
m'occupe l'esprit en dînant presque tous les soirs avec
Felipe le Brésilien, qui ne semble pas gêné de ce que je
n'aie qu'une seule jolie robe.

Je crois que j'ai un peu le béguin pour lui. Après
quelques dîners, j'en suis même à peu près certaine. Il
est bien plus que ce qu'il prétend être, ce « maître en
boniments » qui connaît tout le monde à Ubud et qui
est toujours de toutes les fêtes. J'ai questionné Armenia
à son sujet. Cela fait un bout de temps qu'ils sont amis.
« Ce Felipe, ai-je dit, il est plus profond que les autres,
n'est-ce pas ? Il a quelque chose en plus, non ?

— Oh, oui, m'a-t-elle répondu. C'est un homme bien,
gentil. Mais son divorce a été très dur. Je crois qu'il est
venu à Bali pour s'en remettre. »

Tiens donc – un sujet auquel je ne connais *rien*.

Mais Felipe a cinquante-deux ans. Cela est intéressant. Ai-je vraiment atteint l'âge où un homme de
cinquante-deux ans entre dans le champ de mes considérations sentimentales ? Je l'aime bien, cependant. Il

a des cheveux argentés, et il se dégarnit d'une façon séduisante, un peu comme Picasso. Il a des yeux noisette chaleureux. Un visage aux traits doux. Et il sent merveilleusement bon. Et c'est un homme adulte, un vrai. Un mâle adulte – ça, c'est une nouveauté pour moi.

Il vit à Bali depuis environ cinq ans, il travaille avec des orfèvres balinais qui créent des bijoux avec des gemmes brésiliennes, qu'il exporte ensuite en Amérique. Cela me plaît qu'il ait été un époux fidèle pendant presque vingt ans, avant que son couple ne parte à vau-l'eau à cause de complications diverses et pléthoriques. Cela me plaît qu'il ait déjà élevé des enfants, qu'il les ait bien élevés, et que ses enfants l'adorent. Cela me plaît qu'il ait été, des deux parents, celui qui restait à la maison et s'occupait des enfants quand ils étaient petits, pendant que sa femme, une Australienne, faisait carrière et gravissait les échelons. (« Un bon mari féministe, dit-il. Je voulais être du côté correct de l'histoire sociale. ») J'aime bien l'exagération naturelle et toute brésilienne de ses démonstrations d'affection. (Quand son fils australien a eu quatorze ans, il a fini par lui dire : « Papa, maintenant que j'ai quatorze ans, peut-être que tu ne devrais plus m'embrasser sur la bouche quand tu me déposes à l'école. ») J'aime bien le fait que Felipe parle couramment quatre langues étrangères, voire plus. (Il répète à tout bout de champ qu'il ne parle pas indonésien, mais je l'entends parler cette langue toute la journée.) J'aime bien le fait qu'il a voyagé dans plus de cinquante pays au cours de sa vie, et qu'il voit le monde comme un petit territoire facile à gérer. J'aime la façon dont il m'écoute, en se penchant vers moi, ne m'interrompant que lorsque je m'interromps moi-même pour lui demander si je l'ennuie, ce à quoi il répond invariablement : « Pour toi, j'ai tout le temps, ma jolie petite chérie. » J'aime bien qu'on m'appelle « ma jolie petite chérie ». (Même si la serveuse y a droit, elle aussi.)

L'autre soir, il m'a dit : « Pourquoi ne prendrais-tu pas un amant pendant que tu es à Bali, Liz ? »

À son crédit, il ne plaidait pas uniquement pour sa cause, même si je crois qu'il accepterait volontiers le poste. Il m'a assuré que Ian – le beau Gallois – serait un partenaire parfait pour moi, mais qu'il n'est pas le seul candidat. Il y a un chef cuisinier de New York, « un grand costaud super sympa, et à la tête bien faite », qui me plairait, pense-t-il. « Franchement, ajoute-t-il, il y a toutes sortes d'hommes ici, à Ubud, toute une population cosmopolite et changeante d'expatriés, qui se cachent dans cette communauté instable des sans domicile fixe et sans attaches matérielles de la planète, et beaucoup seraient ravis de veiller, ma jolie chérie, à ce que tu passes un merveilleux été à Bali.

– Je ne crois pas que je suis prête pour ça, lui ai-je répondu. Je n'ai pas envie d'en passer de nouveau par tous ces efforts que nécessite une idylle, tu vois ? Je n'ai pas envie de devoir me raser les jambes tous les jours, ou de montrer mon corps à un nouvel amant. Je n'ai pas envie non plus de devoir raconter une fois de plus l'histoire de ma vie, ni de m'inquiéter de contraception. De toute façon, je ne suis même pas sûre de savoir encore m'y prendre. J'ai l'impression qu'à dix-sept ans, j'avais plus confiance en moi qu'aujourd'hui, question sexe et aventures amoureuses.

– Évidemment, a dit Felipe. Tu étais une jeune oie blanche, à l'époque. Il faut être jeune et ingénu pour avoir confiance en soi dans ses aventures amoureuses. Crois-tu que nous savons ce que nous faisons, tous autant que nous sommes ? Crois-tu qu'il existe un moyen pour les êtres humains de s'aimer sans complication? Tu devrais voir comment ça se passe à Bali, chérie. Tous ces Occidentaux débarquent ici après avoir mis leur vie sens dessus dessous. Ils décrètent qu'ils ont eu leur compte d'Occidentales et qu'ils vont se marier avec une adolescente balinaise toute menue, adorable, obéissante. Je sais ce qu'ils pensent. Ils pensent que cette jolie gamine les rendra heureux, leur simplifiera la vie. Mais chaque fois que je vois ça, j'ai toujours envie de leur dire : « Bonne chance, l'ami. » Parce que c'est toujours une femme que tu as en face de toi. Parce que tu restes un homme. Et que c'est encore et toujours deux êtres humains qui essaient de s'entendre, alors ça va devenir compliqué. Et l'amour est toujours compliqué. Mais il n'empêche que les êtres humains doivent essayer de s'aimer, chérie. Il faut avoir le cœur brisé, de temps en temps. C'est bon signe. Signe qu'on a essayé.

– J'ai eu le cœur tellement brisé la dernière fois que j'ai *encore* mal. C'est dingue, non? Que ton cœur soit encore en miettes, presque deux ans après la fin de l'histoire d'amour ?

– Chérie, je suis un Brésilien du sud. Je peux passer dix ans avec le cœur brisé à cause d'une femme que je n'ai même pas embrassée. »

Nous évoquons nos mariages, nos divorces. Sans mesquinerie, juste pour compatir. Nous comparons nos notes sur les insondables profondeurs de notre dépression postdivorce. Nous partageons bouteilles de vin et dîners, et nous échangeons, concernant nos ex-conjoints, les anecdotes les plus charmantes dont nous nous souvenons, juste pour dissiper la puanteur de toutes ces conversations autour de la perte de l'être cher.

« Tu veux faire quelque chose avec moi, ce weekend ? » me demande-t-il. Je me surprends à dire :

« Oui, ce serait bien. » Parce que ce *serait* effectivement bien.

Par deux fois maintenant, en me déposant devant chez moi et en me souhaitant une bonne nuit, Felipe s'est penché pour m'embrasser, et par deux fois, j'ai fait la même chose : je me laisse attirer contre lui, mais au dernier moment, je rentre la tête dans les épaules et blottis ma joue contre sa poitrine. Là, je le laisse me tenir dans ses bras. Plus longtemps que ne l'exige une simple relation amicale. Je le sens presser son visage contre mes cheveux tandis que mon visage, lui, est pressé quelque part dans la région de son sternum. Je sens le parfum de sa chemise. J'aime vraiment bien son odeur. Il a des bras musclés, un beau torse large. Il a été champion de gymnastique, autrefois, au Brésil. Évidemment, c'était en 1969, l'année de ma naissance, mais il n'empêche. Une force se dégage de son corps.

Cette façon de rentrer ma tête dans les épaules chaque fois qu'il se penche vers moi est, je pense, une sorte de dérobade – je me soustrais à un simple baiser pour me souhaiter bonne nuit. Mais c'est tout autant une façon de ne pas me dérober. Le laisser me tenir dans ses bras, en ces longs instants paisibles de fin de soirée, c'est pour moi une façon de le laisser me *tenir*.

Ce qui n'est pas arrivé depuis longtemps.

94

Je demande à Ketut, mon vieux sorcier : « Que savez-vous des idylles ?

– C'est quoi ça, idylles ? me répond-il.

– Rien. Laissez tomber.

– Non, c'est quoi ? Qu'est-ce que ce mot veut dire ?

– Une idylle, c'est quand un homme et une femme sont amoureux. Ou parfois deux hommes, ou encore deux femmes. C'est les baisers, le sexe, le mariage – tout ça.

– Je ne fais pas de sexe avec trop de gens dans ma vie, Liss. Seulement avec ma femme.

– Vous avez raison – ce n'est pas trop de gens. Mais vous voulez parler de votre première ou de votre seconde femme ?

– J'ai seulement une femme, Liss. Elle morte aujourd'hui.

– Et Nyomo ?

– Nyomo pas vraiment ma femme, Liss. Elle est la femme de mon frère. C'est typique de Bali », a-t-il ajouté en voyant mon expression déroutée. Ensuite, il s'est expliqué. Le frère aîné de Ketut, cultivateur de riz, habite à côté de chez Ketut et il est marié à Nyomo. Ils ont eu trois enfants. Ketut et sa femme, eux, ne pouvaient pas avoir d'enfant du tout, alors ils ont adopté un des fils du frère de Ketut afin d'avoir un héritier. Quand la femme de Ketut est décédée, Nyomo a commencé à partager son temps entre les deux *kampongs*, entre les deux foyers, à s'occuper à la fois de son mari et de son beau-frère, et des deux familles de ses enfants. Elle remplit auprès de Ketut tous les devoirs d'une épouse selon la tradition balinaise (elle cuisine, entretient la maison, s'occupe des cérémonies religieuses et des rituels afférents au foyer), à cette exception près qu'ils n'ont pas de relations sexuelles.

« Et pourquoi pas ? ai-je demandé.

– Trop VIEUX ! » s'est-il exclamé. Puis il a appelé Nyomo pour lui faire part de ma question et l'informer que cette dame américaine voulait savoir pourquoi ils ne couchent pas ensemble. À cette seule pensée,

Nyomo a failli mourir de rire. Elle s'est approchée de moi et m'a donné une bourrade dans le bras.

« J'avais seulement une femme, a poursuivi Ketut. Et aujourd'hui, elle est morte.

– Elle vous manque ? »

Un sourire triste. « C'était son heure de mourir. Maintenant, je te dire comment je trouve ma femme. Quand j'ai vingt-sept ans, je rencontre une fille et je tombe amoureux d'elle.

– C'était en quelle année ? je demande, toujours aussi avide de découvrir l'âge de Ketut.

– Je sais pas, 1920 peut-être ? »

Ce qui lui ferait à l'heure qu'il est dans les cent douze ans. Je crois qu'on approche du fin mot de l'histoire…

« J'aime cette fille, Liss. Très belle. Mais pas bon caractère, cette fille. Elle vouloir seulement l'argent. Elle chasse autre garçon. Elle jamais dire vérité. Je crois qu'elle avait un esprit secret à l'intérieur de son esprit, et personne pouvoir voir là-dedans. Elle arrête de m'aimer, partir avec autre garçon. Je suis très triste. Brisé dans le cœur. Je prie et prie mes quatre esprits frères, demande pourquoi elle ne m'aime plus. Puis, un de mes esprits frères, il me dit la vérité. Il dit : "Ce n'est pas la bonne. Sois patient." Alors je suis patient et ensuite, je trouve ma femme. Belle, bonne. Toujours gentille pour moi. Jamais une seule fois nous disputer, avoir toujours harmonie au foyer, elle toujours est souriante. Même quand pas d'argent à la maison, elle toujours est souriante et dit combien elle est contente de me voir. Quand elle mourir, moi très triste dans mon esprit.

– Vous avez pleuré ?

– Seulement un peu, dans mes yeux. Mais je médite, pour nettoyer le corps de douleur. Je médite pour son âme. Très triste, mais heureux aussi. Je la visite dans méditation chaque jour, même pour l'embrasser. Elle la seule femme avec qui je couche jamais. Alors je ne sais pas… Quel est le nouveau mot, depuis aujourd'hui ?

– Idylle ?

– Oui, idylle. Je ne connais pas idylle, Liss.

– Alors ce n'est pas vraiment votre domaine d'expertise, hein ?

– C'est quoi ça, "expertise" ? Qu'est-ce que ce mot signifie ? »

95

J'ai fini par parler à Wayan de l'argent que j'ai collecté pour sa maison. Je lui ai expliqué le vœu que j'avais exprimé pour mon anniversaire, je lui ai montré la liste avec les noms de tous mes amis, puis lui ai annoncé le montant définitif de la somme collectée : 18 000 dollars. Au début, le choc a été tel que son visage semblait figé en un masque de chagrin. C'est bizarre mais vrai. Parfois, face à une nouvelle de la force d'un cataclysme, une émotion intense peut nous dicter une réponse en tout point opposée à celle que la logique devrait imposer. C'est là la valeur absolue de l'émotion humaine – des événements joyeux peuvent quelquefois s'enregistrer sur l'échelle de Richter comme de purs traumatismes ; d'atroces chagrins nous font parfois éclater de rire. La nouvelle dont je venais de faire part à Wayan était plus qu'elle ne pouvait encaisser, elle l'a presque reçue comme un motif de souffrance, aussi suis-je demeurée quelques heures avec elle, à lui répéter encore et encore l'histoire, à lui montrer la somme écrite encore et encore, jusqu'à ce que la réalité commence à s'imposer.

Sa première réponse vraiment articulée (avant, je veux dire, qu'elle n'éclate en sanglots quand elle a réalisé qu'elle allait pouvoir avoir un jardin) a été de répéter d'un ton insistant : « Liz, s'il te plaît, tu dois expliquer à tous les gens qui ont aidé à rassembler cet argent que ce n'est pas la maison de Wayan. C'est la maison de tous ceux qui ont aidé Wayan. Si n'importe lequel de ces gens vient à Bali, il ne doit jamais aller à l'hôtel, d'accord ? Tu leur dis de venir chez moi, d'accord ? Tu promets de leur dire ça ? On va l'appeler "Maison de groupe"… "Maison pour tout le monde"… »

Ensuite, elle a pensé au jardin, et c'est là qu'elle a commencé à pleurer.

Peu à peu cependant, elle a pris conscience de tous les motifs qu'il y avait de se réjouir. C'était comme si elle était un sac à main qu'on renversait et secouait, et que les émotions allaient s'éparpiller dans la pièce. Si elle avait une maison, elle pourrait avoir une petite bibliothèque, pour tous ses ouvrages médicaux ! Et une pharmacie pour ses remèdes traditionnels ! Et un vrai restaurant, avec de vraies chaises et de vraies tables (puisqu'elle avait dû vendre tous ses meubles en bon état afin de payer l'avocat pour son divorce). Si elle avait une maison, elle pourrait enfin être répertoriée dans le *Lonely Planet*, qui voulait depuis longtemps signaler ses services à ses lecteurs, mais ne pouvait pas le faire parce qu'elle n'avait pas d'adresse permanente. Si elle avait une maison, Tutti pourrait un jour avoir un goûter d'anniversaire !

Puis elle a retrouvé pondération et sérieux. « Comment puis-je te remercier, Liz ? Je te donnerais tout. Si j'avais un mari que j'aimais, et que tu aies besoin d'un homme, je te donnerais mon mari.

– Garde ton mari, Wayan. Veille juste à ce que Tutti aille à l'université.

– Que ferais-je si tu n'étais jamais venue ici ? »

Mais j'avais passé *ma vie* à venir ici. J'ai pensé à un de mes poèmes soufis préférés, qui dit que Dieu, il y a fort longtemps, a tracé un cercle dans le sable exactement autour de l'endroit où l'on se tient en cet instant. C'était donc impossible que je ne vienne pas ici.

« Où vas-tu construire ta nouvelle maison, Wayan ? » ai-je demandé.

À l'instar d'un joueur de la Little League[*] qui lorgne depuis des lustres un gant bien particulier dans la vitrine du magasin, ou d'une fillette romantique qui dessine sa robe de mariée depuis l'âge de treize ans, Wayan, s'est-il avéré, savait très précisément quel lopin de terre elle aimerait acheter. Il se trouvait dans le centre d'un village des environs, bénéficiait d'un raccordement aux réseaux municipaux d'eau et d'électricité, offrait une bonne école à proximité pour Tutti, et une situation générale agréable, centrale, où ses patients et clients pourraient venir la consulter à pied. Ses frères pourraient l'aider à construire la maison, a-t-elle dit. Il ne lui resterait plus qu'à choisir la couleur des murs de sa chambre.

Nous sommes donc allées consulter ensemble un aimable expatrié français qui était conseiller financier et agent immobilier, et qui a eu la gentillesse de nous indiquer le meilleur moyen de transférer l'argent. Il m'a suggéré d'aller au plus simple et de virer tout bêtement la somme de mon compte sur celui de Wayan, pour la laisser acheter le terrain ou la maison qui lui plairait ; ça m'éviterait de me compliquer la vie et de me retrouver propriétaire d'un bien foncier en Indonésie. Tant que

---

[*] Championnat de base-ball pour les moins de douze ans.

chaque virement n'excédait pas 10 000 dollars, le fisc et la CIA ne me suspecteraient pas de blanchir l'argent de la drogue. Puis nous sommes allées dans la petite banque de Wayan, où nous avons vu avec le directeur comment procéder aux virements. Et le directeur de conclure dans une phrase bien tournée : « Voilà, Wayan. Quand ces virements vont passer, dans quelques jours, vous devriez avoir environ 180 millions de roupies sur votre compte. »

Wayan et moi nous sommes regardées, et nous sommes parties d'un fou rire ridicule. C'était une somme tellement énorme ! Nous tentions de nous reprendre, puisque nous étions dans l'élégant bureau d'un banquier, mais nous ne pouvions cesser de rire. Nous sommes sorties en titubant comme des ivrognes, en nous retenant l'une à l'autre pour ne pas trébucher.

« Je n'ai jamais vu un miracle se produire aussi vite ! De tout ce temps, je suppliais Dieu d'aider Wayan. Et Dieu suppliait Liz de bien vouloir aider Wayan elle aussi.

– Et Liz suppliait ses amis de bien vouloir aider Wayan eux aussi ! » ai-je ajouté.

Nous avons regagné la boutique, et trouvé Tutti qui rentrait de l'école. Wayan est tombée à genoux, a attrapé sa fille et a dit : « Une maison ! Une maison ! Nous avons une maison ! » Tutti a feint de s'évanouir avec un art consommé, en se laissant glisser jusqu'à terre, tel un personnage de dessin animé.

Au milieu de cette liesse générale, j'ai aperçu les deux orphelines qui observaient la scène du fond de la cuisine, et j'ai remarqué qu'elles me dévisageaient avec une expression proche… de l'effroi. À quoi pensaient-elles ? me suis-je demandé tandis que Wayan et Tutti entamaient une ronde de joie. Que redoutaient-elles autant ? D'être laissées pour compte, peut-être ?

Ou bien étais-je devenue à leurs yeux quelqu'un d'effrayant, parce que j'avais fait surgir tant d'argent de nulle part? (Une somme tellement *impensable* que c'était peut-être le résultat de quelque magie noire?) Il est possible aussi que, quand on a connu une vie aussi précaire que ces gamines, tout changement soit source de terreur.

À la faveur d'une accalmie dans toute cette exultation, j'ai demandé à Wayan : « Qu'en est-il de Grande et de Petite Ketut? C'est une bonne nouvelle pour elles aussi? »

Wayan a tourné la tête vers les deux filles et sans doute a-t-elle vu la même inquiétude que j'avais observée moi aussi, car elle est allée les rejoindre, elle les a prises dans ses bras et, le visage penché vers leurs deux têtes, elle leur a murmuré des paroles rassurantes. Il m'a semblé les voir se détendre à ce contact. Puis le téléphone a sonné et Wayan a tenté de se détacher des orphelines pour aller répondre, mais les deux Ketut refusaient de lâcher leur mère adoptive. Tête blottie contre son ventre, ou enfouie sous ses aisselles, elles sont restées agrippées à elle une éternité durant, avec une intensité que je n'avais jamais vue.

C'est donc moi qui suis allée répondre.

« Centre de soins traditionnels balinais. Soldes monstres pour cause de déménagement! Passez donc nous voir dès aujourd'hui! »

96

J'ai revu Felipe le Brésilien deux fois au cours du week-end. Le samedi, je l'ai amené faire la connaissance de Wayan et des gamines, et Tutti lui a dessiné des maisons pendant que Wayan m'adressait des clins d'œil suggestifs dans son dos en articulant silencieusement : « Nouveau petit ami ? » et que je m'obstinais à secouer la tête. « Non, non, non. » (Encore que je vais vous dire un truc : je ne pense plus du tout à ce beau Gallois.) J'ai également emmené Felipe chez Ketut, mon sorcier, qui lui a lu les lignes de la main et affirmé, à sept reprises – pas moins, et tout en me fixant d'un regard pénétrant –, que mon ami était « un homme bon, un homme très bon, un homme très, très bon. Pas un homme mauvais, Liss – *un homme bon.* »

Ensuite, le dimanche, Felipe m'a demandé si je souhaitais passer la journée à la plage. Je me suis rendu compte que je vivais depuis déjà deux mois à Bali, et que je n'avais toujours pas été à la plage, ce qui m'a aussitôt semblé une aberration. J'ai donc accepté. Felipe est passé me chercher chez moi en Jeep et nous sommes allés, à une heure de voiture d'Ubud, à Pedangbai, sur cette petite plage à l'écart de tout, où les touristes ne s'aventurent presque jamais. Cet endroit où il m'a amenée était une imitation du paradis aussi réussie que toutes celles que j'avais déjà pu voir – des eaux azurées et du sable blanc à l'ombre des palmiers. Nous avons passé la journée à bavarder, ne nous interrompant que pour nager, faire la sieste ou lire, parfois à voix haute pour l'autre. Des Balinaises dans une cabane donnant sur la plage nous ont fait griller du poisson tout juste pêché, et nous avons acheté des bières et des fruits glacés. En barbotant dans les vagues, nous nous sommes raconté tout ce qu'il nous restait à raconter de nos vies, et que nous n'avions pas encore évoqué aux cours de toutes ces soirées, ces dernières semaines, où nous avions dîné ensemble dans les restaurants les plus paisibles d'Ubud en bavardant devant des bouteilles et des bouteilles de vin.

Mon corps lui plaisait, m'a-t-il avoué après l'avoir découvert sur la plage. Il m'a dit que les Brésiliens ont une expression précise pour décrire les corps comme le mien (le contraire m'aurait étonnée) : *magra falsa*, ou « fausse maigre ». Ce terme s'applique aux femmes qui semblent assez minces de loin, mais dont on s'aperçoit, de plus près, qu'elles sont en fait plutôt pulpeuses – chose que les Brésiliens apprécient. Que Dieu bénisse les Brésiliens. Pendant que nous bavardions, allongés sur nos serviettes, Felipe tendait parfois la main pour épousseter du sable de sur mon nez, ou écarter une mèche rebelle de mon visage. Nous avons parlé dix bonnes heures d'affilée. La nuit venue, nous avons remballé nos affaires et nous nous sommes promenés le long du chemin de terre chichement éclairé qui tenait lieu de rue principale à ce vieux village de pêcheurs, en nous tenant par le bras sous les étoiles. C'est là que Felipe du Brésil m'a demandé, avec on ne peut plus de naturel et de décontraction (un peu comme s'il se demandait si nous ne devrions pas manger un morceau) : « Devrions-nous avoir une aventure ensemble, Liz ? Qu'en penses-tu ? »

Tout me plaisait dans la façon dont les choses arrivaient. Pas par une action – pas par une tentative de baiser, ni un mouvement audacieux – mais par une question. Et la bonne question, qui plus est. Je me suis souvenue d'une remarque de ma thérapeute, il y avait plus d'un an de cela, avant que je ne m'embarque dans ce périple. Je lui avais dit que je pensais vouloir rester célibataire tout au long de cette année de voyage, mais que je m'inquiétais : « Et si je rencontre quelqu'un que j'aime vraiment bien ? Que faire ? Me mettre avec lui, ou pas ? Devrais-je conserver mon autonomie ?

Ou m'offrir une idylle ? » Ma thérapeute m'avait répliqué, avec un sourire indulgent : « Vous savez, Liz, le moment venu, vous pourrez parler de ce problème avec la personne concernée. »

Tout était donc réuni – le moment, le lieu, le problème et la personne concernée. Nous nous sommes mis à discuter de cette idée, et nous en avons parlé avec facilité tout en nous promenant bras dessus, bras dessous le long de l'océan. J'ai dit : « En des circonstances normales, je dirais probablement oui, Felipe. Quoi qu'on entende par *circonstances normales…* »

Cela nous a fait rire. Puis je lui ai fait part de mon hésitation : sans nul doute prendrais-je du plaisir à laisser quelque temps les mains expertes d'un amant expatrié plier et déplier mon corps et mon cœur, mais quelque chose d'autre en moi m'incitait très sérieusement à ne consacrer qu'à moi-même la totalité de cette année de voyage. Une transformation vitale a lieu dans ma vie, expliqué-je, et cette transformation a besoin de temps et d'espace afin d'aller jusqu'au terme du processus, sans être dérangée. En d'autres termes, je suis le gâteau qui sort à peine du four, et qui a besoin d'encore un peu de temps pour refroidir avant de pouvoir recevoir le glaçage. Je ne veux pas me voler à moi-même ce temps précieux. Je ne veux pas perdre une fois de plus le contrôle de ma vie.

Naturellement, Felipe a dit qu'il comprenait, que je devrais faire ce qui est le mieux pour moi, quoi qu'il en soit, et qu'il espérait que je lui pardonnerais d'avoir mis la question sur le tapis. (« Il fallait bien la poser tôt ou tard, ma jolie chérie. ») Il m'a assuré que quelle que soit ma décision, elle n'entacherait pas notre amitié, puisque tout ce temps que nous passions ensemble semblait nous faire du bien à tous les deux.

« Toutefois, a-t-il poursuivi, tu dois maintenant me laisser plaider ma cause.

– C'est de bonne guerre.

– D'une part, si je t'ai bien comprise, tu consacres la totalité de cette année à chercher l'équilibre entre la dévotion et le plaisir. Je vois bien en quoi tu t'es consacrée à la dévotion, mais j'ai du mal à voir où, jusque-là, a été le plaisir.

– J'ai mangé beaucoup de pâtes en Italie, Felipe.

– Des pâtes, Liz ? Des *pâtes* ?

– OK, tu marques un point.

– D'autre part, je pense savoir ce qui t'inquiète. Un homme va entrer dans ta vie et tout te prendre une fois de plus. Je ne te ferai pas ça, chérie. Moi aussi je suis seul depuis longtemps, et j'ai laissé beaucoup de plumes au jeu de l'amour, tout comme toi. Je ne veux pas que nous nous prenions quoi que ce soit l'un à l'autre. Simplement, jamais je n'ai apprécié la compagnie de quelqu'un comme j'apprécie la tienne, et j'aimerais être avec toi. Ne t'inquiète pas, je ne vais pas te pourchasser jusqu'à New York quand tu partiras d'ici en septembre. Quant à toutes les raisons que tu m'as confiées, il y a quelques semaines de ça, pour lesquelles tu ne veux pas d'amant… Eh bien, vois donc les choses de cette façon : je me fiche que tu ne te rases pas les jambes tous les jours, j'adore ton corps tel qu'il est, tu m'as déjà raconté toute l'histoire de ta vie, et tu n'as pas à t'inquiéter de contraception : je me suis fait faire une vasectomie.

– Felipe, c'est la proposition la plus alléchante et la plus romantique qu'un homme m'ait faite. »

Et ça l'était. Mais j'ai tout de même dit non.

Il m'a raccompagnée chez moi. Garés devant ma maison, nous avons clos cette journée à la plage en échangeant quelques baisers, doux, salés, mêlés de grains de sable. C'était agréable. Évidemment que c'était agréable. Mais il n'empêche, une fois encore, j'ai dit non.

« Pas de souci, chérie, a-t-il dit. Mais viens dîner chez moi demain soir, je te ferai un steak. »

Puis il est parti, et je me suis couchée, seule.

J'ai des antécédents en matière de décision précipitée concernant les hommes. Je suis déjà tombée amoureuse vite et sans prendre le temps de mesurer les risques. J'ai tendance non seulement à ne voir que le meilleur chez l'autre, mais également à supposer qu'il est à la portée de tout le monde, émotionnellement, de réaliser le meilleur de son potentiel. Je suis tombée amoureuse, et bien plus de fois que je ne prends la peine de les compter, davantage avec ce que je pensais qu'un homme pouvait m'offrir qu'avec l'homme lui-même, puis je me suis accrochée à cette relation un long moment (bien trop long quelquefois) en attendant que l'homme s'élève jusqu'aux sommets de sa grandeur. Souvent, en amour, j'ai été victime de mon optimisme.

Je me suis mariée jeune et sur un coup de tête, portée par l'amour et l'espoir, mais sans grande réflexion préalable sur le sens des réalités du mariage. Quand je me suis mariée, personne ne m'a donné de conseils. Mes parents m'avaient éduquée pour être indépendante, autonome, souveraine. Il était acquis pour tout le monde qu'à vingt-quatre ans, j'étais en mesure de faire mes choix en toute autonomie. Évidemment, il n'en avait pas été de tout temps ainsi. Serais-je née dans n'importe quel autre siècle de patriarcat occidental, j'aurais été considérée comme la propriété de mon père, jusqu'au moment où il m'aurait léguée à mon mari, pour devenir propriété maritale. Je n'aurais eu que très peu voix au chapitre pour les grandes orientations de ma vie. Il fut un temps où si un homme avait prétendu à ma main, mon père l'aurait soumis à un long questionnaire avant de juger s'il constituait un parti convenable. « Comment allez-vous subvenir à l'existence de ma fille ? aurait-il voulu savoir. De quelle réputation jouissez-vous au sein de cette communauté ? Êtes-vous en bonne santé ? Où l'emmènerez-vous vivre ? Quels sont vos dettes et vos biens ? Quels sont les points forts de votre caractère ? » Mon père n'aurait pas accordé ma main à n'importe qui au simple motif que j'étais amoureuse du type en question. Mais dans le monde moderne, quand j'ai pris la décision de me marier, mon père moderne ne s'est mêlé de rien. Il n'a pas plus interféré dans cette décision qu'il ne m'aurait dit quelle coiffure adopter.

Je n'ai aucune nostalgie du patriarcat, je vous prie de me croire. Mais force m'a été de constater que, lorsqu'on a démantelé (légitimement) le système patriarcal, on ne l'a pas forcément remplacé par une autre forme de protection. Ce que je veux dire, c'est que jamais il ne m'est venu à l'idée de demander à un soupirant de s'expliquer sur ses intentions, comme mon père aurait pu le faire en d'autres temps. Je me suis trahie en amour maintes fois, simplement au nom de l'amour. Et j'ai bien souvent tendu le bâton pour me faire battre. Si je dois vraiment devenir une femme autonome, alors je dois endosser le rôle de ma propre gardienne. Gloria Steinem, on le sait, a conseillé aux femmes de faire tout leur possible pour devenir comme les hommes qu'elles avaient toujours voulu épouser. Ce que je n'ai réalisé que depuis peu, c'est que je dois devenir non seulement mon mari, mais aussi mon père. Voilà pourquoi ce soir-là j'ai tenu à dormir seule – parce que je sentais qu'il était prématuré pour moi de recevoir un prétendant.

Cela dit, je me suis réveillée à 2 heures du matin, en poussant un gros soupir, et avec une fringale physique si intense que je ne savais pas du tout comment la satisfaire. Le chat fou qui vit dans ma maison poussait, sans raison apparente, de longs feulements de désolation. « Je sais exactement ce que tu ressens », lui ai-je dit. Il me fallait trouver un moyen – *quelque chose* – pour satisfaire cette envie. Je me suis levée, je suis allée dans la cuisine, en chemise de nuit, et j'ai pelé une livre de pommes de terre. Je les ai fait bouillir, je les ai découpées en tranches, je les ai fait sauter dans du beurre, je les ai salées généreusement, et je les ai mangées – en demandant à mon corps, tout du long, s'il voulait bien accepter de se satisfaire d'une livre de pommes de terre sautées en lieu et place du contentement d'une étreinte amoureuse.

Mon corps a répondu, mais seulement après avoir mangé jusqu'à la dernière miette de pomme de terre : « Pas question, bébé. »

Alors je suis retournée au lit, j'ai soupiré d'ennui et j'ai commencé à…

Bon. Un mot au sujet de la masturbation, si vous permettez. Parfois, ce peut être pratique, mais à d'autres moments, c'est si intensément insatisfaisant qu'au final, le remède est pire que le mal. Après un an et demi de célibat, un an et demi à crier moi-même mon nom dans mon lit une place, je commençais à me fatiguer un peu de ce sport. Cependant, ce soir-là, dans l'état d'agitation qui était le mien, que pouvais-je faire d'autre ? Les pommes de terre, ça n'avait pas marché. Par conséquent, une fois de plus, j'ai pris (sans mauvais jeu de mots) les choses en main. Comme d'habitude, mon esprit a feuilleté ses archives érotiques, à la recherche du fantasme ou du souvenir susceptible de l'aider à mener à bien le boulot dans les meilleurs délais. Mais cette nuit-là, rien ne marchait vraiment – ni les pompiers, ni les pirates, ni cette bonne vieille scène perverse de secours avec Bill Clinton qui en général fonctionnait bien, ni même les gentlemen victoriens faisant cercle autour de moi dans un salon avec leur contingent spécial de jeunes soubrettes nubiles. Pour finir, la seule image satisfaisante a été celle – à laquelle j'ai consenti à reculons – de mon bon ami du Brésil grimpant dans ce lit avec moi... sur moi...

Ensuite, j'ai dormi. Je me suis réveillée sous un ciel bleu et paisible, et dans une chambre plus paisible encore. Je me sentais pourtant perturbée, en mal d'équilibre. J'ai consacré une longue partie de la matinée à psalmodier les cent quatre-vingt-deux vers en sanskrit de la *Guru Gita* – le grand hymne fondamental et purificateur de l'ashram. Puis j'ai médité pendant une heure, en sentant l'immobilité qui fourmillait dans mes os, jusqu'à percevoir à nouveau la perfection caractéristique, permanente, limpide, détachée de tout, stable, sans nom et inaltérable de mon bonheur. Ce bonheur qui est mieux, vraiment, que tout ce qui m'a été donné de connaître partout ailleurs sur cette terre – baisers salés, baisers beurrés, et même pommes de terre salées et beurrées.

J'étais vraiment contente d'avoir pris la décision de rester seule.

97

J'ai donc été un peu surprise quand le lendemain soir – après le dîner qu'il m'avait préparé, après toutes ces heures passées à discuter de tout et de rien vautrés sur son canapé, et après avoir décrété, en collant sans crier gare son visage sur mon aisselle, qu'il adorait l'odeur merveilleusement évocatrice de ma transpiration –

Felipe a finalement posé la main sur ma joue en disant :
« Bon, ça suffit, ma chérie. Maintenant, tu viens dans
mon lit », et que j'y suis allée.

Oui, je l'ai bel et bien suivi dans son lit, dans cette
chambre aux grandes baies vitrées qui ouvraient sur
la nuit et le silence des rizières. Il a écarté les pans
de la moustiquaire et m'a guidée sous le tulle blanc.
Ensuite, il m'a aidée à retirer ma robe avec la tendresse
et l'adresse d'un homme qui, visiblement, a souvent et
avec plaisir préparé ses enfants pour l'heure du bain,
et il m'a fait part de sa proposition : il ne voulait absolument rien de moi, sinon la permission de m'adorer
aussi longtemps que je voudrais bien de lui. Cette proposition était-elle acceptable pour moi ?

Comme j'avais perdu l'usage de la parole quelque
part entre le canapé et le lit, j'ai simplement hoché la
tête. Il n'y avait plus rien à dire. Je venais de traverser une longue et austère saison de solitude. Je m'étais
bien occupée de moi. Mais Felipe avait raison – ça suffisait.

« Bien, a-t-il répondu avec un sourire tout en écartant quelques oreillers et en me faisant rouler sous lui.
Voyons un peu comment nous organiser ici. »

Ce qui était en fait assez drôle, car cet instant marquait la fin de tous mes efforts en matière d'organisation.

Plus tard, Felipe m'a raconté comment il m'avait vue
cette nuit-là. Je lui avais semblé si jeune, si radicalement différente de la femme pleine d'assurance qu'il en
était venu à connaître à la lumière du jour. Terriblement
jeune, mais franche, excitée, soulagée d'être reconnue
et terriblement fatiguée de se montrer courageuse. Cela
crevait les yeux, m'a-t-il dit, que personne ne m'avait
caressée depuis un long moment. Il avait senti tout le
besoin qui grouillait en moi, en même temps que ma

reconnaissance d'être autorisée à l'exprimer. Et tout en ne pouvant pas prétendre me souvenir de tout *ça*, je le crois sur parole parce qu'il semblait m'accorder une si grande attention.

De cette nuit-là, ce dont je me souviens surtout, c'est de la moustiquaire gonflée par le vent qui nous entourait. Elle m'évoquait un parachute. Et j'avais l'impression qu'avec ce parachute, j'allais pouvoir m'élancer par l'issue latérale de cet avion résistant et docile qui, tout au long de ces dernières années, m'avait emportée loin d'une « période très dure de ma vie ». Car ma robuste machine volante était devenue obsolète, là, en plein vol. Alors, j'ai sauté de ce monomoteur tenace, j'ai laissé ce parachute m'emporter au gré de ses virevoltes dans cet étrange vide atmosphérique qui séparait mon passé de mon futur, et m'aider à atterrir sans encombre sur cette petite île en forme de lit, dont le seul habitant était ce beau marin brésilien naufragé qui (étant lui-même resté trop longtemps seul), tout à son bonheur et à sa surprise de me voir arriver, avait tout d'un coup oublié tout son anglais et n'arrivait qu'à répéter, chaque fois qu'il contemplait mon visage : « *Belle, belle, belle, belle, belle.* »

98

Nous n'avons pas fermé l'œil de la nuit, évidemment. J'ai dû ensuite *partir* – c'était trop bête. J'ai dû retourner chez moi ridiculement tôt le lendemain matin parce que j'avais rendez-vous avec mon ami Yudhi. Nous avions projeté depuis longtemps, justement cette semaine-là, d'entreprendre un grand périple à travers l'île. L'idée avait germé un soir où Yudhi m'avait confié que, outre sa femme et Manhattan, ce qu'il regrettait le plus de sa vie en Amérique, c'était les grandes virées en voiture – partir à l'aventure avec des copains, avaler des centaines et des centaines de kilomètres le long de toutes ces fabuleuses autoroutes qui traversent les États. « D'accord, lui avais-je dit, on va donc partir sur la route ensemble, ici à Bali, à la mode américaine. »

Nous avions trouvé l'idée d'une drôlerie irrésistible – c'est absolument impossible, à Bali, de partir sur la route comme on le fait en Amérique. D'une part, parce que les distances ne sont jamais bien longues sur cette île de la taille du Delaware. D'autre part, parce que les « autoroutes » sont atrocement dangereuses du fait du trafic dense et frénétique de la version balinaise (et étonnamment populaire) du break familial américain – une petite moto sur laquelle s'entassent cinq personnes : le père, qui conduit d'une main tout en tenant un bébé de l'autre ; la mère qui, assise derrière lui en amazone, jambes étroitement drapées dans un sarong, un panier en équilibre sur la tête, enjoint à ses deux enfants en bas âge de ne pas dégringoler de la moto qui file à vive allure, et qui roule probablement du mauvais côté de la route, sans feux de position. Les casques sont rarement portés mais – et je n'ai pas pu savoir pourquoi – *transportés*. Imaginez des hordes de ces deux-roues chargés comme des baudets, en train de foncer avec insouciance, de se faire des queues-de-poisson et de s'éviter les uns les autres comme s'ils exécutaient un ballet motorisé endiablé autour d'un mât enrubanné… Voilà ce à quoi ressemble le trafic sur les autoroutes balinaises. J'ignore par quel miracle tous les Balinais n'ont pas encore péri dans un accident de la route.

Il n'empêche – Yudhi et moi avons néanmoins décidé de tenter l'aventure, de partir une semaine, de louer une voiture et d'explorer tous les recoins de cette île minuscule, en faisant semblant d'être en Amérique et d'être libres l'un et l'autre. L'idée m'avait enchantée quand nous l'avons lancée le mois dernier, mais aujourd'hui – tandis que je suis au lit avec Felipe qui égrène des baisers sur le bout de mes doigts, sur mes avant-bras et mes épaules – le choix de la date semble malheureux. Mais je dois y aller. Et en un sens, je veux y aller. Pas seulement pour passer une semaine avec mon ami Yudhi, mais aussi pour me reposer après ma grande nuit avec Felipe, et me faire rentrer dans la tête cette réalité toute nouvelle – à savoir que, comme on dit dans les romans, *j'ai pris un amant.*

Felipe me reconduit et me laisse devant chez moi après une dernière étreinte passionnée. J'ai tout juste le temps de me doucher et de reprendre mes esprits que Yudhi arrive au volant de notre voiture de location. Un coup d'œil lui suffit. « Mon pote, à quelle heure t'es rentrée chez toi, cette nuit ? me lance-t-il.

– Mon pote, lui réponds-je, *je ne suis pas* rentrée chez moi cette nuit. »

Il éclate de rire, sans doute parce qu'il lui revient en mémoire notre conversation d'il y a une quinzaine de jours, où j'avais postulé, avec le plus grand sérieux, que je pourrais fort bien passer le restant de mes jours dans la plus complète abstinence.

« Alors t'as cédé, hein ?

– Yudhi, laisse-moi te raconter une histoire. L'été dernier, juste avant mon départ des États-Unis, je suis allée voir mes grands-parents, qui habitent dans le nord de l'État de New York. Gale, la femme de mon grand-père – sa seconde femme –, est une dame vraiment adorable. Elle a quatre-vingts ans passés, aujourd'hui. Elle a sorti son vieil album et m'a montré des photos des années 30, prises à l'époque où elle avait seize ans et

442

qu'elle était partie voyager un an en Europe avec ses deux meilleures amies et un chaperon. Elle feuilletait ces pages, et me montrait ces vieilles photos incroyables de l'Italie et à un moment donné, on est tombées sur le portrait d'un jeune Italien magnifique, à Venise. J'ai demandé : "Gale, c'est qui ce beau gosse ?" Et elle : "C'est le fils des tenanciers de notre hôtel à Venise. C'était mon petit ami." Moi : "Ton *petit ami* ?" Et l'adorable épouse de mon grand-père m'a dévisagée d'un air entendu, avec un regard brusquement aussi sexy que celui de Bette Davis, et elle m'a répondu : "J'en avais marre de visiter des églises, Liz." »

Yudhi m'a tapé dans la main. « Ça le fait, mon pote. »

Nous sommes partis pour notre virée « américaine » sur les routes balinaises, ce jeune musicien génial, cet Indonésien en exil et moi, avec une voiture remplie à l'arrière de bières, d'une guitare, de galettes de riz frites et de friandises indigènes aux parfums atroces – l'équivalent balinais des en-cas américains. Aujourd'hui, les détails de notre périple sont un peu flous, comme des traces étalées par-dessus les pensées qui me ramenaient à Felipe, et dilués par cette étrange hébétude qui accompagne toujours un voyage en voiture dans n'importe quelle contrée du monde. Ce dont je me souviens parfaitement, en revanche, c'est que Yudhi et moi parlions américain tout le temps – une langue que je n'avais pas pratiquée depuis longtemps. J'ai certes beaucoup parlé anglais au cours de cette année sabbatique, mais pas *américain*, et certainement pas cet américain mâtiné d'argot hip-hop que Yudhi affectionne. Tout en roulant, on s'en donne à cœur joie, on se transforme en deux ados spectateurs assidus de MTV, on se met mutuellement en boîte comme le feraient des jeunes de banlieue, on s'interpelle à coups de « mon pote », « mec » et parfois, avec beaucoup de tendresse, « pédé ». Une large part de nos dialogues tournent autour d'insultes affectueuses envers la mère de l'autre.

« Mon pote, où t'as fourré la carte ?

– Pourquoi tu demandes pas à ta mère où je l'ai fourrée, la carte.

– Je le ferais bien, mec, mais elle est trop grosse. »

Et ainsi de suite.

Nous ne pénétrons même pas dans l'arrière-pays ; nous nous contentons de longer la côte, et toute la semaine, ne voyons que plages, plages, plages. Parfois, nous embarquons sur une barque de pêcheur et poussons jusqu'à une île, pour voir ce qui s'y passe. Il existe de multiples sortes de plages, à Bali. Un jour, nous traînons sur la longue étendue de sable blanc de Kuta, une plage de surf à la mode qui rappelle celles du sud de la Californie, avant de remonter la côte ouest, d'une inquiétante beauté avec ses criques de sable noir. J'ai l'impression de franchir une ligne de démarcation invisible au-delà de laquelle le commun des touristes ne se hasarde jamais, pour pousser jusqu'aux plages sauvages de la côte nord, où seuls osent s'aventurer les surfeurs (et uniquement les plus fous). Assis sur le sable, nous contemplons les vagues dangereuses et tous ces sveltes surfeurs, Indonésiens et Occidentaux, bruns et blancs, qui fendent les flots et, tels des fermetures Éclair, dégrafent d'un seul geste la robe de bal bleue de l'océan. Nous observons les surfeurs ivres de démesure et de témérité s'approcher dangereusement des coraux et des rochers avant de s'élancer aussitôt sur une autre vague, et, soufflés d'admiration, nous disons : « Putain, mec, c'est DÉMENT ! »

Comme prévu, tandis que nous roulons, pépères, dans cette voiture de location, nous nous nourrissons de junk food en entonnant des chansons américaines, nous commandons des pizzas partout où nous en trouvons, et nous oublions, de longues heures durant (et ce uniquement pour le bénéfice de Yudhi), que nous sommes en Indonésie. Même quand nous sommes écrasés par le pittoresque indéniablement balinais de notre environnement, nous essayons de l'ignorer et faisons semblant d'être de retour en Amérique. Quand je demande « Quel est le meilleur itinéraire pour contourner ce volcan ? », que Yudhi me répond « Par la I-95, je pense » et que je proteste : « Mais ça va nous obliger à traverser Boston en pleine heure de pointe… », ce n'est qu'un jeu, mais ça marche.

Parfois, nous découvrons de paisibles étendues bleues d'océan et nous passons la journée à nager, en nous accordant mutuellement l'autorisation de boire de la bière dès 10 heures du matin. « C'est à des fins thérapeutiques, mon pote. » Nous nous lions d'amitié avec tous ceux que nous rencontrons. Yudhi est le genre de gars qui – s'il marche le long d'une plage et voit un homme en train de construire un bateau – va s'arrêter et dire : « Waouh ! Vous êtes en train de construire un bateau ? » Et sa curiosité est tellement payante que, ni une ni deux, on se retrouve invités à vivre un an sous le toit du constructeur de bateau.

Le soir, il se passe des choses étranges. Le hasard nous conduit dans des temples, au milieu de nulle part, où ont lieu de mystérieuses cérémonies et nous nous laissons hypnotiser par les chœurs, les percussions et le son du gamelan. Dans un petit village côtier, nous assistons, avec tous les autochtones massés dans une rue sans éclairage, à une cérémonie d'anniversaire. On vient nous extraire, Yudhi et moi, de l'assemblée, et la plus jolie fille du village nous invite, nous les honorables étrangers, à danser. (Elle est toute parée d'or, de bijoux, parfumée à l'encens, maquillée à l'égyptienne ;

elle n'a probablement que treize ans mais elle ondule des hanches avec l'assurance, la douceur et la sensualité d'une créature qui sait qu'elle pourrait séduire le dieu de son choix.) Le lendemain, nous dégotons dans le même village un curieux restaurant familial, dont le propriétaire – balinais – se prétend un grand chef spécialisé dans la cuisine thaï, ce qui n'est franchement pas le cas, mais cela ne nous empêche pas de passer la journée chez lui à boire des Coca glacés et manger un *pad thai* bien graisseux, et à jouer à des jeux de société avec son fils, un adolescent gracieusement efféminé. (Ce n'est que plus tard que nous nous sommes dit que ce bel adolescent pouvait très bien ne faire qu'une seule et même personne avec la superbe jeune danseuse de la veille ; les Balinais sont maîtres dans l'art du travestissement.)

Chaque jour, quand je tombe sur un téléphone de cambrousse, j'appelle Felipe et il me dit : « Combien de nuits encore avant que tu ne me reviennes ? » Il ajoute : « J'adore tomber amoureux de toi, chérie. C'est tellement naturel, comme quelque chose que je ferais une semaine sur deux, sauf qu'en réalité, je n'ai rien ressenti de tel pour quelqu'un depuis presque trente ans. »

Moi qui n'en suis pas encore là, à me laisser tomber en chute libre dans l'amour, je réponds par monosyllabes hésitantes – rappels discrets du fait que je m'en vais dans quelques mois. Felipe s'en fiche. « Peut-être n'est-ce qu'une stupide idée sud-américaine, mais j'ai besoin que tu comprennes – chérie, pour toi, je suis même disposé à souffrir. Quelque souffrance qui puisse nous arriver dans l'avenir, je l'accepte déjà, juste pour le plaisir d'être avec toi maintenant. Savourons ces moments. C'est merveilleux. »

Je lui dis : « Tu sais, c'est marrant, mais avant de te rencontrer je me disais sérieusement que je pourrais rester seule et célibataire à jamais. J'envisageais la possibilité de vivre la vie d'une contemplative. »

Il me dit : « Contemple plutôt ceci, chérie… », et là, il me détaille avec minutie et en cinq points ce qu'il projette de faire avec mon corps quand il m'aura à nouveau toute à lui dans son lit. Je sors de la cabine en titubant, les genoux en coton, amusée et complètement déboussolée par toute cette nouvelle passion.

Le dernier jour de notre voyage, Yudhi et moi paressons sur une plage pendant plusieurs heures et – comme cela nous arrive souvent – nous évoquons New York, nous disons que c'est une ville géniale, que nous l'aimons follement. New York lui manque, m'explique Yudhi, presque autant que sa femme – comme si la ville était une personne, une parente qu'il a perdue depuis son expulsion. Tandis que nous bavardons, Yudhi égalise un grand rectangle de sable entre nos serviettes et dessine une carte de Manhattan. « Essayons de la compléter avec tout ce dont on se souvient de la ville », propose-t-il. Du doigt, nous dessinons les avenues, puis les principales perpendiculaires, puis le tracé en oblique de Broadway qui sème la zizanie dans le plan de l'île, puis les rivières, le Village, Central Park. Nous choisissons un beau coquillage effilé pour figurer l'Empire State Building, et un autre pour le Chrysler Building. Par respect, nous plantons deux bâtonnets pour rendre leur place aux tours jumelles, à la pointe de l'île.

Sur cette carte de sable, chacun montre à l'autre ses lieux de prédilection dans la ville. C'est ici que Yudhi a acheté les lunettes de soleil qu'il porte en ce moment ; là que j'ai trouvé les sandales que j'ai aux pieds. Là, j'ai dîné pour la première fois avec mon ex-mari ; ici, Yudhi a rencontré sa femme. Ici, on sert la meilleure cuisine vietnamienne de la ville ; là, les meilleurs bagels, et là, la meilleure soupe de nouilles. « Impossible, mec, la meilleure, c'est *là*. » Je dessine mon ancien quartier de Hell's Kitchen, et Yudhi dit : « Je connais un bon *diner* dans le coin.

– Tick-Tock, Cheyenne ou Starlight ? je demande.

– Tick-Tock, mon pote.

– T'as déjà goûté les œufs au lait du Tick-Tock ? »

Il gémit : « Oh, mon Dieu, oui… »

Je ressens si fort sa nostalgie de New York qu'un moment, je crois par erreur qu'il s'agit de la mienne. Son mal du pays me contamine si complètement que j'en oublie un instant que moi, contrairement à lui, je suis libre de retourner à Manhattan un jour. Yudhi tripote les deux bâtonnets qui symbolisent les tours jumelles, il les enfonce plus profondément dans le sable, puis il embrasse du regard l'océan bleu qui chuchote à nos pieds et dit : « Je sais que c'est beau, ici… Mais tu crois que je reverrai un jour l'Amérique ? »

Que puis-je lui dire ?

Nous nous abîmons dans le silence. Puis il sort de sa bouche le bonbon indonésien qu'il suce depuis une heure et dit : « Mon pote, ce bonbon est *infect*. Où l'as-tu trouvé ?

– Chez ta mère, mon pote. Chez ta mère. »

99

De retour à Ubud, je file directement chez Felipe et je ne quitte pas sa chambre d'un mois environ. J'exagère à peine. Jamais personne auparavant ne m'a aimée et adorée comme ça, avec autant de plaisir, de concentration, d'entêtement. Jamais faire l'amour ne m'avait à ce point mise à nue, dévoilée, déployée, livrée à l'abandon de soi.

Si je sais une chose sur l'intimité, c'est bien que les relations sexuelles entre deux personnes sont gouvernées par des lois naturelles, aussi peu négociables que les lois de la gravité. La complicité physique avec le corps de l'autre n'est pas du ressort d'une décision. Et n'a guère de lien avec la façon dont l'autre pense ou parle, avec son comportement ou même son apparence physique. Soit le mystérieux aimant est là, enfoui quelque part profondément dans le sternum, soit il n'y est pas. Quand il n'y est pas (comme je l'ai constaté par le passé, avec une clairvoyance douloureuse), on ne peut pas plus le forcer à exister qu'un chirurgien ne peut forcer le corps d'un patient à accepter le rein d'un mauvais donneur. Mon amie Annie dit que tout se résume à une question simple : « Est-ce que tu veux coller ton ventre contre le ventre de cette personne à jamais – ou pas ? »

Felipe et moi, ainsi que nous le découvrons pour notre ravissement, sommes parfaitement assortis, génétiquement conçus pour que notre histoire ventre contre ventre soit un succès. Aucune partie du corps de l'un ne manifeste la moindre allergie au corps de l'autre. Rien n'est périlleux, rien n'est pénible, tout est permis. Tout, dans notre sphère sensuelle est – simplement et entièrement – complémentaire. Et aussi… objet de *compliments*.

« Regarde-toi », dit Felipe en me guidant devant le miroir après que nous avons refait l'amour. Il me montre mon corps nu et mes cheveux – qui laissent à penser que je sors d'une séance d'entraînement spatial dans une centrifugeuse de la NASA. Il me dit : « Regarde comme tu es belle… Chaque ligne de ton corps est une courbe… Tu ressembles à des dunes de sable… »

(Je crois, effectivement, que jamais mon corps n'a eu l'air, ni ne s'est senti aussi détendu de sa vie, jamais du moins depuis l'époque où ma mère me photographiait, étendue sur une serviette sur le comptoir de la cuisine, au septième ciel au sortir d'un bon bain dans l'évier.)

Et puis il me reconduit au lit, en me disant : « *Vem, gostosa.* »

Viens par là, ma délicieuse.

Car Felipe est le roi des paroles tendres. Au lit, il se met subrepticement à m'adorer en portugais, et l'« adorable petite chérie » est devenue insensiblement sa *queridinha*. (Traduction littérale : « Adorable petite chérie. ») Jusque-là, j'ai été trop paresseuse pour tenter d'apprendre quelques mots d'indonésien ou de balinais, mais brusquement le portugais me vient facilement. Bien entendu, je n'apprends que les mots qu'on se dit sur l'oreiller, mais c'est un bel usage du portugais. Felipe dit : « Chérie, tu vas en avoir marre. Tu vas te lasser que je sois toujours en train de te caresser, que je te répète à longueur de journée que tu es belle. »

Fais-moi donc passer le test, monsieur.

Je perds là des journées entières, à disparaître sous ses draps, sous ses mains. J'aime l'idée de ne pas savoir quel jour on est. La belle organisation de mon emploi du temps a été emportée par la brise. Un après-midi, après un long hiatus sans visite, je finis par passer voir mon vieux sorcier. Ketut lit la vérité sur mon visage avant que je ne dise un seul mot.

« Tu as trouvé petit ami à Bali.

— Oui, Ketut.

— Bien. Attention ne pas tomber enceinte.

— Je ferai attention.

— Il être homme bon ?

– À vous de me le dire, Ketut. Vous lui avez lu les lignes de la main. Vous avez promis qu'il était un homme bon. Vous l'avez répété au moins sept fois.

– Ah bon ? Quand ?

– En juin. Je l'ai amené ici. C'était le Brésilien, d'un certain âge. Vous m'avez dit que vous l'aimiez bien.

– Non, non, jamais », a-t-il insisté, et je n'ai rien pu faire pour le convaincre du contraire. Parfois, Ketut égare des détails de ses souvenirs, tout comme cela vous arriverait aussi si vous aviez entre soixante-cinq et cent douze ans. La plupart du temps, il est attentif et rien ne lui échappe, mais d'autres fois, j'ai l'impression de l'avoir dérangé, obligé à quitter quelque autre niveau de conscience, quelque autre univers. (Quelques semaines auparavant, il m'avait déclaré, sautant du coq à l'âne : « Tu es bonne amie pour moi, Liss. Amie loyale. Amie aimante. » Puis il avait soupiré, son regard s'était perdu dans le lointain, et il avait ajouté, d'une voix accablée : « Pas comme Sharon. » Qui diable était cette *Sharon* ? Que lui avait-elle fait ? Quand j'avais essayé d'en savoir davantage, il avait éludé ma question, avait tout d'un coup fait celui qui ne voyait pas de qui je parlais. Comme si j'étais celle qui, la première, avait évoqué cette petite voleuse, cette dévergondée de Sharon.)

« Pourquoi tu n'amener jamais petit ami ici pour me rencontrer ? m'a-t-il demandé ce jour-là.

– Je l'ai fait, Ketut. Je vous assure. Et vous m'avez dit que vous l'aimiez bien.

– Me souviens pas. Il est riche, ton petit ami ?

– Non, Ketut, il n'est pas riche. Mais il a assez d'argent.

– Moyen riche ? » Le sorcier veut des détails, des tableaux de chiffres.

« Il a assez d'argent. »

Ma réponse a semblé l'irriter. « Tu demandes de l'argent à cet homme, il peut te donner, ou non ?

— Ketut, je ne veux pas d'argent de lui. Je n'ai jamais pris l'argent d'un homme.

— Tu passes toutes les nuits avec lui ?

— Oui.

— Bien. Lui te gâte ?

— Énormément.

— Bien. Tu médites encore ? »

Oui, je médite encore chaque jour, je me glisse hors du lit de Felipe et je vais m'asseoir sur le canapé, où je peux m'installer dans le silence et rendre grâce pour tout ça. Au-delà du porche, les canards déambulent dans les rizières en nasillant, ils cancanent, ils s'ébrouent. (Felipe dit que ces escouades affairées de canards balinais lui évoquent immanquablement les Brésiliennes qui se pavanent le long des plages de Rio en bavardant à tue-tête, en se coupant sans arrêt la parole et en remuant du popotin avec arrogance.) Je suis si détendue, ces temps-ci, que je glisse plus ou moins en méditation comme dans un bain que m'aurait fait couler mon amant. Nue dans le soleil du matin, une mince couverture drapée sur mes épaules, je disparais dans la grâce, je flotte au-dessus du vide comme un minuscule coquillage en équilibre sur une petite cuillère.

Comment la vie a-t-elle pu un jour me sembler difficile ?

J'appelle mon amie Susan, à New York, et je l'écoute me confier, sur un arrière-fond sonore de mugissements de sirènes typiquement new-yorkais, les ultimes développements de son dernier chagrin d'amour en date. D'une voix aux intonations douces et flegmatiques d'animateur d'émission de jazz, tard dans la nuit à la radio, je lui dis qu'elle doit juste lâcher du lest, qu'elle va apprendre que la perfection est déjà de ce monde, que l'univers y pourvoit, que tout est paix et harmonie ici-bas...

Je la devine lever les yeux au ciel quand elle me dit, par-dessus le chant des sirènes : « Voilà qui est parler comme une femme qui a déjà eu quatre orgasmes aujourd'hui. »

100

Mais tout ce fol amusement a soudain cessé au bout de quelques semaines. Après toutes ces nuits blanches et toutes ces journées à trop faire l'amour, mon corps s'est vengé et j'ai attrapé une méchante infection urinaire. Affection classique résultant d'une activité sexuelle intense, d'autant plus susceptible de vous frapper si vous aviez perdu l'habitude d'une activité sexuelle intense. Et qui a frappé aussi vite et fort que n'importe quelle tragédie. Un matin, je traversais la ville à pied pour m'acquitter de quelques tâches quand, soudain, je me suis retrouvée pliée en deux de douleur, brûlante de fièvre. Ayant déjà été sujette à ce type d'infection dans ma jeunesse dissipée, je savais de quoi il s'agissait. J'ai cédé un instant à la panique – ces histoires peuvent vraiment virer au cauchemar – mais bientôt j'ai songé : « Dieu merci, ma meilleure amie à Bali est guérisseuse », et j'ai foncé chez Wayan.

« Je suis malade !

– Malade d'avoir trop fait l'amour, Liz », réplique-t-elle à ma vue.

Je lâche un gémissement et me cache derrière mes mains, gênée.

Elle glousse. « Tu ne peux rien cacher à Wayan... »

Je souffrais le martyre. Toutes celles qui ont déjà souffert de ce type d'infection connaissent l'atroce sensation ; pour celles qui n'ont jamais fait l'expérience de cette souffrance spécifique – eh bien, inventez votre propre métaphore de l'abomination, de préférence en utilisant le terme « tisonnier » quelque part dans la phrase.

Wayan, tel un pompier vétéran ou un chirurgien urgentiste, n'agit jamais avec précipitation. Elle commence par hacher méthodiquement des herbes, faire bouillir des racines, elle va et vient sans hâte entre sa cuisine et moi, pour m'apporter une succession de préparations marronnasses, tièdes, au goût infect en disant : « Bois, ma puce... »

Et dès qu'elle a mis à mijoter la fournée suivante, elle vient s'asseoir en face de moi et, avec des regards entendus et égrillards, en profite pour se mêler de ce qui ne la regarde pas.

« Tu fais attention à ne pas tomber enceinte, Liz ?

– C'est pas possible, Wayan. Felipe a eu une vasectomie.

– Felipe a eu une *vasectomie* ? » s'exclame-t-elle, avec le même étonnement admiratif qu'elle aurait dit : « Felipe a une maison en *Laponie* ? » (J'avais réagi de la même façon, au demeurant.) « Très difficile à Bali de convaincre un homme de faire ça. Toujours le problème de la femme, la contraception. »

(Encore que ces derniers temps, le taux de natalité du pays a baissé du fait d'un tout nouveau programme censé inciter au contrôle des naissances : le gouvernement indonésien a promis une moto neuve à chaque homme qui se porterait volontaire pour subir une vasectomie... C'est génial, mais je déteste me dire que les types ont dû rentrer chez eux, sur leur moto flambant neuve, *le même jour*.)

« C'est drôle, le sexe, dit Wayan d'un ton méditatif en me regardant grimacer de douleur et boire une nouvelle rasade de sa décoction.

– Ouais, Wayan, merci. C'est à crever de rire.

– Non, le sexe est drôle, poursuit-elle. Il fait faire des choses drôles aux gens. Tout le monde devient comme ça, au début de l'amour. Tu veux trop de bonheur, trop de plaisir, jusqu'à te rendre malade. C'est même arrivé à Wayan au début d'une histoire d'amour. J'ai perdu l'équilibre.

– Je me sens gênée, dis-je.

– Ne le sois pas, me réplique-t-elle, avant d'ajouter, dans un anglais impeccable, et dans la plus pure logique balinaise : perdre parfois l'équilibre pour l'amour fait partie d'une vie équilibrée. »

Je décide d'appeler Felipe. J'avais quelques antibiotiques chez moi, un stock en cas d'urgence que j'emporte toujours en voyage, au cas où. Je sais par expérience comment ce genre d'infection peut s'aggraver et même gagner les reins. Je n'avais aucune envie d'en repasser par là, pas en Indonésie. J'appelle donc Felipe pour lui expliquer le problème (il est mortifié) et lui demander de m'apporter mes cachets. Ce n'est pas que je n'aie pas confiance dans les prouesses curatives de Wayan, simplement, je souffre vraiment beaucoup...

« Tu n'as pas besoin de pilules occidentales, proteste Wayan.

– Mais c'est peut-être mieux, juste pour être sûre...

– Donne-moi deux heures. Si je ne te soulage pas, tu peux prendre tes pilules. »

Je consens à contrecœur. Je sais, par expérience là aussi, que ce genre d'infections peut mettre plusieurs jours à se dissiper, même avec de puissants antibiotiques. Mais je ne veux pas la vexer.

Tutti, qui joue dans la boutique, m'apporte sans cesse des dessins de maisons pour me remonter le moral, et me tapote la main avec une compassion d'enfant de huit ans. « Maman Elizabeth malade ? » Au moins ignore-t-elle ce que j'ai fait pour tomber malade.

« Wayan, tu as acheté ta maison ?

– Pas encore, ma puce. Pas d'urgence.

– Et celle qui te plaisait ? Je pensais que tu allais acheter celle-là ?

– J'ai appris qu'elle n'était pas à vendre. Trop chère.

– Tu as d'autres endroits en tête ?

– Ne te préoccupe pas de ça maintenant, Liz. Pour l'instant, laisse-moi te soulager rapidement. »

Felipe arrive avec mes médicaments, le visage dévoré de remords, en s'excusant à la fois auprès de moi et de Wayan pour m'avoir infligé cette souffrance, car c'est là sa vision de la situation.

« Rien de grave, dit Wayan. Ne t'inquiète pas. Je vais la guérir très vite. »

Elle s'éclipse dans la cuisine et en revient avec un verre géant de mixeur rempli de feuilles, de racines et de baies ; dans le lot, je reconnais du curcuma, il y a aussi une masse hirsute qui évoque des cheveux de sorcière, et un truc rond qui, à mon avis, est peut-être un œil de triton... et tout ça macère dans un jus marron. Il n'y a pas loin de quatre litres dans ce récipient. Et cette préparation, de quelque nature qu'elle soit, dégage une puanteur de cadavre.

« Bois, ma puce, dit Wayan. Bois tout. »

Je m'exécute, au prix d'une vraie souffrance. Et moins de deux heures plus tard... bon, vous vous doutez du fin mot de l'histoire. En moins de deux heures, je suis rétablie, totalement guérie. L'infection que des antibiotiques occidentaux auraient mis des jours à traiter s'est volatilisée. J'insiste pour rétribuer Wayan pour m'avoir remise sur pied, mais elle me rit au nez : « Ma sœur n'a pas besoin de payer. » Puis elle se tourne vers Felipe, et lui dit, avec une sévérité feinte : « Tu vas faire attention avec elle, maintenant. Ce soir, uniquement dormir, tu ne la touches pas.

– Wayan, ça ne te gêne pas de soigner les gens pour ce genre de problèmes – des problèmes causés par le sexe ? je demande.

– Liz, je suis guérisseuse. Je soigne tous les problèmes, les problèmes de vagin pour les femmes, les problèmes de banane pour les hommes. Parfois, pour les femmes, je fabrique même des faux pénis. Pour faire l'amour seule.

– Des godemichés ? je demande, choquée.

– Tout le monde n'a pas un petit copain brésilien, Liz », m'admoneste-t-elle. Puis elle regarde Felipe, et lui dit, d'un ton jovial : « Si jamais tu as besoin d'aide pour raidir ta banane, je peux te donner un remède. »

Tandis que je m'empresse d'assurer à Wayan que Felipe n'a nullement besoin d'aide pour sa banane, celui-ci m'interrompt pour demander à Wayan – en éternel entrepreneur – si sa thérapie pour raidir les bananes ne pourrait pas être embouteillée et lancée sur le marché. « On pourrait gagner une fortune », dit-il. Mais Wayan lui explique que, non, c'est impossible. Toutes ses potions doivent être préparées au jour le jour pour donner des résultats. Et elle doit les accompagner de prières. D'autant qu'il n'y a pas que par ingestion que Wayan peut raffermir la banane d'un homme, ajoute-t-elle ; elle peut aussi le faire avec un massage. Et là, à notre fascination effarée, elle décrit les différents massages qu'elle prodigue aux bananes impuissantes, elle nous explique comment elle saisit à pleines mains la base de la chose et la secoue dans tous les sens pour stimuler le flux sanguin, tout en récitant des incantations et des prières spéciales.

Je demande : « Mais, Wayan, que se passe-t-il quand l'homme revient chaque jour et dit : "Toujours pas guérie, docteur ! Ma banane a besoin d'un autre massage !" » Cette idée paillarde la fait rire, et elle admet que, oui, elle doit veiller à ne pas consacrer trop de temps à soigner la banane de ces messieurs parce que cela provoque en elle... une certaine dose de... sensations fortes... dont elle n'est pas certaine qu'elles soient bénéfiques à l'énergie curative. Et parfois, oui, les hommes deviennent incontrôlables. (Qui ne le serait pas quand, après des années à souffrir d'impuissance, cette belle femme à la peau d'acajou et à la longue chevelure brune et soyeuse réussit à faire redémarrer le moteur ?) Elle nous raconte une anecdote – un patient qui, pendant ledit traitement, s'était levé d'un bond et avait commencé à la poursuivre à travers la pièce en criant : « Il me faut Wayan ! Il me faut Wayan ! »

Mais les talents de Wayan ne s'arrêtent pas là. Parfois, nous raconte-t-elle, un couple troublé par des problèmes d'impuissance, ou de frigidité, ou de conception, fait appel à elle et elle devient professeur de sexe. Elle doit alors exécuter des dessins magiques sur leurs draps, et leur expliquer quelles positions sexuelles sont les plus appropriées en fonction de la date du mois. Si un homme veut concevoir un bébé, il doit avoir avec sa femme un rapport « très, très fort » et doit expédier « l'eau de la banane dans le vagin très, très vite ». Parfois, Wayan doit même rester dans la chambre et assister à la copulation pour expliquer comment on s'y prend pour faire vite et fort.

« Et l'homme est capable d'expédier l'eau de sa banane vite et fort avec docteur Wayan à côté de lui, en train de l'observer ? » je m'étonne.

Felipe imite Wayan en train d'observer le couple. « Plus vite ! Plus fort ! Vous voulez ce bébé, oui ou non ? »

Wayan dit que oui, elle sait que c'est délirant, mais que c'est ça aussi, le boulot de guérisseur. Cependant, admet-elle, cela requiert tout un tas de cérémonies de purification avant et après, afin de conserver intact son esprit sacré, et elle n'aime pas le faire trop souvent parce qu'elle se sent ensuite « bizarre ». Mais si un bébé doit être conçu, on peut compter sur elle.

« Et tous ces couples ont des bébés, aujourd'hui ? je demande.

– Oui ! répond-elle. *Évidemment*. »

Puis vient une confidence du plus grand intérêt. Si un couple n'a pas de chance dans la conception d'un bébé, dit-elle, elle examinera à la fois l'homme et la femme, pour déterminer, comme on dit, qui est le fautif. Si c'est la femme, pas de problème, Wayan peut y remédier avec des techniques curatives ancestrales. Mais si c'est l'homme, là, la situation devient délicate, dans la société patriarcale de Bali. Dans ce cas, la marge de manœuvre médicale de Wayan est limitée car informer un Balinais qu'il est stérile est inacceptable, et dangereux. Les hommes sont des *hommes*, après tout. En l'absence de grossesse, la femme est fautive, il ne peut en être autrement. Et si la femme ne donne pas un bébé à son mari dans les meilleurs délais, elle encourt de graves ennuis : elle peut être battue, couverte d'opprobre, être contrainte au divorce.

Je suis impressionnée qu'une femme qui désigne encore la semence par « l'eau de banane » puisse diagnostiquer la stérilité masculine.

« Alors que fais-tu, dans ce genre de situation ? »

Wayan nous explique tout. Confrontée à un cas de stérilité masculine, elle informe l'homme que son épouse est stérile et doit suivre chaque après-midi des séances curatives privées. Quand la femme vient seule à la boutique, Wayan convoque quelque jeune étalon du village, qui vient coucher avec elle, et avec un peu de chance, la met enceinte.

Felipe est épouvanté. « Wayan ! Non ! »

Mais Wayan, paisiblement, hoche la tête. Oui. « C'est le seul moyen. Si la femme est en bonne santé, elle aura un bébé. Et là, tout le monde est content. »

Felipe, aussitôt, veut savoir, puisqu'il vit dans cette ville : « Qui ? Qui emploies-tu pour faire ce boulot ?

– Les chauffeurs », répond Wayan.

Ce qui nous fait tous éclater de rire parce que Ubud grouille de ces jeunes gars, ces « chauffeurs », qui sont assis à chaque croisement et harcèlent les touristes de passage avec leur boniment – « Transport ? Transport ? » – pour essayer de se faire un dollar en les conduisant au pied des volcans, sur les plages ou jusqu'aux temples. Dans l'ensemble, ils sont plutôt mignons avec leur jolie peau à la Gauguin, leur corps musclé et leurs cheveux longs à la mode. En Amérique, on pourrait gagner un joli pactole en montant une clinique de fertilité et en enrôlant de beaux mecs comme ça. Wayan précise que le point le plus positif de son traitement contre la stérilité est que les chauffeurs, en général, ne demandent aucun salaire pour leurs services de transports sexuels, surtout si la femme est jolie. Felipe et moi nous accordons à reconnaître que cela dénote, de la part de ces types, pas mal de générosité et d'esprit communautaire. Neuf mois plus tard, un beau bébé vient au monde. Et tout le monde est content. Et le pompon, c'est qu'« il est inutile d'annuler le mariage ». Or, nous savons tous combien c'est affreux d'annuler un mariage, surtout à Bali.

« Mon Dieu ! Nous les hommes, on est vraiment des bonnes poires », observe Felipe.

Mais Wayan ne montre aucune contrition. Si ce traitement existe, c'est parce qu'il est impossible d'annoncer à un Balinais qu'il est stérile sans prendre le risque que de retour chez lui, il n'inflige quelque terrible châtiment à sa femme. Si les mâles balinais se comportaient différemment, elle pourrait soigner leur stérilité d'une autre façon. Mais c'est là une réalité culturelle, voilà tout. Wayan n'a pas la moindre trace de mauvaise conscience à ce sujet ; selon elle, elle exprime sa créativité de guérisseuse, point. Et de toute façon, ajoute-t-elle, parfois, l'épouse trouve bien agréable de coucher avec un chauffeur, parce que la plupart des maris, à Bali, ne savent pas s'y prendre pour faire l'amour à une femme.

« La plupart des maris, c'est des coqs, des boucs.

– Tu devrais peut-être leur donner des cours d'éducation sexuelle, je lui suggère. Tu pourrais apprendre aux hommes comment caresser leur femme, avec délicatesse, et du coup, peut-être que leur épouse prendrait plus de plaisir au sexe. Parce que quand un homme te caresse doucement, caresse ta peau, te dit des paroles aimantes, t'embrasse sur tout le corps, prends son temps... Le sexe peut être très agréable. »

Wayan, soudain, rougit. Wayan Nuriyasih – la femme qui masse des bananes, soigne des infections urinaires, fait du trafic de godemichés et joue les maquerelles occasionnelles – pique un fard.

« Tu me fais sentir bizarre quand tu parles comme ça, dit-elle en s'éventant. Ce que tu dis, ça me fait sentir... *différente*. Même dans ma culotte je me sens différente ! Allez, rentrez à la maison, vous deux. On ne parle plus comme ça de sexe. Allez à la maison, allez au lit, mais juste pour dormir, d'accord ? Juste pour DORMIR ! »

Dans la voiture, sur le chemin du retour, Felipe demande : « Elle a acheté sa maison ?

— Non, pas encore. Mais elle dit qu'elle cherche.

— Ça fait déjà plus d'un mois que tu lui as donné l'argent, n'est-ce pas ?

— Ouais, mais la maison qu'elle convoitait n'est pas à vendre…

— Fais attention, ma chérie. Ne laisse pas trop traîner. Ne laisse pas cette situation te jouer un tour à la balinaise.

— Qu'est-ce que ça veut dire ?

— Je ne cherche pas à me mêler de tes affaires, mais ça fait cinq ans que j'habite dans ce pays, et je sais comment ça marche. Les histoires peuvent devenir drôlement compliquées ici. Parfois, c'est dur de savoir la vérité sur ce qui se passe vraiment.

— Qu'essaies-tu de me dire, Felipe ? » Comme il ne répond pas tout de suite, je reprends, en lui citant une de mes phrases favorites : « Si tu me le dis lentement, je peux comprendre vite.

— Ce que j'essaie de dire, Liz, c'est que tes amis ont donné une énorme somme d'argent à cette femme, et qu'en ce moment, cette somme dort sur le compte de Wayan. Assure-toi qu'elle achète bien une maison avec. »

Arrive la fin du mois de juillet, et mon trente-cinquième anniversaire. Wayan organise une fête en mon honneur dans sa boutique – une fête comme je n'en avais jamais vraiment connu avant. Elle m'a revêtue d'un costume d'anniversaire traditionnel – un sarong violet vif, un corsage, et un long métrage de tissu doré qu'elle a enroulé en serrant très fort autour de mon buste, et qui forme un fourreau si ajusté que je peux à peine respirer ou goûter à mon gâteau d'anniversaire. Pendant qu'elle me momifiait dans ce beau costume, dans sa minuscule chambre aveugle (et encombrée des affaires des trois autres petits êtres humains qui y vivent avec elle), elle m'a demandé, sans vraiment me regarder mais en coinçant et épinglant avec dextérité le tissu autour de mes côtes : « Tu as le projet d'épouser Felipe ?

– Non, nous n'avons pas de projet de mariage. Je ne veux plus de mari, Wayan. Et je crois que Felipe ne veut plus d'épouse. Mais j'aime bien être avec lui.

– Beau dehors, c'est facile à trouver, mais beau dehors *et* dedans – ça, c'est pas facile. Felipe a les deux. »

J'en conviens.

Wayan sourit. « Et *qui* t'a apporté cet homme gentil, Liz ? *Qui* a prié tous les jours pour cet homme ? »

Je l'embrasse. « Merci, Wayan. Tu as fait du bon boulot. »

La fête commence. Wayan et les gamines ont décoré la salle avec des ballons, des feuilles de palmes et des banderoles qui déroulent des messages manuscrits tarabiscotés tels que « Bon anniversaire à un cœur gentil et bon, à toi, notre très chère sœur, à notre lady Elizabeth adorée », « Joyeux anniversaire à toi, sois toujours en paix » et « Heureux anniversaire ». Un frère de Wayan a des enfants doués pour la danse et qui officient lors de cérémonies dans les temples. Nièces et neveux viennent donc danser pour moi au restaurant, et se livrent à une représentation envoûtante et sublime qui n'est en général offerte qu'aux prêtres. Tous les enfants sont parés d'or et de coiffes imposantes, ils sont grimés avec un maquillage outrancier de *drag queens*, ils tapent du pied avec force et font des jeux de doigts gracieux et féminins.

Le déroulement d'une fête balinaise s'organise en général autour du principe suivant : les gens revêtent leurs plus beaux atours, puis s'asseyent en cercle et se dévisagent les uns les autres. En fait, ce n'est guère différent des cocktails qu'organisent les magazines à New York. (« Mon Dieu, chérie, a gémi Felipe quand je lui ai annoncé que Wayan organisait une fête balinaise pour mon anniversaire. On va périr d'*ennui*... ») Ce n'était pas ennuyeux, en fait. Juste calme. Et différent. Il y a eu la séance d'habillage, puis le spectacle de danse, plus l'épisode où tout le monde s'est dévisagé, assis en cercle, qui n'était pas si mal. Tous les invités étaient magnifiques. Toute la famille de Wayan s'est déplacée, ils m'ont souri tout du long, en m'adressant de petits signes, et moi, j'ai passé mon temps à sourire et à répondre à leurs signes.

Je souffle mes bougies avec Petite Ketut, la benjamine des deux orphelines, dont l'anniversaire, avais-je décidé quelques semaines auparavant, tomberait lui aussi désormais le 18 juillet, et serait fêté en même temps que le mien puisqu'elle n'avait jamais eu de fête d'anniversaire. Une fois que nous avons soufflé nos bougies, Felipe offre à la fillette une poupée Barbie, qu'elle déballe avec un air émerveillé, puis qu'elle contemple comme si elle venait de recevoir un billet pour un voyage en navette spatiale à destination de Jupiter – quelque chose que jamais, jamais en sept milliards d'années, elle n'aurait pu imaginer recevoir.

Tout dans cette fête est un peu bizarre. C'est un mélange excentrique, cosmopolite et transgénérationnel composé d'une poignée de mes amis, des parents de Wayan, et de quelques-uns de ses clients et patients occidentaux que je n'ai jamais rencontrés. Mon ami Yudhi m'apporte un pack de bières pour me souhaiter un bon anniversaire, et ce jeune scénariste sympa et dans le vent de L. A., Adam, passe lui aussi. Felipe et moi l'avons rencontré il y a quelques soirs de ça dans un bar et nous l'avons invité. Adam et Yudhi passent la soirée à parler à un petit garçon prénommé John, dont la mère – une styliste allemande, mariée à un américain, et qui vit à Bali – est une patiente de Wayan. Le petit John – qui a sept ans et qui est, selon ses dires, *plus ou moins* américain à cause de son papa (même si lui-même n'a jamais mis les pieds là-bas), mais qui parle allemand avec sa mère et indonésien avec les enfants de Wayan – est fou d'Adam parce qu'il a appris que le gars était américain et savait surfer.

« Quel est ton animal préféré, monsieur ? demande John.

– Les pélicans, répond Adam.

– C'est quoi, les pélicans ? » demande le petit garçon. Yudhi intervient : « Mon pote, tu sais pas ce qu'est un pélican ? Mon pote, faut que tu rentres à la maison et que tu demandes à ton papa. Les pélicans, c'est cool, mon pote. »

Ensuite, John, le petit garçon plus ou moins américain, se détourne pour dire quelques mots en indonésien à Tutti (sans doute lui demande-t-il ce qu'est un pélican) – Tutti qui, assise sur les genoux de Felipe, s'échine à lire mes cartes d'anniversaire, pendant que Felipe bavarde dans un beau français avec un retraité parisien qui consulte Wayan pour un traitement rénal. Pendant ce temps, Wayan a allumé la radio, et Kenny Rogers chante *Coward of the County*, au moment où trois Japonaises pénètrent à tout hasard dans la boutique pour demander si on pourrait leur faire un massage médical. Tandis que j'essaie de convaincre les Japonaises d'accepter une part de gâteau, les deux orphelines – Petite et Grande Ketut – décorent mes cheveux avec les barrettes pailletées géantes qu'elles m'ont offertes et pour lesquelles elles ont dépensé toutes leurs économies. Les nièces et neveux de Wayan, les petits danseurs du temple, les enfants des cultivateurs de riz sont assis, immobiles, les yeux timidement rivés au sol, revêtus d'or telles des divinités miniatures. Leur présence imprègne la pièce d'une étrange et bouleversante dévotion. À l'extérieur, les coqs commencent à chanter, bien que ce ne soit pas encore le soir, ni même le crépuscule. Mon costume traditionnel balinais m'étreint comme une accolade passionnée, et j'ai le sentiment que cette soirée est sans conteste la plus étrange – mais peut-être la plus heureuse – de toutes les fêtes d'anniversaire que j'ai connues dans ma vie.

103

Reste qu'il faut que Wayan achète sa maison, et je commence à m'inquiéter de ce que rien ne se passe. Je ne comprends pas pourquoi rien ne bouge, mais il faut que ça bouge, absolument. Felipe et moi sommes intervenus. Nous avons trouvé un agent immobilier qui pouvait nous emmener visiter des propriétés, mais Wayan n'a rien aimé de ce que nous lui avons présenté. Je n'arrête pas de lui dire : « Wayan, c'est important que nous achetions quelque chose. Je quitte Bali en septembre, et je dois pouvoir annoncer à mes amis d'ici là que leur argent a effectivement servi à t'acheter une maison. Et il te faut trouver un toit avant que tu sois expulsée.

– C'est pas si simple d'acheter de la terre à Bali, me répète-t-elle. C'est pas comme entrer dans un bar et commander une bière. Ça peut prendre longtemps.

– On n'a pas beaucoup de temps, Wayan. »

Elle se contente de hausser les épaules, et je me souviens une fois de plus de ce concept balinais du « temps caoutchouc », qui signifie que le temps est une idée toute relative et élastique. Pour Wayan, un mois ne signifie pas vraiment la même chose que pour moi. Pour Wayan, une journée ne se compose pas forcément de vingt-quatre heures, non plus ; parfois, c'est plus long, parfois, plus court, selon la nature émotionnelle et spirituelle de la journée en question. C'est comme l'âge mystérieux de mon sorcier – parfois, on compte les jours, parfois, on les pèse.

Cependant, il s'avère que j'ai complètement sous-estimé les prix de la propriété foncière à Bali. Puisque tout est si bon marché, ici, je supposais que la terre, elle aussi, se vendait pour une bouchée de pain. Mais je supposais mal. La terre, à Bali – et en particulier à Ubud –, peut coûter presque aussi cher qu'un terrain dans une banlieue new-yorkaise huppée, ou à Tokyo, ou sur Rodeo Drive. Ce qui défie la logique, puisqu'une fois devenu propriétaire, il est impossible de rentabiliser son investissement selon un mode traditionnel attendu. On peut être amené à débourser quelque 25 000 dollars pour un *aro* de terrain (l'*aro* étant une mesure de surface qui pourrait se traduire grosso modo par « À peine plus grand qu'une place de parking pour monospace familial »), sur lequel on construira une petite échoppe où l'on vendra un unique sarong en batik par jour à l'unique touriste de passage, pour un profit de 75 cents, et ce, pour le restant de sa vie. C'est insensé.

Mais les Balinais apprécient la valeur de leur terre avec une passion qui va bien au-delà de la raison économique. La propriété foncière étant la seule richesse qui, traditionnellement, jouit à leurs yeux d'une légitimité, ils l'estiment de la même façon que les Massaï estiment le bétail ou ma nièce de cinq ans un tube de rouge à lèvres – à savoir qu'ils n'en ont jamais trop, qu'une fois qu'ils ont fait valoir leurs droits dessus, ils ne doivent jamais lâcher prise, et que toute la terre du monde devrait leur appartenir de droit.

Qui plus est – ainsi que je l'ai découvert tout au long du mois d'août à la faveur de mon odyssée, digne du *Monde de Narnia*, dans les subtilités de l'immobilier indonésien – il est quasi impossible de savoir si un terrain est à vendre. En règle générale, quand les Balinais vendent de la terre, ils n'aiment pas que d'autres sachent que leur terre est en vente. On serait tenté de croire qu'un peu de publicité pourrait les avantager, mais non – les Balinais voient ça d'un autre œil. Imaginez que vous êtes un agriculteur balinais : si vous vendez votre terre, cela signifie que vous êtes désespérément à court de liquidités. C'est humiliant. De plus, si vos voisins et parents découvrent que vous avez vendu de la terre, ils vont supposer que vous avez empoché quelques sous, et tous vont venir vous demander de leur prêter de l'argent. Ainsi, il n'y a que par la rumeur qu'on sait qu'une terre cherche acquéreur. Et toutes ces transactions foncières se font sous d'étranges voiles de secret et de ruse.

Les expatriés occidentaux du coin – ayant appris par ouï-dire que j'essaie d'acheter un terrain pour Wayan – commencent à se réunir autour de moi et me racontent, à titre d'avertissement, des histoires nourries de leurs propres expériences cauchemardesques. Ils m'avertissent qu'ici, quand on touche au domaine des transactions foncières, on ne peut jamais savoir avec certitude ce qui se passe. Le terrain qu'on est en train d'« acheter » peut, en fait, ne pas « appartenir » à la personne qui le « vend ». Rien ne garantit que le type qui vous a fait visiter la propriété est bien son propriétaire. Il peut s'agir d'un neveu mécontent, qui essaie de doubler son oncle au motif de quelque vieux différend familial. Inutile d'attendre que les limites de votre propriété soient un jour clairement définies. Le terrain que vous achetez pour y construire la maison de vos rêves peut très bien être déclaré ultérieurement « trop près d'un temple » pour autoriser la délivrance d'un permis de construire (et c'est compliqué, sur cette petite île où le nombre de temples est estimé à vingt mille, de trouver un lopin de terre qui ne soit pas trop près d'un temple).

De plus, il faut prendre en considération que vous aurez toutes les chances de vivre sur les flancs d'un volcan, et peut-être même à cheval sur une ligne de faille. Et je ne parle pas ici que des lignes de faille géologiques. L'homme sage ne perd jamais de vue que Bali, aussi paradisiaque que cette île puisse sembler, se trouve en Indonésie – la plus grande nation musulmane du monde (alors que le monde islamique est en pleine mutation), instable en son cœur, corrompue à tous les étages, des plus hauts représentants de la justice jusqu'au type qui fait le plein de votre voiture (et fait seulement semblant). Une révolution sera toujours possible ici, n'importe quand, et tous vos biens pourront vous être réclamés par les vainqueurs. Très certainement sous la menace d'une arme à feu.

Je n'ai aucune des qualifications requises pour me lancer dans ce type de négociations douteuses. Certes, j'ai connu une procédure de divorce dans l'État de New York, mais là, c'est tout autrement kafkaïen. Et en attendant, les 18 000 dollars dont moi-même, ma famille et mes amis les plus chers avons fait don végètent sur le compte de Wayan, convertis en roupies indonésiennes – une monnaie qui, l'histoire l'a prouvé, peut se dévaluer sans crier gare et partir en fumée. Et Wayan est censée se faire expulser de sa boutique en septembre, date à laquelle je dois quitter le pays. À savoir dans environ trois semaines.

Mais apparemment, trouver un lopin de terre qu'elle jugera digne d'accueillir sa maison relève presque de l'impossible pour Wayan. Toutes considérations pratiques mises à part, elle doit apprécier le *taksu* – l'esprit – de chaque lieu. Et parce qu'elle est guérisseuse, Wayan a un sens du *taksu*, même selon les critères balinais, particulièrement aigu. J'avais trouvé un endroit que je jugeais parfait, mais Wayan a dit qu'il était possédé par des démons hargneux. Le terrain suivant a été éliminé parce que trop proche d'une rivière, qui est, comme chacun sait, le séjour des fantômes. (Après avoir visité cet endroit, Wayan a vu en rêve, la nuit, une belle femme éplorée et vêtue de haillons, et ça a été réglé – nous ne pouvions pas acheter ce terrain-là.) Puis nous avons trouvé une ravissante échoppe à proximité de la ville, avec une arrière-cour, mais elle était située à un croisement, et seule une personne désireuse de courir à la faillite et de mourir jeune acceptera de vivre dans une maison située à un croisement. Comme chacun sait.

« N'essaie même pas de discuter, me conseille Felipe. Crois-moi, chérie. Ne t'interpose pas entre les Balinais et leur *taksu*. »

La semaine dernière, Felipe a dégoté un lieu qui semblait correspondre exactement aux critères – un joli petit lopin de terre, à proximité du centre d'Ubud, le long d'une route paisible, près d'une rizière, avec un bel espace pour un jardin et qui entrait largement dans notre budget. Quand j'ai demandé à Wayan : « On l'achète ? », elle m'a répondu : « Je sais pas encore, Liz. Pas trop vite, pour prendre des décisions comme ça. Je dois d'abord parler à un prêtre. »

Elle m'a expliqué qu'elle allait devoir consulter un prêtre afin de déterminer une date de bon augure pour l'achat du terrain, si tant est qu'elle décide de l'acheter. À Bali, aucune affaire d'importance ne peut se conclure sans avoir au préalable déterminé une date de bon augure. Mais elle ne peut pas non plus demander au prêtre de lui indiquer une date de bon augure avant de décider si elle veut vraiment vivre là – engagement auquel elle se refuse tant qu'elle n'a pas fait un rêve de bon augure. Consciente du compte à rebours qui me sépare de mon départ, je demande à Wayan, en bonne New-Yorkaise : « Quand vas-tu pouvoir t'arranger pour faire un rêve de bon augure ? »

Ce à quoi elle me répond, en bonne Balinaise : « Ça, ça ne se brusque pas. » Cependant, ajoute-t-elle d'un ton songeur, si elle pouvait aller faire une offrande dans un des grands temples de l'île, et prier les dieux de lui apporter un rêve de bon augure…

« OK, dis-je. Demain, Felipe peut te conduire dans ton grand temple, tu pourras faire ton offrande et demander aux dieux de bien vouloir t'envoyer un rêve de bon augure. »

Wayan aurait tant aimé, me répond-elle. C'est une idée géniale. Sauf qu'il y a un problème. De toute la semaine, elle n'est pas autorisée à pénétrer dans un temple. Parce que… elle est indisposée.

104

Peut-être ne rends-je pas ici bien compte de la situation. Tout cela est très drôle. Franchement, c'est tellement loufoque qu'essayer de débrouiller cette situation m'amuse énormément. À moins que le plaisir que je prends à vivre ce moment surréaliste ne découle du fait que je suis en train de tomber amoureuse, et qu'en de tels moments, quelque insensée que soit la vie, tout dans le monde paraît plus réjouissant ?

J'ai toujours bien aimé Felipe. Mais il y a quelque chose, dans la façon dont il s'est impliqué dans « La Saga de la maison de Wayan », qui nous rapproche au cours de ce mois d'août, comme un vrai couple. Les péripéties de la vie de cette guérisseuse balinaise psychédélique ne le regardent en rien, bien sûr. Felipe est un homme d'affaires. Il s'est débrouillé pour habiter cinq ans à Bali sans trop s'impliquer dans les vies privées et les rites complexes des Balinais, mais tout d'un coup, le voilà qui vient patauger avec moi dans la boue des rizières, qui essaie de trouver un prêtre qui indiquera à Wayan une date propice…

« Ma vie ennuyeuse me rendait parfaitement heureux avant que tu débarques », dit-il souvent.

Avant, il *s'ennuyait* à Bali. Il se languissait, il tuait le temps – un vrai personnage de roman de Graham Greene. Cette indolence a cessé à l'instant où nous avons été présentés. Maintenant que nous sommes ensemble, j'ai eu l'occasion d'entendre de la bouche de Felipe sa version de notre rencontre, une histoire délicieuse dont je ne me lasse pas. Il raconte que ce soir-là, à la fête, il m'a vue de dos et que, sans même que j'aie besoin de tourner la tête pour lui montrer mon visage, il a compris, au plus profond de ses tripes, et s'est dit :

« C'est la femme qu'il me faut. Je ferai n'importe quoi pour avoir cette femme. »

« Et ça a été facile de te conquérir, dit-il. Il m'a juste fallu te supplier et t'implorer pendant des semaines entières.

– Tu ne m'as pas suppliée ni implorée.

– Tu n'as pas remarqué que je te suppliais et t'implorais ? »

Il raconte que quand nous sommes allés en boîte de nuit, le soir de notre rencontre, il m'a observée tomber sous le charme de ce beau Gallois et qu'en contemplant cette scène, il avait un pincement au cœur, et il songeait : « Je trime pour séduire cette femme, et maintenant ce jeune gars va me la souffler et lui compliquer la vie. Si seulement elle savait tout l'amour que je pourrais lui offrir ! »

Qu'il *peut* m'offrir. Felipe a une vraie nature de travailleur social et il me semble le sentir entrer en orbite autour de moi, faire de moi la direction de référence de sa boussole, s'installer dans le rôle de mon chevalier servant. Felipe est de ces hommes qui ont absolument besoin d'une femme dans leur vie, mais pas pour qu'elle s'occupe d'eux, uniquement pour qu'eux puissent prendre soin de quelqu'un, s'y consacrer. Il était privé d'un tel lien depuis son divorce. Ces derniers temps, sa vie partait à la dérive, mais aujourd'hui, il l'organise autour de moi. C'est agréable d'être traitée de cette façon. Mais ça m'effraie, aussi. Parfois, quand j'entends Felipe qui me prépare à dîner en sifflotant un air joyeux de samba pendant que je bouquine à l'étage, et qu'il lance, depuis le rez-de-chaussée : « Chérie, tu veux un autre verre de vin ? », je me demande si je suis capable d'être le soleil de quelqu'un, d'être tout pour cette personne. Suis-je aujourd'hui assez équilibrée pour être le centre de la vie de quelqu'un d'autre ? Le

473

soir où j'ai finalement abordé le sujet avec lui, il m'a dit : « T'ai-je demandé d'être cette personne, chérie ? T'ai-je demandé d'être le centre de ma vie ? »

Immédiatement, j'ai eu honte de ma vanité, honte d'avoir présumé qu'il voulait que je reste à jamais avec lui pour pouvoir satisfaire mes caprices jusqu'à la nuit des temps.

« Excuse-moi. C'était un peu arrogant, n'est-ce pas ?

— Un peu, a-t-il convenu, avant de m'embrasser sur l'oreille. Mais pas tant que ça, en fait. Chérie, évidemment qu'il nous faut en discuter, parce que la vérité, c'est que je suis fou amoureux de toi. » J'ai blêmi par réflexe, et il s'est empressé de plaisanter, pour essayer de me rassurer. « J'entends ça d'une façon totalement hypothétique, bien entendu. » Mais ensuite, il a ajouté, avec le plus grand sérieux : « Écoute, j'ai cinquante-deux ans et crois-moi, à l'heure qu'il est, je sais comment le monde fonctionne. Je vois bien que tu ne m'aimes pas encore comme moi je t'aime, mais la vérité, c'est que je m'en fiche un peu. Pour une raison qui m'échappe, j'éprouve pour toi ce que j'éprouvais pour mes enfants quand ils étaient petits : je me disais que ce n'était pas leur boulot de m'aimer, mais le mien de les aimer. Tu peux décider d'éprouver pour moi les sentiments que tu veux, mais moi, je t'aime et je t'aimerai toujours. Même si on ne se revoit plus jamais, tu m'as déjà ressuscité, et c'est énorme. Et bien sûr, j'aimerais partager ma vie avec toi. Le seul problème, c'est que je ne sais pas trop quelle vie je peux t'offrir à Bali. »

Ce point m'avait préoccupée moi aussi. J'ai eu le loisir d'observer la communauté expatriée d'Ubud, et je sais avec certitude que cette vie n'est pas faite pour moi. Partout dans cette ville on croise le même genre de personnages – des Occidentaux que la vie a tellement malmenés et rongés qu'ils ont fini par baisser les bras et par décider d'établir *sine die* leur campement ici, à Bali, où ils peuvent vivre dans une sublime maison pour 200 dollars par mois et éventuellement prendre un jeune homme ou une jeune femme balinaise pour compagnon, où ils peuvent commencer à boire dès midi sans s'attirer de réprobation et gagner quatre ronds en faisant un petit trafic d'exportation de meubles. Plus généralement, tout ce qu'ils font ici, c'est veiller à ce que jamais plus on ne leur demande de faire preuve de sérieux. Ne vous méprenez pas, ces gens ne sont pas des bons à rien. Ce sont tout au contraire des gens cultivés, intelligents, talentueux, polyglottes. Mais, me semble-t-il, tous ceux que je rencontre ici ont été quelque chose *autrefois* (« marié » ou « employé », en général). Aujourd'hui, leur point commun est l'abdication entière et définitive de toute *ambition*. Et (est-il besoin de le préciser ?) ça picole un maximum.

Bien entendu, Ubud n'est pas un mauvais endroit pour mener une petite vie tranquille et ignorer le passage des jours. Je suppose qu'en cela, la ville n'est guère différente de Key West, en Floride, ou d'Oaxaca, au Mexique. Si vous demandez aux expat' installés à Ubud depuis combien de temps ils vivent là, la plupart ne sauront pas vous dire précisément. D'une part parce qu'ils ont perdu le décompte du temps qui a passé depuis leur installation à Bali. Mais d'autre part, aussi, parce qu'ils ne sont pas bien certains de vivre ici. Ces gens sont devenus des apatrides, des nomades sans port d'attache. Certains aiment imaginer que leur séjour balinais n'est qu'une parenthèse, qu'ils font tourner le moteur au ralenti au feu rouge en attendant qu'il passe au vert. Mais quand on sait qu'ils sont là depuis dix-sept ans, on finit par se demander… *redémarreront*-ils un jour ?

Leur compagnie oisive est très agréable, en ces longs après-midi dominicaux passés à bruncher, boire du champagne et parler de tout et de rien. Pourtant, dans ce milieu, je me sens un peu comme Dorothy dans les champs de pavot de Oz. *Attention! Ne t'endors pas dans cette prairie narcotique, sinon tu pourrais bien y passer le reste de ta vie assoupie!*

Que va-t-il donc advenir de Felipe et moi? Maintenant qu'il y a, semble-t-il, un « Felipe et moi »? Il m'a dit, il y a peu : « Parfois, je regrette que tu ne sois pas une petite fille perdue, que je pourrais recueillir et à qui je pourrais dire : "Viens vivre avec moi maintenant, et laisse-moi m'occuper de toi pour toujours." Mais tu n'es pas une petite fille perdue. Tu es une femme qui a une carrière, de l'ambition. Tu es un vrai escargot : tu transportes ta maison sur ton dos. Tu devrais t'accrocher à cette liberté aussi longtemps que possible. Mais tout ce que je dis, c'est : si tu veux ce Brésilien, tu peux l'avoir. Il est déjà tien. »

Je ne sais pas trop ce que je veux. Je sais toutefois qu'une part de moi a toujours voulu entendre un homme me dire : « Laisse-moi prendre soin de toi », et que jusque-là, aucun ne me l'avait jamais dit. Au cours de ces dernières années, j'avais renoncé à chercher cet homme-là, j'avais appris à me murmurer à moi-même cette phrase réconfortante, surtout dans les moments où la peur m'étreignait. Mais l'entendre prononcer par quelqu'un d'autre aujourd'hui, par quelqu'un qui s'exprime avec sincérité…

Je réfléchissais à tout cela hier soir, après que Felipe s'était endormi. Pelotonnée à ses côtés, je me demandais ce que nous allions devenir. Quelles sont nos perspectives d'avenir? Comment résoudre la question de la distance géographique entre nous – où vivrions-nous? Et puis, il y a aussi la différence d'âge à prendre

476

en compte. Encore que l'autre jour, quand j'ai appelé ma mère pour lui annoncer que j'avais rencontré un homme vraiment adorable mais que – tu es bien assise, maman ? – il avait cinquante-deux ans, cela l'a laissée de marbre. Elle s'est contentée de me répondre : « Tu sais, Liz, il faut que je te dise quelque chose : *tu* en as trente-cinq. » (Bien vu, maman. J'ai une chance folle d'avoir trouvé quelqu'un en dépit des flétrissures d'un âge si avancé.) Cela dit, pour être franche, la différence d'âge m'indiffère moi aussi. Mieux : je l'aime bien, cette grande différence d'âge entre nous. Je la trouve sexy. Ça me donne l'impression d'être... *française*.

Qu'allons-nous devenir ?

Pourquoi est-ce que je m'inquiète de ça, au fait ?

Pourquoi n'ai-je pas encore appris qu'il est vain de s'inquiéter ?

Aussi, après un long moment, j'ai arrêté de penser à tout ça, et j'ai juste enlacé Felipe pendant qu'il dormait. *Je suis en train de tomber amoureuse de cet homme.* Dans la foulée, je me suis endormie comme une masse et j'ai fait deux rêves mémorables.

Tous deux concernaient mon guru. Dans le premier, elle m'informait qu'elle fermait ses ashrams et qu'elle arrêtait de s'exprimer en public, d'enseigner, de publier des ouvrages. Elle prononçait une dernière allocution devant ses élèves, dans laquelle elle nous disait : « Vous avez reçu plus d'enseignement que nécessaire. Nous vous avons donné tout ce que vous aviez besoin de savoir pour être libre. Il est temps pour vous de sortir dans le monde et de vivre heureux. »

Le second rêve était encore plus fortifiant. J'étais à New York, avec Felipe, en train de dîner dans un restaurant fantastique. Nous faisions un festin de côtelettes d'agneau, d'artichauts et de bon vin, en bavardant et rigolant joyeusement. Puis je regardais de l'autre côté de la salle, et apercevais Swamiji. Ce soir-là, il était vivant, et dînait dans ce restaurant new-yorkais branché, avec une bande d'amis et eux aussi semblaient prendre du bon temps. Nos regards se sont croisés. Swamiji a souri et levé son verre de vin pour porter un toast. Puis, assez distinctement, ce petit bonhomme indien qui n'avait parlé que fort peu anglais de son vivant a articulé silencieusement cette unique injonction : « Profites-en. »

105

Cela fait une éternité que je n'ai pas revu Ketut Liyer. Entre ma relation avec Felipe et la bataille que je livre pour assurer un toit à Wayan, il y a belle lurette que mes conversations à bâtons rompus à propos de la spiritualité sous le porche du vieil homme sont terminées. Je suis passée le voir quelquefois, pour lui dire bonjour et offrir un fruit à sa femme, mais depuis juin, nous n'avons plus partagé de précieux moments. Chaque fois que je lui demande de m'excuser de mon absence auprès de lui, il rit comme un homme à qui l'on a déjà montré les réponses à tous les tests de l'univers et il dit : « Tout marche parfaitement, Liss. »

Mais tout de même, le vieux monsieur me manque, alors ce matin, je suis allée passer un moment avec lui. Il m'a accueillie avec un grand sourire, comme d'habitude, en disant : « Je suis très heureux de te rencontrer ! » (Je n'ai jamais réussi à lui faire perdre cette habitude.)

« Moi aussi je suis heureuse de vous *voir*, Ketut.

– Tu pars bientôt, Liss ?

— Oui, Ketut. Dans moins de quinze jours. C'est pour ça que je voulais venir vous voir aujourd'hui. Je tenais à vous remercier pour tout ce que vous m'avez donné. Sans vous, jamais je ne serais revenue à Bali.

— Tu revenir toujours à Bali, a-t-il dit, sans hésitation ni émotion. Tu médites toujours avec les quatre frères comme je t'enseigne ?

— Oui.

— Tu médites toujours comme ton guru en Inde t'enseigne ?

— Oui.

— Tu fais encore des mauvais rêves ?

— Non.

— Toi es heureuse avec Dieu maintenant ?

— Très.

— Tu aimes nouveau petit ami ?

— Oui, je crois.

— Alors tu dois le gâter. Et il doit te gâter.

— D'accord, ai-je promis.

— Tu es bonne amie à moi. Mieux qu'amie. Tu es comme ma fille, a-t-il dit. *(Pas comme Sharon...)* Quand je meurs, tu vas revenir à Bali, venir à ma crémation. Cérémonie de crémation à Bali très amusante. Tu vas aimer.

— D'accord, ai-je promis à nouveau, la gorge un peu nouée cette fois.

— Laisse ta conscience te guider. Si tu as amis occidentaux venir visiter Bali, tu les amènes pour lire lignes de la main. Je suis très vide dans ma banque depuis la bombe. Tu veux venir avec moi à cérémonie pour bébé aujourd'hui ? »

Et voilà comment je me suis retrouvée à participer à la bénédiction d'un bébé de six mois prêt à toucher terre. Les Balinais ne laissent pas leurs enfants toucher le sol pendant les six premiers mois de leur vie, parce qu'ils considèrent que les nourrissons sont des dieux envoyés directement du paradis, et il est hors de question qu'un dieu crapahute à quatre pattes par terre, au milieu des rognures d'ongles de pied et des mégots de cigarette. Ainsi, pendant ses six premiers mois, un bébé balinais est transporté et révéré comme une divinité mineure. S'il meurt avant d'avoir atteint son sixième mois, il a droit à une cérémonie de crémation spéciale et ses cendres n'iront pas reposer dans un cimetière humain car cet être-là n'a jamais été humain : il n'a jamais été qu'un dieu. Mais si le bébé atteint son sixième mois, on donne une grande cérémonie, les pieds de l'enfant sont enfin autorisés à toucher terre et Junior est accueilli au sein de l'espèce humaine.

La cérémonie d'aujourd'hui avait lieu chez un voisin de Ketut. Le bébé en question était une petite fille, déjà surnommée Putu. Ses parents étaient deux adolescents qui rivalisaient de beauté, et le père est le petit-fils d'un cousin de Ketut – ou quelque chose dans ce goût-là. Ketut avait revêtu pour l'occasion ses plus beaux atours – un sarong en satin blanc damassé d'or et une veste à manches longues, boutons dorés et col à la Nehru, qui lui donnait un peu l'air d'un employé des Wagons-Lits ou d'un aide-serveur dans un hôtel de luxe. Il avait drapé un turban blanc autour de sa tête. Ses mains, qu'il m'avait montrées avec fierté, parées d'énormes bagues en or et en pierres magiques, avaient tout de celles d'un souteneur. Il en arborait sept au total. Toutes détentrices de pouvoirs sacrés. Il s'était muni de la clochette en cuivre rutilant héritée de son grand-père pour convoquer les esprits, et il a tenu à ce que je prenne plein de photos de lui.

Je l'ai accompagné, à pied, jusqu'au *kampong* de son voisin. Le trajet représentait une distance considérable et nous obligeait à faire un bout de chemin sur la grand-route, très fréquentée. J'étais à Bali depuis presque quatre mois, et c'était la toute première fois que je voyais Ketut quitter son *kampong*. C'était déconcertant de le voir cheminer le long de cette route, à côté des automobilistes pressés et des motocyclistes écervelés. Il semblait si petit, si vulnérable, si *discordant* sur cette toile de fond contemporaine, toute mugissante de trafic routier. J'en avais les larmes aux yeux, sans trop savoir pourquoi, mais c'est vrai que mon émotivité a été à fleur de peau toute la journée.

À notre arrivée, une quarantaine d'invités était déjà réunie chez le voisin, et l'autel familial croulait sous les offrandes – des piles et des piles de corbeilles en palmes tressées remplies de riz, de fleurs, d'encens, de cochons rôtis, d'oies et de poulets (morts), de noix de coco et de coupures de monnaie qui se gondolaient sous la brise. Tout le monde était paré de ses plus élégantes soieries et dentelles. Moi qui n'étais pas habillée pour la circonstance et étais toute transpirante d'avoir pédalé, je me suis sentie déplacée au milieu de tant de beauté. Mais j'ai reçu l'accueil dont rêve toute Occidentale qui débarque dans une tenue inappropriée et sans invitation. Tous les invités m'ont souri chaleureusement, puis se sont désintéressés de moi pour entamer cette partie de la fête qui consiste à s'asseoir en cercle et à admirer les vêtements des autres.

La cérémonie a duré des heures. C'est Ketut qui officiait. Seul un anthropologue assisté d'une équipe d'interprètes serait en mesure de vous raconter tout ce qui s'est passé mais, grâce aux explications de Ketut et à mes lectures, j'ai compris certains des rites. Durant la première série de bénédictions, le père a tenu le bébé dans ses bras, et la mère, une effigie du bébé – une noix de coco emmaillotée pour ressembler à un nourrisson. À l'instar du vrai bébé, cette noix de coco a été bénie, aspergée d'eau sacrée, puis déposée au sol avant que les pieds du bébé ne foulent la terre pour la toute première fois. C'est une ruse, destinée à tromper les démons qui vont se précipiter sur le bébé factice, et ficheront du coup la paix au vrai bébé.

Cependant, avant que les pieds de celui-ci ne touchent terre, des heures de psalmodies se sont succédé. Ketut a fait tinter sa clochette et chanté des mantras, interminablement. Les jeunes parents rayonnaient de joie et de fierté. Les invités, eux, allaient et venaient, tournaient en rond, bavardaient entre eux, observaient un moment le déroulement de la cérémonie, offraient leurs cadeaux, puis s'en allaient honorer un autre rendez-vous. Tout cela était étrangement décontracté et contrastait avec le formalisme du rituel ancestral. L'ensemble tenait d'un pique-nique dans une arrière-cour et d'une cérémonie anglicane en grande pompe. Les mantras que Ketut chantait au bébé, avec leurs sonorités qui évoquaient une ferveur sacrée doublée d'affection, étaient d'une infinie douceur. Pendant que la mère tenait le bébé dans ses bras, Ketut a agité devant lui des échantillons des diverses offrandes – de la nourriture, des fruits, des fleurs, de l'eau, des clochettes, une aile de poulet rôti, un petit morceau de porc, un bout de noix de coco… Et à chaque nouvelle offrande, il chantait quelque chose à la petite fille, qui riait et frappait dans ses mains. Ketut riait lui aussi, et continuait à chanter.

J'ai imaginé une traduction de ses mots.

« Oooh… Petit bébé, voici du poulet rôti ! Il est pour toi, mange-le ! Un jour, tu adoreras le poulet rôti et nous espérons que tu en mangeras souvent ! Oooh… Petit bébé, voici un bol de riz, puisses-tu toujours avoir tous les bols de riz que tu pourras désirer, puisse le riz pleuvoir toujours sur toi. Oooh… Petit bébé, voici

482

une noix de coco, ne la trouves-tu pas rigolote, cette noix de coco ? Un jour, tu mangeras plein de noix de coco ! Oooh… Petit bébé, voici ta famille, ne vois-tu pas combien ta famille t'adore ? Oooh… Petit bébé, tu es un bien précieux pour l'univers tout entier ! Tu es parmi ses meilleurs élèves ! Tu es notre magnifique petite poulette ! Tu es un délicieux petit bout de chou ! Ooooooooooh ! Petit bébé, petite fille, *Sultan of Swing*, tu es notre tout… »

Chaque invité a été béni à plusieurs reprises avec des pétales de fleurs trempés dans l'eau sacrée. Chacun à leur tour, les membres de la famille ont tenu le bébé dans leurs bras en lui gazouillant quelques mots, pendant que Ketut chantait des mantras. On m'a même laissé tenir le bébé un instant, en dépit de mon jean, et je lui ai murmuré ma propre bénédiction pendant que tout le monde chantait. « Bonne chance, lui ai-je dit. Sois courageuse. » Il faisait une chaleur torride, même à l'ombre. La jeune mère, qui portait un bustier sous son chemisier en dentelle transparente, transpirait. Le jeune père, qui semblait ne connaître d'autre expression qu'un sourire béat de fierté, transpirait lui aussi. Les diverses grands-mères s'éventaient, se lassaient, s'asseyaient, se relevaient, s'affairaient autour des cochons rôtis sacrificiels et éloignaient les chiens. Chacun tour à tour manifestait intérêt, désintérêt, fatigue, amusement, ferveur. Mais Ketut et le bébé semblaient enfermés dans leur propre bulle, attentivement concentrés l'un sur l'autre. De toute la journée, le bébé n'a pas quitté des yeux le vieux sorcier. Qui a déjà entendu parler d'un nourrisson de six mois qui reste quatre heures sous un soleil de plomb sans pleurer, sans regimber, sans dormir, simplement à observer quelqu'un avec curiosité ?

Ketut s'est acquitté de sa mission à merveille, tout comme le bébé s'est acquitté de la sienne. La petite fille était entièrement présente pour la cérémonie qui marquait le passage de son statut de dieu à celui d'humain.

Elle assumait admirablement ses responsabilités, en bonne petite Balinaise qu'elle était déjà – imprégnée du rituel, confiante en ses croyances, obéissante aux exigences de sa culture.

Les chants achevés, on a emmailloté la petite fille dans un long drap blanc immaculé qui pendait bien au-delà de ses petites jambes, et la faisait paraître grande et majestueuse – une vraie petite débutante. Ketut a dessiné au fond d'une coupe en terre cuite les quatre directions de l'univers, puis il a rempli cette coupe d'eau bénite et l'a déposée à terre. Cette boussole dessinée à la main désignait le point sacré de la terre que les pieds du bébé toucheraient en premier.

Puis toute la famille a fait cercle autour du bébé, on aurait dit que chacun la tenait en même temps et – *à la une, à la deux, à la trois... on y va !* – ils ont délicatement trempé les pieds du bébé dans cette coupe remplie d'eau bénite, juste au-dessus du dessin magique qui englobait la totalité de l'univers, et ils ont posé ses plantes de pied sur la terre pour la première fois. Quand ils l'ont soulevée à nouveau, il y avait en dessous d'elle de minuscules empreintes, qui orientaient enfin cet enfant sur le grand lacis balinais, et établissait qui elle était en établissant *où* elle était. Tout le monde a applaudi, ravi. La petite fille était désormais une des nôtres. Un être humain – avec tous les risques et les frissons que cette incarnation complexe suppose.

La petite fille a levé les yeux, elle a promené son regard autour d'elle et souri. Elle n'était plus un dieu. Cela semblait lui être égal. Elle n'était pas du tout craintive. Elle semblait parfaitement satisfaite de chaque décision qu'elle avait déjà prise.

106

La transaction de Wayan est tombée à l'eau. Cette terre que Felipe lui avait trouvée n'était apparemment pas pour elle. Quand j'ai demandé à Wayan ce qui a cloché, j'ai obtenu une réponse confuse concernant un acte notarié perdu. Je pense que je n'ai jamais vraiment su la vérité. Mais tout ce qui importe, c'est que la transaction a échoué. Et que cette histoire commence à me faire paniquer. J'essaie d'expliquer ma priorité à mon amie : « Wayan, je dois quitter Bali dans moins de quinze jours et rentrer en Amérique. Je ne peux pas me présenter devant mes amis qui ont donné tout cet argent et leur dire que tu n'as toujours pas de maison.

– Mais Liz, si un endroit n'a pas un bon *taksu*… »
Chacun a un sens différent des priorités.

Mais quelques jours plus tard, Wayan appelle chez Felipe, grisée. Elle a trouvé un autre lopin de terre, et celui-là, elle l'aime vraiment. Il se situe près d'une rizière, plage vert émeraude le long d'une route paisible, à proximité de la ville. Le terrain tout entier vibre d'un bon *taksu*. Il appartient, nous dit Wayan, à un fermier, un ami de son père, qui a un besoin urgent de liquidités. Il a au total sept *aro* à vendre, mais (ayant besoin d'argent dans les meilleurs délais) serait disposé à ne lui céder que les deux *aro* qu'elle est en mesure d'acheter. Elle adore ce terrain. Je l'adore. Felipe l'adore. Tutti – qui tournicote sur l'herbe en décrivant des cercles, bras tendus, telle une petite Julie Andrews balinaise – l'adore elle aussi.

« Achète-le », dis-je à Wayan.

Mais quelques jours passent, et Wayan continue à atermoyer. « Tu veux habiter là, oui ou non ? » n'ai-je de cesse de lui demander.

Elle atermoie encore un peu, puis change une fois de plus la version de son histoire. Ce matin, dit-elle, le fermier l'a appelée pour lui annoncer qu'il n'est plus certain de pouvoir lui vendre deux parcelles des sept *aro* ; il se pourrait qu'il veuille vendre l'ensemble du lot, les sept *aro*, d'un seul bloc… Le problème, c'est son épouse… Le fermier doit discuter avec sa femme, et voir si elle est d'accord pour diviser le terrain…

« Peut-être que si j'avais plus d'argent… », dit Wayan.

Doux Jésus ! Elle veut que je lui trouve la somme pour acheter l'ensemble du terrain. Tout en essayant de réfléchir à un moyen de recueillir la faramineuse somme de 22 000 dollars supplémentaires, je lui dis : « Wayan, je ne peux pas faire ça, je n'ai pas cet argent. Ne peux-tu pas trouver un accord avec le fermier ? »

Puis Wayan, qui ne me regarde plus vraiment dans les yeux, se met à broder une histoire tarabiscotée. L'autre jour, me raconte-t-elle, elle est allée voir un mystique. Ce mystique est entré en transe et il lui a dit qu'elle devait absolument acquérir la totalité de ces sept *aro* pour pouvoir créer un bon centre de soins… que c'est le destin… et que de toute façon, le mystique lui a également dit que si elle obtenait la totalité du terrain, peut-être pourrait-elle un jour y construire un hôtel haut de gamme…

Un hôtel haut de gamme ?

Ah.

C'est à cet instant que je suis frappée de surdité, que les oiseaux arrêtent de chanter. Je vois les lèvres de Wayan remuer, mais je n'écoute plus ce qu'elle dit, parce qu'une pensée vient de s'imposer, griffonnée à la hâte mais parfaitement lisible, en travers de mon esprit : ELLE TE MÈNE EN BATEAU, SUPÉRETTE.

Je me lève, je dis au revoir à Wayan, je rentre à la maison, en marchant lentement, et je demande à Felipe, de but en blanc : « Est-ce qu'elle me mène en bateau ? »

Il ne s'est jamais permis le moindre commentaire concernant mes affaires avec Wayan, pas une seule fois.

« Chérie, me répond-il avec douceur. *Évidemment* qu'elle te mène en bateau. »

Mon cœur dégringole dans mes intestins – *floc !*

« Mais pas intentionnellement, s'empresse-t-il d'ajouter. Il faut que tu comprennes comment les gens réfléchissent, ici. Essayer de soutirer le plus d'argent possible aux visiteurs est pour eux un mode de vie. C'est comme ça que chacun survit. Par conséquent, elle invente désormais des histoires à propos de ce fermier. Enfin chérie, depuis quand un Balinais a-t-il besoin de consulter sa *femme* avant de pouvoir conclure une transaction ? Écoute : ce type veut à tout prix lui vendre une petite parcelle ; il a déjà dit qu'il était d'accord. Mais maintenant, elle veut tout le terrain. Et elle veut que tu le lui achètes. »

En entendant ces mots, j'ai un mouvement de recul. Pour deux raisons. D'une part, je répugne à penser que Felipe puisse dire vrai au sujet de Wayan. De l'autre, je déteste les implications culturelles qui sous-tendent ce discours, je déteste le parfum colonial de ces « doléances de l'homme blanc », je déteste la condescendance de l'argument « Tous ces gens sont comme ça ».

Mais Felipe n'est pas un colonialiste ; il est brésilien. « Écoute, m'explique-t-il, j'ai grandi dans la pauvreté en Amérique du Sud. Tu crois que je ne comprends pas la culture qui accompagne la pauvreté ? Tu as donné à Wayan plus d'argent qu'elle n'en a jamais vu de sa vie, et maintenant, elle débloque. Pour ce qu'elle en voit, tu es sa bienfaitrice miraculeuse, et cela pourrait bien être sa dernière chance de pouvoir se la couler douce. Elle veut donc obtenir de toi tout ce qu'elle peut avant que tu disparaisses. Pour l'amour de Dieu ! Il y a quatre mois de ça, cette pauvre femme n'avait pas assez d'argent pour nourrir sa gamine et maintenant elle veut un *hôtel* ?

– Que devrais-je faire ?

– Évite de te mettre en colère, quoi qu'il arrive. Si tu te mets en colère, tu vas la perdre, et ce serait dommage parce que c'est quelqu'un de merveilleux, et qui t'adore. C'est sa tactique de survie. Accepte-le, c'est tout. Tu ne dois pas penser que ce n'est pas quelqu'un de bien, et qu'elle et ses enfants n'ont pas, en toute honnêteté, besoin de ton aide. Mais tu ne peux pas la laisser t'exploiter. Chérie, j'ai déjà vu ça tellement de fois ! Les Occidentaux qui habitent longtemps ici finissent en général par tomber dans l'un des deux camps. La moitié d'entre d'eux continuent à jouer les touristes, en disant : "Oh, ces charmants Balinais, si gentils, si affables…", et ils se font voler comme au coin d'un bois. L'autre moitié en a tellement marre de se faire arnaquer à longueur de temps qu'ils se mettent à haïr les Balinais. Et c'est dommage, parce que du coup, ils perdent tous ces merveilleux amis.

– Mais que devrais-je faire ?

– Tu dois reprendre en main le contrôle de la situation. Joue au plus fin avec elle, comme elle le fait avec toi. Menace-la avec un argument qui la motive pour passer à l'acte. Tu lui rendras service ; elle a besoin d'un toit.

– Je n'ai pas envie de jouer au plus fin, Felipe. »

Il dépose un baiser sur ma tête. « Alors tu ne peux pas vivre à Bali, ma chérie. »

Le lendemain matin, j'ourdis mon plan. C'est incroyable : me voilà, après une année consacrée à l'étude des vertus et à batailler pour me montrer honnête envers moi-même, sur le point de débiter un bon gros bobard. Je m'apprête à mentir à la personne que je préfère à Bali, à celle qui est comme une sœur pour moi, à la femme qui m'a soigné les *reins*. Pour l'amour du ciel, je vais mentir à la maman de Tutti !

Je file en ville, j'entre dans la boutique de Wayan. Celle-ci s'avance pour me serrer dans ses bras. Je m'écarte, en feignant d'être contrariée.

« Wayan, dis-je, nous devons parler. J'ai un gros problème.

– Avec Felipe ?

– Non. Avec toi. »

J'ai l'impression qu'elle va s'évanouir.

« Wayan, mes amis en Amérique sont très en colère contre toi.

– Contre moi ? Pourquoi, ma puce ?

– Parce qu'il y a quatre mois de ça, ils t'ont donné beaucoup d'argent pour acheter une maison, et que tu ne l'as toujours pas achetée. Chaque jour, ils m'envoient des e-mails, ils me demandent : "Où est la maison de Wayan ? Où est passé mon argent ?" Aujourd'hui, ils pensent que tu voles leur argent, que tu l'utilises à d'autres fins.

– Je ne vole pas !

– Wayan, dis-je. Mes amis en Amérique pensent que tu es… une arnaqueuse. »

Elle pousse un cri étouffé, comme si je lui avais assené un coup de poing en pleine poitrine. Elle semble si blessée que j'ai un instant d'hésitation, je suis à deux doigts de la rassurer en la prenant dans mes bras, en lui disant : « Non, non, ce n'est pas vrai ! J'ai tout inventé ! » Mais non. Je dois aller jusqu'au bout. Seigneur ! Elle chancelle, maintenant ! « Arnaqueur » est l'une des pires insultes qu'on puisse lancer à la figure d'un Balinais. Dans cette culture où les gens s'arnaquent mutuellement une bonne douzaine de fois avant le petit déjeuner, où l'arnaque est un sport, un art, une habitude et une tactique désespérée de survie, incriminer quelqu'un au motif d'une arnaque qu'il aurait perpétrée est une accusation effroyable. De celles qui autrefois en Europe vous garantissaient un duel.

« Chérie, dit-elle, en larmes, je ne suis pas une arnaqueuse !

– Je le sais, Wayan. C'est pour ça que je suis si contrariée. J'essaie de dire à mes amis, en Amérique, que Wayan n'est pas une arnaqueuse, mais ils ne me croient pas. »

Elle pose sa main sur la mienne. « Je suis désolée de te mettre dans le pétrin, chérie.

– Wayan, c'est un gros pétrin. Mes amis sont en colère. Ils disent que tu dois acheter un terrain avant que je reparte en Amérique. Ils m'ont dit que si tu n'achètes pas un terrain dans le courant de la semaine prochaine, alors je dois… *reprendre l'argent.* »

Là, elle ne semble plus sur le point de s'évanouir ; elle semble au seuil du trépas. Je ne me sens pas loin d'être la plus grosse conne de tous les temps, à déblatérer ce bobard à cette pauvre femme qui – entre autres choses – ne réalise manifestement pas que je n'ai pas plus le pouvoir de récupérer l'argent sur son compte en banque que de la destituer de sa nationalité indonésienne. Mais comment pourrait-elle le savoir ? N'ai-je pas fait apparaître cet argent comme par magie sur son relevé bancaire ? Ne pourrais-je pas le reprendre tout aussi facilement ?

« Chérie, crois-moi, dit-elle. Je trouve le terrain tout de suite, très vite, je le trouve. S'il te plaît, ne t'inquiète pas… Peut-être dans les trois prochains jours, tout est réglé, promis.

– Il le faut, Wayan », dis-je avec un sérieux qui n'est pas totalement feint. *Il le faut absolument.* Ses enfants ont besoin d'une maison. Elle est sur le point d'être expulsée. Ce n'est pas le moment pour elle d'échafauder des arnaques.

« Je repars chez Felipe, dis-je. Appelle-moi quand tu as acheté quelque chose. »

Je sors et je m'éloigne, consciente que mon amie me suit du regard, mais je refuse de me retourner pour la regarder à mon tour. Sur le chemin du retour, tout du long, j'adresse à Dieu la plus étrange des prières : « S'il te plaît, fais que ce soit vrai, qu'elle cherchait à m'arnaquer. » Parce que si tel n'est pas le cas, si elle est, en toute sincérité, incapable de se trouver un endroit où vivre en dépit des 18 000 dollars injectés directement sur son compte, on est, pour le coup, vraiment dans la panade, et je ne sais pas comment cette femme parviendra un jour à s'extraire de la pauvreté. Alors que si elle essayait de m'arnaquer, en un sens, il y a une lueur d'espoir. Cela montre qu'elle connaît quelques ruses et qu'elle pourrait tout compte fait s'en sortir dans ce monde retors.

Je retrouve Felipe chez lui. Je me sens affreusement mal. « Si Wayan savait que j'ai comploté avec perfidie dans son dos…, dis-je.

– … Comploté pour faire son bonheur et assurer son succès », termine-t-il à ma place.

Quatre heures plus tard – quatre misérables heures ! – le téléphone sonne chez Felipe. C'est Wayan. Elle est essoufflée. Elle veut m'annoncer que tout est réglé. Elle vient d'acheter les deux *aro* du fermier (dont « l'épouse », brusquement, ne répugnait plus à scinder la propriété). Il n'était nul besoin, s'avère-t-il, de rêves magiques, d'interventions de prêtre ou de test pour mesurer le degré de radiation du *taksu*. Wayan a même déjà l'acte de propriété en main ! Un acte notarié ! De plus, m'assure-t-elle, elle a déjà passé commande des matériaux de construction pour sa maison et les ouvriers se mettront au travail en début de semaine prochaine – avant mon départ. Comme ça, je pourrai voir mon projet mis en œuvre. Elle espère que je ne suis pas en colère contre elle. Elle tient à ce que je sache qu'elle m'aime plus qu'elle n'aime son propre corps, plus qu'elle n'aime sa propre vie, plus qu'elle n'aime la totalité de ce monde.

Je l'assure que je l'aime aussi. Et qu'il me tarde d'être invitée un jour dans sa belle maison toute neuve. Et que j'aimerais bien avoir une photocopie de son titre de propriété.

Quand je raccroche, Felipe dit : « Brave petite. »

Je ne sais pas s'il fait référence à elle ou à moi. Mais il ouvre une bouteille de vin et nous portons un toast à notre chère amie Wayan la propriétaire terrienne balinaise.

Et puis Felipe dit : « Peut-on partir en vacances à présent, s'il te plaît ? »

107

Comme destination de nos vacances, nous choisissons Gili Meno, une île minuscule au large de Lombok, qui est elle-même la première île, à l'est de Bali, du vaste archipel indonésien. J'étais déjà allée à Gili Meno, et je voulais faire découvrir l'île à Felipe, qui ne la connaissait pas.

Pour moi, Gili Meno est l'un des endroits qui comptent le plus au monde. J'y suis venue, il y a deux ans, seule, lors de mon premier voyage à Bali. J'étais en reportage pour un magazine, j'écrivais un article sur les stages de yoga et je venais de terminer quinze jours de cours de yoga qui m'avaient considérablement rassérénée. Mais j'avais décidé de profiter du fait d'être déjà en Asie pour, le reportage bouclé, prolonger mon séjour en Indonésie. Mon intention était de trouver un endroit reculé et de m'offrir dix jours de retraite, dans une solitude et un silence absolus.

Quand je repense à ces quatre années écoulées, entre le moment où mon couple a fait faillite et le jour où j'ai enfin été divorcée et libre, je vois la chronique détaillée d'une souffrance totale. Et le moment où je suis venue, seule, sur cette île minuscule, a coïncidé avec la pire période de cette sombre traversée. J'avais atteint le fond du gouffre. Je nageais dans la douleur. Mon esprit accablé était le champ de bataille sur lequel s'affrontaient des démons antagonistes. En prenant la décision de passer dix jours dans la solitude et le silence au milieu de nulle part, j'ai tenu le même discours à toutes les parts de mon moi qui étaient en guerre et en proie à la confusion : « Bon, les gars, on est là, tous ensemble, tout seuls. Et il va falloir qu'on invente un moyen pour s'entendre, sinon, on va tous y passer, tôt ou tard. »

On croit entendre là la voix de la détermination et de la confiance en soi, pourtant je dois avouer que je n'ai jamais connu pareille terreur que pendant la traversée jusqu'à cette île. Je n'avais même pas emporté de bouquin, je n'avais rien sous la main pour me distraire. Il n'y avait que moi et mon esprit, sur le point de s'affronter sur un terrain désert. Je me souviens que mes jambes tremblaient de peur. Puis je m'étais récité une des phrases préférées de mon guru : « La peur, à qui cela importe-t-il ? » et j'avais débarquée, seule.

J'avais loué un petit bungalow sur une plage, pour quelques dollars par jour, je m'étais tue et m'étais juré de ne plus parler avant qu'un changement ne se soit produit en moi. Gili Meno était pour moi l'ultime audience pour parvenir à la vérité et à la réconciliation. J'avais choisi pour cela le bon cadre – ça, au moins, c'était évident. L'île est minuscule, vierge, avec des plages de sable blanc, des eaux turquoise, des palmiers. Sa forme est celle d'un cercle parfait, avec un unique chemin qui en suit le pourtour, que l'on peut parcourir intégralement en une heure de marche. Comme elle est située presque sur l'équateur, le cycle des jours et des nuits est immuable. Le soleil se lève d'un côté de l'île vers 6 heures et demie le matin, et se couche de l'autre côté vers 6 heures et demie le soir, chaque jour de l'année. L'endroit est habité par une poignée de pêcheurs musulmans, qui vivent là en famille. En nul endroit sur cette île on ne peut s'abstraire du grondement de l'océan. Il n'y a aucun véhicule motorisé. L'électricité provient d'un groupe électrogène qui ne fonctionne que quelques heures le soir. C'est l'endroit le plus paisible que je connaisse.

Chaque matin au lever du soleil, je faisais à pied le tour de l'île, et recommençais au coucher du soleil. Le reste du temps, je restais assise et j'observais. J'observais mes pensées, mes émotions, les pêcheurs. Les sages yogiques disent que ce sont les mots qui causent toute la souffrance dans la vie des hommes, comme ils en causent toute la joie. Nous créons des mots pour définir nos expériences et ces mots s'accompagnent d'émotions qui nous entraînent par à-coups, comme des chiens tenus en laisse. Nous succombons à la séduction de nos propres mantras *(Je suis une ratée… Je suis seule… Je suis une ratée… Je suis seule…)* et nous nous transformons en monuments érigés à leur gloire. Faire un temps vœu de silence revient donc à essayer de décaper les mots du pouvoir qui les enveloppe, d'arrêter de nous étouffer à force de mots, de nous libérer de nos mantras qui nous font suffoquer.

Cela m'avait pris un certain temps pour m'installer dans le vrai silence. Même après avoir cessé de parler, j'ai constaté que j'étais encore toute fredonnante de langage. Bien après avoir arrêté de produire des sons, mes organes et mes muscles de la parole – le cerveau, la gorge, la poitrine, la nuque – vibraient encore des effets résiduels d'avoir tant parlé. Ma tête dansait le shimmy dans un écho de mots, tout comme une piscine couverte semble résonner interminablement de bruits et de cris même après le départ des élèves de maternelle. Il avait fallu un temps étonnamment long pour que cette pulsation de discours se dissipe, pour que ce tourbillon de bruits se calme. Cela avait demandé environ trois jours, je crois.

Puis tout avait commencé à se manifester. Dans cet état de silence, il y avait maintenant de la place pour que tout ce qui m'inspirait de la haine, de la peur, traverse mon esprit vide. Je me sentais comme un junkie en cure de désintoxication, le poison qui faisait surface me donnait des convulsions. J'ai beaucoup pleuré. J'ai beaucoup prié. C'était dur, c'était terrifiant, mais j'étais au moins sûre d'une chose – j'étais là de mon plein gré, et jamais je n'avais souhaité qu'il y eut quelqu'un avec moi. Je savais que j'avais besoin de faire ça, et besoin de le faire seule.

Les seuls autres touristes de l'île étaient quelques couples qui s'offraient un séjour en amoureux. (Gili Meno est un lieu bien trop beau et bien trop isolé pour qu'on ait envie, à moins d'être fou, d'y séjourner seul.) J'observais ces couples et j'enviais leurs idylles, mais je savais que pour moi, l'heure d'avoir un compagnon n'avait pas encore sonné. Ma tâche, ici, était d'un autre ordre. Je me tenais à l'écart de tout le monde. Les gens me fichaient la paix. À mon avis, je dégageais une vibration à faire froid dans le dos. Tout au long de l'année, j'avais traîné une petite forme. On ne peut pas perdre à ce point le sommeil, perdre autant de poids et pleurer si fort pendant si longtemps sans commencer à ressembler à une psychopathe. Aussi, personne ne m'adressait la parole.

Enfin, ce n'est pas vrai. Quelqu'un me parlait, chaque jour. Un gamin, un de ceux qui arpentaient les plages en essayant de vendre des fruits aux touristes. Ce gamin avait dans les neuf ans, peut-être, et semblait être un chef de bande. C'était un petit dur, déguenillé et dégourdi – un vrai gamin des plages, comme j'aurais pu dire « un gamin des rues » s'il y avait eu des rues sur l'île. Il s'était débrouillé pour apprendre l'anglais, sans doute à force de harceler les Occidentaux qui se doraient au soleil. Et il ne me lâchait pas, ce gosse. Personne ne me demandait qui j'étais, personne ne venait m'importuner, sinon ce gamin implacable qui tous les jours, à un moment donné, venait s'asseoir à côté de moi sur la plage et me demandait, d'un ton impérieux : « Pourquoi tu dis jamais rien ? Pourquoi tu es bizarre comme ça ? Ne fais pas semblant de ne pas m'entendre – je sais que tu m'entends. Pourquoi tu es toujours toute seule ? Pourquoi tu te baignes jamais ? Où est ton petit ami ? Pourquoi t'as pas de mari ? Qu'est-ce qui cloche chez toi ? »

Et moi : *Fous-moi la paix, petit ! Qui es-tu ? L'incarnation de mes pires pensées ?*

Chaque jour, je m'efforçais de lui sourire gentiment et de le chasser d'un geste poli, mais il ne lâchait jamais prise avant de m'avoir fait sortir de mes gonds. Ce qui se produisait, inévitablement. Je me souviens m'être énervée contre lui, un jour : « Je ne parle pas parce que je fais un foutu voyage spirituel, espèce de petit voyou ! Et maintenant, TU FICHES LE CAMP ! »

Il avait pris ses jambes à son cou, hilare. Après ça, chaque jour, après m'avoir arraché une réponse, il détalait en riant. En général, je finissais par rire moi aussi, une fois qu'il n'était plus en vue. Je redoutais tout autant l'arrivée de ce môme empoisonnant que je l'attendais. Il était ma seule parenthèse de comédie dans un moment vraiment rude. Saint Antoine, dans ses écrits, raconte qu'il était parti dans le désert faire une retraite de silence et qu'il avait été assailli par toutes sortes de visions – des démons et des anges, simultanément. Dans sa solitude, écrit-il, il rencontra parfois des démons qui ressemblaient à des anges, et à d'autres moments, des anges qui ressemblaient à des démons. Quand on lui demandait comment il parvenait à les différencier, le saint répondait qu'on ne peut distinguer qui est qui qu'à ce que l'on ressent une fois que la créature a pris congé. Si vous êtes habité d'épouvante, c'est que vous avez reçu la visite d'un démon. Si vous vous sentez plus léger, c'était un ange.

Était-il ange ou démon, ce petit voyou qui m'arrachait toujours un rire ? Je n'en sais rien.

Au soir de mon neuvième jour de silence, je suis entrée en méditation, sur la plage, au coucher du soleil, et je ne me suis relevée qu'après minuit. Je me souviens avoir pensé : « Tu y es, Liz. » J'ai dit à mon esprit : « Voilà ta chance. Montre-moi tout ce qui te cause du

chagrin. Laisse-moi tout voir. Ne me cache rien. » Un à
un, pensées et souvenirs tristes ont levé la main, puis se
sont dressés, pour se présenter. J'ai considéré chaque
pensée, chaque élément de chagrin, j'ai reconnu leur
existence et j'ai éprouvé (sans essayer de m'en protéger) leur horrible douleur. Puis je disais à ce chagrin :
« C'est bon, je t'aime. Je t'accepte. Viens dans mon
cœur, maintenant. C'est terminé. » Et je sentais vraiment le chagrin (comme s'il s'agissait d'un être vivant)
pénétrer dans mon cœur (comme si celui-ci était une
pièce). « Suivant ? » disais-je, et le gros chagrin suivant
faisait surface. Je le considérais attentivement, je le ressentais, je le bénissais et l'invitais lui aussi dans mon
cœur. J'ai procédé de même avec toutes les pensées
remplies d'affliction qu'il y avait en moi – et en allant
fouiller dans des années de souvenirs – jusqu'à ce qu'il
n'en reste plus aucune.

Puis j'ai dit à mon esprit : « Maintenant, montre-moi
ta colère. » Un par un, tous les épisodes de colère de ma
vie se sont levés, et se sont fait connaître. Chaque injustice, chaque trahison, chaque perte, chaque moment de
fureur. Je les ai tous examinés, l'un après l'autre, et
j'ai reconnu leur existence. Je ressentais pleinement
chaque morsure de colère, comme si elle se produisait
pour la première fois et je disais alors : « Viens dans
mon cœur maintenant. Tu pourras t'y reposer. C'est un
lieu sûr, désormais. C'est fini. Je t'aime. » Cela s'était
poursuivi des heures et des heures, et j'oscillais entre
ces deux puissants pôles de sentiments contradictoires
– ressentant entièrement cette colère qui m'ébranlait
jusque dans mes os avant de faire l'expérience d'un
total apaisement au moment où la colère, comme si
elle franchissait une porte, pénétrait dans mon cœur,
s'allongeait et se pelotonnait contre ses frères et sœurs,
et renonçait au combat.

498

Ensuite est venue la part la plus difficile. « Montre-moi ta honte », ai-je demandé à mon esprit. Seigneur Dieu, les horreurs que j'ai vues alors ! Un pitoyable cortège d'échecs, de mensonges, d'égoïsme, de jalousie, d'arrogance. Je n'ai cillé à aucun moment, cependant. « Montre-toi sous ton pire jour », leur ai-je dit à chacune. Quand j'ai essayé d'inviter ces unités de honte dans mon cœur, toutes à leur tour ont hésité sur le seuil. « Non, disaient-elles, tu ne veux pas de moi, là-dedans… Ne sais-tu pas ce que j'ai fait ? » Et moi je répondais : « Si, je te veux. Même toi. Je t'assure. Même toi tu es la bienvenue. C'est bon. Tu es pardonnée. Tu fais partie de moi. Tu peux te reposer, désormais. C'est fini. »

Quand tout cela a été terminé, j'étais vidée. Plus rien ne se battait dans mon esprit. J'ai regardé dans mon cœur, j'ai regardé la bonté que j'avais en moi, et j'ai pris la mesure de sa capacité. J'ai vu que mon cœur était bien loin d'être plein, même après avoir accueilli tous ces calamiteux garnements de chagrin, de colère, de honte. Mon cœur aurait pu, sans problème, accueillir et pardonner bien plus. Son amour était infini.

C'est là que j'ai su que Dieu nous aime et nous accueille tous, et que rien de tel que l'enfer n'existe dans cet univers, sinon peut-être dans nos esprits terrifiés. Parce que si un être humain brisé et limité est capable d'une telle expérience, capable de se pardonner à lui-même, entièrement, et de s'accepter, alors imaginez – imaginez seulement ! – ce que Dieu, dans toute son éternelle compassion, peut pardonner et accepter.

Je savais aussi, confusément, que cette paix ne serait qu'un répit temporaire. Je savais que je n'en avais pas encore fini pour de bon, que ma colère, ma tristesse et ma honte finiraient par revenir sournoisement, qu'elles s'échapperaient de mon cœur et reviendraient assiéger ma tête. Je savais qu'il me faudrait continuer à me colleter avec ces pensées, encore et encore, jusqu'à ce que lentement, avec détermination, je change ma vie de A à Z. Je savais que ce serait difficile et épuisant. Mais dans le silence nocturne de cette plage, mon cœur a dit à mon esprit : « Je t'aime, je ne te laisserai jamais tomber, je prendrai toujours soin de toi. » Cette promesse s'est envolée de mon cœur, et je l'ai capturée dans ma bouche, et tandis que je quittais la plage pour regagner mon bungalow, je l'y ai emprisonnée un instant, je l'ai savourée. Puis j'ai ouvert un cahier vierge à la première page – et là seulement, j'ai ouvert la bouche, j'ai prononcé ces mots, je les ai libérés dans l'air. Je les ai laissés briser mon silence, avant d'autoriser mon crayon à consigner leur déclaration sur la page.

Je t'aime, je ne te laisserai jamais tomber, je prendrai toujours soin de toi.

Ce sont là les premiers mots que j'ai écrits dans ce carnet intime, qui n'allait plus me quitter à compter de ce jour, et vers lequel je me retournerai souvent au cours des deux années suivantes, toujours pour demander de l'aide – une aide qui ne me fera jamais défaut, même dans les moments où je serai accablée de tristesse ou paralysée de frayeur. Ce carnet, tout imprégné de cette promesse d'amour, a été tout simplement la seule raison qui m'a permis de survivre au cours des années qui ont suivi.

108

Et aujourd'hui je reviens à Gili Meno à la faveur de circonstances notablement différentes. Depuis ma dernière visite ici, j'ai fait le tour du monde, j'ai réglé mon divorce, j'ai survécu à ma séparation définitive avec David, j'ai évacué de mon organisme toutes les molécules qui altèrent l'humeur, j'ai appris à parler une nouvelle langue, je me suis assise dans la paume de Dieu l'espace de quelques instants inoubliables en Inde, j'ai étudié auprès d'un sorcier indonésien et acheté une maison pour une famille qui avait cruellement besoin d'un toit. Je suis heureuse, en bonne santé, et équilibrée. Et oui, je ne peux m'empêcher de remarquer que c'est accompagnée de mon amant brésilien que je gagne cette petite île tropicale – épilogue qui (je le reconnais !) frise le ridicule par son côté conte de fées ; on croirait une scène tout droit sortie d'un fantasme de femme au foyer – et peut-être même une scène sortie de mes propres fantasmes, ceux que j'avais il y a des années de ça. Cependant, ce qui m'empêche de me dissoudre immédiatement dans le miroitement de ce conte de fées, c'est la vérité, solide – une vérité qui a véritablement construit mon ossature au cours des dernières années –, que je n'ai pas été sauvée par un prince ; j'ai été l'initiatrice de mon propre sauvetage.

Mes pensées se tournent vers une histoire que j'ai lue autrefois, une fable à laquelle croient les bouddhistes zen. Ils disent que la création d'un chêne n'est rendue possible que par la mise en œuvre de deux forces concomitantes. Évidemment, tout commence avec le gland, la graine qui recèle toutes les promesses, tout le potentiel, et qui va se transformer en arbre. Tout le monde peut observer ça. Mais seuls quelques-uns peuvent voir qu'une autre force est également à l'œuvre dans ce processus – et n'est autre que le futur arbre lui-même, qui veut tellement exister qu'il extirpe du gland le principe de son être, qu'il extrait le jeune plan du vide par la force de son désir et guide son évolution du néant vers la maturité. À cet égard, disent les bouddhistes zen, c'est le chêne qui crée ce même gland dont il est issu.

Je pense à la femme que je suis devenue ces derniers temps, à la vie qui est la mienne aujourd'hui, je pense au fait que j'ai toujours ardemment voulu être cette personne et vivre cette vie, être libérée de la mascarade de la représentation et des faux-semblants. Je pense à tout ce que j'ai enduré avant d'en arriver là, et je me demande : est-ce *moi* – ce *moi* heureux et équilibré qui est en train de somnoler sur le pont de ce petit bateau de pêcheur indonésien – qui tout au long de ces éprouvantes années a tiré cet autre moi, plus jeune, plus désorienté et qui passait son temps à débattre ? Ce moi plus jeune était le gland riche de potentiel, mais c'était mon *moi* plus vieux, le chêne déjà existant, qui me disait pendant tout ce temps : « Oui, pousse ! Grandis ! Change ! Évolue ! Viens me retrouver ici, où j'existe déjà dans la complétude et la maturité ! J'ai besoin que tu grandisses et t'épanouisses en moi ! » Et peut-être était-ce ce *moi* d'aujourd'hui et entièrement réalisé qui, il y a quatre ans de cela, flottait au-dessus de cette jeune mariée en larmes sur le sol de la salle de bains, et peut-être était-ce ce *moi-là* qui avait chuchoté tendrement à l'oreille de cette fille désespérée : « Va te recoucher, Liz... » Sachant déjà que tout irait bien, que tout finirait par nous réunir *ici*. Ici même, en ce moment. Où j'attendais depuis toujours, pacifiée et satisfaite, qu'il vienne me rejoindre.

Felipe se réveille. L'un comme l'autre, nous avons passé l'après-midi à nous assoupir, à nous réveiller, à entrer et sortir de la conscience, blottis dans les bras l'un de l'autre, sur le pont de ce petit bateau de pêcheur, bercés par l'océan, sous le soleil. Tandis que je suis étendue là, la tête posée sur sa poitrine comme sur un oreiller, Felipe me raconte qu'une idée lui est venue pendant qu'il somnolait. Il dit : « Tu sais, à l'évidence, je dois continuer à vivre à Bali, parce que mes affaires sont là, et parce que c'est à deux pas de l'Australie, où habitent mes enfants. J'ai également besoin de me rendre souvent au Brésil, parce que c'est là que sont les pierres précieuses, et que j'ai de la famille là-bas. Et toi, à l'évidence, tu dois vivre aux États-Unis parce que c'est là que se trouvent ton travail, ta famille, tes amis. Alors je me disais… peut-être pourrait-on essayer de se construire une vie commune qui serait partagée entre l'Amérique, l'Australie, le Brésil et Bali. »

Tout ce que je peux faire, c'est rire, parce que – hé, pourquoi *pas* ? Ce serait juste assez fou pour marcher. Une vie comme ça peut sembler complètement dingue aux gens, de la pure bêtise, mais elle me ressemble tellement ! Évidemment que c'est comme ça que nous devrions procéder. Ça me semble déjà si familier. Et j'aime bien aussi la poésie de l'idée, je dois dire. Littéralement, j'entends. Après cette année entière passée à explorer mon moi singulier et intrépide, Felipe vient de me suggérer toute une nouvelle théorie de voyage :

Australie, Amérique, Brésil, Bali = A, A, B, B.

Comme les rimes d'un quatrain.

Le bateau jette l'ancre le long du rivage de Gili Meno. Il n'y a pas de ponton sur cette île. Il vous faut rouler le bas de vos pantalons, sauter du bateau et patauger dans les vagues, à la force de vos jambes. C'est absolument impossible de faire ça sans se tremper ou aller heurter les coraux, mais ça vaut la peine parce que la plage est d'une beauté à nulle autre pareille. Donc, moi et mon amoureux, nous retirons nos chaussures, nous posons notre petit sac sur la tête et nous nous préparons à sauter par-dessus bord, ensemble, dans la mer.

Je sais, c'est bizarre. La seule langue romane que Felipe ne parle pas, c'est l'italien. Mais cela ne m'empêche pas de lui dire, juste au moment où nous allons sauter : « *Attraversiamo.* »

Traversons.

QUELQUES DERNIERS MOTS
DE RECONNAISSANCE ET DE RÉCONFORT

Quelques mois après mon départ d'Indonésie, j'y suis retournée pour voir ceux que j'aimais et fêter Noël et le Nouvel An. Deux heures à peine après que mon vol a atterri à Bali, un tsunami a déferlé sur l'Asie du Sud-Est et tout dévasté sur son passage. Des connaissances, de partout dans le monde, m'ont contactée immédiatement pour me demander si mes amis indonésiens étaient sains et saufs. Les gens semblaient particulièrement inquiets du sort de Wayan et Tutti – « Vont-elles bien? » La réponse, c'est que le tsunami n'a eu aucun impact sur Bali (autre qu'émotionnel, naturellement) et que j'ai retrouvé tout le monde en pleine forme. Felipe m'attendait à la descente de l'avion (inaugurant là une longue série de retrouvailles dans divers aéroports). Ketut Liyer était assis sous son porche, comme d'habitude, alternant consultations médicales et méditations. Yudhi venait de se dégoter un contrat avec un hôtel de luxe pour jouer de la guitare et ne se débrouillait pas mal. Et Wayan et sa famille vivaient, heureuses, dans leur belle nouvelle maison, loin des dangers de la côte, à l'abri sur les hauteurs d'Ubud, au milieu des rizières.

Avec mon infinie gratitude (et de la part de Wayan), je voudrais remercier tous ceux et celles qui ont contribué par leurs dons à construire cette maison.

Sakshi Andreozzi, Savitri Axelrod, Linda et Renee Barrera, Lisa Boone, Susan Bowen, Gary Brenner, Monica Burke et Karen Kudej, Sandie Carpenter, David Cashion, Anne Connell (qui, avec Jana Eisenberg, est également un as des sauvetages in extremis), Mike et Mimi de Gruy, Armenia de Oliveira, Rayya Elias et Gigi Madl, Susan Freddie, Devin Friedman, Dwight Garner et Cree LeFavour, John et Carole Gilbert, Mamie Healey, Annie Hubbard et le presque incroyable Harvey Schwartz, Bob Hughes, Susan Kittenplan, Michel et Jill Knight, Brian et Linda Knopp, Deborah Lopez, Deborah Luepnitz, Craig Marks et Rene Steinke, Adam McKay et Shira Piven, Johnny et Cat Miles, Sheryl Moller, John Morse et Ross Petersen, James et Catherine Murdock (avec la bénédiction de Nick et Mimi), José Nunes, Anne Pagliorulo, Charley Patton, Laura Platter, Peter Richmond, Toby et Beverly Robinson, Nina Bernstein Simmons, Stefania Somare, Natalie Standford, Stacey Steers, Darcey Steinke, les Thoreson *girls* (Nancy, Laura et Miss Rebecca), Daphne Uviller, Richard Vogt, Peter et Jean Warrington, Kristen Weiner, Scott Westerfield et Justine Larbalestier, Bill Yee et Karen Zimet.

Enfin, et pour tout autre chose, j'aimerais trouver les mots pour remercier mes très chers oncle Terry et tante Deborah pour toute l'aide qu'ils m'ont apportée au cours de cette année de voyage. Parler ici d'« assistance technique » serait bien mal rendre compte de l'importance de leur contribution. Ensemble, ils ont tissé sous ma corde raide un filet de sécurité sans lequel, tout simplement, je n'aurais jamais été en mesure d'écrire ce livre. J'ignore comment je pourrai les en remercier un jour.

Mais cela dit, finalement, peut-être faut-il renoncer à vouloir rendre la pareille à tous ceux qui dans le monde nous aident à vivre. Finalement, peut-être est-il plus sage de s'incliner devant l'étendue miraculeuse de la générosité humaine et dire et redire simplement « merci », du fond du cœur, aussi longtemps que nous avons la voix pour le dire.

 **www.livredepoche.com**

- le **catalogue** en ligne et les dernières parutions
- des **suggestions de lecture** par des libraires
- une **actualité éditoriale permanente** : interviews d'auteurs, extraits audio et vidéo, dépêches…
- **votre carnet de lecture** personnalisable
- des **espaces professionnels** dédiés aux journalistes, aux enseignants et aux documentalistes

Composition réalisée par Asiatype

Achevé d'imprimer en mai 2010 en Espagne par
LITOGRAFIA ROSÉS
Gava (08850)
Dépôt légal 1re publication : mai 2009
Édition 05: mai 2010
LIBRAIRIE GÉNÉRALE FRANÇAISE – 31, rue de Fleurus – 75278 Paris Cedex 06